Pferde-
Enzyklopädie

Josée Hermsen

Pferde-Enzyklopädie

KARL MÜLLER VERLAG

Karl Müller Verlag, Danziger Straße 6,
D-91052 Erlangen

Text: Josée Hermsen
Umschlag: Ton Wienbelt, Den Haag
Redaktion: TextCase, Groningen
Bildredaktion: Expertext, Garderen

Übersetzung aus dem Niederländischen und Überarbeitung:
Christina Vogel-Bauer
Lektorat: Sabine Straka

ISBN 3-86070-656-X

2 3 4 5 8 9 00 1 2

Inhalt

Vorwort

Die Welt der Pferde ist so umfassend, dass das Schreiben einer Pferdeenzyklopädie nicht einfach ist. Es gibt ungefähr 200 Pferde- und Ponyrassen, die auf unserer Erde leben. Nur der Beschreibung dieser Rassen könnte man ein ganzes Buch widmen.
Da dem mitteleuropäischen Pferdeliebhaber im Alltag aber nur eine begrenzte Zahl von Pferderassen begegnet, haben wir eine Auswahl vorgenommen. Im ersten Teil dieses Buches finden Sie eine Beschreibung der wichtigsten Pferderassen, die nach Möglichkeit mit einem typischen Bild ergänzt wurde.
Im zweiten Teil befassen wir uns mit der Pflege des Pferdes und den verschiedenen Bereichen des Pferdesports. Jedes Kapitel wurde thematisch untergliedert, im Register kann man die Stichworte nachschlagen.
Auf diese Weise habe ich versucht, dem Pferdeliebhaber ein möglichst vollständiges Bild zu vermitteln.
Viele Menschen haben beim Zustandekommen dieses Buches mitgeholfen. Ich möchte mich bei ihnen für ihr engagiertes Mitwirken bedanken.

Josée Hermsen

Links: Ein schwarzer Araber

Teil I: Pferderassen

Das Englische Vollblut ist für seinen schnellen Galopp bekannt

Nicht alle Pferde sind gleich: es gibt kleine, gedrungene Pferde und große, schlanke Pferde. Sie lassen sich in große Familien oder Pferderassen unterteilen. Diese Rassen sind meist das Resultat jahrhundertelanger, zielgerichteter Züchtung, aber es gibt auch halbwilde Rassen, die sich auf natürliche Weise erhalten haben. In vielen Zuchten, vor allem des europäischen Kontinents, wird die Rassezugehörigkeit des Pferdes durch Brandzeichen kenntlich gemacht. Wir können die Pferderassen grob in sieben Gruppen unterteilen: Araber, Englisches Vollblut, Warmblut, Traber, Kaltblut und Pony.
Die Verbreitung der unterschiedlichen Rassen wurde ursprünglich zu einem wesentlichen Teil durch die Lebensbedingungen bestimmt. In Ländern mit strengen Wintern lebten hauptsächlich Pferde, die in der kalten Jahreszeit ein dickes Fell entwickeln und sich mit relativ wenig Futter zufriedengeben konnten. In warmen Ländern hingegen kamen Rassen vor, die sich an hohe Temperaturen angepasst hatten.
Sicherlich haben hier menschliche Eingriffe zu Veränderungen geführt. In einigen Gebieten wurden Pferderassen ausgerottet, in anderen Teilen der Welt hat man bestimmte Pferde angesiedelt. Die Rassen lassen sich anhand bestimmter Eigenschaften voneinander unterscheiden. Das Englische Vollblut ist zum Beispiel für sein schnelles Galoppiervermögen

Links: Araber

Verschiedene Rassen auf einem Pferdemarkt

bekannt, das Niederländische Zugpferd für seine Kraft, der Araber für seine Schönheit und der Hannoveraner für seine Qualitäten als Reit- und Sportpferd.

Begriffe, die bei der Beschreibung der Rassen verwendet werden

Nachfolgend erklären wir die wichtigsten Begriffe, die wir bei der Beschreibung der einzelnen Rassen bzw. bei den Rassenporträts verwendet haben. Fachausdrücke, die sich auf das Gebäude des Pferdes beziehen, werden im Teil 2 im Kapitel „Das Pferd und seine Eigenschaften“ aufgeführt.

Bodenständige Rasse

Man nennt eine Rasse bodenständig, wenn sie in einem bestimmten Gebiet überleben kann, ohne zu degenerieren und hierfür keine weitere Zufuhr an fremdem Blut oder Blut aus ihrem Ursprungsland braucht.

Shetland-Ponys, eine bodenständige Rasse

Zugtauglich

Zugpferde

Zum Ziehen von Lasten eignen sich Pferde mit dem entsprechenden Gebäude, der Muskulatur und dem Durchhaltevermögen.

Araber

Es gibt Vollblut-, Halblut- und Anglo-Araber. Das Arabische Vollblut ist das einzige „echte" Vollblut, weil diese Rasse jahrhundertelang rein erhalten wurde. Jedoch wird auch das Englische Vollblut als reine Rasse betrachtet, weil sie direkt von arabischen Linien abgeleitet werden kann. Aus einer Kreuzung zwischen Englischen und Arabischen Vollblütern entstanden die Anglo-Araber.

Kaltblutpferd

Das Kaltblutpferd stammt von einem schwer gebauten Pferd ab, das in den Wäldern von Mitteleuropa lebte. Kaltblutpferde sind meist schwere Arbeitspferde, die sich besonders gut für Zugarbeit eignen.

Warmblutpferd

Die Bezeichnung Warmblut weist darauf hin, dass ein Pferd orientalisches Blut in seinen

Kaltblutpferd

Adern fließen hat. Das Hinzufügen von arabischem Blut heißt Veredeln. In Abhängigkeit vom Prozentsatz an Vollblut hat ein Warmblut viel oder wenig Adel. Man hält den Tarpan und das Przewalskipferd für die ursprünglichsten Vorfahren der orientalischen Pferderassen.

Pony

Alle Pferde mit einem Stockmaß von weniger als 1,48 m gehören zu den Ponys. 1,48 wirkt vielleicht als Maß merkwürdig, aber diese Zahl basiert auf den englischen Längenangaben. Ein inch entspricht ungefähr 2,54 cm. Ponys sind deshalb maximal 60 inches groß. E-Ponys sind eigentlich kleine Pferde mit einem Stockmaß über 1,48 m und maximal 1,569 m. Eine andere

Araber

Warmblutpferd

D-Pony

Möglichkeit, um Ponys und Pferde zu unterscheiden, besteht im Körperbau. Verglichen mit ihrer Größe haben Ponys meist einen tieferen Rumpf als Pferde. Und sie bewegen sich auch anders. Dies wird durch die Tatsache verursacht, dass ihre Beine verhältnismäßig kürzer sind, als die von Pferden.

Ponys werden in folgende Kategorien unterteilt:

A: Ponys mit einem Stockmaß bis 1,17 Meter.

B: Ponys mit einem Stockmaß von 1,17 bis 1,27 Meter.

C: Ponys mit einem Stockmaß von 1,27 bis 1,37 Meter.

D: Ponys mit einem Stockmaß von 1,37 bis zu 1,48 Metern.

E: Ponys/kleine Pferde mit einem Stockmaß von 1,481 bis 1,569 Meter.

Reitpferdetyp

Zum Reitpferdetyp gehören Pferde, die sich auf Grund ihres Körperbaus und ihrer Bewegungen zum Reiten eignen. Ihre Gänge müssen raumgreifend, korrekt und taktmäßig sein mit einer

Reitpferd

Fohlen und Hund, das Stockmaß beträgt bei beiden 60 cm

Zugpferd

guten Aktion aus der Hinterhand. Neben dem Schritt und dem Trab muss vor allem der Galopp gut entwickelt sein.

Zugpferdetyp

Charakteristisch sind der aufrecht gestellte Hals, der gering entwickelte Widerrist und die Knieaktion beim Traben. Der Trab ist die wichtigste Gangart und sollte raumgreifend, kräftig und erhaben sein.

Springpferdetyp

Obwohl Springpferde auch zum Reitpferdetyp gehören, müssen sie eine Reihe von Kriterien erfüllen. Der Rücken sollte kurz und kräftig bemuskelt sein. Ein Pferd mit einem langen Rücken wird weniger gut springen. Weiterhin sind kräftige Röhrbeine und natürlich die Sprunggelenke ausschlaggebend.

Gestüt

Ein Gestüt ist ein Ort, an dem Hengste und/oder Stuten zueinander gebracht werden, um durch eine gute Zuchtauswahl für die Erhaltung oder Verbesserung einer Rasse zu sorgen. Einige Pferderassen sind nach den entsprechenden Gestüten benannt.

Stammvater

Im Laufe der Jahre haben verschiedene Hengste eine große Rolle bei der Pferde- und Ponyzucht gespielt. Sie sorgten für die Vererbung bestimmter Eigenschaften, die für eine Rasse charakteristisch sind, und werden deshalb als Stammvater der entsprechenden Rasse bezeichnet.

Stammbuch

Ein Stammbuch ist eine Akte, in der die Abstammung einer Rasse und die daraus hervorgegangenen Nachkommen registriert sind. Bei der Zuchtauswahl werden Pferde einer Jury

Trense ohne Nasenriemen

vorgestellt. Dieses Vorstellen eines Pferdes an der Hand nennen wir Beurteilen.

Beurteilen

Bei der Beurteilung sollen Eignung und Wert eines Pferdes für den jeweiligen Verwendungszweck erkannt und die allgemeine Qualität bestimmt werden. Sie erfolgt im Stand, im Gang, an der Hand und im Sattel. Pferde werden nicht nur bei der Zuchtauswahl beurteilt. Auch bei einem eventuellen Verkauf muss ein Pferd vorgestellt werden, sodass der mögliche Käufer das Pferd und seine Gänge von allen Seiten betrachten kann. Man beurteilt ein Pferd auch, wenn es lahm geht und der Tierarzt nachschauen möchte, worin die Ursache dieser Lahmheit liegen könnte.

Für das Beurteilen trägt das Pferd meist ein Halfter oder eine Trense. Besonders gut eignet sich hierfür eine Trense ohne Nasenriemen. Während der Beurteilung darf das Pferd nicht im Maul behindert werden und muss die notwendige Kopf- und Halsfreiheit haben. Sowohl im Schritt als auch im Trab muss das Pferd Kopf und Hals aufrecht tragen können. Wenn das nicht möglich ist, läuft das Pferd schief und nicht gleichmäßig. Ein Helfer hält das Ende des Führstricks oder der Zügel in der linken Hand. Wenn das Pferd beim Vorführen zu schnell geht, kann er die linke Hand seitlich am Kopf des Pferdes hochhalten, wodurch es meist langsamer wird. Steht das Pferd still, sollte es gerade stehen und seinen Kopf in der natürlichen Haltung tragen. Bei der Beurteilung des Exterieurs muss das Pferd so aufgestellt werden, dass alle vier Beine von der linken Seite des Pferdes aus gesehen werden können.

Aufstellung zur Beurteilung des Exterieurs

Profil

Das Profil eines Pferdekopfes ist oft Kennzeichen einer bestimmten Rasse. Es werden drei

Ermitteln des Stockmaßes

Profiltypen unterschieden: ein konkaves Profil, dies bedeutet eine gewölbte Profillinie, ein gerades Profil und ein Ramskopf, dies deutet auf ein rundliches Profil hin.

Stockmaß

Das Stockmaß gibt die Höhe eines Pferdes in Zentimetern an. Man braucht einen Maßstock, um die Größe eines Pferdes exakt messen zu können. Hiermit stellt man den Abstand vom Boden bis zum höchsten Punkt des Widerrists fest. Diesen Abstand nennen wir das Stockmaß. Beim Messen muss das Pferd selbstverständlich auf einem geraden, festen Boden auf seinen vier Beinen stehen.

Rassen

Nachfolgend geben wir eine Übersicht über die bekanntesten Pferderassen. Die Auflistung ist keinesfalls vollständig. Wir haben nach einer aktuellen Liste diejenigen Rassen ausgewählt, die sich in Sport und Freizeit einen Namen gemacht haben oder die wegen besonderer Kennzeichen berühmt sind.
Bei jeder behandelten Rasse geben wir eine Übersicht über folgende Aspekte (die für den Leser sicherlich von Bedeutung sind):

- die Herkunft: wo kommt die Rasse ursprünglich her?
- das Stockmaß: wie ist das mittlere Stockmaß?
- die Farbe: welche Farbe(n) hat das Fell?
- der Charakter: welches sind die häufigsten Charaktereigenschaften?
- das Exterieur: ist das Pferd kräftig, breit, schlank, muskulös, wie sind seine Augen, seine Nüstern, usw.?
- die Verwendung: handelt es um einen Traber, ein Dressurpferd, ein Springpferd, ein Zugpferd, ein Kinderreitpferd usw?
- die Bewegung: wodurch werden die Gänge des Pferdes charakterisiert?
- eventuelle Besonderheiten, wie die Abstammungsgeschichte und das Zuchtgebiet.

Achal-Tekkiner

HERKUNFT
Russland, Turkmenistan, Kasachstan, Usbekistan, Kirgisistan.

STOCKMASS
Das Stockmaß variiert zwischen 1,45 und 1,57 m.

FARBE
Das Fell dieses prächtigen Tieres hat meist einen Metallschimmer. Meist goldfarbig, aber auch Schimmel und Dunkelbraune sind häufig. Manchmal tauchen beim Achal-Tekkiner auch weiße Abzeichen auf.

Achal-Tekkiner Albino

CHARAKTER
Der Achal-Tekkiner ist kein einfaches Pferd: er hat einen starken eigenen Willen und ist besonders temperamentvoll.

EXTERIEUR
Der Kopf ist fein mit einem langen, geraden Nasenrücken. Die Augen sind groß und ausdrucksvoll, die Ohren lang. Das Pferd hat einen langgestreckten, schlanken, hoch angesetzten Hals und einen stark ausgeprägten Widerrist. Die Pferde neigen zu schmaler Brust. Die Beine sind lang, hart und sehnig. Mähnen- und Stirnhaare sind manchmal nur angedeutet.

VERWENDUNG
Der Achal-Tekkiner ist ein typisches Nomadenpferd, das für sein extremes Durchhaltevermögen bekannt ist. Heute wird es auch als Rennpferd verwendet.

BEWEGUNG
Die Bewegungen sind gerade, elastisch und raumgreifend in allen Gangarten.

BESONDERHEITEN
Der Achal-Tekkiner kann große Distanzen ohne zu fressen oder zu trinken zurücklegen. Diese Pferde wurden traditionell das ganze Jahr über in Decken gehüllt und bekamen leichtes, eiweißreiches Futter. Die Decken wurden nur für die Zeit des Rennens und der Paarung einige Minuten vor Sonnenuntergang abgenommen.

American Saddlebred (Kentucky Saddler)

HERKUNFT
Vereinigte Staaten.

American Saddlebred

American Saddlebred X Araber

STOCKMASS
Ungefähr 1,55 m.

FARBE
Die Pferde sind hell-, dunkelbraun, schwarz oder fuchsfarben mit weißen Abzeichen.

CHARAKTER
Die ausgezeichneten Reitpferde haben ein angenehmes, freundliches Wesen.

EXTERIEUR
Die Pferde haben einen kleinen, lebhaften Kopf mit geradem Profil, aufmerksamen Augen, offenen Nüstern und spitzen Ohren und einen hochgetragenen, gebogenen Hals. Die Schultern sind stark, der Rumpf ist kurz, muskulös und gut gewölbt. Die Hinterhand ist stark und elastisch. Die Pferde haben trockene Gliedmaßen. Extravagante und taktvolle Aktion.

VERWENDUNG
Das Saddlebred wird hauptsächlich als Showpferd verwendet.

BEWEGUNG
Diese Pferde haben die Anmut von Balletttänzern, die Gangarten sind versammelt und präzise.

BESONDERHEITEN
Die Rasse wurde vor etwa 200 Jahren durch Selektion aus dem Andalusier entwickelt. Im vorigen Jahrhundert wurde sie vorübergehend stark arabisch beeinflusst.
Das Saddlebred hat viele Gemeinsamkeiten mit dem Tennessee Walking Horse; beide Rassen wurden ursprünglich gezüchtet, um Plantagenbesitzer auf elegante und vor allem bequeme Weise auf ihre Plantagen zu fahren.

Amerikanischer Traber

Amerikanischer Traber (Standard Bred)

HERKUNFT
Vereinigte Staaten.

STOCKMASS
Zwischen 1,50 und 1,65 m.

FARBE
Alle Farben, hauptsächlich Rappe, Dunkelbrauner, Brauner, Fuchs.

CHARAKTER
Der Amerikanische Traber hat ein mutiges und sehr kühnes Temperament und eine große Ausdauer.

Andalusier

EXTERIEUR
Der Körperbau ist selten einheitlich, da die Pferde schnell, aber nicht schön sein müssen. Normalerweise handelt es sich um ein harmonisch gebautes Pferd im Vollbluttyp, jedoch länger im Rücken, kürzer in den Beinen und insgesamt weniger edel. Es hat eine tiefe, breite Brust und eine starke Hinterhand. Seine Beine und Hufe sind sehr hart. Es besitzt ein hervorragendes Herz und ausgezeichnete Lungen.

VERWENDUNG
Die Pferde werden häufig in Trabrennen gesehen, wo sie sowohl vor dem Sulky, als auch unter dem Sattel laufen.

BEWEGUNG
Renntrab ist die wichtigste Gangart; den Trab kennzeichnet eine lange Schwebephase. Der Schritt ist nicht sehr raumgreifend und im Galopp tun sich die Pferde eher schwer.

BESONDERHEITEN
Der Amerikanische Traber besitzt ein enormes Trabvermögen und gehört mit zu den schnellsten Pferden auf der Welt.

Andalusier

HERKUNFT
Spanien: Andalusien, Provinzen Cadiz, Sevilla, Medina Sidonia. Gestüt: Jerez de la Frontera.

STOCKMASS
Zwischen 1,55 und 1,61 m.

FARBE
Andalusier sind fast immer Schimmel, können aber auch Rappen sein.

CHARAKTER
Der Andalusier ist ehrlich, gutmütig, intelligent und hat ein feuriges Temperament. Die Pferde arbeiten gerne und lernen leicht.

EXTERIEUR
Andalusier sind äußerst elegant und hübsch anzusehen. Der mittelgroße Kopf hat eine leichte Ramsnase, große, ausdrucksvolle Augen und hübsche Ohren. Andere Kennzeichen sind starke, gut geformte Schulter und tiefe Brust, ein ziemlich langer, gerader Rücken. Die Pferde besitzen einen kompakten Rumpf mit starker Nierenpartie und eine kräftige, gerundete Kruppe sowie trockene und kräftige Beine mit kurzen Röhren.

VERWENDUNG
Der Andalusier ist ein leichtes Reitpferd und ein ausgezeichnetes Dressurpferd. Mit Englischem Vollblut und Anglo-arabischem Vollblut veredelt, eignet er sich auch als Springpferd. Weiterhin ist er als Zirkuspferd äußerst populär.

BEWEGUNG
Die Bewegung ist erhaben, seine Gangarten sind wenig raumgreifend aber gleichmäßig, mit einer charakteristischen hohen Knieaktion.

BESONDERHEITEN
Ein Missverständnis über den Ursprung der Rasse des Andalusischen Pferdes besteht darin, dass es aus der Arabischen Rasse entstanden sein soll.
Numidische Stuten wurden erstmals vom karthagischen Feldherrn Hasdrubal mitgebracht – legendäre Pferde, die unglaublich schnell laufen konnten. Man ließ sie frei und sie lebten wild auf der Pyrenäenhalbinsel, bis sie die Römer 200 v. Chr. zähmten. Nach ihrem Rückzug aus Spanien blieben sie wieder sich selbst überlassen. Über 600 Jahre konnten sich die spanischen Pferde ohne menschliches Eingreifen fortpflanzen.
Als aber die germanischen Barbaren den später nach ihnen benannten Teil Spaniens eroberten, entwickelte sich allmählich ein richtiger Pferdetyp aus Kreuzungen zwischen den Pferden rein germanischen Typs (große Pferde mit langen Hälsen und stämmigen Körpern), die sich mit den einheimischen spanischen Pferden kreuzten.
Als die Mauren in Spanien einfielen, brachten sie Berberpferde mit. Aus der Kreuzung von Berbern, germanischen und iberischen Pferden entstand nun das spanische Pferd. Um die Pferde für nachfolgende Kriegsgeschehen schneller zu züchten, wurde ab dem 11. Jahrhundert orientalisches Blut eingekreuzt.

Anglo-Arabisches Vollblut

HERKUNFT
England, Frankreich, Polen, Sardinien, Spanien. Unterschieden werden Englische, Französische, Polnische (Malopolski), Sardische und Spanische Anglo-Araber. Ein Anglo-Araber ist eine Kreuzung zwischen einem Englischen Vollblut und einem Araber.

STOCKMASS
Ungefähr 1,60 m.

Ein Anglo-Araber ist eine Kreuzung zwischen einem Englischen Vollblut und einem Araber

FARBE
Die Farbe der Anglo-Araber ist meist hell- und dunkelbraun oder fuchsfarben, in jedem Fall aber einfarbig.

CHARAKTER
Der Anglo-Araber hat ein feuriges Temperament, ist mutig, lebhaft, intelligent und zuverlässig.

EXTERIEUR
Der Anglo-Araber hat einen hübschen Kopf und eine kräftigen Körper, einen geräumigen Brustkasten, einen kurzen, kräftigen Rücken, einen hohen Widerrist und eine muskulöse Hinterhand. Seine Augen sind ausdrucksvoll, der Hals ist lang und gebogen. Der Schweif ist hoch angesetzt und die Beine sind lang und schlank.

VERWENDUNG
Der Anglo-Araber ist ein gutes Dressur- und ein ausgezeichnetes Springpferd.

BEWEGUNG
Der Anglo-Araber hat raumgreifende Gangarten, einen leichten Galopp und eine deutliche Veranlagung zum Springen. Die Bewegungen sind leicht und flach.

BESONDERHEITEN
Das Anglo-Arabische Vollblut entstand aus einer

Kreuzung zwischen Englischem und Arabischem Vollblut zeitgleich an verschiedenen Orten in Europa. Anglo-Arabische Vollblüter müssen mindestens 25 % arabisches Blut in ihren Adern fließen haben, sonst gehören sie zu den Englischen Vollblütern.

Anglo-Normanne (Cheval de Selle Français)

HERKUNFT
Frankreich.

STOCKMASS
Das Stockmaß beträgt mindestens 1,60 m und durchschnittlich 1,68 m.

FARBE
Meist Braune oder Füchse, es kommen aber auch andere Farben vor.

CHARAKTER
Der Anglo-Normanne ist ein freundliches, gutartiges Pferd mit lebhaftem Temperament.

EXTERIEUR
Das kräftige Reitpferd besitzt einen breiten Kopf mit weit auseinander liegenden Augen und langen, lebhaften Ohren. Sein langer Hals ist gut bemuskelt und geht in starke, schräge Schultern über. Der Rücken ist ziemlich lang, die Hinterhand muskulös.

VERWENDUNG
Der Anglo-Normanne ist ein ausgezeichnetes Reit- und Springpferd. Manche dieser Pferde gehen auch in Jagdrennen.

BEWEGUNG
Seine Bewegungen in allen drei Gangarten sind elastisch, schwungvoll und raumgreifend. Für

ein Reitpferd hat der Anglo-Normanne eine auffallend hohe Knieaktion. Die Pferde eignen sich zum Springen.

BESONDERHEITEN
Die Geschichte dieser Rasse lässt sich bis vor 1000 Jahren zurückverfolgen, schon damals soll in der Normandie ein gutes, temperamentvolles, stabiles Tier, das Normannische Pferd, gezüchtet worden sein. Zur Verbesserung der Rasse wurde 1898 in großem Stil Englisches Vollblut eingekreuzt.

Anglo-Normannischer Traber oder Französischer Traber

HERKUNFT
Frankreich.

STOCKMASS
Zwischen 1,60 und 1,65 m.

Monté-Course

FARBE
Meist Hell- oder Dunkelbraune, aber auch Rappen, Füchse und Schimmel kommen vor.

CHARAKTER
Ein lebhaftes, eifriges, leistungsfähiges Pferd mit ausgezeichneten Eigenschaften im Geschirr. Manchmal hat es einen unausgeglichenen Charakter.

EXTERIEUR
Das Exterieur dieser Rasse kann variieren. Normalerweise hat ein Anglo-Normannischer Traber einen edlen Kopf, der sich auf einem langen Hals befindet. Der Rücken ist stabil und hat einen ausgeprägten Widerrist. Als Traber besitzen die Pferde trockene, sehnige Beine und harte Hufe. Die Pferde stehen im Vollbluttyp.

VERWENDUNG
Der Anglo-Normannische Traber ist ein Rennpferd, das hauptsächlich in Trabrennen eingesetzt wird. Es wird sowohl vor den Sulky gespannt, als auch in Trabrennen geritten (sog. Monté-Course).

BEWEGUNG
Kennzeichend für diese Pferde ist ihre hervorragende, weit ausholende Trabaktion. Schritt und Galopp sind befriedigend. Die Pferde eignen sich auch zum Springen.

BESONDERHEITEN
Der Anglo-Normannische Traber stammt von den Anglo-Normannischen Pferden ab. In der Zucht selektierte man auf die ausgezeichneten Trabeigenschaften hin. Ein offizielles Stammbuch für diese Rasse existiert seit 1922. Seit 1937 wird der Französische Traber rein gezüchtet. Der Anglo-Normannische Traber sieht wesentlich ansprechender aus als der Amerikanische Traber und hat die Zucht von Trabrennpferden in ganz Europa beeinflusst.

Appaloosa

HERKUNFT
Der Appaloosa kommt ursprünglich aus dem Gebiet um den Palouse River im Norden der Vereinigten Staaten. Heute züchtet man Appaloosas im Westen der Vereinigten Staaten und Kanada.

STOCKMASS
Zwischen 1,45 und 1,55 m.

Appaloosa: Tigerscheck

FARBE
Die auffälligen Farbmuster der Appaloosas lassen sich hauptsächlich in vier Varianten unterscheiden:
- Tigerscheck,
- Schneeflockenscheck,
- Marmorscheck,
- Schabrackenscheck.

Dazwischen gibt es unzählige Variationen. Die häufigste Grundfarbe ist stichelhaarig. Natürlich kommen auch andere Grundfarben vor, wobei die Flecken einem der vier Grundmuster entsprechen. Die Haut um die Nüstern, Lippen und Genitalien ist rosa-grau gesprenkelt.

CHARAKTER
Appaloosas besitzen eine enorme Ausdauer und Widerstandsfähigkeit und haben ein gefügiges Wesen.

Appaloosa: Marmorscheck

Appaloosa: Schneeflockenscheck

Appaloosa: Schabrackenscheck

EXTERIEUR
Der Kopf ist breit und hat lebendige Augen. Die Ohren sind, wie bei allen amerikanischen Pferden, klein und spitz, der Hals ist gut bemuskelt und die Brust breit. Die kompakten Pferde besitzen einen kurzen, geraden Rücken. Die harten Hufe sind gestreift, Mähne und Schweif sind dünn.

VERWENDUNG
Der Appaloosa ist ein beliebtes Westernpferd und wird für alle Formen des Western-Reitens verwendet (*siehe auch* Western-Reiten, S. 213). Auf Grund freundlichen Wesens und seines guten Charakters ist er besonders als zuverlässiges Reitpferd geeignet.

BEWEGUNG
Als typisches Westernpferd hat der Appaloosa einen vorzüglichen Galopp mit einem großen Beschleunigungsvermögen. Weiterhin besitzen die Pferde Talent zum Springen.

BESONDERHEITEN
Der Name Appaloosa wurde von dem Gebiet abgeleitet, aus dem die Rasse ursprünglich stammt, der Umgebung des Palouse Rivers (im Norden der Vereinigten Staaten). Vermutlich hatten die Spanier im 17. Jahrhundert spanische und neapolitanische gefleckte Pferde mit nach Amerika genommen. Die farbigen Pferde wurden dort von den Nez-Percé-Indianern aus dem Palouse-Tal für die Jagd gezüchtet und Palouse-Pferde genannt. Dieser Name wurde im Sprachgebrauch zu „a Palouse horse" und allmählich zu „Appaloosa". Die heutigen Appaloosas entstanden aus einer Kreuzung von Palouse-Pferden mit Quarter-Horses.

Arabisches Vollblut

HERKUNFT
Als Quelle der eigentlichen Vollblutaraberzucht gelten die Elitestämme des Nedschd, des zentralarabischen Hochlandes. Der heutige Vollblutaraber wird auf die Stämme Kuhaylan, Saqlawi und Muniqi zurückgeführt.

STOCKMASS
Zwischen 1,40 und 1,50 m.

FARBE
Arabische Vollblüter gibt es als Braune, Füchse oder Schimmel, Rappen sind selten. Häufig tragen sie an Kopf und Beinen weiße Abzeichen.

CHARAKTER
Arabische Vollblüter sind sehr intelligente Tiere mit einem großen Durchhaltevermögen. Sie sind für ihren feurigen Charakter bekannt.

Vollblut-Araber

Araber-Fohlen

Araber

EXTERIEUR
Auffälligstes Kennzeichen ist der keilförmige, trockene Kopf. Er ist relativ klein mit einer breiten Stirn, einer schmalen Nase und einer insgesamt konkaven Profillinie. Die kleinen, spitzen Ohren der Araber können sich fast berühren und die Augen sind außergewöhnlich groß und ausdrucksvoll. Auch die großen Nüstern tragen zum ansprechenden Gesamtbild bei. Charakteristisch ist weiterhin ihre gebogene Halslinie und die relativ breite Brust; die Schultern sind schräg. Bei einer Inspektion der Beine wird man vermutlich nirgends einen Schwachpunkt finden. Araber tragen ihren Schweif hoch, mit einem auffälligen Bogen.

VERWENDUNG
Das Arabische Vollblut wird hauptsächlich als elegantes Reitpferd verwendet, ist aber auch ein ausgezeichnetes Rennpferd. In der Zucht benutzt man es zur Veredlung anderer Pferderassen. „Darley Arabian" begründete die Zucht des Englischen Vollbluts.

BEWEGUNG
Das Arabische Vollblut ist für seine eleganten Bewegungen berühmt, die hauptsächlich im Galopp gut zu sehen sind. Der Trab hat viel Knieaktion, wohingegen der Schritt die schwächste Gangart dieser Rasse ist. Alle Gangarten sind harmonisch und elastisch, aber nicht sehr raumgreifend.

BESONDERHEITEN
Die Vollblutaraberzucht existiert bereits seit mehr als 5000 Jahren. Die Überlegenheit, Härte und Schönheit des Wüstenarabers machte ihn zu dem begehrtesten Veredler fast aller Pferderassen. Mohammed hatte den Stämmen des Nedschd das Arabische Vollblut zum Zeltgenossen gegeben und die Menschen immer wieder ernsthaft ermahnt, die Rasse rein zu erhalten. Die Wüstenbeduinen achteten strengstens darauf, dass sich ein Pferd, dessen Stammbaum nur die kleinste Lücke aufwies, nicht fortpflanzte. Selbst feindlichen Stämmen, die Hengste oder Stuten gestohlen hatten, teilte man den Stammbaum mit, denn die Bestohlenen würden auch wieder Pferde erobern – und auch diese sollten nur reinblütige Tiere sein. Nur die härtesten Tiere konnten den extremen Anforderungen tagelanger Jagd- und Eroberungszüge standhalten und nur solche Pferde durften sich fortpflanzen. Man betrieb oft Inzucht, um die guten Eigenschaften zu verstärken.

Ardenner

HERKUNFT
Frankreich und Belgien – Ardennen.

STOCKMASS
Zwischen 1,55 und 1,60 m.

FARBE
Ardenner kommen als Braune, Schimmel oder Füchse vor.

Ein Ardenner bei der Arbeit

Dieser Ardenner genießt eine wohlverdiente Pause

CHARAKTER
Die Ardenner sind für ihren freundlichen und willigen Charakter bekannt.

EXTERIEUR
Der Ardenner ist ein mittelschweres Kaltblutpferd und hat auch die dementsprechenden Merkmale: Er ist ein massives, kompaktes Pferd von mächtiger, muskulöser Gestalt. Sein wuchtiger Körper ruht auf kurzen Beinen mit starken Sprunggelenken. Der kräftige Kopf besitzt eine breite Stirn, der Hals ist sehr stark gebogen.
Den Ardenner kennzeichnen eine ungeheuer breite, tiefe Brust, eine fast runde Mittelhand und eine mächtige Kruppe.

VERWENDUNG
Ardenner werden im Waldbau verwendet, um aus bestimmten Gegenden Bäume zu ziehen, an die man mit einem Traktor nicht gelangen kann.

BEWEGUNG
Trotz der offensichtlichen Schwerfälligkeit der Ardenner sind Schritt und Trab meist energisch; der Trab kann auch raumgreifend sein.

BESONDERHEITEN
Diese sehr alte Rasse stammt von dem Waldpferd ab, dem sie ihre Ausmaße, das Gewicht und den Charakter verdankt. Vermutlich wurden die Vorfahren der Ardenner von Julius Caesar in *De Bello Gallico* erwähnt.
Als ziemlich sicher gilt es, dass der Ardenner auf die Großen Pferde des Mittelalters einwirkte und dass er orientalisches und belgisches Blut führt. Napoleon verwendete die Pferde zum Ziehen von Geschützen. Durch die Mechanisierung ging ihr unschätzbarer Wert für die Landwirtschaft leider drastisch zurück.
Das Gewicht eines ausgewachsenen Ardenner-Pferdes beträgt ungefähr 1000 kg.

Belgisches Zugpferd (Brabanter)

HERKUNFT
Belgien und Niederlande – Brabant (Niederländisches Zugpferd, Belgischer Typ).

Belgisches Zugpferd

Stockmass
Ungefähr 1,70 m, die Niederländische Variante aber 1,63 m.

Farbe
Die vorherrschende Farbe ist Braunschimmel, es können aber auch Rappschimmel oder Füchse vorkommen.

Charakter
Das Belgische Zugpferd ist mutig, lebhaft und gutartig und kann auch hart arbeiten.

Exterieur
Das Belgische Zugpferd hat einen kurzen, starken, fleischigen Hals und einen doppelten Mähnenkamm. Sein Kopf ist relativ leicht, quadratisch und besitzt wache Augen mit einem aufmerksamen Ausdruck.

Verwendung
Das Belgische Zugpferd wird noch heute als Zug- und Arbeitspferd verwendet.

Bewegung
Die Bewegungen im Schritt und Trab sind energisch, aber nicht immer gleichmäßig.

Besonderheiten
Diese eindrucksvolle Pferderasse beeinflusste die Kaltblutrassen auf der ganzen Welt. Seine Vergangenheit lässt sich allerdings nicht lückenlos nachweisen. Vielfach wird behauptet, dass der Brabanter bereits von Caesar verwendet wurde (siehe Ardenner) und dass er zu den mittelalterlichen Großen Pferden gehört hat. Kriegspferde wurden jedenfalls im Mittelalter sowohl in Brabant, als auch in Flandern gezogen. Seit 1866 wird das Belgische Zugpferd in einem eigenen Stutbuch erfasst.

Berber

Herkunft
Nord-Afrika.

Stockmass
Das Stockmaß beträgt meist nicht mehr als 1,45 m.

Farbe
Es gibt Dunkelbraune, Braune, Füchse, Rappen und Schimmel.

Charakter
Der Berber ist ein außerordentlich zähes Pferd mit viel Temperament und großem Durchhaltevermögen. Ein ausgezeichnetes Reitpferd, das von kargem Futter leben kann.

Exterieur
Ein Berber-Pferd hat einen langen, aber edlen Kopf mit geradem Profil. Es besitzt flache Schultern sowie eine abfallende Kruppe mit einem niedrig angesetzten Schweif. Kennzeichen sind auch lange, starke, trockene Beine und kleine, harte Hufe.

Verwendung
Ursprünglich war der Berber ein Kavalleriepferd, aber heute wird er hauptsächlich als elegantes Reitpferd verwendet.

Bewegung
Seine Gangarten sind nicht besonders raumgreifend. Die Pferde eignen sich für die Dressur ebenso wie fürs Gelände.

Besonderheiten
Uralte Höhlenmalereien im Süden Algeriens stellen ein Pferd dar, welches dem heutigen Berber-Pferd ähnelt. Die Pferde verbreiteten sich über die ganze Welt und waren an der Entstehung der beliebtesten Rassen maßgeblich beteiligt – am Andalusier, am Quarter Horse und auch am Englischen Vollblut.

Camargue-Pferd

Herkunft
Süd-Frankreich, Camargue.

Camargue-Pferde mit ihren Gardians

STOCKMASS
Zwischen 1,35 und 1,45 m.

FARBE
Meist sind die Pferde Schimmel.

CHARAKTER
Es handelt sich um harte, genügsame Reitponys mit einem feurigen Temperament und trotzdem einem gutartigen Charakter.

EXTERIEUR
Folgende Merkmale charakterisieren diese Rasse: ein feiner, etwas langer Kopf vom orientalischen Typ und eine breite Stirn. Oft ist die Schulter steil, die Brust aber gut entwickelt. Der Rumpf ist meist kurz und die Lendenpartie stark. Die leichte Hinterhand neigt zur Eselskruppe. Die Beine sind fein und gutknochig, die Hufe breit und groß. Mähne und Schweif sind ausgesprochen dick.

VERWENDUNG
In der Camargue werden diese Ponys zur Arbeit mit den Stieren verwendet. Die Rinderhirten (Gardians) der Camargue, treiben die schwarzen Stiere in die richtige Richtung. Man setzt sie auch gerne zum Trekking ein.

Cleveland Bay

BEWEGUNG
Die Bewegungen sind nicht sehr schnell, aber das Camargue-Pferd hat ein enormes Durchhaltevermögen in allen drei Gangarten.

BESONDERHEITEN
Das Camargue-Pferd stammt aus Südfrankreich

(Camargue), wo es in halbwilden Herden aufwächst. In den Sumpfgebieten des Rhône-Deltas bewegen sich die Pferde mit sicherem Tritt. Die Tiere sind an die Lebensbedingungen so gut angepasst, dass sie dazu in der Lage sind, ihre Nüstern zu verschließen, wenn sie die jungen Grashalme unter der Wasseroberfläche abweiden. Die Pferde werden dunkel geboren, im Laufe der Jahre wird aber das Fell schneeweiß.

Cleveland Bay

HERKUNFT
England, Nord-Yorkshire, Cleveland.

STOCKMASS
Zwischen 1,65 und 1,70 m.

FARBE
Diese Pferde sind meist Braune oder Dunkelbraune mit schwarzen Beinen, Mähne und Schweif. Weiße Abzeichen sind bei dieser Rasse unerwünscht, höchstens kleine Sterne oder weiße Haare an den Ballen sind zulässig. Ursprünglich hatte der Cleveland Bay zebraartige Streifen an den Beinen. Sein Ramskopf erinnert an die Spanischen Pferde, die zu seinen Vorfahren zählen.

CHARAKTER
Cleveland Bays haben ein ausgezeichnetes Durchhaltevermögen und ein angenehmes, ruhiges Wesen. Sie sind auch intelligent und einfühlsam.

Connemara-Pony

EXTERIEUR
Der Cleveland Bay besitzt einen großen Kopf mit einer Ramsnase und einen freundlichen Blick. Sein ziemlich langer Hals befindet sich auf einer gut angesetzten Schulter. Der lange Körper besitzt viel Gurtentiefe. An der kräftigen Hinterhand ist der Schweif ziemlich hoch angesetzt.

VERWENDUNG
Der Cleveland Bay ist ein Warmblutpferd mit vielen Möglichkeiten, sowohl unter dem Sattel als auch vor dem Wagen. Er wird gerne mit Englischem Vollblut gekreuzt, um ideale Jagdpferde bzw. Hunter zu erzeugen.

BEWEGUNG
Seine Bewegungen verdeutlichen, warum er sich ausgezeichnet als Jagdpferd eignet: Der Schritt ist raumgreifend, der Trab schwungvoll, die Pferde haben einen ausgezeichneten Galopp und springen gut.

BESONDERHEITEN
Der Cleveland Bay ist eine der ältesten, wenn nicht die älteste britische Pferderasse. Reisende Kaufleute benutzten ihn im 17. Jahrhundert als Packpferd. Durch die Veredlung mit Englischem Vollblut entwickelte sich parallel zum Cleveland Bay das heute fast ausgestorbene Yorkshire Coach Horse, die häufigste Variante des Clevelands.
Mit Englischem Vollblut gekreuzt entstehen ideale Hunter.

Connemara-Pony

HERKUNFT
Ursprünglich ausschließlich in Connaught (Irland), heute in ganz Irland und England.

STOCKMASS
Zwischen 1,30 und 1,40 m.

FARBE
Ursprünglich waren diese Ponys Isabellen mit einem Aalstrich, schwarzen Beinen, Nase und Ohren. Diese Färbung ist heute sehr selten. Es gibt Schimmel, Rappen, braune und braunschwarze Connemaras.

CHARAKTER
Das Connemara-Pony besitzt viel Ausdauer, einen ausgezeichneten Charakter und ein eher ruhiges, ausgeglichenes Temperament. Es ist intelligent und in der Regel leicht zu behandeln.

EXTERIEUR
Die Tiere haben einen gut geformten, edlen Kopf und einen mittellangen Hals auf kräftigen, schrägen Schultern. Sie sind kompakt gebaut und haben kurze, harte Beine mit viel Knochen.

VERWENDUNG
Es eignet sich besonders gut als Kinderreitpferd oder als Springpferd.

BEWEGUNG
Das Connemara ist trittsicher, hat einen raumgreifenden Schritt und einen schnellen Galopp.

BESONDERHEITEN
Diese alte Rasse entwickelte sich wahrscheinlich aus dem gleichen Stamm wie der Western-Isles-Typ des Highland-Ponys. Die Pferde leben seit langer Zeit wild auf den Bergen der irischen Westküste. Heute noch vermehren sich halbwilde Ponys in freier Natur.

Dartmoor-Pony

HERKUNFT
Dartmoor in Devon, England.

STOCKMASS
Nicht mehr als 1,25 m.

Dartmoor-Pony

FARBE
Bevorzugt werden Dunkelbraune, Rappen und Braune. Es kommen auch Rappschecken und Braunschecken vor, aber diese werden vom Zuchtverband nicht anerkannt. Abzeichen sind unerwünscht, übermäßig viele weiße Stellen werden abgelehnt.

CHARAKTER
Das Dartmoor-Pony ist besonders freundlich und sensibel.

EXTERIEUR
Eigentlich ähnelt das Dartmoor-Pony einem kleinen Vollblut-Pferd. Sein Kopf ist aristokratisch mit sehr kleinen, spitzen Ohren. Die Beine sind schlank und trocken, die Hufe hart und wohlgeformt. Sein Schweif ist hoch angesetzt, Schweif- und Mähnenhaare sind üppig.

VERWENDUNG
Wegen seiner Größe und des guten Charakters ist das Dartmoor-Pony ein ideales Erstpony.

BEWEGUNG
Die Bewegungen sind flach und frei.

BESONDERHEITEN
Dartmoor-Ponys leben seit Menschengedenken im Dartmoorgebiet, dort finden wir auch heute noch wild lebende Herden. Seit 1899 führt man ein Stutbuch und seitdem gibt es einen Standard, der sich bis heute nicht wesentlich verändert hat.
Während des Zweiten Weltkriegs wurde die Rasse sehr in Mitleidenschaft gezogen, weil Dartmoor der Armee als Ausbildungszentrum diente. Nach dem Krieg wurden nur geprüfte Ponys ins Stutbuch aufgenommen.

Englisches Vollblut

HERKUNFT
England.

STOCKMASS
Bis 1,70 m.

FARBE
Es gibt diese Pferde in allen möglichen Farben und mit allen Abzeichen.

CHARAKTER
Englische Vollblüter sind für ihren mutigen, fast unerschrockenen und lebhaften Charakter bekannt.

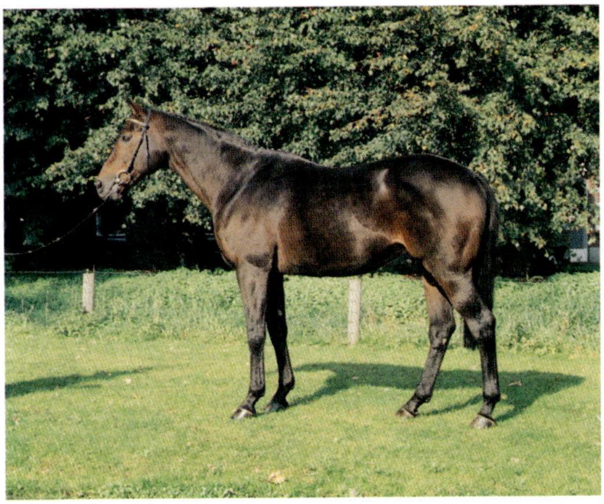

Englisches Vollblut

EXTERIEUR
Normalerweise ist das Englische Vollblut ein zierlich gebautes Pferd mit einem kräftigen und muskulösen Körper. Stockmaß und Gebäude können aber je nach Typ unterschiedlich sein: So sind Reitpferde leichter gebaut, Rennpferde sind kompakt und muskulös. Der kleine, keilförmige Kopf hat eine breite Stirn und ausdrucksvolle Augen. Der Hals ist stolz gebogen, die Pferde haben einen ausgeprägten Widerrist und einen kurzen, kräftigen Rücken. Die Beine sind trocken und hart. Die feine Haut zeigt die Aderung deutlich, die Behaarung ist dünn und seidig.

VERWENDUNG
Das Englische Vollblut ist hauptsächlich wegen seiner Schnelligkeit auf der Rennbahn bekannt. Daneben eignen sich die Pferde auch für die Dressur, für das Springen und für die Jagd.

BEWEGUNG
Bedingt durch sein Gebäude hat der Englische Vollblüter einen langen Schritt, einen langen, flachen Trab und ein enormes Galoppier- und Springvermögen.

BESONDERHEITEN
Die Stammväter des Englischen Vollbluts sind die Hengste Byerly Turk, Darley Arabian und Goldophin Barb, die um 1700 nach England eingeführt wurden. Unter den Stammmüttern befanden sich orientalische Stuten, aber auch die zähen Keltenponys, denen zahlreiche Vollblüter auch heute noch die hübsche Aufhellung der Nüsternpartie verdanken. Die Auslese der Pferde erfolgte in Leistungsprüfungen und machte die Rasse zu besonders ausdauernden und harten

Pferden. Sie trugen dazu bei, dass sich Vollblutzucht und Galopprennen entwickeln konnten. Vollblüter dienen heute noch zur Veredlung bei der Zucht von Warmblutpferden, denen es Gesundheit, Härte, Geschmeidigkeit und Leistungswillen vererben kann.

Exmoor-Pony

HERKUNFT
Das Exmoor-Pony kommt aus den rauen, offenen Heidegebieten von Exmoor im südwestlichen England (Devon, Somerset).

Exmoor-Pony

STOCKMASS
Ungefähr 1,23 m.

FARBE
Die Fellfarben des Exmoor-Ponys variieren von Dunkelbraun über Braun bis Hellbraun. Es gibt auch Mausfalben. Alle Exmooor-Ponys haben ein cremefarbiges Mehlmaul und neigen zu hellen Stellen am Bauch und an der Innenseite der Schenkel.

CHARAKTER
Das Exmoor-Pony ist intelligent und freundlich.

EXTERIEUR
Das Exmoor-Pony kennzeichnet ein eleganter Kopf mit weiten Nüstern, breiter Stirn und vorquellenden Augen. Die Ohren sind dick und spitz. Ein kurzer, dicker Hals, eine tiefe und breite Brust mit schräger Schulter sowie der mittellange Rücken sind weitere Charakteristika. Seine Beine sind trocken und kräftig.

VERWENDUNG
Das Exmoor-Pony eignet sich besonders gut als Reitpony für kleine Kinder, wenn die Pferde von Klein auf an den Menschen gewohnt sind.

BEWEGUNG
Alle drei Gangarten sind raumgreifend und die Pferde besitzen eine große Ausdauer. Sie sind auch zum Springen veranlagt.

BESONDERHEITEN
Exmoor-Ponys sind die älteste einheimische britische Rasse, die vermutlich aus keltischen Ponys hervorgegangen ist. Die Pferde sind winterhart.

Fjord-Pferd

HERKUNFT
Norwegen.

STOCKMASS
Zwischen 1,35 und 1,45 m.

FARBE
Falben. Typisch ist der Aalstrich, Mähne und Schweif sind schwarz, der mittlere Streifen der Mähne ist schwarz, die äußeren Haare sind hell.

CHARAKTER
Die Pferde sind eigensinnig, aber freundlich und arbeitsfreudig.

EXTERIEUR
Ein ziemlich kleiner, wohlgeformter Kopf mit einer breiten Stirn und weit auseinander liegenden Augen sowie kleinen Ohren, kennzeichnen das Fjordpferd ebenso, wie die Stehmähne, die oft in Form einer Mondsichel geschnitten wird. Ein kurzer, kräftiger Hals geht ohne deutlich erkennbaren Übergang in die Brust über, der Widerrist ist kaum sichtbar. Der Rumpf des Fjord-Pferds ist kraftvoll und muskulös. Seine

Fjord-Pferd

kurzen, kräftigen Beine haben viel Kötenbehang. Mit ihren harten, großen Hufen sind die Pferde außergewöhnlich trittsicher.

VERWENDUNG
Ursprünglich züchteten die Wikinger diese Pferde und benutzten sie für ihre Pferdekämpfe. Heute dienen Fjord-Pferde häufig als angenehmes Reitpony, da sie viel Gewicht tragen können. In hohen Gebirgsgegenden verwendet man sie als Arbeitsponys, dort ziehen sie Pflug oder Karren und tragen Lasten.

BEWEGUNG
Das Fjord-Pferd hat einen kräftigen Schritt und einen eher kurzen Trab.

BESONDERHEITEN
Das Fjord-Pferd hat seine charakteristischen Merkmale über Jahrhunderte hinweg bewahrt. In seiner norwegischen Heimat, wie auch in den übrigen skandinavischen Ländern, vor allem in Dänemark, wird seine Zucht auch heute noch betrieben. Ferner züchtet man es in Deutschland, Frankreich, Polen usw. Obwohl sein Stockmaß 1,45 m nicht überschreitet, spricht man von Fjord-Pferd (bzw. Fjord-Pony).

Frederiksborger

HERKUNFT
Dänemark.

STOCKMASS
Zwischen 1,55 und 1,62 m.

FARBE
Frederiksborger sind überwiegend Füchse.

CHARAKTER
Der Frederiksborger hat ein lebhaftes Temperament und ist willig und gehfreudig.

EXTERIEUR
Der Frederiksborger ist ein mittelschweres Warmblutpferd mit viel Adel. Er hat einen kleinen, oft ramsnasigen Kopf, wache Augen und einen aufmerksamen Ausdruck. Schulter- und Brustpartie sind außergewöhnlich kräftig. Der Rücken ist breit, der Rumpf gut gerippt. Die Pferde haben gute Beine und gut eingeschiente Sprunggelenke.

VERWENDUNG
Ursprünglich war der Frederiksborger als Schulpferd an den europäischen Königshöfen bekannt, durch Einkreuzung von Arabischem oder Englischem Vollblut entstand ein vielseitiges Reitpferd.

BEWEGUNG
Heute hat der Frederiksborger einen guten Schritt, einen raumgreifenden Trab und einen hübschen Galopp.

BESONDERHEITEN
Der Frederiksborger ist die älteste dänische Pferderasse, genannt nach dem mit Andalusischen und Neapolitanischen Hengsten begründeten Hofgestüt Frederiksborg. Sie entstand im Jahre 1562 in dem von König Frederik II. mit Spaniern und Neapolitanern gegründeten Gestüt und gehörte damals zur berühmtesten Rasse der Welt. Die Pluto-Linie der Lipizzaner lässt sich auf den Frederiksborger Hengst Pluto zurückführen. Nach dem Zweiten Weltkrieg wurde die Rasse zum eleganten Reitpferd umgestellt.

Friese

HERKUNFT
Niederlande, besonders die Provinz Friesland.

STOCKMASS
Zwischen 1,55 und 1,60 m.

FARBE
Friesenpferde sind Rappen, andere Farben sind nicht zulässig. Auch weiße Abzeichen sind unerwünscht.

Friese

Friesen vor der Kutsche

CHARAKTER
Die Pferde haben ein außergewöhnlich angenehmes Temperament – sie sind gutmütig, willig und arbeitsfreudig.

EXTERIEUR
Der Friese ist ein zierliches Zugpferd. An seinem mittellangen, beweglichen, hoch getragenen Kopf befinden sich kleine Ohren. Ein schwerer Hals mit gebogenem Nacken und eine meist lockige Mähne sind weitere Merkmale. Der Körper ist stark und kompakt mit mächtiger Schulter und abfallender Kruppe. Die kurzen, stämmigen Beine haben reichlich Kötenbehang.

VERWENDUNG
Friesen sind heute hauptsächlich in Schauvorstellungen, im Zirkus und im Fahrsport zu sehen. Aber auch unter dem Sattel ist das Friesenpferd ein guter Kamerad, denn bei aller Kraft und Ausdauer ist seine Sanftmut sprichwörtlich. Er hat sogar eine deutliche Veranlagung zur Dressur und kann höhere Lektionen erlernen.

BEWEGUNG
Der Trab ist energisch und raumgreifend und hat eine hohe Knieaktion.

BESONDERHEITEN
Die friesische Pferderasse ist eine der ältesten in Europa. Vorläufer der Friesen war vermutlich das im Mittelalter in Westeuropa verbreitete „Inländische Pferd". Später wurden orientalische Hengste, aber auch Spanier eingekreuzt,

wodurch die Pferde wendiger und schneller wurden. Die allgemeine Begeisterung für Trabrennen im 19. Jahrhundert hat vermutlich die Züchter dazu veranlasst, auf einen leichteren Pferdetyp des Friesen zu selektieren. Vor dem Ersten Weltkrieg wäre die Rasse beinahe ausgestorben. Allerdings gründeten holländische Bauern 1913 einen Zuchtverband und bauten die Rasse mit Oldenburger Hengsten wieder auf.

Hackney und Hackney-Pony

HERKUNFT
England.

STOCKMASS
Zwischen 1,43 und 1,54 m.

FARBE
Den Hackney gibt es in Dunkelbraun, Braun, als Fuchs, Rappe und Schimmel.

CHARAKTER
Der Hackney ist ein temperamentvolles, lebhaftes und arbeitswilliges Pferd.

EXTERIEUR
Typisch für den Hackney ist der gebogene, muskulöse, schön getragene Hals, der hübsche Kopf mit geradem Profil und der hoch angesetzte und hoch getragene Schweif. Die Beine sind kräftig mit elastischen Gelenken und kurzen Fesseln. Die Hufe sind klein und hart.

VERWENDUNG
Der Hackney ist ein Traber, der allerdings nicht in Wettbewerben eingesetzt wird, in denen es um Schnelligkeit geht. Wegen seiner extrem hohen, runden Knieaktion wird er in Shows eingesetzt.

Hackney

Hackney-Pony

BEWEGUNG
Auffallend sind seine brillanten, energischen Gangarten. Der Schritt ist federnd und flott, der Trab rasch und rhythmisch mit extrem hoher Knieaktion, die von den stark angewinkelten Hinterbeinen unterstützt wird.

BESONDERHEITEN
Der Name „Hackney“ stammt vom mittel-englischen Wort „hakene“ (Damenpferd), er wurde verwendet, um es vom Kriegs- und Arbeitspferd zu unterscheiden. Das Hackney-Pony ist die verkleinerte Ausgabe, mit einem Stockmaß von maximal 1,45 m. Das „American Hackney Horse Stud Book“ macht keinen Unterschied zwischen dem Pferd und dem Pony.

Haflinger

HERKUNFT
Österreich (Nord-Tirol), Bayern, Italien (Hafling).

STOCKMASS
Zwischen 1,35 und 1,45 m.

FARBE
Der Haflinger ist fuchsfarben mit blonder Mähne und Schweif.

CHARAKTER
Der Haflinger ist ein intelligentes, genügsames und freundliches Pferd.

EXTERIEUR
Ein mittelgroßer Kopf mit spitz zulaufendem Maul, freundlichen, wachsamen Augen, offenen Nüstern und kleinen Ohren macht den Haflinger zu einem sympathisch wirkenden Pferd. Sein Rumpf ist gut bemuskelt, Brust und Rücken sind breit. Die kurzen Beine tragen runde, harte Hufe.

VERWENDUNG
Der Haflinger ist ein ausgezeichnetes Zug- und Reitpferd. In den Alpen verwendet man ihn als Packpferd.

BEWEGUNG
Aus ihren Bewegungen wird ersichtlich, wofür diese Pferde ursprünglich gezüchtet worden sind, nämlich als Bergpferde. Haflinger können ausgezeichnet klettern und sind außergewöhnlich trittsicher.

BESONDERHEITEN
Der Haflinger entstand im 19. Jahrhundert aus einem Shagya-arabischen Deckhengst und einer Stute aus Tirol, deren Vorfahren aus dem Mittelalter vermutlich östlichen Einflüssen unterlegen waren.
Der Ort Hafling, nach dem die Rasse benannt wurde, liegt heute in Italien. Im österreichischen Nord-Tirol wird heute ein moderner, vielseitiger und leichterer Haflinger gezüchtet. Der südlichere Haflinger ist vom Typ her schwerer.

Haflinger

Zwei Haflinger

Hannoveraner

HERKUNFT
Deutschland, Niedersachsen, Hannover.

STOCKMASS
Zwischen 1,60 und 1,75 m.

FARBE
Alle Farben, oft Füchse, mit weißen Abzeichen, aber auch Braune, Rappen und Schimmel.

CHARAKTER
Der Hannoveraner hat einen gutartigen Charakter und meist ein ruhiges Temperament.

EXTERIEUR
Die Pferde sind imposant mit einem nicht besonders edlen, aber sympathischen Kopf. Der Hals ist kräftig, die Schultern sind hervorragend, der Rumpf ist stark mit tiefer Brust. Die schräge Kruppe ist gut bemuskelt, die Nierenpartie breit und solide. Korrekte Beine, gute Fesseln und elastische Sprunggelenke sind weitere Merkmale.

VERWENDUNG
Der Hannoveraner ist eines der erfolgreichsten Dressur- und Springpferde der Welt. Er ist ein ideales Reit- und Sportpferd, der für fast alle Bereiche des Pferdesports ausgezeichnet verwendet werden kann.

BEWEGUNG
Der Hannoveraner hat einen raumgreifenden Schritt, einen schwungvollen Trab und einen ausgezeichneten Galopp.

Hannoveraner

BESONDERHEITEN
Wie alle anderen deutschen Warmblutrassen ist der Hannoveraner ein Pferd von ausgezeichneter Qualität. Er wurde im 18. Jahrhundert hauptsächlich aus Mecklenburgern, Holsteinern und Englischen Vollblütern entwickelt und ist ein starkes, elegantes Leistungspferd. Ausgeglichenheit, Leistung und Kraft zeichnen den Hannoveraner aus. Er gehört zu den erfolgreichsten Turnierpferden der Welt.

Holsteiner

HERKUNFT
Deutschland, Holstein.

STOCKMASS
Zwischen 1,65 und 1,75 m.

FARBE
Den Holsteiner gibt es in vielen Farben, z. B. Schwarz- bis Hellbraune, seltener Füchse und Schimmel.

CHARAKTER
Der Holsteiner ist ein aufmerksames, anpassungsfähiges, nervenstarkes, williges und sehr vielseitiges Pferd.

EXTERIEUR
Wie der Hannoveraner ist auch der Holsteiner ein großes Pferd. Aber durch das Einkreuzen von Englischen Vollblütern hat er recht vornehme Vorfahren. Sein Kopf ist ausdrucksvoll und sitzt auf einem kräftigen Hals. Auch Schultern und Brust sind kräftig. Der Widerrist ist ausgeprägt, der Rumpf kompakt und gut gewölbt.

Holsteiner

Ein mittellanger, elastischer Rücken, eine gute Hinterhand, schlanke, harte Beine mit kurzen Röhren sind weitere rassetypische Merkmale.

VERWENDUNG
Ursprünglich war der Holsteiner ein Kutschpferd, aber durch die ständige Veredlung der Rasse ist er heute hauptsächlich ein Reitpferd mit hervorragenden sportlichen Qualitäten.

BEWEGUNG
Der Holsteiner hat einen langen Schritt, einen raumgreifenden, flotten Trab, einen schwungvollen Galopp und besitzt ein ausgezeichnetes Springvermögen.

BESONDERHEITEN
Ursprünglich war der Holsteiner ein kräftiges, elegantes Kutschpferd. In seinen Adern fließt orientalisches, andalusisches und neapolitanisches Blut. Seit dem 19. Jahrhundert waren vermehrt Reitpferde gefragt und Züchter verwendeten verstärkt Englische Vollbluthengste. Hierbei wurde besonders auf gute Beine und gute Hufe Wert gelegt. Durch diese Veredlung stehen die Pferde heute im modernen Reitpferdetyp.

Hunter

HERKUNFT
England und Irland.

STOCKMASS
Das Stockmaß der Hunter variiert, ist aber selten niedriger als 1,65 m; ein Damen-Hunter ist wesentlich kleiner.

FARBE
Alle Farben kommen vor.

CHARAKTER
Hunter sind kühn, intelligent und umgänglich und haben viel Ausdauer.

EXTERIEUR
Hunter sind keine eigene Rasse, sondern Pferde mit einer robusten Konstitution, die sich für die Jagd hinter der Meute eignen. Der Huntertyp richtet sich nach dem Jagdgelände. Man unterscheidet drei Kategorien: schwer, mittelschwer und leicht. Auf schwerem Boden tut sich ein kräftig gebautes Pferd wesentlich leichter, als ein leichtes Jagdpferd. Die Typen sollten auch auf Gewicht und Last des Reiters abgestimmt sein.

Hunter

VERWENDUNG
Der Hunter wird für das Jagdreiten gezogen. Die besten Jagdpferde findet man in Ländern mit langer Reitjagd-Tradition, besonders Irland und Großbritannien.

BEWEGUNG
Der Hunter springt ausgezeichnet. Weiterhin haben diese Pferde einen raumgreifenden Schritt und einen sehr schnellen Galopp, den sie über große Strecken durchhalten können.

BESONDERHEITEN
Hunter entstanden aus Kreuzungen Englischer Vollbluthengste mit Stuten unterschiedlicher Kaltblutrassen (in England Cleveland Bay-Stuten, in Irland Irish Draught-Stuten). Deshalb sind Hunter „Halbblüter" im eigentlichen Sinne des Wortes. Wie bereits der Name andeutet, eignen sich Hunter besonders als Jagdpferde hinter der Meute. Die Tiere sind in der Lage, eine ganze Jagdsaison durchzuhalten und sich in guter Form zu präsentieren.

Island-Pony

HERKUNFT
Island.

STOCKMASS
Zwischen 1,25 und 1,40 m.

FARBE
Island-Ponys sind meist schwarz oder dunkelbraun, aber es gibt auch Füchse und Schimmel. Füchse haben oft eine helle Mähne und einen hellen Schweif.

CHARAKTER
Das Island-Pony ist freundlich, umgänglich und gutmütig. Es hat ein großes Durchhaltevermögen. Die Pferde sind sehr lebhaft und trittsicher.

EXTERIEUR
Der Isländer hat einen großen Ramskopf mit kleinen Ohren, einen gedrungenen Körperbau und starke Beine. Sein Schweif ist tief angesetzt. Mähne und Schweif sind üppig. Die Schultern sind gerade, was die hohe Aktion, z. B. im Tölt fördert. Obwohl die tief angesetzten Sprunggelenke nicht so groß sind, ist die Hinterhand stark und tritt weit unter.

VERWENDUNG
Das Island-Pony ist ursprünglich ein Bergpferd, das unter widrigen Bedingungen überleben kann. Es kann als Last-, Zug- oder Reitpferd genutzt werden. In Island verrichten die Pferde alle auf der Insel anfallenden Arbeiten.

BEWEGUNG
Die Gangarten Pass und Tölt sind charakteristisch für Islandpferde. Die Fußfolge des Tölts ist die des Schrittes in höherer Geschwindigkeit. Auf hartem Grund hört man ihn als konstantes Viertakt-Stakkato. Der Pass wird nur über kurze Strecken und in hoher Geschwindigkeit ausgeführt, wobei die Gliedmaßen der gleichen Seite fast gleichzeitig auf- und abfußen. Somit hat der Isländer fünf Gangarten. Seine Bewegungen sind äußerst sicher, selbst in schwierigem Gelände.

BESONDERHEITEN
Isländer werden erst mit fünf Jahren angeritten, da sie sehr spät erwachsen werden. Dies bedeutet allerdings auch, dass die Ponys in der Anschaffung relativ teuer sind. Das Island-Pony ist eigentlich kein Stallpferd. Die Ponys mögen es, das ganze Jahr über auf der Weide zu stehen. Ihr dickes Winterfell hält sie warm und trocken, selbst wenn es sehr kalt ist. Im Sommer brauchen sie allerdings einen Unterstand als Schutz vor der prallen Sonne.
Die enorme Robustheit der Islandponys und die breiten Einsatzmöglichkeiten wiegen gelegentlich auftretende Probleme, wie das Sommerekzem, auf. Isländer werden in Island in halbwilden Herden gezogen, aber auch außerhalb Islands sind diese Ponys eine beliebte und oft gezüchtete Rasse.

Irish Draught Horse

HERKUNFT
Irland.

STOCKMASS
Die Größe variiert zwischen 1,60 und 1,70 m.

FARBE
Am häufigsten gibt es Braune, Schwarzbraune, Füchse und Schimmel.

CHARAKTER
Das Irish Draught Horse ist ein arbeitswilliges Zugpferd mit einem angenehmen Charakter. Deshalb eignen sich die Pferde als Basis für einen Hunter.

EXTERIEUR
Das Irische Zugpferd ist groß und muskulös, mit einem langen Rumpf und vier harten, kräftigen Beinen mit stark entwickeltem Knochenbau und nur leichtem Kötenbehang.

VERWENDUNG
Kreuzungen mit Vollblütern machten dieses Pferd zu einem beliebten Turnierpferd. Die berühmten irischen Jagdpferde führen häufig das Blut von Irish Draught Horses.

BEWEGUNG
Die Bewegungen sind in allen drei Gangarten raumgreifend und schwungvoll. Auffallend ist das Springvermögen.

BESONDERHEITEN
Das Irish Draught Horse ist ein irisches Warmblut, bei dem die Kaltbluteigenschaften auch heute noch deutlich sichtbar sind. Vermutlich wurden in früheren Zeiten Pferde der Rasse Connemara beziehungsweise Spanische Pferde

Irish Draught Horse mit Fohlen

Kladruber

und Englische Warmblüter eingekreuzt. Der Kaltbluteinfluß dieser Rasse stammt wahrscheinlich aus dem 19. Jahrhundert.

Kladruber

HERKUNFT
Tschechien.

STOCKMASS
Das mittlere Stockmaß liegt zwischen 1,65 und 1,75 m, aber selbst 1,80 m kommen vor.

FARBE
Kladruber sind Schimmel oder Rappen, in Abhängigkeit vom Gestüt, in dem sie gezogen wurden (siehe Besonderheiten).

CHARAKTER
Kladruber haben einen freundlichen, ruhigen Charakter, können aber durchaus auch Temperament zeigen, wenn es von ihnen erwartet wird.

EXTERIEUR
Der Kladruber hat spanisch-neapolitanische Vorfahren und besitzt einen langen Kopf und eine stark ausgeprägte Ramsnase. Sein Hals ist gut bemuskelt, der Rücken zeigt wenig Widerrist und ist manchmal etwas weich. Die Kruppe ist breit und kurz. Die Beine sind kräftig und

Kladruber

Konik

haben trockene Gelenke. Die Hufe sind groß und hart.

VERWENDUNG
Zu Zeiten der Donaumonarchie wurden alle weißen Pferde aus dem Gestüt Kladrub als festliches Galapferd und elegantes Reitpferd in die kaiserlichen Ställe Wiens gebracht. Schwarze Pferde wurden für Begräbnisse oder für die Kutschen des Klerus verwendet. Der Kladruber ist auch ein ausgezeichnetes Reitpferd. Weiterhin werden Kladruber immer häufiger im Sport eingesetzt.

BEWEGUNG
Die Gangarten sind eher kurz, aber mit einer hohen Knieaktion. Der Schritt ist nicht sehr lang und eher schreitend. Die majestätische, erhabene Bewegung kommt im Trab am besten heraus. Der Galopp ist schwerfällig.

BESONDERHEITEN
1572 wies Kaiser Maximilian II. den Ort Kladrub an der Elbe als einen Ort für die Züchtung von kräftigen und eleganten Kutschpferden aus. Sein Sohn, Rudolf II., machte hieraus ein offizielles Kaiserliches Hofgestüt. Die Pferde werden nach Farbe gezüchtet: Schimmel im Gestüt in Kladrub, Rappen in Slatinany. Die Pferde sind relativ spät ausgewachsen und entwickeln sich dementsprechend, dies kommt aber ihrem hohen Lebensalter zugute.

Konik

HERKUNFT
Polen.

STOCKMASS
Zwischen 1,25 und 1,35 m.

FARBE
Falbe in allen Schattierungen, meistens mit Aalstrich. Angeblich sollen manche im Winter ein weißes Fell haben.

CHARAKTER
Die meisten Konik-Pferde haben ein gutmütiges und fleißiges Wesen. Sie verbinden Zähigkeit und Genügsamkeit mit hoher Lernbereitschaft und Leistungsfähigkeit.

EXTERIEUR
Der Konik hat Kennzeichen des Urponys und erinnert stark an den Tarpan. Er ist ein außergewöhnlich robustes Pferd und kommt mit dürftigem Futter aus. Sein Profil ist konkav und die Ohren sind klein. Der Hals ist gedrungen, der Rumpf breit und eher lang. Beine und Hufe sind kräftig gebaut. Der Schweif ist tief angesetzt und üppig. Im Winter wird das ganze Fell dick und wollig. Manche Koniks haben leichten Kötenbehang.

VERWENDUNG
Koniks sind sehr langlebig und fruchtbar. Man kann sie auf einfache Weise robust halten. Meist wird der Konik in der Landwirtschaft von Bauern als Arbeitspony eingesetzt.

BEWEGUNG
Die Bewegungen sind in allen drei Gangarten flott. Der Konik galoppiert und springt ausgezeichnet.

BESONDERHEITEN
Koniks sind zähe Ponys, die noch alle Kennzeichen des Urponys besitzen, wie zum Beispiel den Aalstrich am Rücken. Mit ihrem mausgrauen Fell ähneln sie dem Tarpan.
Koniks – das Wort bedeutet „Pferdchen" – kamen in Polen bereits im Altertum vor. Obwohl der Konik offensichtlich mit östlichem

Blut veredelt wurde, besitzt er noch heute den ursprünglichen Körperbau seiner Vorfahren.

Königlich-Niederländisches Warmblutpferd (KWPN): Groninger und Gelderländer

HERKUNFT
Niederlande.

STOCKMASS
Zwischen 1,65 und 1,70 m.

FARBE
Niederländische Warmblutpferde gibt es als Braune, Dunkelbraune und Füchse, mit weißen Abzeichen hauptsächlich bei Zugpferden. Rappen und Schimmel sind seltener.

CHARAKTER
Das Niederländische Warmblutpferd ist ein williges, freundliches, meist gut gelauntes und lebhaftes Tier.

EXTERIEUR
Beim Niederländischen Warmblutpferd unterscheidet man zwei Haupttypen: den Groninger, der insgesamt schwerer gebaut ist, und den Gelderländer, der wesentlich edler ist. Die Pferde sind allgemein sehr kompakt. Der Hals ist kräftig und wird gut getragen, der mittelgroße Kopf ist, je nach Typ, edel oder nicht.

VERWENDUNG
Das Niederländische Warmblutpferd wird gerne als Sportpferd in der Dressur, aber auch im Springsport eingesetzt. Der Groninger ist ein ausgezeichnetes Zugpferd; wird aber auch gerne als Reitpferd verwendet.

Gelderländer Stute

BEWEGUNG
Die Bewegungen sind in allen Gangarten flach und raumgreifend. Niederländische Warmblutpferde sind dynamische und talentierte Springpferde. Beim Ziehen kennzeichnet sie eine energische, hohe Trabaktion.

BESONDERHEITEN
Das heutige Niederländische Warmblutpferd ist ein echtes Kind unserer Zeit. Es entstand im 20. Jahrhundert aus Kreuzungen zwischen den bereits oben erwähnten Basisrassen Groninger und Gelderländer.
Eine Kreuzung dieser beiden Typen brachte allerdings noch kein Pferd hervor, das die Anforderungen eines Sportpferds erfüllte. Aus diesem Grunde wurden Gelderländer und Groninger unter anderem mit Englischem Vollblut, Anglo-Normannischem Traber und Holsteiner gekreuzt.
In jüngster Zeit wird der Typ auf ein vielseitig verwendbares Reitpferd umgeformt!

Königlich-Niederländisches Warmblutpferd (KWPN)

Groninger Hengst

Lipizzaner

HERKUNFT
Ursprünglich sind Lipizzaner eine jugoslawisch-österreichische Rasse.

STOCKMASS
Das Stockmaß variiert von 1,57 bis 1,60 m.

FARBE
Am häufigsten gibt es Schimmel, aber der jugoslawische Lippizaner kann auch schwarz oder braun sein.

CHARAKTER
Der Lipizzaner ist ein intelligentes, braves und lernbegieriges Pferd.

EXTERIEUR
Der Kopf ist eindrucksvoll und hat oft ein gerades Profil. Der Hals ist relativ hoch angesetzt, nicht besonders lang und macht einen kräftigen Eindruck. Der Körper ist mit seiner runden Kruppe und den schweren Schultern der Inbegriff von Kraft. Der Schweif ist gut angesetzt. Die Beine sind kurz und kräftig, die Hufe klein.

VERWENDUNG
Der Lipizzaner ist durch seine Auftritte in der Spanischen Hofreitschule in Wien berühmt. Sein Charakter und seine erhabenen Bewegungen machen ihn für Lektionen der Hohen Schule geeignet.

BEWEGUNG
Der Schritt ist kurz, der Trab hat eine hohe Knieaktion, die im „Spanischen Schritt" zum Ausdruck kommt. Der Galopp ist relativ schwer.

BESONDERHEITEN
Der Lipizzaner wurde durch die Spanische

Lipizzaner

Hofreitschule in Wien bekannt. 1580 begann Erzherzog Karl von Österreich die Zucht mit 33 Tieren, die er aus Spanien kommen ließ. Später wurde deutsches Blut eingekreuzt. Die Rasse ist nach dem Gestüt in Lipizza benannt.
Die Ausbildung zur Hohen Schule dauert ungefähr zwei Jahre. Von einigen Lipizzanern ist bekannt, dass sie bis zu einem Lebensalter von zwanzig oder mehr Jahren Lektionen auf höchstem Niveau durchführten. Besonders der Trab mit viel Aktion macht dieses Pferd für die Hohe Schule der Reitkunst geeignet.

Mecklenburger

HERKUNFT
Deutschland.

STOCKMASS
Zwischen 1,52 und 1,63 m.

FARBE
Den Mecklenburger gibt es in allen möglichen Fellfarben.

CHARAKTER
Der Mecklenburger hat einen willigen, gutartigen Charakter. Er ist mutig, energisch und ruhig, diese Eigenschaften machen ihn zu einem ausgezeichneten Reitpferd.

EXTERIEUR
Der Mecklenburger ist mit Hannoveranern nahe verwandt und erinnert auch äußerlich stark an diese Rasse. Der Hannoveraner ist größer und ausgesprochen lang, wohingegen der Mecklenburger eher gedrungen ist. Der Mecklenburger ist ein mittelgroßes, kompakt gebautes Pferd mit guten Beinen und Knochen.

VERWENDUNG
Der Mecklenburger wird heute hauptsächlich als Reitpferd verwendet.

BEWEGUNG
Die Bewegungen sind schwungvoll und regelmäßig in allen Gangarten.

BESONDERHEITEN
Der Mecklenburger wurde früher als Kavalleriepferd gezogen, aber nach dem Zweiten Weltkrieg stellte man die Zuchtrichtung auf Reitpferde um.

Mini-Appaloosa

HERKUNFT
Vereinigte Staaten.

STOCKMASS
Bis 1,10 m.

Mini-Appaloosas

FARBE
Der Mini-Appaloosa hat die gleichen Farben wie sein größerer Bruder, der Appaloosa (siehe dort).

CHARAKTER
Durch Einkreuzung von viel Ponyblut hat sich der ruhige Charakter der Appaloosas zur Verspieltheit, verbunden mit Untugenden verändert, die viele Ponys kennzeichnen. In der Regel sind die Pferdchen flink und wenig.

VERWENDUNG
Mini-Appaloosas sind reine Zierponys. Als Reitponys sind sie weniger geeignet.

BEWEGUNG
Die Bewegungen sind in allen Gangarten ruhig und eher kurz.

BESONDERHEITEN
Diese Rasse entstand aus Appaloosas der Nez-Percé-Indianer aus dem Norden der Vereinigten Staaten, die mit unterschiedlichen europäischen Ponyrassen gekreuzt wurden.

Mini-Shetland-Pony

Siehe: Shetland-Pony

Niederländisches Zugpferd

HERKUNFT
Niederlande.

STOCKMASS
Ungefähr 1,60 m.

Mini-Shetland-Ponys

FARBE
Das Niederländische Zugpferd gibt es als Falbe, auch Füchse kommen vor.

CHARAKTER
Das Niederländische Zugpferd hat einen ruhigen, ausgezeichneten Charakter.

EXTERIEUR
Der kleine Kopf steht in auffälligem Gegensatz zu dem schweren, muskulösen Körper. Die Beine sind kurz und haben einen dicken Behang. Das Gewicht dieses Pferdes beträgt zwischen 750 und 1000 kg.

VERWENDUNG
Das Niederländische Zugpferd ist ein typisches Arbeitspferd, das früher hauptsächlich in der Landwirtschaft eingesetzt wurde.

BEWEGUNG
Für ein derart schweres Pferd hat das Nieder-

Niederländische Zugpferde

ländische Zugpferd einen besonders leichten und energischen Schritt. Der Trab ist raumgreifend und eher ruhig.

BESONDERHEITEN
Das Niederländische Zugpferd ist die einzige Zugpferderasse aus den Niederlanden, sie entstand am Anfang des 20. Jahrhunders aus einer einheimischen niederländischen Kaltblutrasse. Die Pferde sind imposant und besitzen eine ungeheure Kraft. Sie wurden über einen langen Zeitraum als Zugpferde in vielen europäischen Ländern verwendet, aber heute kommen sie nur noch sehr selten vor. Die starken Kaltpblutpferde sind sehr anspruchslos.

New Forest-Pony

HERKUNFT
England, besonders New Forest (im Süden von London).

STOCKMASS
Das Stockmaß beträgt zwischen 1,25 und 1,47 Meter.

FARBE
Jede Farbe, außer Schecke.

CHARAKTER
Das New Forest-Pony hat ein mutiges, williges und sehr freundliches Temperament und ist sehr intelligent.

EXTERIEUR
Der Kopf weist auf Araber hin, mit ausdrucksvollen Augen und großen Nüstern. Der lange, kräftige Rücken hat viel Widerrist. Die Beine sind gut und hart, allerdings sind sie oft nicht korrekt in der Stellung.

VERWENDUNG
Das New Forest-Pony ist ein beliebtes Reitpony für Kinder.

BEWEGUNG
Der Schritt und der Trab sind normal, aber die Ponys springen und galoppieren gut.

BESONDERHEITEN
Das New Forest-Pony verdankt seinen Namen dem New Forest-Waldgebiet, einer offenen, großzügigen Parkanlage und gleichzeitig dem Naherholungsgebiet Londons und des dichtbevölkerten Südostens.
Das freilebende Pony ist von Geburt an an den Menschen gewöhnt. Deshalb ist die Rasse als Kinderreitpony bestens geeignet.

New Forest-Pony

Das New Forest-Pony ist ein hübsches Reitpony

Um die eigentlich kleinen New Forest-Ponys zu besseren Reit- und Zugpferden zu machen, wurden sie mit Vollblütern gekreuzt. Bei vielen Tieren ist dieser Einfluss noch deutlich zu sehen, besonders an dem relativ großen Kopf.

Noriker

HERKUNFT
Österreichische und bayerische Alpen.

STOCKMASS
Ungefähr 1,60 m.

FARBE
Die häufigsten Fellfarben sind Dunkelbraun, Schwarz und Fuchsfarben mit wenig Abzeichen. Die früher recht häufigen Schecken werden seltener.

CHARAKTER
Der Noriker hat einen arbeitswilligen Charakter und ist im Umgang gut zu haben. Er ist sehr trittsicher.

EXTERIEUR
Der Kopf ist derb und schwer, hat aber einen freundlichen Ausdruck. Am kurzen, starken Hals befindet sich eine gelockte Mähne. Der Noriker hat eine breite Brust, eine kräftige, ziemlich steile Schulter und einen breiten Rücken. Die Pferde haben eher kurze Beine mit gut ausgebildeten Sprunggelenken und wenig Behang.

Noriker

VERWENDUNG
Der Noriker ist nicht nur als Arbeitspferd, sondern auch als Therapiepferd geeignet.

BEWEGUNG
Der Noriker ist hauptsächlich ein Schrittpferd mit guten Bewegungen.

BESONDERHEITEN
Der Noriker verdankt seinen Namen der Provinz Noricum, dort soll diese alte Rasse herkommen. Heute entspricht dieses Gebiet ungefähr dem österreichischen Staatsgebiet. Etwa um die Zeit der Renaissance fing die Kirche an, sich für die Zucht zu interessieren und kreuzte andalusisches und neapolitanisches Blut ein. Lange Zeit wurde der Noriker im Gebirge gezogen und passte sich deshalb hervorragend an das steile Gelände an. Deshalb ist er in Mittel- und Südeuropa immer noch sehr begehrt. In Deutschland heißt er Süddeutsches Kaltblut.

Oldenburger

HERKUNFT
Deutschland.

STOCKMASS
Zwischen 1,65 und 1,75 m.

FARBE
Ursprünglich waren Oldenburger braun, schwarzbraun oder schwarz, aber heute gibt es auch Füchse.

CHARAKTER
Der Oldenburger ist ein gutmütiges Pferd mit einem ausgezeichneten Charakter.

EXTERIEUR
Kennzeichend für diese Pferde ist eigentlich ein Ramskopf. Sie haben eine enorme Ausstrahlung, mit viel Hals und einen großen, kräftigen Körper. Der Rumpf ist breit und gut bemuskelt. Die Beine sind starkknochig. Durch Verwendung von etwas Vollblut stehen die Pferde heute im Typ eines edlen Warmblutpferds.

VERWENDUNG
Ursprünglich wurde der Oldenburger wegen seiner Kraft und Eleganz als Kutschpferd gezogen. Durch Kreuzungen mit Vollblütern, Hannoveranern und Holsteinern ist er jetzt ein Reitpferd.

BEWEGUNG
Alle drei Gangarten sind leicht, raumgreifend und taktmäßig. Außerdem ist der Oldenburger ein ausgezeichnetes Springpferd.

BESONDERHEITEN
Der Oldenburger ist ein Warmblutpferd deutscher Abstammung, das im 17. Jahrhundert aus kräftigen Zug- und Arbeitspferden entwickelt wurde. Seit dieser Zeit hat sich die Rasse zum edlen Sportpferd weiterentwickelt. Trotzdem ist der ursprüngliche Charakter am massiven Gebäude immer noch gut zu erkennen. Der Oldenburger ist ein modernes, kräftiges Sportpferd, das in Vielseitigkeitsprüfungen oder beim Springen eingesetzt werden kann.

Orlow-Traber

HERKUNFT
Russland.

STOCKMASS
Die mittlere Widerristhöhe liegt zwischen 1,58 und 1,60 m.

CHARAKTER
Der Orlow-Traber hat ein energisches Temperament.

EXTERIEUR
Obwohl die Pferde äußerlich stark variieren, ist meist der arabische Einfluss deutlich zu sehen. Die Augen sind groß, die Ohren kurz. Der Hals hat oft eine charakteristisch gebogene Linie. Der manchmal etwas weiche Rücken hat wenig Widerrist. Die Beine sind starkknochig. Weitere Merkmale sind eine dichte Mähne und Schweif und oft ein ziemlich starker Fesselbehang.

VERWENDUNG
Der Orlow-Traber ist ein großes, elegantes Zugpferd, das hauptsächlich in Russland auch

Orlow-Traber

Paint (overo)

Paint (overo)

in Trabrennen vor den Sulky gespannt wird. In der Zucht verwendet man Orlow-Traber heute noch als Veredler von eher derben Arbeitspferden.

BEWEGUNG
Der Orlow-Traber hat einen kurzen Schritt und besitzt in der Regel einen schnellen Trab mit guter Knieaktion.

BESONDERHEITEN
Vor der Revolution im Jahr 1917 war die Pferdezucht der russischen Aristokratie vorbehalten. Begründer der Rasse war Graf Alexej Grigoriewitsch Orlos. 1777 kreuzte er seinen Araberhengst mit einer dänischen Stute. Dieses Produkt wiederum wurde mit einer holländischen Stute gekreuzt und so erhielt er 1784 den Stammvater der Orlow-Traber. Seitdem wurden u. a. Araber und Vollblüter eingekreuzt. Sie waren an der Entstehung von Trabern in Westeuropa maßgeblich beteiligt.

Paint

HERKUNFT
Vereinigte Staaten.

STOCKMASS
Das Stockmaß variiert von 1,42 bis 1,72 m.

FARBE
Paints sind eine Farbvariante des Quarter Horses, eine Spezialzucht mit weißen Abzeichen, die mehr oder weniger über das von der American Quarter Horse Association festgesetzte Maß hinausgehen. Es existieren zwei verschiedene Zeichnungsmuster: „tobiano“ (vier weiße Beine, nur wenige Abzeichen am Kopf) und „overo“ (breite Blesse oder weißer Kopf, blaue Augen; die weißen Abzeichen kreuzen die Oberlinie des Pferdes nicht). Die Skala der jeweiligen Zeichnung ist so immens, dass selbst Fachleute manchmal ins Zweifeln geraten können.

CHARAKTER
Der Charakter der Paints weicht von dem der Quarter Horses nicht ab. Der Paint ist intelligent und angenehm.

EXTERIEUR
Die Farbe ist das einzige äußerliche Kennzeichen, worin sich der Paint von anderen Quarter Horses unterscheidet. Er verfügt über die gleichen Kennzeichen: Ein kurzer Kopf mit freundlichen, klugen Augen und offenen Nüstern, ein kurzer, muskulöser Rücken und eine stark entwickelte, muskulöse Hinterhand.

Paint (tobiano)

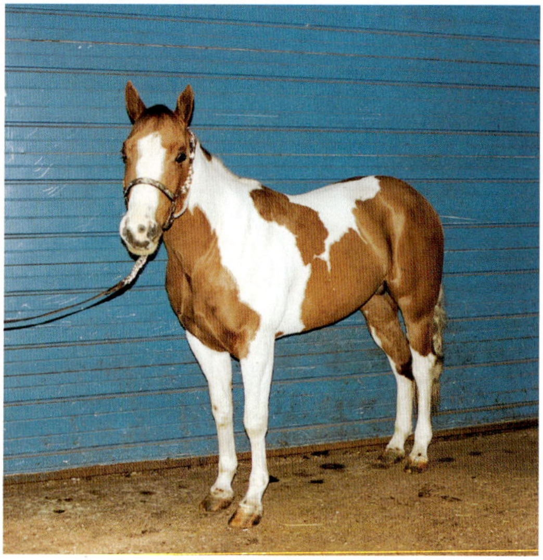

VERWENDUNG
Der Paint ist ein typisches Westernpferd und wird für alle Sparten des Westernsports verwendet.

BEWEGUNG
Der Paint hat gute Gangarten und besitzt ein enormes Beschleunigungsvermögen.

BESONDERHEITEN
Diese aparte Rasse mit einem eigenen Stammbuch entstand als Reaktion auf die Tatsache, daß Quarter Horses nicht im Quarter-Stammbuch aufgenommen wurden, wenn sie nicht einfarbig waren. Ab und zu kam es vor, dass aus einfarbigen Eltern ein geflecktes Fohlen auf die Welt kam. Um auch diese Pferde registrieren zu können, wurde die American Paint Horse Association gegründet. Daneben gibt es auch die Pinto Horse Association, die Pferde aller Rassen aufnimmt, solange sie den Farbvorstellungen entsprechen.

Percheron

HERKUNFT
Frankreich, Gebiet von Perche, Normandie.

STOCKMASS
Zwischen 1,60 und 1,75 m.

FARBE
Der Percheron kann Schimmel und Rappe sein.

CHARAKTER
Der Percheron hat einen gutartigen Charakter und ein energisches Temperament.

EXTERIEUR
Der Percheron ist ein schweres Kaltblutpferd, aber da er auch arabisches Blut führt, ist diese Kaltblutrasse leichter gebaut als andere Kaltblutrassen. Dies ist an ihrem ausdrucksvollen Kopf mit geradem Profil, weit auseinander liegenden, großen Augen und weiten Nüstern sowie an den relativ kleinen Hufen deutlich zu sehen. Der Hals ist stark gebogen, der Rücken hat wenig Widerrist und die Kruppe ist äußerst kraftvoll. Im Gegensatz zu den meisten Kaltblutrassen hat der Percheron sehr wenig oder keinen Kötenbehang.

VERWENDUNG
Der Percheron ist das populärste Zugpferd auf der ganzen Welt und wird auch häufig vor Kutschen gesehen.

Percherons

BEWEGUNG
Der Percheron hat raumgreifende, elegante und ausgeglichene Bewegungen im Schritt und Trab.

BESONDERHEITEN
Es wird allgemein vermutet, dass die Ritter von Karl dem Großen die Vorfahren der Rasse der Percherons geritten haben. Ein enormes Exemplar aus früheren Zeiten war der Percheron Dr. Le Gear, der ein Stockmaß von 2,10 m hatte und 1372 kg wog.
Zur Zeit werden auf der ganzen Welt Percherons gezüchtet. In Amerika wurden die Tiere seit Mitte des vergangenen Jahrhunderts sorgfältig gezogen. In England verwendet man den Percheron, um in Kombination mit Vollblütern gute Hunter zu ziehen. In Frankreich haben sich neue Schläge mit einem eigenen Stammbuch entwickelt: Sie heißen Augeron, Berrichon, Loire, Maine und Nivernais.

Pinto

HERKUNFT
Vereinigte Staaten.

STOCKMASS
Das Stockmaß variiert von 1,45 bis 1,55 m.

FARBE
Die Farben des Pinto stimmen mit denen des Paint überein. Der Unterschied zwischen Pinto und Paint liegt darin, dass letzterer eigentlich ein Quarter Horse ist und ersterer nicht. Die populärste Farbe ist ein Schecke in schwarzweiß. Häufig sind auch rotbunte oder dreifarbige Pintos.

Pinto

Die Scheckung ist kein Zufallsprodukt, sondern das Ergebnis einer systematischen Farbzucht.

CHARAKTER
Der Pinto ist normalerweise ein freundliches und williges Reitpferd.

EXTERIEUR
Der Kopf hat ein durchgehendes, gerades Profil und große, ausdrucksvolle Augen. Wie häufig bei amerikanischen Pferden hat der Rücken kaum Widerrist. Der Rücken ist kräftig und die Kruppe rund und abfallend. Die Beine sind kurz.

VERWENDUNG
Der Pinto ist ein angenehmes Reitpferd.

BEWEGUNG
Die Bewegungen sind in allen drei Gangarten schwungvoll, aber nicht immer regelmäßig. Der Galopp ist ausgezeichnet.

BESONDERHEITEN
Der Pinto hat seit 1941 ein eigenes Stammbuch, die Pinto Horse Association. Ursprünglich hat der Pinto spanische Vorfahren. Diese Rasse wurde jahrhundertelang von den Indianern gezüchtet. Der Pinto darf also nicht mit dem Paint verwechselt werden.

Przewalski-Pferd

HERKUNFT
Mongolei.

STOCKMASS
Das Stockmaß variiert zwischen 1,22 und 1,44 m.

FARBE
Das Przewalski-Pferd wird durch sein sandfarbenes Fell sowie Aufhellungen an Maul und Bauch gekennzeichnet.

CHARAKTER
Das Przewalski-Pferd besitzt alle Charaktereigenschaften eines Wildpferdes.

EXTERIEUR
Der Przewalski fällt wegen seines aufrecht stehenden Mähnenkamms auf. Sein Kopf ist relativ groß und schwer und hat ein weißes Maul. Mähne, Rücken und Schweif haben einen deutlichen Aalstrich, die Beine sind dunkler und können auch Zebrastreifen aufweisen.

Przewalski-Pferd

Przewalski-Pferd

VERWENDUNG

Der Przewalski wird nicht als Reitpferd verwendet, aber als Weidetier in Naturreservaten.

BESONDERHEITEN

Der Przewalski wird als Vorfahre der Araber und anderer alter Pferderassen betrachtet. Er ist das einzige Urpferd, das noch auf unserer Erde lebt. Die Pferde wurden vor dem Aussterben gerettet, indem sie in zahlreichen zoologischen Gärten in Europa gehalten werden.
Während einer Reise in Zentralasien im Auftrag des Zaren entdeckte der russische General N.M. Przewalski, daß es in der Mongolei noch wilde Pferde gab. Lange Zeit war der Fortbestand dieser wilden Mongolenpferde sehr unsicher. Sie lebten nur noch in Tiergärten und Zoos. Da sich unterschiedliche Länder für die Erhaltung dieser Pferde eingesetzt haben, nahm ihre Zahl während der letzten Jahre wieder zu. Heute betreuen und koordinieren engagierte Zoologen an unterschiedlichen Instituten das Europäische und Amerikanische Erhaltungszuchtprogramm für Przewalski-Pferde. In Naturschutzgebieten wurden Przewalski-Pferde wieder eingebürgert, sodass wir sie in der Wildnis beobachten können.

Przewalski-Pferd

Quarter Horse

HERKUNFT
Vereinigte Staaten.

STOCKMASS
Das Stockmaß des Quarter Horse beträgt zwischen 1,45 und 1,60 m.

FARBE
Das Quarter Horse gibt es in allen klaren Farben.

CHARAKTER
Quarter Horses haben normalerweise ein sensibles und lebhaftes Temperament und sind sehr intelligent. Im Umgang sind sie sehr gut zu haben.

EXTERIEUR
Der Kopf des Quarter Horse ist kurz mit weit auseinander stehenden, klugen Augen und offenen Nüstern. Der muskulöse Hals ist auf kräftigen, schrägen Schultern gut aufgesetzt, die Brust ist breit und tief.

Quarter Horse (black)

Quarter Horse (buckskin)

Quarter Horse

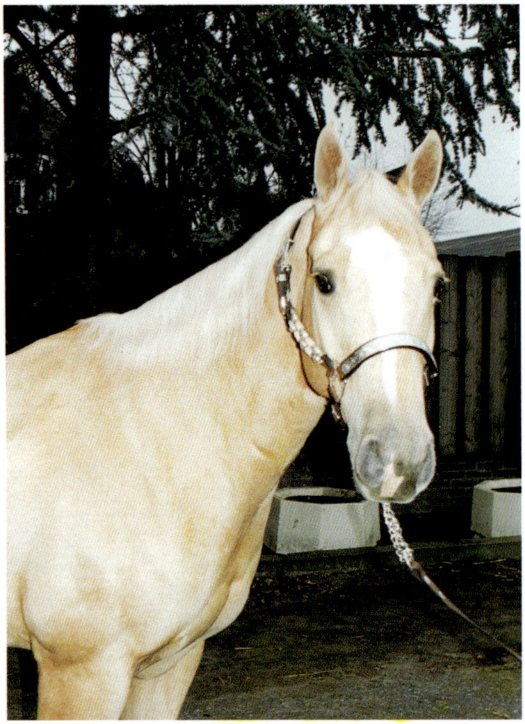

Die Pferde haben trockene, harte Beine, welche im Vergleich zu ihrem kompakten, muskulösen Körper sehr schlank wirken.

VERWENDUNG
Quarter Horses eignen sich ausgezeichnet zum Westernreiten.

BEWEGUNG
Quarter Horses sind schnell, gut im Gleichgewicht und äußerst wendig. Wegen seiner gelenkigen Hinterhand kann das Tier schnell loslaufen, wenden und stoppen.

BESONDERHEITEN
Das Quarter Horse ist die älteste und populärste Pferderasse in den Vereinigten Staaten. Sie entstand aus arabischen Rassen, die von den Spaniern mit nach Amerika gebracht worden waren. Diese Pferde wurden mit im 18. Jahrhundert eingeführten Englischen Vollblütern gekreuzt. Im 18. und 19. Jahrhundert waren Pferderennen in Amerika ein beliebtes Schauspiel. Da nur selten echte Rennbahnen vorhanden waren und lange, gerade Wege kaum vorkamen, wurden die Rennen über eine kurze Distanz auf der Dorfstraße abgehalten. Der Abstand betrug selten mehr als eine viertel Meile

Quarter Horse

(quarter of a mile/ungefähr 400 Meter). Ein Pferd, das gewinnen wollte, musste innerhalb sehr kurzer Zeit eine hohe Geschwindigkeit erreichen können. Da diese Rasse mit Abstand schneller war als die reinen Vollblüter, erhielt sie den Namen „Quarter Horse“.

Schwarzwälder Fuchs

HERKUNFT
Deutschland.

STOCKMASS
Das Stockmaß liegt zwischen 1,45 und 1,55 m.

Shagya-Araber

FARBE
Der Schwarzwälder Fuchs hat, wie sein Name bereits sagt, eine auffällige Fuchsfärbung.

CHARAKTER
Der Schwarzwälder ist ein freundliches und arbeitswilliges Pferd.

EXTERIEUR
Der Schwarzwälder Fuchs ist ein kleines, wendiges Zugpferd. Auffallend sind besonders sein edler Kopf, der kurze Hals und die hübsche blonde Mähne.

VERWENDUNG
Der Schwarzwälder wird hauptsächlich als Zugpferd verwendet.

BEWEGUNG
Der Schwarzwälder ist wegen seines geringen Umfangs wendiger als andere Kaltblüter und hat im Schritt und Trab flotte, schwungvolle Bewegungen.

BESONDERHEITEN
Der Schwarzwälder Fuchs ist die leichteste deutsche Kaltblutrasse. Für ein Kutschpferd hat er sehr viel Adel.

Shagya-Araber

HERKUNFT
Ursprünglich Ungarn, später auch Tschechien, Slowakei, Polen und Russland.

STOCKMASS
Das Stockmaß liegt zwischen 1,50 und 1,62 m.

FARBE
Schimmel dominieren.

CHARAKTER
Der Shagya ist ein vielseitiges, lernwilliges und intelligentes Pferd.

EXTERIEUR
Der Shagya-Araber ähnelt einem Arabischen Vollblut, ist aber meist größer und kräftiger, seine Beine sind korrekter gebaut als die der Arabischen Vollblüter.

VERWENDUNG
Ursprünglich als Reittiere für die Kavallerie gezogen, zeigen die Pferde aber zur Zeit gute Qualitäten als Zugpferd. Sie werden auch gerne geritten.

BEWEGUNG
Die Bewegungen sind raumgreifend und schwungvoll in allen Gangarten. Die Pferde können auch springen.

BESONDERHEITEN
Der Shagya-Araber ist kein reines Arabisches Vollblut, sondern aus heimischen ungarischen Stuten und Arabischen Hengsten gezogen; der 1836 eingeführte Schimmelhengst Shagya war der überragende Linienbegründer. Diese Linie wird in vielen europäischen Ländern gepflegt.

Shetland-Pony

HERKUNFT
Nord-Schottland, von den Shetland- und Orkney-Inseln.

STOCKMASS
Das Stockmaß beträgt maximal 1,10 m. Shetland-Ponys mit einem Stockmaß unter 86 cm werden Mini-Shetland-Ponys genannt.

FARBE
Shetland-Ponys kommen in allen Farben vor, einschließlich Rappschecke, Braunschecke und Falbe. Rappen und Dunkelbraune gibt es am häufigsten.

Shetland-Pony

Shetland-Pony

CHARAKTER
Shetland-Ponys sind besonders freundlich und gutartig. Sie eignen sich daher gut als Erstponys für Kinder. Da sie auch sehr intelligent sind, lernen sie leicht.

EXTERIEUR
Das Shetland-Pony ist ein besonders kräftiges Pony, die stärkste aller Rassen: Es kann das Doppelte seines Eigengewichts ziehen und stellt somit Kaltblutpferde in den Schatten. Diese Kraft wird auch im Körperbau deutlich. Sein Kopf ist klein mit einem konkaven Profil. Die Ohren sind klein, die Augen ausdrucksvoll und die Nüstern offen. Es hat ein dichtes Winterfell und ein feines, glattes Sommerfell. Eine volle Mähne und ein buschiger Schweif lassen das Shetland-Pony wie ein Kuscheltier aussehen.

VERWENDUNG
Überall auf der ganzen Welt werden Shetland-Ponys häufig als Erstponys für kleine Kinder verwendet, aber sie können auch ausgezeichnet ziehen.

BEWEGUNG
In Anbetracht der kurzen, kräftigen Beine kann man von diesen halbwilden Pferden keine raumgreifenden Gangarten erwarten. Die Bewegungen sind kurz, gerade und regelmäßig.

BESONDERHEITEN
Das Shetland-Pony ist eine alte Rasse. Über die Herkunft der Ponys gibt es verschiedene, sich widersprechende Theorien. Die frühesten Funde auf den Shetland-Inseln gehen auf ungefähr 500 v. Chr. zurück. Die Rasse blieb bis heute unverändert, abgesehen von einigen Kreuzungen mit dem heute ausgestorbenen schwarzen Lofoten-Pony aus Norwegen.
Das Shetland-Pony ist äußerst widerstandsfähig, da es sich in den 1000 Jahren auf das kalte, ungeschützte und baumlose Land und sein raues Klima einstellen musste. Auf den Inseln wurde es von den Bewohnern für alle Arten von Arbeit verwendet. Mitte des 19. Jahrhunderts wurde es sogar als Grubenpferd in den nordenglischen Kohlenbergwerken eingesetzt.
Im Verhältnis zu seiner Größe ist das winzige Shetland-Pony eines der stärksten Pferde der Welt. Auf den Inseln wurden die Pferde als Packpferde eingesetzt, sie wurden aber auch von Erwachsenen geritten.

Weiße Shire-Horses vor der Whitbread-Brauerei

Shire

HERKUNFT
England – Mittelenglische Grafschaften.

STOCKMASS
Das Stockmaß beträgt wenigstens 1,72 m.

FARBE
Am häufigsten gibt es Dunkelbraune und Braune, immer mit weißen Abzeichen, aber auch Rappen und Schimmel.

Shetland-Pony

Weiße Shire-Horses

CHARAKTER
Das Shire-Pferd ist äußerst gutmütig und ausgeglichen, es ist anpassungsfähig, fleißig und ausdauernd.

EXTERIEUR
Shires sind gigantisch große Kaltblüter. Ihr Kopf ist mittelgroß und fein mit Ramsnase, freundlichen Augen, einer breiten Stirn und langen, schmalen Ohren. Die Pferde haben alle äußeren Kennzeichen eines Kaltblutpferdes, nur stets in den größten Dimensionen: ein langer, gebogener Hals, eine kraftvolle Schulter und eine breite Brust. Der Rumpf ist gedrungen und rund, die Hinterhand mächtig mit oft abfallender Kruppe. Für ein Kaltblut haben die Pferde lange Beine mit üppigem und seidigem Beinbehang.

VERWENDUNG
Der Shire besitzt alle guten Eigenschaften eines idealen Zugpferdes und wurde früher nicht nur als Arbeitspferd bei der Landbestellung verwendet, sondern diente auch als Brauereipferd. Zur Zeit ist die Rasse sehr populär bei Vorführungen, wo die Pferde – mit traditionell verkupfertem Geschirr – gezeigt werden.

BEWEGUNG
Der Shire hat einen raumgreifenden Schritt und einen ausdauernden Trab.

BESONDERHEITEN
Der Shire ist das berühmteste schwere Zugpferd aus England. Diese Nachkommen des Alten Englischen Rappens (der größten Pferderasse aus dem Mittelalter) wurden vermutlich im Mittelalter mit importierten, friesischen Pferden und während des 16. und 17. Jahrhunderts mit flämischen Pferden gekreuzt.
Das Gewicht dieser Pferde beträgt um 1200 kg.

Tennessee Walking Horse

HERKUNFT
Vereinigte Staaten.

STOCKMASS
Das Stockmaß kann zwischen 1,48 und 1,70 m variieren.

FARBE
Das Tennessee Walking Horse kommt in allen klaren Farben vor.

CHARAKTER
Es handelt sich um sehr intelligente Pferde, sie sind gutartig, willig und lebhaft.

EXTERIEUR
Der Kopf wird gewöhnlich hoch getragen, hat ein gerades Profil und spitze Ohren und sitzt auf einem starken, gebogenen Hals. Eine starke, schräge Schulter mit breiter Brust, ein kräftiger Körper mit starker Nierenpartie und Kruppe sind weitere Merkmale. Die Pferde haben klare, harte Beine.

VERWENDUNG
Der Tennessee Walker ist als Reit- und Zugpferd einsetzbar.

BEWEGUNG
Der Tennessee Walker beherrscht eine einzigartige Gangart, den „running Walk", der ihn zu einem der angenehmsten Reitpferde der Welt macht. Dies ist ein sehr langer, schneller, geschmeidiger Schritt im Viertakt mit hoher Knieaktion, bei dem die Hinterbeine außerordentlich weit nach vorne greifen.
Um diese Gangart zu entwickeln, ist ein jahrelanges, intensives Training notwendig.

BESONDERHEITEN
Die Vorfahren des Tennessee Walkers stammen aus den Südstaaten Amerikas. Das Tennessee Walking Horse geht auf einen sehr erbstarken Hengst zurück, den 1886 geborenen Standard-Bred-Traber „Black Allan". Weiterhin waren das Englische Vollblut und das American Saddle Horse beteiligt. Der Walker wurde von den Plantagenbesitzern als ausdauerndes und bequemes Reitpferd entwickelt zur Besichtigung ihrer riesigen Plantagen.

Trait du Nord

Trait du Nord

HERKUNFT
Frankreich.

STOCKMASS
Die Größe variiert von 1,60 bis 1,70 m.

FARBE
Die am häufigsten vorkommenden Farben sind Brauner, Fuchs und Stichelhaar.

CHARAKTER
Der Trait du Nord ist ein Arbeitspferd mit einem gutartigen, lernwilligen Charakter und einem energischen Temperament.

EXTERIEUR
Der Trait du Nord ähnelt dem Ardenner, ist aber größer und schwerer. Sein mittleres Gewicht beträgt 1000 kg. Seine Ausstrahlung ist die eines besonders kräftigen, schweren Zugpferds. Der Kopf ist schwer, der Hals eher kurz und massig und die Vorderhand ist besonders mächtig. An der starken, abfallenden Kruppe ist der Schweif niedrig angesetzt.

VERWENDUNG
Früher war der Trait du Nord hauptsächlich als Arbeitspferd in der Landwirtschaft eingesetzt, aber heute werden die Tiere vor allem für die Produktion von Schlachtfohlen verwendet.

BEWEGUNG
Seine Bewegungen im Schritt und Trab sind raumgreifend und energisch.

BESONDERHEITEN
Der Trait du Nord stammt vorwiegend von Ardennern und niederländischen und belgischen Kaltblütern ab. Kurz vor der Jahrhundertwende war die Rasse gefestigt, im Jahre 1919 wurde ein Stutbuch angelegt.

Trakehner

HERKUNFT
Deuschland, Ostpreußen (heute Polen und Russland).

STOCKMASS
Das Stockmaß beträgt zwischen 1,60 und 1,75 m.

FARBE
Der Trakehner kommt in allen klaren Farben vor, die Pferde haben oft weiße Abzeichen.

CHARAKTER
Der Trakehner hat ein energisches, gutartiges, zuverlässiges Temperament und ist im Umgang angenehm und gelehrig.

EXTERIEUR
Der Trakehner ist die edelste Pferderasse aus Deutschland (nach den Vollblütern). Auffallend am Trakehner ist der zierliche, kleine Kopf mit den großen Augen. Der Hals ist leicht und lang und mündet in einen ausgeprägten Widerrist. Der Rücken ist mittellang und elastisch. Seine schlanken, harten Beine mit kurzen Röhren begeistern.

VERWENDUNG
Der Trakehner ist ein elegantes Reitpferd und wurde in Deutschland vor allem für die Jagd, für Military und für die Kavallerie verwendet.

BEWEGUNG
Der Trakehner hat elegante, federnde, raumgreifende Bewegungen und ein enormes Galoppiervermögen.

BESONDERHEITEN
Der Trakehner wurde von englischen und arabischen Pferden beeinflusst. Er ist ein Warmblutpferd mit hohem Vollblutanteil. Zu Beginn des 18. Jahrhunderts richtete Friedrich Wilhelm I. von Preußen das Trakehnergestüt ein. In Trakehnen züchtete man Hengste für die Landgestüte und Remonten für die Armee. Ende des Zweiten Weltkriegs konnte nur ein Bruchteil der Trakehner-Pferde nach Westdeutschland gerettet werden. Dort wurde die Rasse nach mühevoller Aufbauarbeit inzwischen wieder

zur Blüte gebracht. In zahlreichen Gestüten werden heute ausgesprochen elegante, leistungswillige Sportpferde gezogen. Das Blut des berühmten Pferdes „Tempelhüter“ findet sich in fast jedem moderner gezogenen Trakehner. Dieser Hengst starb 1932 und hinterließ 54 gekörte Söhne und 60 Zuchtstuten in Trakehnen.
Heute findet man in vielen europäischen Ländern Trakehnergestüte.

Welsh Cob

Siehe: *Welsh-Pony*

Welsh-Pony

HERKUNFT
Wales, England. In den Vereinigten Staaten wird das American Welsh-Pony gezogen.

STOCKMASS
Das Welsh Mountain-Pony (Sektion A) hat ein Stockmaß nicht über 1,22 m. Die Sektionen B und C haben ein Stockmaß von 1,34 m, die Sektion D über 1,37 m.

FARBE
Welsh-Ponys gibt es als Schimmel, Braune und Füchse. Bunte Ponys kommen nicht vor.

CHARAKTER
Der Welsh ist intelligent, lernwillig und hat ein großes Durchhaltevermögen.

EXTERIEUR
Der Welsh hat eine besonders edle Ausstrahlung mit einem kleinen Kopf, leichtem Hechtprofil, großen, lebhaften Augen und offenen Nüstern sowie kleinen, spitzen Ohren. Der Rücken ist kurz und rund. Der Schweif ist wie beim Araber hoch angesetzt und wird schön getragen.
Kräftige Beine und kleine, harte Hufe sind weitere Merkmale.

VERWENDUNG
Der Welsh ist ein populäres Reitpony für Kinder, wird aber auch für die Jagd, vor dem Wagen und als Showpony verwendet.

BEWEGUNG
Der Welsh hat drei gute Gangarten, seine Bewegungen sind schnell und frei mit viel Vorwärtsdrang.

BESONDERHEITEN
Das Welsh-Stutbuch unterscheidet je nach Größe verschiedene Gruppen der Welsh Ponys, die unterteilt sind in die Sektionen A, B, C und D. Den Kern der Welsh-Ponys bilden die kleinen Sektion A-Ponys. Das Stockmaß dieser Tiere liegt um 1,18 m. Dieses Welsh Mountain-Pony bildet das Basismaterial der Zucht für die anderen Sektionen.
Die Ponys, die zur Sektion B und C gehören, sind typische Reitponys. B-Ponys haben ein Stockmaß zwischen 1,18 und 1,34 m. Äußerlich ähneln Sie den A-Ponys, wurden aber speziell als Reitponys für Kinder gezogen. Einer Anekdote zufolge geht das B-Pony auf den kleinen Vollbluthengst Merlin zurück, einem direkten Nachfahren des Darley Arabian, der auf den Hügeln von Denbighshire Ende des 18. Jahrhunderts wild lebte. Ponys aus der Sektion C haben „fremdes“ Blut. Vor allem arabisches Blut wird verwendet, um die gewünschten Reiteigenschaften zu erhalten. Die Tiere sind auch als Zugponys sehr beliebt.
Zur Sektion D gehört der Welsh Cob. Dieser entstand durch Kreuzungen mit größeren Pferden. Zu Beginn des 20. Jahrhunderts wurden die Cobs als Last- und Reitpony verwendet. Durch Kreuzungen mit Vollblütern entstanden auch gute Jagd- und Turnierpferde.

Welsh-Pony

Teil II: Pferdepflege und Pferdesport

1 Das Pferd und seine Eigenschaften

Das heutige Pferd, das wir nun in all seinen Varianten kennengelernt haben, ist das Ergebnis einer langen Evolution. Seine Vorfahren lebten vor ungefähr 60 Millionen Jahren und hatten eine Widerristhöhe von 25 bis 45 cm. An den Vorderbeinen besaßen die Tiere vier, an den Hinterbeinen drei Zehen. Im Laufe der Jahrhunderte entwickelten sich diese infolge von Klimaveränderungen jedoch zu einem Zeh. Der direkte Vorfahre des Pferdes war ein typischer Allesfresser mit dem Gebiss eines Laubfressers, der in tropischen Wäldern ein relativ ruhiges Leben führte. Diese Wälder verschwanden als Folge großklimatischer Veränderungen und entwickelten sich zu ausgedehnten Graslandschaften oder Steppen. Notgedrungen passte sich das Urpferd an diese neuen Lebensräume an und entwickelte sich zu einem vegetarischen Steppentier, einem Fluchttier, das hohe Geschwindigkeiten erreichen musste. Hierbei wurden die Seitenzehen so klein, dass sie den Boden nicht mehr berührten und die Tiere nur noch auf immer kräftiger werdenden „Mittelfingern" liefen. Mittelhand- und Mittelfußknochen wuchsen zu dem heutigen gedrungenen, relativ kräftigen Pferdehuf zusammen. Darüber hinaus wurde das Pferd wesentlich größer, der Schädel-

Das Pferd hat über die Jahrhunderte eine enorme Entwicklung durchgemacht

Links: Ein Pferd mit einem prächtigen und besonderen Exterieur

Pferde in der Landwirtschaft

Pferdesport als Erholung

inhalt nahm zu und durch die neuen Nahrungsgewohnheiten veränderte sich auch sein Gebiss.
Auch der Mensch beeinflusste die Evolution des Pferdes. Als der Mensch das Pferd für seine Zwecke einsetzte, förderte er durch Selektion und zielgerichtete Züchtung diejenigen Eigenschaften, die ihm von Nutzen waren. Auf diese Weise entstanden unterschiedliche Pferdetypen: Arbeits, Reit- und Zugpferde.
Nach dem Zweiten Weltkrieg wurde die Landwirtschaft immer mehr mechanisiert, das Pferd als Arbeits- und Zugpferd verlor an Bedeutung. Aufgrund dieser Mechanisierung hatten die Menschen mehr Freizeit und das Pferd erhielt eine neue Aufgabe in Sport und Erholung. Deshalb stellte man die Zucht von schweren Zugpferden auf leichtere Reitpferde um.
In diesem Kapitel behandeln wir das Exterieur des Pferdes, seine Eigenschaften, die Körperteile und Sinnesorgane, die das Pferd einsetzt, um bestimmte Gemütsregungen sichtbar zu machen, seine Fortpflanzung, Stallgewohnheiten und -untugenden.

Exterieur

Das Äußere des Pferdes nennen wir Exterieur. Hierzu gehören Körperbau, Größe, Fellfarbe und eventuelle Abzeichen. Je nachdem, wofür man ein Pferd verwenden möchte und welcher Rasse es angehört, werden unterschiedliche Ansprüche an das Exterieur gestellt. Ein Zugpferd muss z. B. verständlicherweise anders gebaut sein als ein Springpferd. Und bei einem Kinderpony sind Äußerlichkeiten nicht so entscheidend wie seine Reiteigenschaften.

Gebäude

KÖRPERBAU

Von vorne nach hinten unterscheiden wir beim Pferd folgende Körperteile: den Kopf mit Schopf und Stirn, das Genick, den Nasen-

1. Schopf 2. Nüster 3. Kinnkettengrube 4. Kehle 5. Schulter 6. Schulter- und Buggelenk 7. Brust 8. Unterarm 9. Vorderfußwurzelgelenk 10. Vordermittelfuß 11. Krone 12. Huf 13. Ballen 14. Kötenzopf 15. Fesselkopf 16. Zwei Griffelbeine 17. Ellbogengelenk 18. Flanke 19. Knie 20. Unterschenkel 21. Zwei Griffelbeine 22. Hintermittelfuß 23. Sprunggelenk 24. Sitzbeinhöcker 25. Schweifrübe 26. Kruppe 27. Hüfte 28. Lende 29. Rücken 30. Widerrist 31. Mähnenkamm 32. Genick.

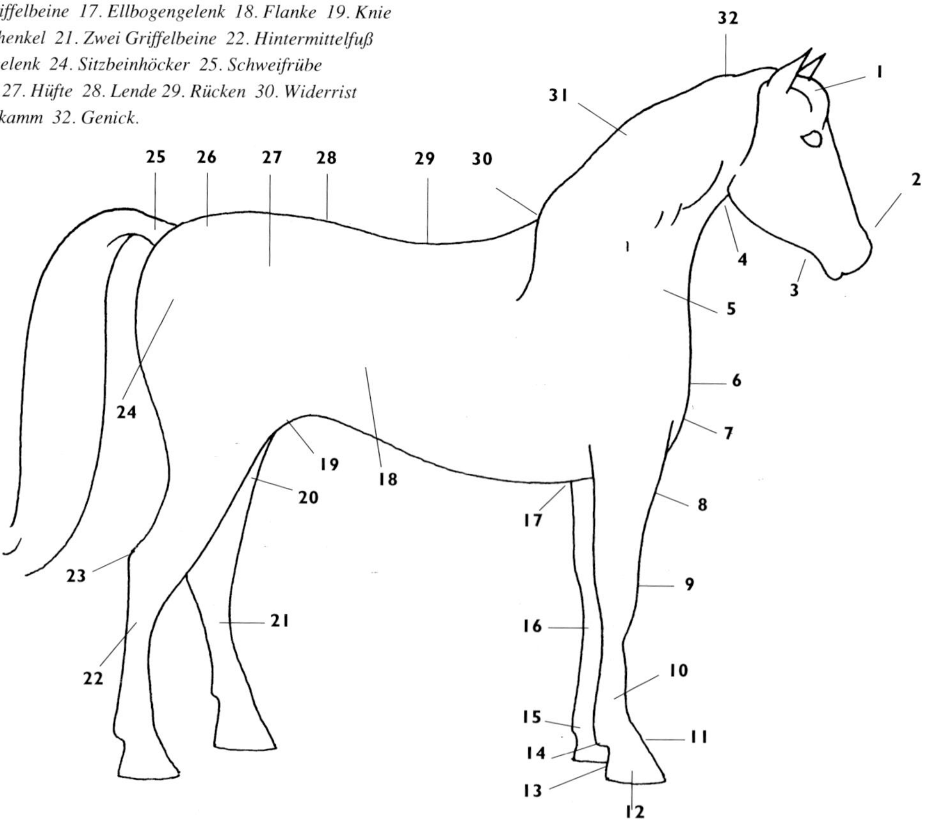

rücken, die Nüstern, das Maul, das Kinn, die Backe und die Kinnkettengrube; den Hals mit Mähnenkamm und Drosselrinne; den Bug und die Brust; die Schulter; den Widerrist; die Vorderbeine mit Ellenbogenhöcker, Unterarm, Vorderfußwurzelgelenk, Vordermittelfuß (Vorderröhre); die Fessel mit Fesselkopf und Kötenzopf; den Huf mit Hufkrone, Zehenwand und Tragrand. Auf die Vorhand folgt die Mittelhand mit dem Rücken, dem Brustkasten und der Kruppe. Die Hinterhand besteht aus Schweif mit Schweifrübe, Hinterbacke, Oberschenkel, Knie, Unterschenkel, Sprunggelenk, Hintermittelfuß (Hinterröhre), Fessel und Huf.

HARMONISCHES GEBÄUDE

Wir sprechen von einem harmonisch gebauten Pferd, wenn es gute Proportionen hat. Dies ist der Fall, wenn die verschiedenen Teile des Körpers, die Vorhand, Mittelhand und Hinterhand, bestimmten Ansprüchen genügen.

VORHAND

Unter der Vorhand verstehen wir den Kopf, den Hals, die Schultern, den Widerrist und die Vorderbeine. Dieser Teil des Pferdes ist für seine Reiteigenschaften wichtig. Kopf- und Halsansatz beeinflussen sowohl die Qualitäten eines Spring- als auch eines Dressurpferdes. Die Linie der Schultern sollte rund und eher fließend sein. Die Brust darf nicht zu schmal gebaut sein, sonst ist das Pferd nicht kräftig genug.

MITTELHAND

Unter der Mittelhand verstehen wir den Rücken und den Lendenbereich eines Pferdes, sie reicht vom Widerrist bis zum Lendenbereich. Auf diesem Teil sitzt der Reiter. Im Brustkasten befinden sich zahlreiche Organe des Pferdes. Deshalb sollte er geräumig und tief sein. Der Rücken muss kurz und kräftig und nicht zu konkav gewölbt sein.

Harmonisch gebautes Pferd

Hinterhand

HINTERHAND

Der Aufbau der Hinterhand setzt beim sechsten Lendenwirbel der Beckengürtel an, auf ihn folgt nach dem Beckengelenk mit dem Sitzbeinhöcker der Oberschenkel, dann das Kniegelenk, Unterschenkel, Sprunggelenk, Hinterröhre, Fesselkopf, Fessel, Huf. Die Hinterbeine müssen kräftig und gerade sein. Sie sind der eigentliche „Motor“ des Pferdes. Ihr Bau und ihre Bemuskelung sind für die Leistungen eines Pferdes von größter Bedeutung.

SCHOPF UND MÄHNENKAMM

Am Mähnenkamm befindet sich die Mähne, sie verläuft vom Schopf über die Halswirbel bis zum Widerrist. Das Kopfstück des Reithalfters wird zwischen Schopf und Mähne hinter die Ohren gelegt.

WIDERRIST

Der Widerrist ist am höchsten Punkt des Pferderückens zu sehen. Er befindet sich am Ende des Halses an der Stelle, an der die Schulterblätter zusammentreffen.

RÖHRBEIN

Das Röhrbein befindet sich zwischen dem Vorderfußwurzelgelenk bzw. dem Sprunggelenk und dem Fesselkopf. Im Prinzip müssen die Röhrbeine kurz und flach sein. Zu lange Röhrbeine sind weniger kräftig. An diesem Teil der

Schwarzer Schopf und schwarze Mähne

Pferdebeine sind Sehnen und Gelenke besonders gut zu sehen.

TROCKENE GLIEDMASSEN

Bei einem Pferd mit trockenen Gliedmaßen ist das darunter liegende Skelett deutlich zu sehen. Ein Pferd mit trockenen Gliedmaßen hat meist keine Gallen (Flüssigkeit in den Sehnenscheiden).

SPRUNGGELENK

Das Sprunggelenk befindet sich am Hinterbein des Pferdes, zwischen dem Unterschenkel und dem Hintermittelfuß. Dieses Gelenk ist sehr wichtig, da es die Aktion, die Gangarten und die

Vollblüter mit trockenen Gliedmaßen

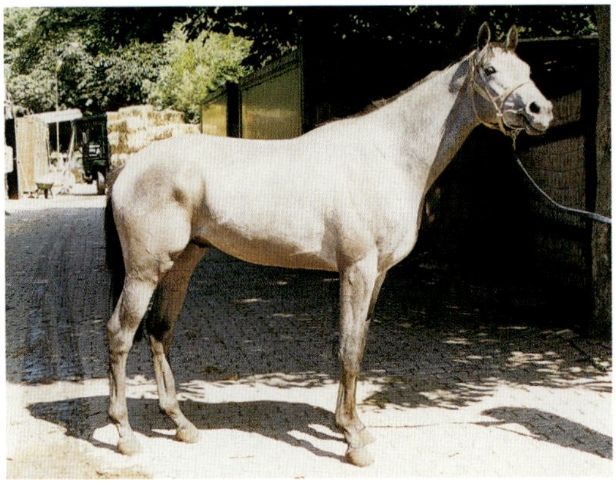

Überbaut

Springkapazitäten des Pferdes beeinflusst. Ein gutes Sprunggelenk sorgt dafür, daß Unterschenkel und Hintermittelfuß einen Winkel von ungefähr 150° bilden.

FESSELBEIN

Das Fesselbein ist der kürzeste Teil des Pferdebeins, es befindet sich zwischen dem Fesselkopf und dem Huf. Das Fesselbein bildet die Verbindung zwischem dem Röhrbein und dem Huf. Wenn dieses flach ausgebildet ist, wird das Pferd eher stoßend laufen. Wenn das Pferd jedoch zu schräg steht, dann droht Abnutzung durch Überbeanspruchung.

FESSELBEUGE

Die Fesselbeuge befindet sich unterhalb und nicht über dem Fesselgelenk des Pferdes. Die Haare sind hier durchgehend etwas länger als an anderen Stellen des Körpers. Die Fesselbeugen müssen stets trocken gehalten werden, sie dürfen nicht feucht oder geschwollen sein. Nässende Ekzeme in der Fesselbeuge werden als Mauke bezeichnet.

FESSELKOPF

Der Fesselkopf ist das Gelenk, das sich auf der Höhe der Fessel befindet.

ÜBERBAUT

Ein Pferd ist überbaut, wenn der höchste Punkt seiner Kruppe höher ist als der höchste Punkt des Widerrists. Vor allem bei jungen Pferden kommt es häufig vor, dass sie überbaut sind, meist verwächst es sich jedoch.

Größe

MESSEN EINES PFERDES

Beim Messen der Größe eines Pferdes muss es geschlossen stehen, das bedeutet, dass sein Kör-

Geschlossen stehen

pergewicht gleichmäßig auf allen vier Beinen verteilt ist. Das Pferd muss hierbei auf einem ebenen, geraden Untergrund stehen.

GESCHLOSSEN STEHEN
Ein Pferd steht geschlossen, wenn von der Seite nur ein Vorderbein und ein Hinterbein zu sehen sind, die anderen Beine stehen hierzu parallel.

Haarfarbe

Die Farbe eines Pferdes hängt von der Farbe des Fells und somit von der Farbe der Deckhaare ab. Auf Grund dieser Tatsache kann man die Pferde in zwei Kategorien unterteilen: in einfarbige und in gemischt-farbige Pferde. Zu letzterer Gruppe gehören zahlreiche Varianten. Die Haarfarbe ist zur Erkennung und Beschreibung des einzelnen Pferdes unumgänglich. Nachfolgend geben wir eine Übersicht über die Fellfarben, die am häufigsten vorkommen.

DECKHAARE
Deckhaare sind kurze, flach anliegende Haare, die den Pferdekörper bedecken und schützen. Die Deckhaare bestimmen auch die Farbe eines Pferdes.

RAPPE
Richtig schwarze Pferde, echte Rappen, sind sehr selten. Betrachten wir die Lippe und die Nüstern des Pferdes: ein schwarzbraunes Pferd hat hier braune Haare, wohingegen bei einem echten Rappen nirgendwo braune Haare zu finden sind. Wenn das Winterfell stumpf ist, das Sommerhaar aber glänzt, spricht man von einem Sommerrappen.

DUNKELBRAUNER
Bei Dunkelbraunen ist die Hauptfarbe schwarz und die Haare an den Nüstern und unterhalb der Leiste sind braun.

Buntes Pferd

Die ersten Deckhaare fallen aus

Die Farben der Pferde, von links nach rechts, von oben nach unten:
1 Schimmel (Albino) 2 Lichtfuchs (Hellfuchs) 3 Falbe 4 Grauschimmel 5 Fuchs
6 Brauner 7 Apfelschimmel 8 Rotschimmel 9 Rappe 10 Isabelle 11 Fuchsschimmel 12 Schecke

Wir unterscheiden einfarbige, gemischtfarbige und solche Pferde, bei denen zwei Farben kombiniert sind.

BRAUNER
Obwohl diese Farbe von hell- bis dunkelbraun variieren kann, bleibt sie das ganze Pferdeleben über gleich. Ein Brauner hat bei braunem Deckhaar immer schwarzes Langhaar.

FUCHS
Beim Fuchs sind Deck- und Langhaar von gleicher Farbe, das Fell kann von einem hellen Goldbraun bis zu einem dunklen Rotbraun variieren.

SCHIMMEL
Schimmel kommen immer dunkel auf die Welt. Wir unterteilen sie in veränderliche und in unveränderliche Schimmel. Veränderliche Schimmel werden im Laufe der Zeit weiß. Ein unveränderlicher Schimmel behält die Farbe, die er als Heranwachsender ausgebildet hat. Es gibt Schimmel mit anderen Farbzusätzen im

Fuchs

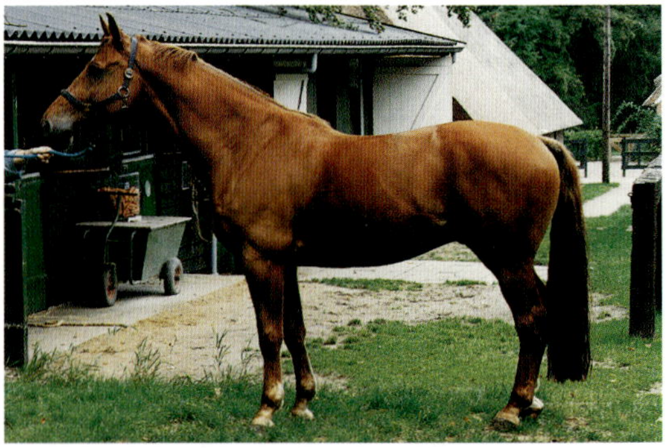

Fell. Je nach Form und Farbe der dunkleren Farbansammlungen spricht man von Grau-, Braun-, Fliegen-, Apfel-, Schwarz- und Rotschimmeln.

Rappe

Rotschimmel

Isabelle

Schimmel

WEISSISABELL
Weißisabellen haben ein weißliches Haarkleid oder stumpf-weiße Haare und eine rosafarbene Haut. Die Augen können braun, blau oder gelblich sein. Wenn solche weißgeborenen Tiere blaue Augen haben, dann werden sie auch Cremellos genannt.

ALBINO
Ein Albino ist ein Pferd mit einem angeborenen Pigmentmangel. Deshalb bleiben Fell und Haut dieser Tiere weiß, die Augen rot. Albinos sind ausgesprochen lichtscheu.

ISABELLEN
Ein Isabell ist ein Pferd mit einem gelblich-cremefarbenen Deckhaar und gleichfarbigem oder hellerem Langhaar. Das Fell befindet sich auf einer hellen oder dunklen Unterhaut. Die dunklere Variante wird Goldisabell genannt; hellere Pferde sind als weiße Isabellen bekannt.

FALBEN
Die Merkmale eines Falben sind gelblich-cremefarbenes Deckhaar, schwarzes Langhaar und ein Aalstrich auf dem Rücken. Ein Mausfalbe ist ein Falbe mit mausgrauem Deckhaar mit Aalstrich und schwarzen Beinen.

PALOMINO
Ein Palomino hat ein goldbraunes Fell mit weißer Mähne und Schweif.

APFELSCHIMMEL
Ein Apfelschimmel ist ein veränderlicher Schimmel, der im Laufe der Zeit seine dunklen Haare und damit auch seine „Äpfelung“ verliert.

Palomino

Stichelhaarig

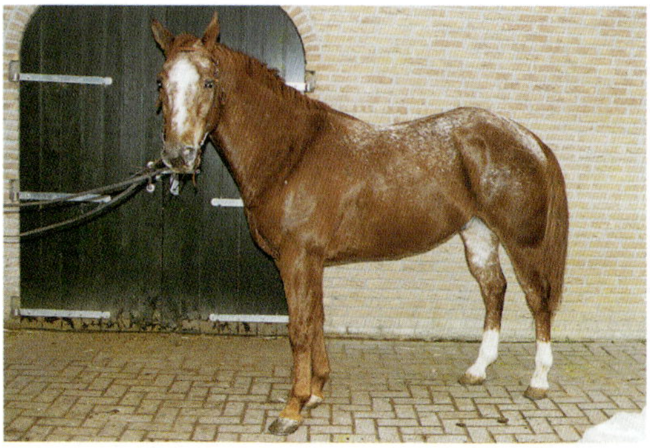

Apfelschimmel

Schweißfuchs

Tigerhaarig

BRAUNBUNTER

Der Körper braunbunter Pferde ist mit weißen und braunen oder fuchsfarbenen Flecken übersät. Wenn daneben auch noch schwarze Flecken zu sehen sind, nennen wir diese Pferde Tricolor. Quarter Horses mit braunbunten oder schwarzbunten Flecken werden Paints genannt.

STICHELHAARIG

Stichelhaarig nennt man Pferde, die in ihrem Fell – besonders an Kopf, Schweifwurzel und an den Beinen – einzeln stehende weiße Haare aufweisen. Weiße Stichelhaare können in das Fell von Braunen, Füchsen oder Rappen eingestreut sein.

TIGERHAARIG

Ein Pferd ist tigerhaarig, wenn auf einem weißen Untergrund kleine regelmäßige Flecken auftreten. Es gibt gelbe Tiger, rote Tiger (mit fuchsfarbenen Flecken), braune und schwarze Tiger.

SCHWEISSFUCHS

Ein Schweißfuchs ist ein Fuchs mit heller Mähne und Schweif.

Aalstrich

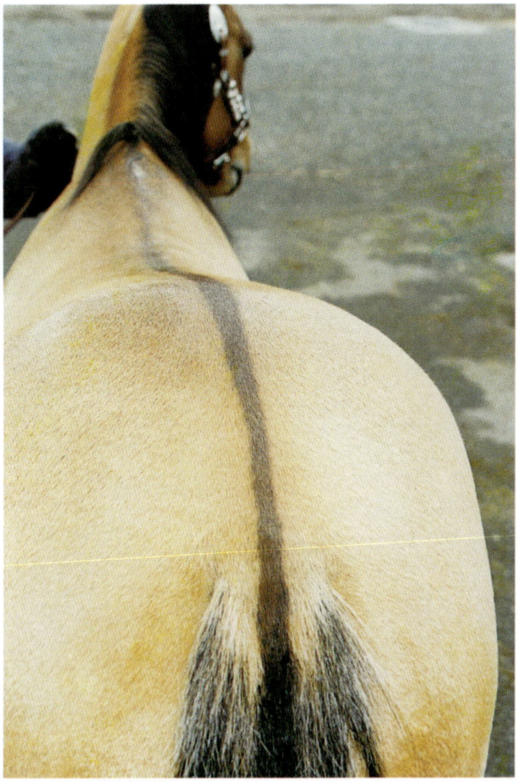

AALSTRICH
Ein Aalstrich ist ein dunkler Haarstreifen, der vom Schopf aus über den Mähnenkamm, über den Rücken bis in den Schweif verläuft.

DRUCKSTELLE
Durch Druck oder Reibung kann manchmal das Fell an bestimmten Stellen weiß werden. Wenn Zügel oder bestimmte Teile des Sattels auf die Haut drücken, entstehen dort Druckstellen. Hierbei handelt es sich nicht um Farbflecken, die das Pferd von Geburt an hatte (auch falsche Abzeichen genannt).

Abzeichen

Abzeichen sind kleine und/oder große weiße Flecken am Kopf und an den Beinen des Pferdes. Wir unterscheiden folgende Abzeichen:

ABZEICHEN AM KOPF
Zwei Pferde können niemals genau gleich aussehen. Das gilt sicher auch für die Abzeichen am Kopf und an den Beinen.
Wir können am Kopf folgende Abzeichen un-

1. Flocke
2. Blume
3. Stern
4. rautenförmiger Stern
5. halbmondförmiger Streifen
6. Keilstern
7. keilförmige oder streifenförmige Blesse
8. halbe schmale Blesse
9. schmale Blesse
10. breite Blesse
11. durchgehende streifenförmige Blesse
12. durchgehende Blesse, unten breit auslaufend über die Oberlippe, einschließlich beider Nüstern
13. unterbrochene Blesse mit Schnippe
14. unregelmäßige, durchgehende Blesse einschließlich der rechten Nüster
15. unregelmäßige, durchgehende Blesse, einschließlich der Oberlippe und beider Nüstern, dunkler Fleck auf der Oberlippe

Milchmaul

Sternchen

Blesse

Zwei weiße Füße

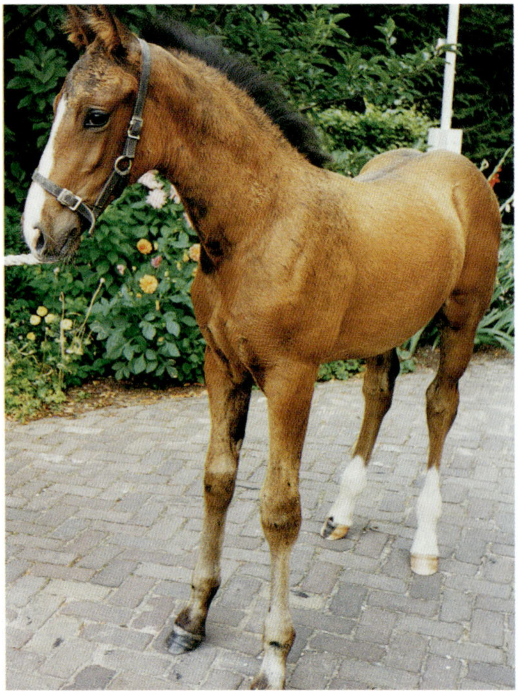

Hufe mit Streifen

terscheiden: es gibt den Stern, einen weißen Fleck auf der Stirn, und die Schnippe, ein weißes Abzeichen zwischen den Nüstern. Stern und Schnippe können auch miteinander kombiniert vorkommen. Blessen verlaufen von der Stirn bis zur Nase und können verschieden breit sein. Eine Laterne ist ein weißes Abzeichen, das über den Augen bis zu den Nüstern und zum Maul verläuft.

MILCHMAUL

Man spricht dann von einem Milchmaul, wenn die Schnauze des Pferdes weiß ist. Von diesem unterscheiden wir das Krötenmaul, bei ihm sind rund ums Maul Flecken zu sehen, und Pferde mit einem fleischfarbigen Maul. Ponys mit cremefarbigen Haaren rund um Nüstern und Maul haben ein Mehlmaul. Exmoor-Ponys sind hierfür charakteristische Beispiele.

ABZEICHEN AN DEN GLIEDMASSEN

Wir können die unterschiedlichen Arten von Abzeichen an den Beinen der Pferde folgendermaßen grob unterscheiden. Zunächst gibt es den hochweißen Fuß (siehe unten), dann den halbweißen Fuß, den weißen Fuß, die weiße Fessel, die halbweiße Fessel und den weißen Ballen bzw. die weiße Krone.

ZEBRASTREIFEN

Zebrastreifen sind Streifen an den Beinen des Pferdes, die denen des Zebras ähneln.

HUFE

Die Farbe der Hufe wird normalerweise durch die Farbe der Beine bestimmt. An weißen Beinen befinden sich auch oft helle Hufe. Ein Pferd mit dunklen Beinen hat auch dunkle Hufe. Manchmal gibt es auch weiße Hufe mit schwar-

1. Kronenrand weiß
2. Söckchen
3. Socke
4. weißer Fuß
5. Fuß halbweiß
6. Fuß weiß
7. Bein weiß
8. weißer Kronenrand, hinten hoch auslaufend
9. Socke, hinten hoch auslaufend (bis über die Fessel)
10. Socke vorne und hinten auslaufend
11. weißer Fuß, vorne auslaufend, dunkle Flecken auf dem Kronenrand
12. weißer Fuß, unregelmäßig auslaufend
13. halbweißes Bein, vorne auslaufend

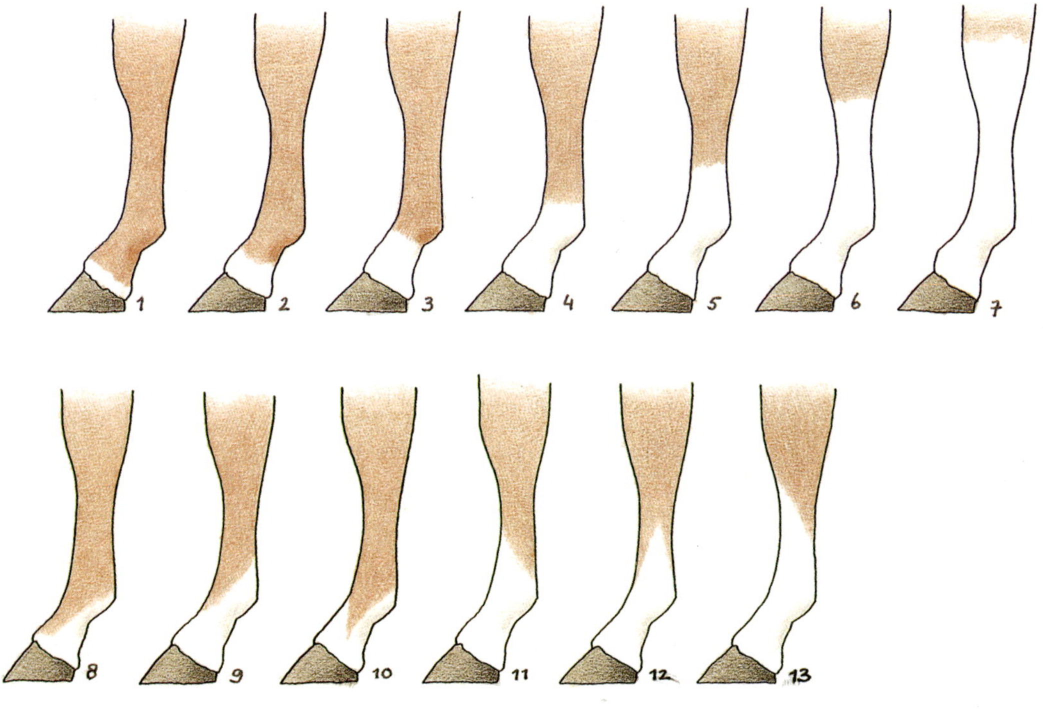

zen Beinen. Es wird behauptet, dass schwarze Hufe kräftiger sind als weiße Hufe.

Geschlecht

HENGST

Ein Hengst ist ein unkastriertes männliches Pferd über vier Jahre, das nach erfolgreicher Körung in der Zucht eingesetzt werden kann. Hengste haben einen kräftigen Körperbau und einen breiten Hals. Ein Hengst ist meist quadratischer als eine Stute gebaut. Ein Hengst verhält sich auch meist anders als eine Stute. Er beobachtet aufmerksam seine Umgebung und scheint vor Energie zu strotzen. Ein gut gebauter Hengst ist für viele ein erhebender Anblick. Es wird allerdings behauptet, dass sich Hengste, vor allem während der Paarungszeit, leichter ablenken lassen als Stuten. Auf der anderen Seite sollen sie gelehriger sein. Wir sollten das allerdings nicht verallgemeinern. Jedes Pferd hat seine eigene Veranlagung und seinen Charakter.

KLOPPHENGST

Ein Klopphengst ist ein männliches Pferd, bei dem ein oder beide Hoden nicht im Hodensack,

Reitpferd, Hengst

Stute mit Fohlen

Wallach

sondern in der Bauchhöhle oder im Leistenkanal verborgen sind. Eine operative Entfernung ist möglich. Solche Pferde sind von der Zucht ausgeschlossen, da diese Gegebenheit vererbt werden kann.

STUTE

Eine Stute ist ein weibliches Pferd über 4 Jahre. Meist sind Stuten im Vergleich zu Hengsten eher rechteckig gebaut. Im Umgang mit dem Menschen ist eine Stute normalerweise ruhiger als ein Hengst, es kommen aber auch hochsensible, nervöse und sogar zickige Stuten vor. Wenn eine Stute die zur Zucht gewünschen Eigenschaften erfüllt, sprechen wir von einer Zuchtstute.

WALLACH

Wenn einem Hengst die Hoden operativ entfernt wurden – diesen Vorgang nennt man Kastration – verliert das Pferd seine Fruchtbarkeit. Wir nennen einen kastrierten Hengst Wallach. Meist hat ein Wallach ein ruhigeres Gemüt als ein „echter" Hengst. Aus diesem Grunde lassen manche Pferdebesitzer ihren Hengst kastrieren.

Lebensalter

Das Alter eines Pferdes lässt sich relativ genau anhand seines Gebisses, hauptsächlich anhand der sechs bleibenden Schneidezähne bestimmen.
Mit viereinhalb Jahren sind die Milchzähne durch bleibende Zähne ersetzt. Mit zehn Jahren erscheint am Zahnfleisch der oberen Eckzähne der Einbiss, der im Laufe der Jahre wieder verschwindet. Je älter ein Pferd ist, desto schwieriger ist seine Altersbestimmung mit Hilfe der Zähne.

Ein vier Monate altes Fohlen mit vier Schneidezähnen und vier Mittelzähnen

Rechts unten sitzt der Hakenzahn

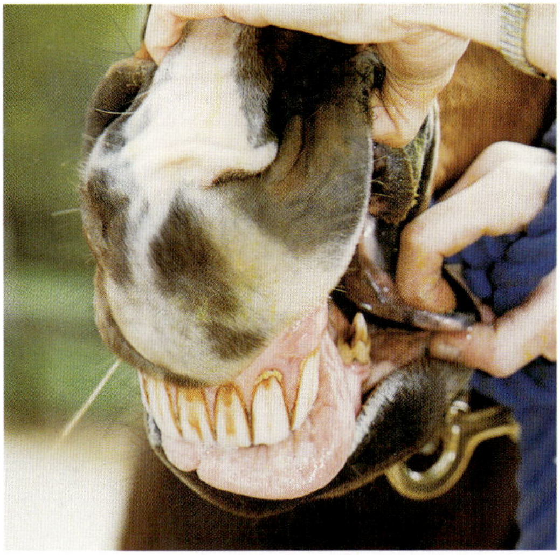

Ein Pferd im Alter

ALTER

Auch das Pferd macht im Alter einen bejahrten Eindruck. Alte Pferde lassen oft ihre Unterlippe hängen. Das alte Pferd kennzeichnen Stichelhaare auf der Stirn und in den Augengruben, ein kahler Schweif und eine kahle Mähne, schlaffe Haut und ein Senkrücken. An Kopf, Mähne und Schweif zeigen sich graue Haare.

In der Altersgruppe zwischen ca. 3 und zwanzig Jahren bleiben die Körpermerkmale relativ uncharakteristisch und alleine die Zähne geben einen zuverlässigen Hinweis auf das Alter des jeweiligen Pferdes.

GEBISS

Wie beim Menschen unterscheidet man ein Milchgebiss und ein bleibendes Gebiss (bis auf die letzten drei Backenzähne wechseln alle Zähne). Die Gebissformel lautet für jede Kieferseite: 3 Schneidezähne, 1 Hakenzahn, 3 prämolare und 3 molare Backenzähne. Der Hengst hat 40 und die Stute 36 Zähne. Die Hakenzähne können in Ausnahmefällen auch bei Stuten vorkommen.

Bis zum Alter von fünf Jahren genügt es, auf Zahnwechsel und das Wachstum der Zähne zu achten. Ab diesem Zeitpunkt gibt dann nur noch die Zahnabnutzung Aufschluss über das Alter des Pferdes. Da der junge Zahn in der Reibefläche ein Loch (Kunde) aufweist, ergeben sich hierdurch Merkmale für seine Abnutzung. Die Kunden sind Einstülpungen in die Dentinsubstanz. Auch die Gebissform gibt wertvolle Hinweise auf das Pferdealter. Man unterscheidet hier den Zahnbogen von der Zahnwölbung. Pferde über 15 Jahren kann man nur noch einer bestimmten Altersgruppe zuordnen.

Behang

Kötenbehang

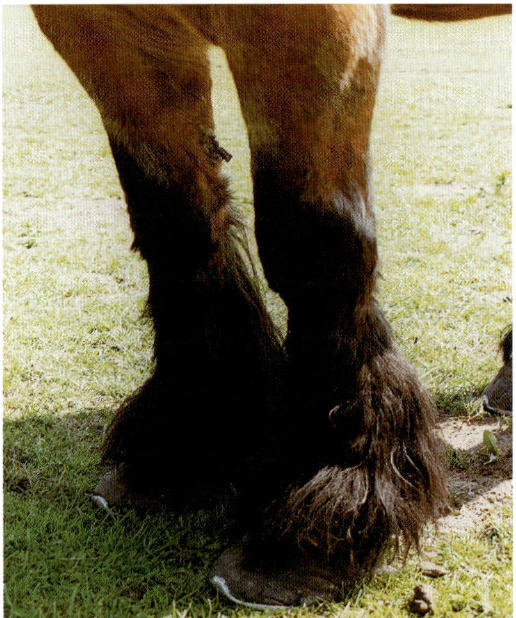

Brandzeichen

Tätowierung

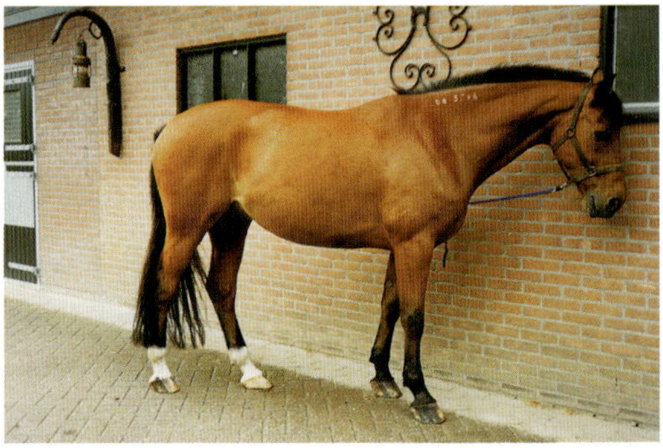

Weitere Begriffe, die sich auf das Exterieur beziehen

BEHANG
Unter dem Behang eines Pferdes verstehen wir die Mähne, den Schweif und die Köten.

KOTEN
Die Haare, die unten an den Beinen wachsen und manchmal über die Hufe hängen, nennen wir die Köten.

BRANDZEICHEN
Ein Brandzeichen ist ein auf das Fell gebranntes Zeichen, das besonders auf den großen Farmen in Amerika verwendet wird. Am Brandzeichen sehen die Rancher, von welcher Ranch ein Pferd stammt. Bei Diebstahl hilft ein Brandzeichen, das Pferd schnell zurückzubringen. Normalerweise wird das Brandzeichen im Fohlenalter auf die linke Hinterhand des Pferdes eingebrannt.
Andere Formen von künstlich angebrachten Kennzeichen sind zum Beispiel Ohrchips, Nummern auf den Hufen oder Tätowierungen am Hals.

GLASAUGE
Ein Glasauge ist ein blaues Auge. Die Farbe der Iris wird durch die Farbe der Haare in der Umgebung des Auges bestimmt. Sind diese

Ein braunes und ein blaues Auge

Ramskopf

Haare weiß, dann sind die Augen oft blau. Es kann auch vorkommen, dass ein Pferd ein braunes und ein blaues Auge hat. Die Indianer dachten, dass das braune Auge für tagsüber, das blaue „Mondauge" für die Nacht vorgesehen sei.

RAMSKOPF
Ein Pferd hat einen Ramskopf, wenn die Profillinie seines Kopfes konvex aufgewölbt ist.

HECHTKOPF
Ein Pferd hat einen Hechtkopf, wenn die Profillinie seines Kopfes konkav eingesenkt ist.

Hechtkopf

Tasthaare

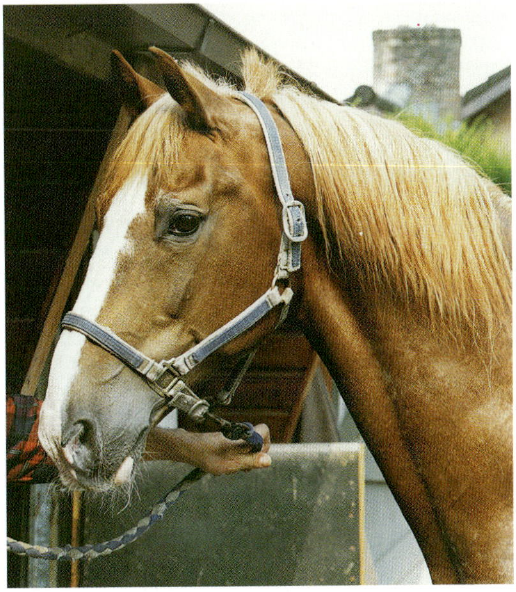

Merkmale: Kopf mit Schnippe und Stern

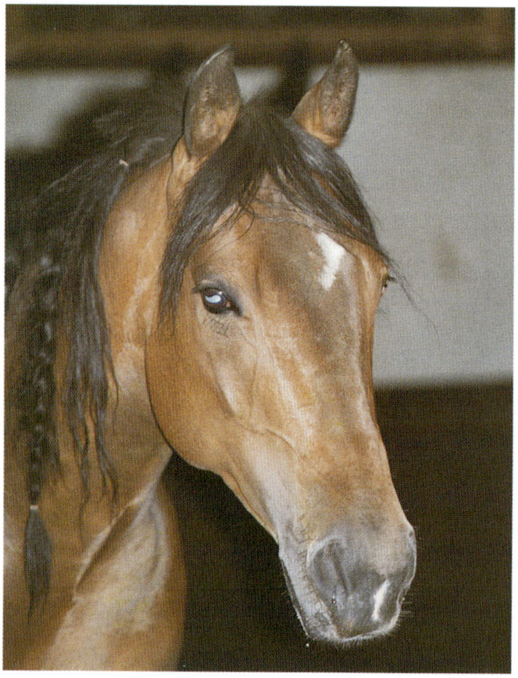

TASTHAARE

Die Tasthaare des Pferdes befinden sich um die Augen, Lippen und Nüstern. Diese Haare sollten beim Frisieren nicht zu kurz abgeschnitten werden, da sie ein wichtiges Tastorgan sind.

KASTANIE

Kastanien sind Hornwarzen, die sich an der Innenseite der Vorderbeine unmittelbar oberhalb der Vorderfußwurzelgelenke und an der Innenseite der Hinterbeine unterhalb der Sprunggelenke befinden.

BESCHREIBUNG

Wir brauchen eine möglichst genaue Beschreibung des Exterieurs eines Pferdes, damit es ins Stammbuch seiner Rasse aufgenommen werden kann. Beim An- und Verkauf eines Pferdes ist es wichtig, möglichst viele Kennzeichen niederzuschreiben, die bei einem eventuellen Diebstahl von Nutzen sein können. Druckstellen und Warzen sind keine dauerhaften Kennzeichen.

Sinnesorgane

Mit Hilfe seiner Sinnesorgane kann ein Pferd feststellen, was in seiner Umgebung passiert. Wie beim Menschen können wir die Sinnesorgane unterteilen in:

- Sehvermögen (Auge),
- Gehör (Ohr),
- Geruch (Nase),
- Geschmack (Zunge und Gaumen),
- Gefühl (Haut).

Sehvermögen

Das Sehvermögen der Pferde weicht von dem des Menschen ab. Die Augen eines Pferdes sind seitlich am Kopf angebracht und ermöglichen dadurch eine beinah vollständige Rundumsicht. Aber aufgrund dieser Augenanordnung existieren „blinde Zonen“ direkt vor und direkt hinter dem Pferd. Es muss also, um uns im Auge behalten zu können, stets ein wenig den Kopf drehen.

Pferde sehen im oberen und unteren Bereich der Netzhaut auf weite Entfernungen scharf, während das Zentrum durch die Anhäufung besonders zahlreicher Sehzellen auf mittlere Entfernungen und detailliertes Sehen eingestellt ist. Deshalb müssen Pferde ihren Kopf immer frei bewegen können, um ihr Sehobjekt auf die günstigste Stelle der Netzhaut zu projizieren.

Es gibt etwas zu sehen!

Um in der Ferne scharf sehen zu können, muss ein Pferd seinen Kopf drehen

Was höre ich denn da?

Alle Bereiche der Netzhaut reagieren aber gleichermaßen intensiv auf Bewegungen.
Auch Farben können von Pferden in großem Maße unterschieden werden. Zur Zeit geht man davon aus, dass sie rot, grün, gelb und blau wahrnehmen können. Am besten sehen sie wohl gelb.
Pferde können einige hundert Meter weit sehen. Um festzustellen, was in einem größeren Abstand passiert, benutzen sie ihr ausgezeichnetes Gehör und den Geruchssinn. Ein Pferd kann keine Tiefe wahrnehmen, deshalb erschrickt es auch vor einem Stück Papier oder einem Schatten. Meist tritt eine Schreckreaktion auf, wenn es etwas nicht gut gesehen hat. Sie sollten ein Pferd in so einem Falle nicht strafen, sondern versuchen, es zu beruhigen.

Gehör

Pferde können wesentlich besser hören als Menschen. Mit Hilfe ihrer beweglichen Ohren nehmen sie fortwährend Geräusche wahr. Wenn das Pferd den Kopf hebt, die Halsmuskeln anspannt und die Ohren spitzt, hat es etwas gehört. Das Gehör spielt auch bei der Orientierung der Pferde eine wichtige Rolle. Sowohl Geräusche aus der Ferne als auch die Geräusche ihrer Hufe auf dem Boden sorgen dafür, dass ein Pferd wesentlich besser als ein Mensch in der Finsternis seinen Weg finden kann.

Geruchssinn

Der Geruchssinn ist bei Pferden stark ausgeprägt. Sie können unterschiedliche Gerüche ausgezeichnet unterscheiden. Ein Pferd kann z. B. riechen, ob andere Pferde auf der Weide gestanden haben. Wenn sie etwas Besonderes riechen, strecken Pferde oft ihre Nase in die Luft und

Eine Stute erkennt ihr Fohlen am Geruch

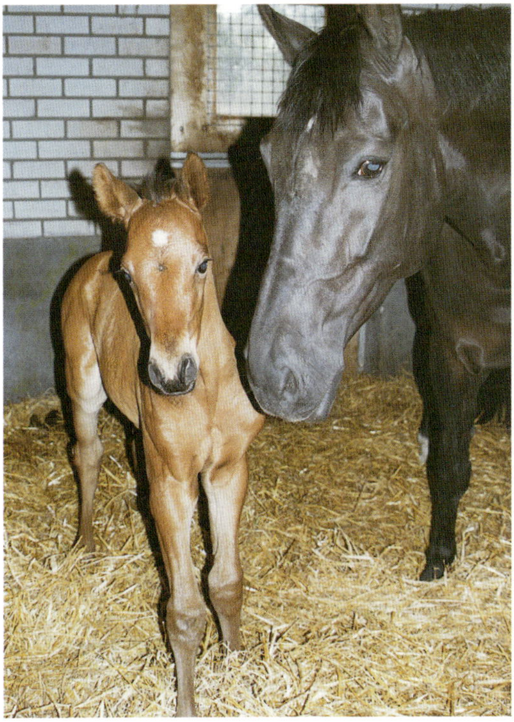

So ein Äpfelchen ist lecker

ziehen die Oberlippe hoch. Bei Hengsten kann dies ein Zeichen dafür sein, dass sie eine Stute entdeckt haben. Dieses Verhalten nennen wir Flehmen.
Pferde können auch riechen, ob ihr Trinkwasser

und ihr Futter gut sind. Wenn der Geruch nicht stimmt, rühren sie das Futter nicht an.
Auch für das Sozialverhalten ist der Geruchssinn der Pferde von Bedeutung. Treffen sich zwei einander fremde Pferde, werden sie sich zunächst ausgiebig beschnuppern. Hat ein Pferd erst einmal den Geruch eines Artgenossen wahrgenommen, wird es ihn nie wieder vergessen, egal ob es ihn sympathisch fand oder nicht.

Geschmack

Das Geschmacksorgan hilft Pferden dabei, giftige Pflanzen von nicht giftigen zu unterscheiden. Sie fressen auf der Weide beispielsweise nur die nicht giftigen Bestandteile des Hahnenfußes. Weiterhin haben Pferde wie Menschen bestimmte Vorlieben oder Abneigungen bezüglich bestimmter Geschmacksnuancen. Im Allgemeinen mögen sie gerne Süßes, sie werden aber auch einen saueren Apfel nicht verschmähen. Sie lecken gerne an einem Salzblock.

Gefühl

Ein Pferd reagiert auf die geringste Berührung; sein Gefühl ist sehr gut entwickelt. Dies wird besonders deutlich, wenn eine Fliege auf ihrer Haut sitzt, die sie verscheuchen, indem sie mit den Muskeln der Unterhautschicht zucken. Sie können ihre nächste Umgebung mit den langen Tasthaaren an Unter- und Oberlippe erkunden. Die meisten Pferde mögen es gerne, wenn ihre Haut gestreichelt wird, vor allem am Kinn und auf der Nase.

Pferde lassen sich gerne kraulen

Eigenschaften des Pferdes

HERDENTIER
Das Pferd ist ursprünglich ein soziales Tier, das sich im Verband der Herde am wohlsten fühlt. Es ist gegen seine Natur, alleine in einem Stall zu stehen. Deshalb braucht jedes Pferd einen Genossen, am besten einen Artgenossen oder, wenn das nicht möglich ist, eine Stallkatze oder eine Ziege.

FLUCHTTIER
Von Natur aus ist das Pferd kein Raubtier, das andere Tiere anfällt und tötet, um sie dann zu fressen. Für große fleischfressende Tiere ist das

Mit der Stallkatze ausreiten

Essenszeit

Pferd eine leichte Beute. Die einzige Art, wie es einem Raubtier entkommen kann, ist Flucht. Deshalb ist es auch immer auf dem Sprung und bereit zu fliehen, wobei es hohe Geschwindigkeiten entwickeln kann. Es reagiert mit Flucht übrigens nicht nur, wenn es eine Gefahr bemerkt hat, sondern lässt sich auch von seinen Artgenossen anstecken.

BEWEGUNGSTIER

Da ein in der Wildnis lebendes Pferd selbst für seine Nahrung sorgen muss und diese nur findet, wenn es große Entfernungen zurücklegt, ist es ein Bewegungstier, das sich am wohlsten fühlt, wenn es sich frei bewegen kann. Deshalb ist Stall- bzw. Boxenhaltung eigentlich gegen seine Natur und wir müssen dafür sorgen, dass es möglichst viel bewegt wird.

PFLANZENFRESSER

Untersuchungen haben gezeigt, dass das Pferd, wenn es die Gelegenheit dazu hat, ständig mit kleinen Zwischenpausen pflanzliche Nahrung aufnimmt. Sein Magen ist nicht groß, deshalb frisst es in der Natur immer wieder kleine Portionen Gras.

GEWOHNHEITSTIER

Das Leben eines Pferdes wird in der Wildnis durch eine Art „innere Uhr" geregelt. Zu bestimmten Tageszeiten wird geruht, zu anderen wird gefressen. Deshalb sollte man sich besonders bei der Fütterung konsequent an bestimmte Zeiten halten. Eine Veränderung der Futterzeiten führt zu Unruhe, eine grobe Veränderung des Futterplans kann sogar zu Koliken führen.

Pflanzenfresser

Eine Herde von Exmoor-Ponys

GEDÄCHTNIS

Beim Training eines Pferdes kann man dessen ausgezeichnetes Gedächtnis nutzen. Wenn das Pferd im richtigen Moment belohnt bzw. bestraft wird, wird es solche Erfahrungen in seinem Gedächtnis speichern.

RANGORDNUNG

Im Herdenverband herrscht unter den Pferden eine strenge Rangordnung. Jedes neue Tier muss sich seinen Platz erst erkämpfen. Ein Hengst möchte immer wissen, wer der Chef ist. Die Rangordnung bestimmt auch, in welcher Reihenfolge die Pferde der Herde laufen und wo sie fressen. Der Rangniedrigste der Herde muss immer wachen. Ein Reiter darf dem Pferd niemals das Gefühl geben, dass es in der Rangordnung über ihm stehen könnte. Das Pferd merkt das sofort und wird mit dem Reiter um den Platz in der Rangordnung kämpfen.

Körpersprache

Nicht nur, um die Rangordnung festlegen zu können, brauchen Pferde in einer Herde eine Sprache. Sie müssen sich auch untereinander verständigen können, um einander zum Beispiel zu alarmieren, wenn Gefahr droht, oder wenn eine Stute ihr Fohlen heranrufen möchte.
Pferde benutzen neben verschiedenen Lautäußerungen ihren Körper, ihre Haltung und Bewegung, um sich auszudrücken. So spannt das Pferd beim Imponieren die Muskulatur an, wölbt den Hals und stellt den Schweif hoch.

Flehmen

FLEHMEN

Oft strecken Pferde ihre Nase empor und ziehen ihre Oberlippe hoch, sie flehmen. Man sieht die-

Pferde auf der Weide wissen instinktiv, welche Pflanzen giftig sind

ses Verhalten besonders bei Hengsten, wenn sie eine Stute entdeckt haben.

WIEHERN

Das helle, laute und melodische Wiehern der Pferde dient der Kontaktaufnahme mit Artgenossen und ist ein Erkennungsruf. Pferde können sich am Wiehern genauestens erkennen. Ein leises Wiehern in tieferer Stimmlage ist oft eine Art Begrüßung. Vertraute Menschen werden häufig mit gedämpften Grummellauten empfangen. Viele Pferde stoßen bei Nüsternkontakt mit einem anderen Pferd ein helles, hohes Quietschen aus, das den Genossen warnen soll.

MISTEN

Das Misten (die Entlastung des Darms) kann ein Zeichen von Entspannung und Zufriedenheit sein, aber auch das Zeichen für Aufregung.

Achtung!

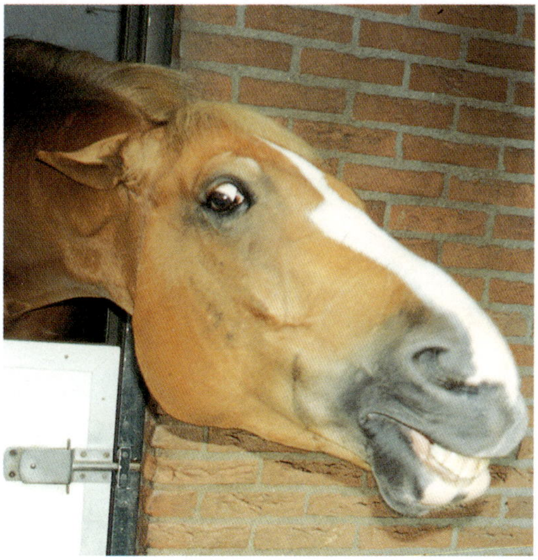

Misthaufen

Da kommt mein Futter

Pferde misten oft, wenn ihre Box frisch eingestreut wurde, oder wenn sie in ihre vertraute Umgebung zurückgebracht wurden.
Auch das Abschlagen von Urin kann durch angenehme Gefühle hervorgerufen werden. Wenn ein Pferd sehr erregt ist oder wenn es Angst hat, kann dies aber auch Durchfall zur Folge haben.

OHRENSPIEL

Am Spiel der Ohren können erfahrene Pferdekenner feststellen, in welcher Stimmung sich das Pferd gerade befindet. Stellt ein Pferd die Ohren nach vorne, deutet dies eine freundliche Stimmung an. Sollte es die Ohren flach anlegen, ist allerdings Vorsicht geboten. Dies ist meist ein Zeichen für schlechte Laune.

RUHEN

Das Leben von Pferden und Ponys, die Tag und Nacht auf der Weide stehen, wird von einer Art „inneren Uhr“ bestimmt: Zu bestimmten Zeiten des Tages wird geruht, zu anderen geweidet. Das Ruhen variiert von tiefem Schlaf bis hin zu wachsamem Ausruhen.

Schweifschlagen

Pferde haben aber keine lange Tiefschlafphase. Als Fluchttiere mussten sie in freier Wildbahn immer auf der Hut sein. Dort schlafen sie meist im Stehen. Manchmal legen sich Pferde zum Schlafen auch hin, aber meist nur für eine kurze Zeit, denn wegen ihres großen Gewichts kann dadurch die Atmung beeinträchtigt werden.

SCHWEIFSCHLAGEN

Schweifschlagen ist ein Zeichen von Unzufriedenheit. Bei Reitpferden kann es auch ein Zeichen von Unmutsäußerung gegenüber dem Einsatz von Sporen sein. Ein weiterer Grund für Schweifschlagen beruht auf seiner natürlichen Funktion, er dient nämlich in erster Linie dem Verscheuchen von Fliegen.

Fortpflanzung

GESCHLECHTSORGANE

Die auffälligsten Körperteile des Hengstes sind der Hodensack zwischen den Hinterschenkeln und der im Schlauch verborgene Penis, der zum Strahlen und beim Geschlechtsakt ausgeschachtet wird. Die Geschlechtsorgane setzen sich bei der Stute aus den Eierstöcken, den Eileitern, der Gebärmutter und der Scheide, die gleich unterhalb des Afters unter der Schweifrübe liegt, zusammen. Das Euter befindet sich zwischen den Hinterschenkeln, es ist meist nur in gefülltem Zustand während der Säugeperiode zu sehen.

ROSSE

Die Paarungsbereitschaft einer Stute nennt man Rosse. Normalerweise dauert sie etwa 6 bis 8 Tage, der günstigste Zeitpunkt für eine Befruchtung ist etwa 2 Tage vor dem Ende der Rosse. Normalerweise rossen Stuten von März bis September alle 3 bis 4 Wochen. Die Zeichen für Rosse können sich je nach Alter und Gesundheitszustand der Stute unterscheiden. Normalerweise ist eine Stute dann besonders kitzlig und die geröteten Schamlippen öffnen sich in

Gefesselt

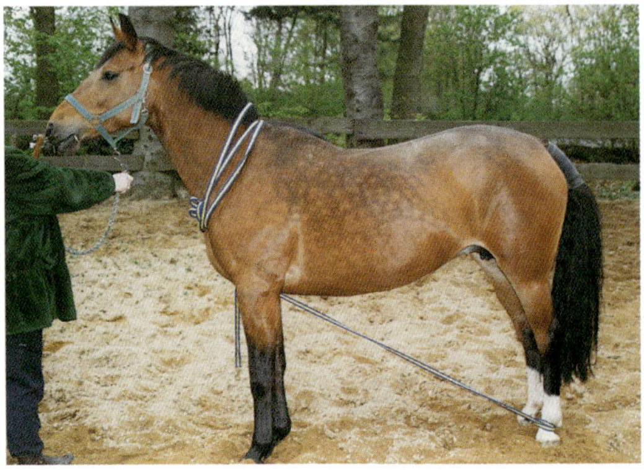

Schematische Darstellung der Geschlechtsorgane von Stute und Hengst:

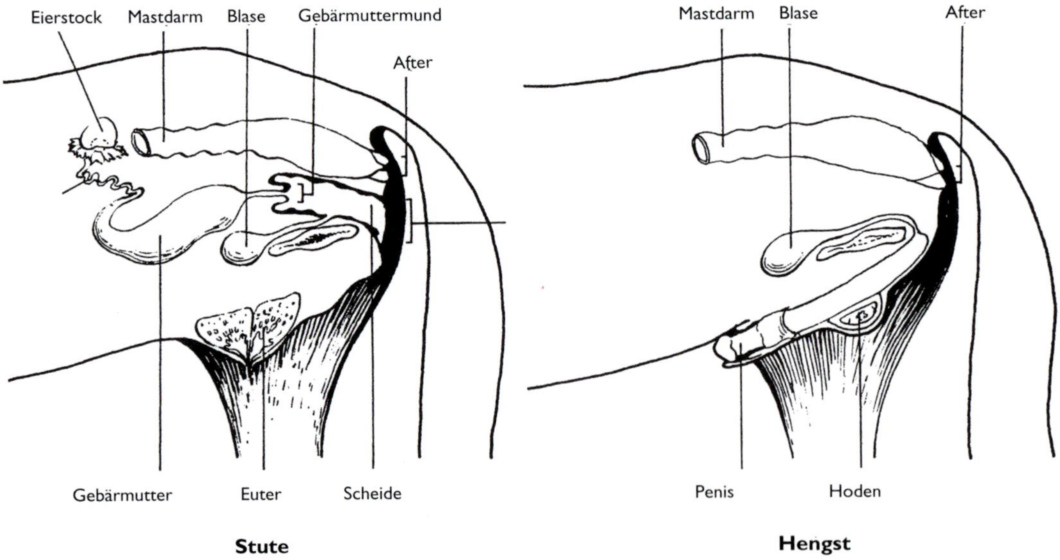

Unter dem Schweif eines Hengstes befindet sich die Afteröffnung

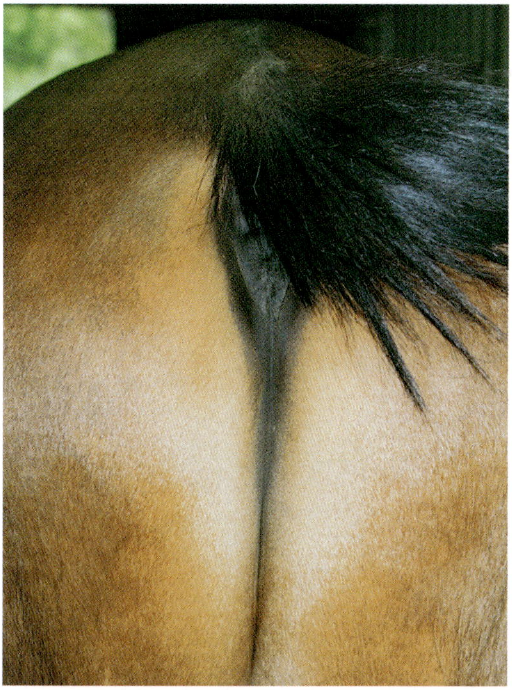

zuckendem Rhythmus, weiterhin werden Schleim und Harn abgesondert. Bei der sogenannten „stillen Rosse“ sind diese Zeichen nicht zu erkennen und die Schamlippen sind blass. Die „Fohlenrosse“ zeigt sich 9 Tage nach Geburt des Fohlens. Der günstigste Decktermin ist jedoch drei Wochen später. Wenn eine Rosse länger als 10 Tage dauert, muss eine Erkrankung z. B. der Gebärmutter in Betracht gezogen werden.

FESSELN

Bei der Paarung werden die Hinterbeine der Stute häufig mit einem Seil zusammengebunden, sodass sie nicht ausschlagen und dabei den Hengst verletzen kann.

PAARUNG

Bei der Paarung wird eine Stute von einem Hengst begattet. Der Hengst reitet auf die Stute auf, umklammert ihren Brustkorb oder die Hüfte und beißt sich häufig in ihrem Mähnenkamm fest. Die eigentliche Befruchtung findet in der Vagina statt, in die der erigierte Penis wegen der anatomischen Gegebenheiten der Gebärmutter tief eindringen muss. Der Hengst vollführt meist wenige Stöße bis zum Samenerguss und gleitet wieder von der Stute herunter.

Unter dem After der Stute befindet sich die Scheide mit den Schamlippen

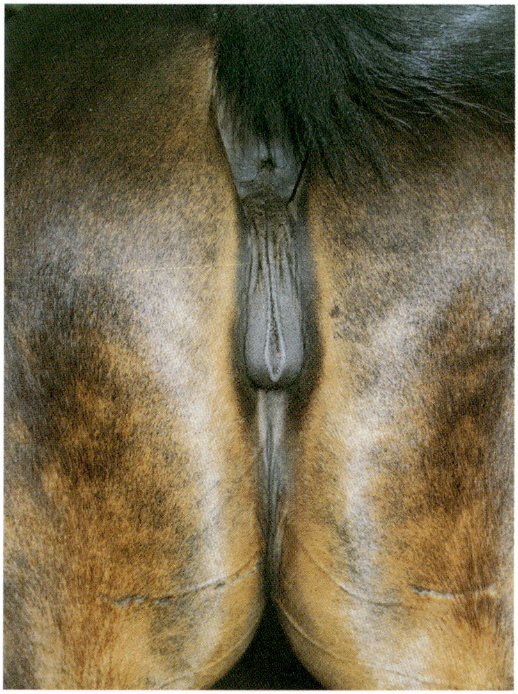

Rossige Stute

Der Schweif der Stute wird bandagiert

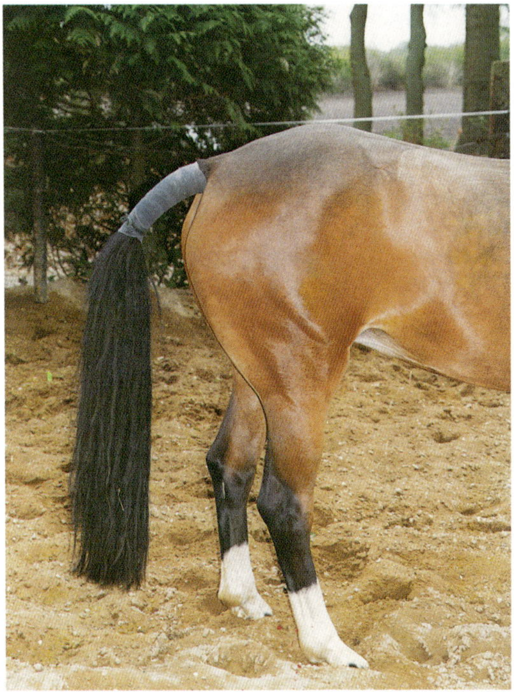

Der Hengst kommt aus dem Hänger und hat bereits die Stute gerochen

Während des Vorspiels wird der Geschlechtstrieb gereizt

Die Paarung

Probierbox

KÜNSTLICHE BEFRUCHTUNG

Spermien eines Hengstes können auch auf künstliche Weise in die Scheide einer Stute gebracht werden. Dieser Vorgang wird künstliche Befruchtung oder künstliche Besamung genannt. Hierbei vermeidet man viele Probleme mit unwilligen Pferden.

ABFOHLEN

Als Anzeichen für eine bevorstehende Geburt schwillt das Euter an, die Beckenbänder fallen ein und zwischen dem 7. und 2. Tag vor der Geburt bilden sich an den Spitzen des Euters Harztropfen. Die meisten Geburten erfolgen im Liegen und während der Nacht. Üblicherweise bereitet man für die Stute eine geräumige Abfohlbox vor.

PROBIEREN

Zur Feststellung der Rosse bzw. der Trächtigkeit einer Stute lässt man einen Probierhengst die Stute beschnuppern. Ihr Verhalten zeigt, ob sie rossig ist oder nicht, bzw. ob sie trächtig ist. Meist findet dies im sogenannten Probierstand statt, in den die Stute gestellt wird. Es handelt sich hierbei in der Regel um eine starke Bohlenwand parallel zu einer anderen Wand, die vorn durch eine querliegende Stange begrenzt ist. Die

Probieren

Stute steht im Stand und der Hengst beschnuppert sie über die Bohlenwand. Hier kann die Stute ausschlagen, ohne den Hengst zu verletzen.

TRÄCHTIGKEIT

Eine Stute ist trächtig, wenn eine Befruchtung stattgefunden hat. Unter der Trächtigkeit versteht man die Entwicklung des Fohlens im Mutterleib von der Befruchtung der Eizelle bis zur Geburt. Die Dauer der Trächtigkeit beträgt normalerweise 11 Monate, wobei ein Spielraum

Trächtig

zwischen 310 und 360 Tagen liegen kann, je nach Rasseveranlagung und Haltungsbedingungen der Stute.
Sehr günstige Bedingungen, besonders im Hinblick auf das Futter, können die Tragezeit auch verkürzen. Hengstfohlen werden durchschnittlich zwei Tage später geboren als Stutfohlen.

HARZTROPFEN UND GEBURT

Unter Harztropfen verstehen wir kleine Tröpfchen, die sich vor der Geburt eines Fohlens an den Spitzen des Euters der Stute bilden. Oft fallen die Harztropfen einen Tag vor der Geburt ab und die Milch beginnt herauszutropfen.
Unmittelbar vor der Geburt wird die Stute unruhig, sie zeigt ein nervöses Verhalten, läuft hin und her und beginnt zu schwitzen. Im Normalfall dauert eine Geburt 10 bis 30 Minuten. Da etwaige Komplikationen jedoch nicht vorhersehbar sind, sollte man vorsichtshalber vor der Geburt einen Tierarzt rufen.
Nach den Eröffnungswehen presst die Stute während der Austreibungsphase das Fohlen meist im Liegen heraus. Zunächst zeigt sich die Wasserblase, die den Geburtsweg erweitert, sie platzt meist beim Austreten aus der Scheide. Es folgt die Fruchtblase, in der auf den ausgestreckten Vorderbeinen der Kopf des Fohlens liegt. Der schmalere Körper folgt sogleich nach und die Geburt ist vollzogen. Die Stute steht auf, die Eihäute öffnen sich und die Nabelschnur reißt an einer bestimmten Stelle ab. Jetzt beginnt das Fohlen mit der Atmung.

KOLOSTRALMILCH

Die Kolostralmilch ist die erste Milch der Stute, die das Fohlen zu sich nimmt. Sie besitzt medi-

Harztropfen

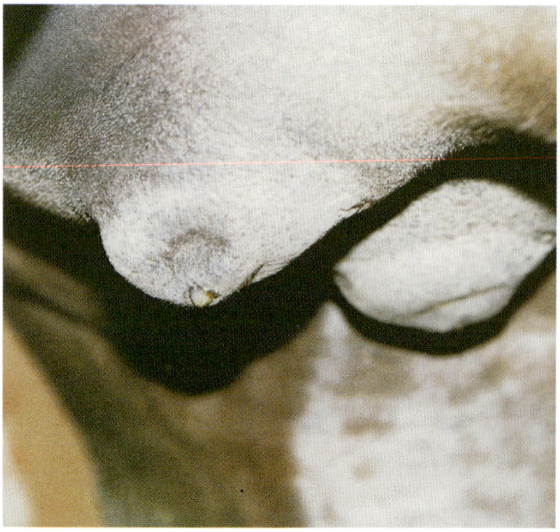

Die Geburt eines Fohlens

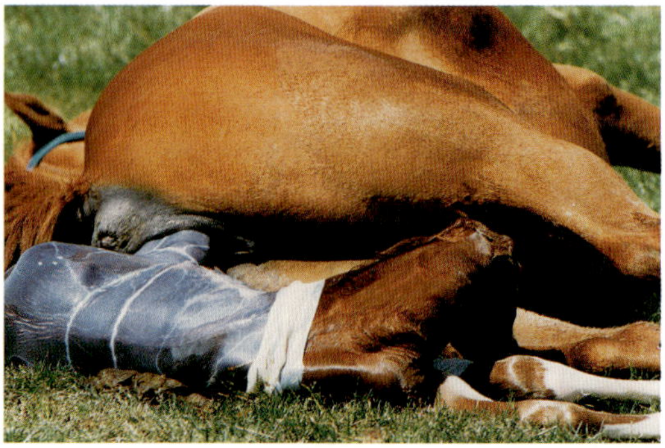

Eine Stute frisst die Nachgeburt auf

Ein neugeborenes Fohlen bei der Mutter

Nach der Geburt leckt die Stute ihr Fohlen ab

zinische Wirkung und schützt das Fohlen vor krankheitserregenden Bakterien, enthält Abwehrstoffe gegenüber Infektionen, bereitet Magen und Darm für die kommenden Aufgaben vor und sorgt für den Abgang des Darmpechs. Es kann vorkommen, dass eine Stute die Geburt nicht überlebt. Dann sollte in jedem Fall das tote Tier gemolken werden, damit das Fohlen mit der Kolostralmilch in der Flasche gefüttert werden kann.

MUTTERMILCH

Die Stute produziert Muttermilch für ihr Fohlen. Manche Stuten haben viel Milch, manche dagegen sehr wenig. Es kann dann notwendig werden, dem Fohlen die Milch einer anderen Stute zuzufüttern. Wenn der Verdacht besteht, dass ein Fohlen zu wenig Milch erhält, sollte man in jedem Fall den Tierarzt zu Rate ziehen. Er kann in bestimmten Fällen auch für die Vermittlung einer Amme sorgen.

DARMPECH

Das Darmpech ist der dunkelbraune bis fast schwarze Kot im Darmkanal eines Fohlens. Nach der Geburt muss das Darmpech möglichst schnell ausgeschieden werden, da das Fohlen sonst kolikähnliche Krämpfe bekommen kann. Normalerweise ist die Ausscheidung des Darmpechs nicht problematisch, weil die Muttermilch eher abführende Wirkung hat. Sollte das Darmpech trotzdem ausbleiben, muss nach dem Tierarzt gerufen werden. Es gelingt ihm meist ohne große Mühe, das Darmpech zu entfernen.

FOHLEN

Ein neugeborenes Fohlen wird von der Mutter trockengeleckt und versucht sogleich, aufzustehen und an das Euter der Mutter zu gelangen. Zunächst wird jede Hilfestellung unterlassen, damit das Fohlen die Milchquelle auf natürliche Weise finden kann.

ZWILLINGE

Zwillinge kommen bei Pferden nur selten vor. In weniger als einem von tausend Fällen kommen Zwillinge lebend auf die Welt. Nach der Geburt sterben sie oft, wenn nicht genügend Muttermilch vorhanden ist.
Um beide Fohlen am Leben zu halten, muss man in den ersten Lebenstagen Tag und Nacht mit einer Milchflasche bereit stehen.

ABSETZEN

Ab dem vierten Monat kann ein Fohlen von der Mutter getrennt werden. Wir nennen diesen

Jährling

Vorgang das Absetzen. Es empfiehlt sich, Fohlen passenden Alters und Geschlechts zum gleichen Zeitpunkt von der Mutter zu trennen und miteinander zu halten. Sie verwinden in Gesellschaft den Schmerz über den Verlust ihrer Mutter leichter, da sie abgelenkt sind. Man sollte dann auch der Stute besondere Beachtung widmen. Da nach dem Absetzen die Milchproduktion nicht abrupt stoppt, sollte man der Stute einige Tage Ruhe gönnen mit wenig Futter und Wasser. Wenn ihr Euter stark geschwollen ist, kann etwas Milch abgemolken werden. Dies sollte allerdings nicht häufig geschehen, sonst bleibt die Milchproduktion weiter in Gang.

JÄHRLING

Ein Jährling ist ein 1 Jahr altes Fohlen. Man rechnet es während des ganzen Jahres als Jährling, das auf das Geburtsjahr folgt, ohne dabei das genaue Geburtsdatum zu berücksichtigen.
Für ein junges Pferd ist eine gute Versorgung von entscheidender Bedeutung. Dies bedeutet vor allem gutes Futter, ausreichende Bewegung und gute Hufpflege. Daneben ist es auch wichtig, dass das Fohlen regelmäßig mit Menschen in Kontakt kommt. Auf diese Weise erleichtert man sich die spätere Arbeit mit dem Pferd.

Zwillinge

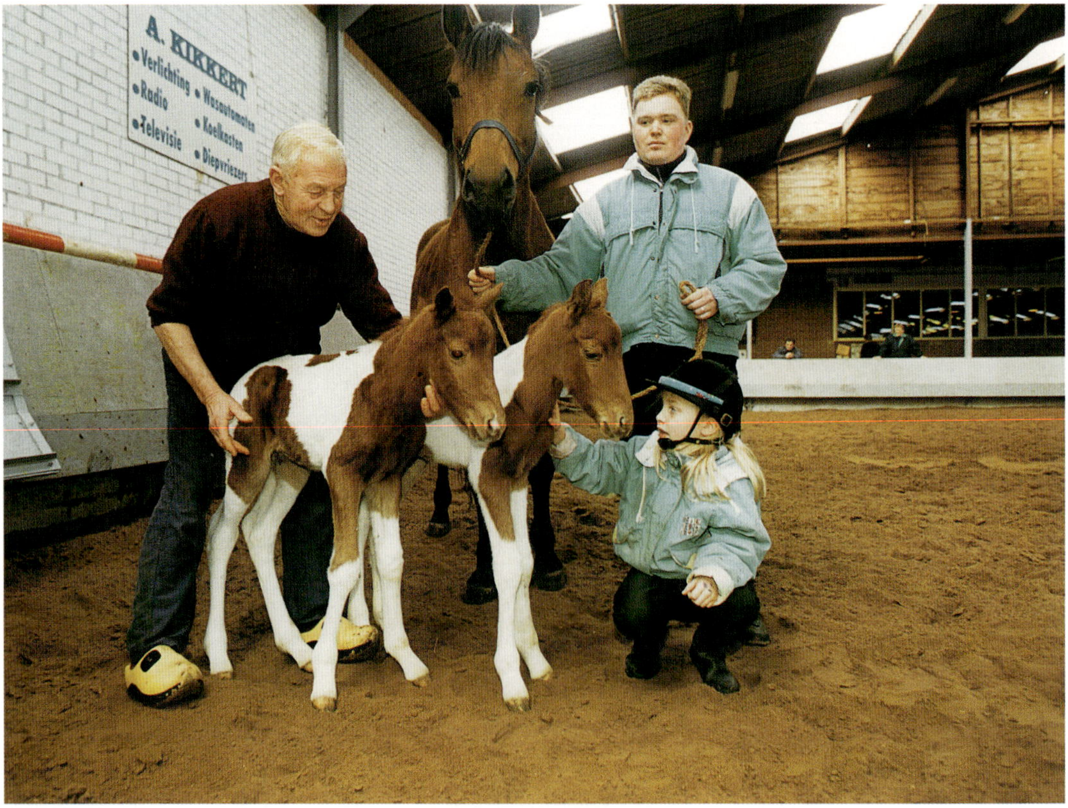

Absetzer

Stalluntugenden und schlechte Gewohnheiten

Stalluntugenden

Viele Stalluntugenden entwickeln sich, weil die Pferde Langeweile haben. Ein Pferd, das den ganzen Tag in seiner Box steht und das wenig Ablenkung und Bewegung bekommt, wird versuchen, seine aufgestaute Energie in Form von Stalluntugenden loszuwerden. Stalluntugenden können auf andere Pferde im Stall ansteckend wirken und so den Wert eines Pferdes verringern. Beim Verkauf müssen etwaige Untugenden gemeldet werden. Wenn dies nicht geschieht, kann der Kauf rückgängig gemacht werden. Folgende Stalluntugenden kommen häufig vor:

KOPPEN (KRIPPENSETZEN)
Koppen ist eine Verhaltensstörung von Stallpferden, die sich langweilen oder vereinsamt sind. Beim Krippensetzen setzen manche Pferde die oberen Schneidezähne auf den Krippenrand, einen Balken oder ähnliches und schlucken durch Anspannen der Halsmuskulatur hörbar Luft hinunter. Andere Pferde tun dies freistehend mit pendelndem Kopf. Koppende Pferde nutzen ihre Schneidezähne unregelmäßig ab und haben oft eine Neigung zu Koliken.
Bei Krippensetzern kann eine operative Entfernung bestimmter Halsmuskeln Erfolg haben. Man kann auch einen Kopperriemen verwenden, den das Pferd ständig (außer bei der Arbeit) tragen muss. Der Halsriemen mit Metalleinlage soll das Pferd am Koppen, am Anspannen der Halsmuskulatur zum Luftschlucken, hindern.

WEBEN
Ein Pferd webt, wenn es sein Gewicht ununterbrochen von dem einen Vorderbein auf das andere verlagert. Dabei pendelt es mit der Kopf-Hals-Partie hin und her. Beim Weben werden die Gelenke der Vorderbeine stark belastet und können auf Dauer geschädigt werden. Ein Webgestell auf der Boxentür kann hier Abhilfe schaffen (siehe Abbildung auf Seite 88). Auch das Weben kann auf benachbarte Pferde

Ein Horseball gegen Langeweile in der Box

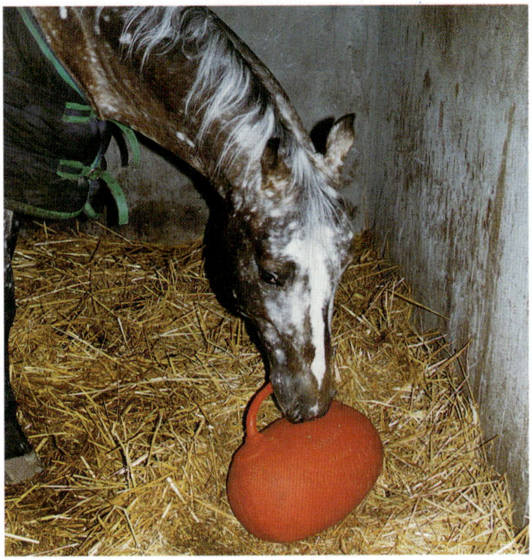

Kopperriemen

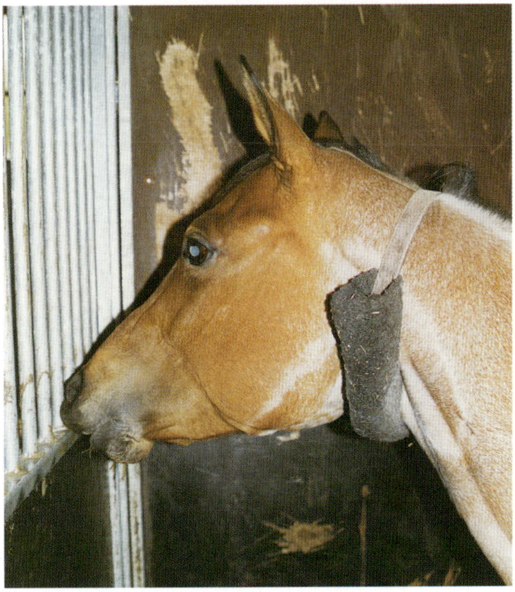

Webgestell

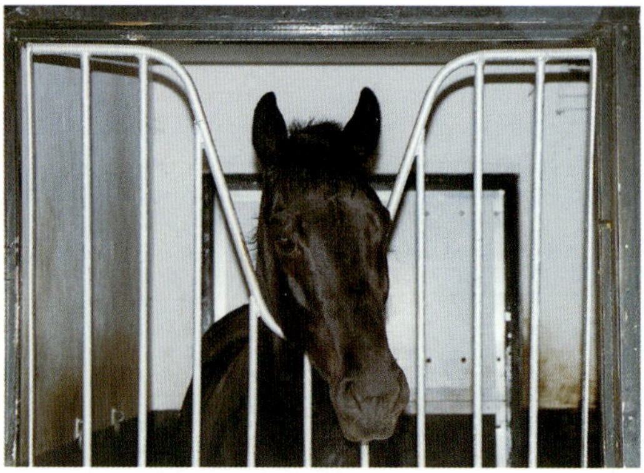

Diese Bisse sind Liebkosungen

Scharren mit dem Vorderfuß

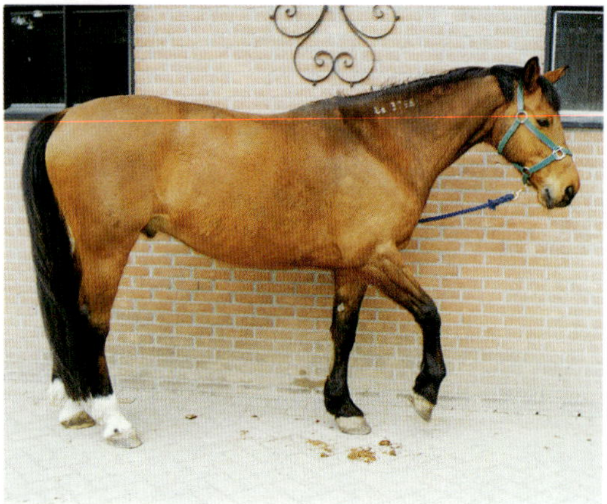

ansteckend wirken, diese Untugend regt zur Nachahmung an. Auch hier handelt es sich um eine Verhaltensstörung des Stallpferdes aufgrund von Bewegegungsmangel, Langeweile und Vereinsamung.

KLOPFEN UND STAMPFEN
Zu Stalluntugenden gehört auch das Stampfen auf den Boden bzw. das Klopfen gegen die Boxentüre und gegen Wände. Auf diese Weise wird natürlich die Box mit der Zeit kaputtgemacht. Manchmal hilft es, Gummimatten zu befestigen, sodass beim Klopfen kein Geräusch mehr zustande kommt.

DECKENBEISSEN
Deckenbeißer fressen an ihrer Decke und können sie manchmal vollständig zerstören.

Schlechte Gewohnheiten

Bei schlechten Gewohnheiten spielen ererbtes Verhalten, aber auch der Einfluss der Umgebung eine große Rolle.

BEISSEN UND SCHLAGEN
Manche Pferde beißen und schlagen, wenn scheinbar kein Grund dafür vorhanden ist. Oft ist Überfütterung hierfür eine Ursache.

SCHRECKHAFT
Manche Pferde reagieren auf ihre Umgebung äußerst schreckhaft und können, wenn sie in Bewegung sind, plötzlich davonrennen.

KLEBEN
Unter Kleben verstehen wir die Neigung eines Pferdes, sich nicht von den Artgenossen trennen zu wollen. Dies entsteht vermutlich aus einem ausgeprägten Herdenverhalten. Das Pferd ist ein soziales Tier und befindet sich am liebsten in Gesellschaft seiner Artgenossen.

SCHARREN MIT DEM VORDERFUSS
Das Scharren mit dem Vorderfuß ist ein Zeichen von Ungeduld.

SICH WIDERSETZEN
Ein sich widersetzendes Pferd weigert sich, mitzuarbeiten und macht dies durch Steigen oder Bocken deutlich.

STEIGEN
Ein Pferd steigt, wenn es mit beiden Vorderbeinen in die Luft geht. Dies kann ein Zeichen für Agression oder für Angst sein. Wenn der Reiter ein ängstliches Pferd zwingt, vorwärts zu gehen,

Steigen

kann das Pferd steigen. Pferde, die häufig steigen, können mit einem Martingal besser unter Kontrolle gehalten werden. Steigen muss nicht immer als Angst gedeutet werden, es kann auch ein Zeichen für Lebenslust sein.

BOCKEN

Ein Pferd bockt, wenn es den Rücken rund macht und mit den Vorder- und/oder Hinterbeinen vom Boden wegkommt. Pferde, die nach einer langen Zeit im Stall frei laufen dürfen, machen meist einige lustige Bocksprünge, um ihre überschüssige Energie loszuwerden.

Bocken unter dem Sattel ist oft ein Zeichen von Widerstand. Ein Pferd kann hierdurch auch versuchen, sich von seinem Reiter zu befreien. Die Ursachen des Bockens können auch in Schmerzen zu suchen sein, welche das Pferd verspürt.

DURCHGEHEN

Der Schrecken jedes Geländereiters ist ein Pferd, das während eines Ausritts durchgeht. Das Pferd hat sich auf irgendeine Weise erschreckt und geht durch.

Es reagiert nicht mehr auf die Hilfen des Reiters und rennt, solange es seine Beine tragen können. Der Reiter wird versuchen, das Pferd möglichst schnell wieder unter Kontrolle zu bekommen, bevor eine gefährliche Situation entsteht. Bei Pferden, die regelmäßig durchgehen, kann ein Martingal, ein anderes Gebiss oder eine tiefer geschnallte Trense helfen.

Bereit für einen Bocksprung

Das Pferd ist von Natur aus ein Herdentier

2 Versorgung und Pflege

Sowohl Menschen, die sich zum Vergnügen Pferde halten, als auch professionelle Pferdebesitzer müssen sich täglich mit der Versorgung und Pflege ihres(r) Pferde(s) beschäftigen. Wir behandeln nachfolgend all das, was mit der täglichen Pflege eines Pferdes zusammenhängt. Dieses Kapitel ist als Nachschlagewerk für die Pferdepflege gedacht. Die einzelnen Abschnitte sind nach Themen gegliedert, im Register finden Sie Stichworte, die alphabetisch angeordnet sind. Unsere Hinweise können auch nützlich sein, wenn Sie sich mit dem Gedanken tragen, ein Pferd anzuschaffen. Beim Lesen dieser Kapitel erhalten Sie Hinweise, die Sie bei der Anschaffung eines Pferdes berücksichtigen müssen. Neben der notwendigen Ausrüstung braucht ein Pferd viel Zeit und Zuwendung. Vor allem im Winter, wenn das Pferd nur im Stall steht, muss man täglich dafür sorgen, dass es die nötige Bewegung erhält. In dieser Jahreszeit braucht man ungefähr zwei Stunden pro Tag, um ein Pferd zu versorgen und zu reiten. Und diese zwei Stunden entsprechen wohl dem minimalen Zeitaufwand. Hinzu kommt noch das tägliche Füttern, das mindestens zwei- bis dreimal geschehen sollte. Im Sommer, wenn die Pferde auf der Weide stehen, ist ihre Versorgung natürlich weniger zeitaufwendig; im Stall fällt weniger Mist an und eine Weide mit genügend Gras bietet besonders dem Freizeitpferd ausreichend Futter. Darüber hinaus muss man das Pferd nicht täglich reiten, da es auf der Weide genügend frische Luft und auch Bewegung erhält.
Folgende Themen werden behandelt: Stall, Weide, Weidegang, Futter, Fellpflege, Hufpflege und Frisieren. Jedes Kapitel beginnt mit einer Auflistung der Ausrüstung.

Ein Pferd braucht viel Zeit und Zuwendung

Links: Halfter

Panikhaken (links) und Karabiner (rechts)

Ausrüstung

HALFTER
Wenn Pferde nicht geritten werden, haben sie meist ein Halfter an. Ein Halfter muss locker am Pferdekopf sitzen und darf nicht drücken. Andererseits muss es so gut passen, dass sich das Pferd das Halfter nicht einfach abstreifen kann. Halfter gibt es in allen möglichen Sorten, Farben und Preislagen. Die teuersten sind aus Leder, oft handgearbeitet, mit Zierstichen, blanken Messingringen und -schnallen. Sie müssen regelmäßig gereinigt und eingefettet werden. Robustere Halfter sind aus Chromleder oder Kunststoff. Sie sind formbeständig und reißfest.

FÜHRSTRICK
Zum Halfter gehört der Führstrick oder der Anbinderiemen. Preiswert und stabil sind Anbinderiemen aus Kunststoff oder der gute alte Hanfstrick mit einem eingeflochtenen Karabiner- oder Panikhaken am einen Ende. Der Karabinerhaken muss stabil sein und darf sich nicht durch Zug verbiegen. Bei nervösen, unruhigen oder jungen Pferden benutzen Sie besser einen Panikhaken, mit dem man ein erregtes, stark zurückziehendes Pferd mit einem einzigen Griff losmachen kann.

KNOTEN
Wir binden Pferde zum Putzen und Satteln an einer unverrückbar festen Anbindevorrichtung fest. Um Pferde so anzubinden, dass sie einerseits sicher festgebunden sind, andererseits ganz schnell losgebunden werden können, schlingt man einen Sicherheitsknoten in den Strick, der mit einem einzigen Ruck zu öffnen ist. Diese

Pferdeknoten: Machen Sie eine Schlinge,

durch diese ziehen Sie nochmals eine Schlinge,

ziehen Sie eine weitere Schlinge hindurch,

ziehen Sie daran und der Knoten ist fertig.

Mit einem Ruck kann man den Pferdeknoten aufziehen

Spezialknoten sollten Sie solange üben, bis Sie sie im Schlaf beherrschen.

LECKSTEIN

In einer Box und auf der Weide sollte man einen Leckstein anbringen, um die Versorgung des Pferdes mit Salz zu sichern. Es gibt spezielle Halter für Lecksteine, aber man kann sie auch in die Futterkrippe legen. Beachten Sie aber, dass es bei Lecksteinen Unterschiede gibt. Einige bestehen zu 95 % aus Kochsalz, andere sind mit Mineralstoffen und Vitaminen angereichert. In Abhängigkeit von der Art des Futters und von der Arbeit, die das Pferd verrichten muss, sollten Sie den für Ihr Pferd geeignetsten Leckstein auswählen.

Leckstein

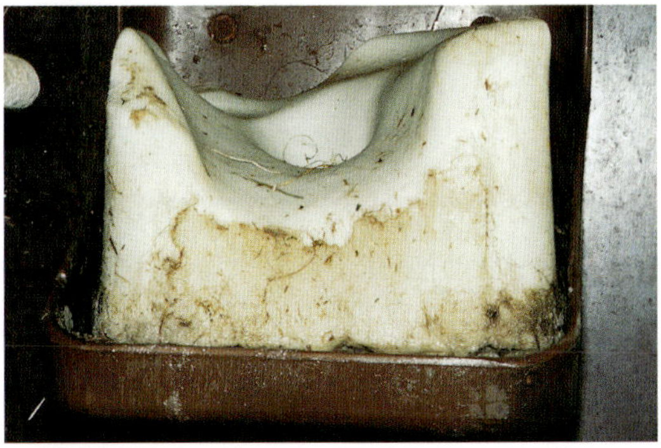

FUTTERKRIPPE

Ein Futtertrog sollte, ebenso wie die Tränke, in Schultergelenkhöhe angebracht werden. Es dürfen keine überstehenden Ecken und Kanten entstehen. Man muss dafür sorgen, dass der Trog leicht gereinigt und bei Bedarf desinfiziert werden kann. Um hervorstehende Kanten zu vermeiden, wird der Eckkrippe gegenüber dem Rechtecktrog der Vorzug gegeben. Die Tränke sollte diagonal zum Futtertrog angeordnet sein.
Wenn man Futtereimer aus Kunststoff oder Metall verwendet, müssen auch diese regelmäßig gesäubert werden, ebenso wie Eimer zum Tränken. Wenn das Pferd einen fremden Geruch im Eimer wahrnimmt, kann es passieren, dass es Futter bzw. Wasser nicht anrührt.

PFERDEDECKEN

Den meisten Pferde, mit denen gearbeitet wird, legt man im Herbst, sobald die Temperatur unter zehn Grad fällt, eine Decke auf. Sie stehen Tag und Nacht mit Decke in ihrer Box, die Decke wird nur dann abgenommen, wenn die Pferde geritten werden.
Diese Decken wärmen nicht nur, sondern sorgen auch dafür, dass das Winterfell nicht zu dick wird. Der Nachteil eines dicken Winterfells ist, dass dieses nach der Arbeit nur sehr schlecht trocknet. Von den vielen unterschiedlichen Decken braucht man wenigstens zwei: eine Stalldecke und eine Abschwitzdecke. Die robusten Stalldecken sind oft aus Kunstfasern hergestellt und haben ein wärmendes Innenfutter. Gute Abschwitzdecken bestehen aus Wolle oder synthetischen Materialien und werden dem Pferd nach der Arbeit aufgelegt, wenn es

Futterkrippe

Pferdedecke

geschwitzt hat. Ist das Pferd abgetrocknet, wechselt man die Decken und legt die Stalldecke auf. Weiterhin gibt es spezielle Ausreitdecken, die besonders die Nierenpartie des Pferdes schützen und wärmen.
Fliegendecken sind groß und leicht, sie sollen einen Schutz vor Fliegen und Steckmücken bieten. Regendecken sind wasserdicht, sie finden besonders auf Turnieren Verwendung, wenn ein Pferd aufgezäumt bei Regenwetter im Freien auf den Start warten muss. Es gibt auch Fliegenmützen, die dem Pferd über die Ohren gezogen werden und an der Trense befestigt werden.
Eine Pferdedecke muss dem Pferd natürlich passen, man misst die Rückenlänge des Pferdes vom Widerrist bis zum Schweifansatz.

Stall

Im Winter steht ein Pferd den größten Teil des Tages in seinem Stall. Der Stall soll vor Wind, Niederschlägen und größeren Temperaturschwankungen schützen. Deshalb muss ein Stall einige Ansprüche erfüllen:

- er muss ausreichend frische Luft bieten und er muss hell sein. Bei einem gesunden Stallklima sollte die Luftfeuchtigkeit nicht unter 80 % liegen. Beim Lichtbedarf rechnet man als Faustzahl mindestens 1 m^2 Fensterfläche pro Pferd.
- er muss eine konstante Temperatur haben, bei relativer Anpassung an die Außentemperatur sollte man ein Optimum von 8–15 Grad anstreben.
- er muss geräumig und stabil gebaut sein. Wie dies in der Praxis aussieht, hängt von den Abmessungen, der Einrichtung und dem Material ab, aus dem der Stall gebaut ist.

MASSE EINES GUTEN STALLES

Die Stallhöhe muss wenigstens 3,20 m betragen.

Ein guter Stall

Die richtigen Maße sind wichtig

Als Faustzahl setzt man die doppelte Widerristhöhe des Pferdes ein. Von der Art der Aufstallungsform (Laufstall, Boxe oder Ständer) hängen die Maße des Stalles ab. Das Sportpferd ist normalerweise in einer Box untergebracht. Folgende Mindestmaße sind hierbei zu beachten. Die Boxengröße für Großpferde: 9 m^2, Boxenwand 2,80–3,00 m; Ponys bis 148 cm: 7 m^2, Boxenwand von 2,40–2,60 m; Ponys bis 120 cm: 5 m^2, Boxenwand 2,00–2,20 m. Die Gitterstäbe sollten maximal 5,5 cm auseinander liegen. Eine feuerverzinkte Ausführung wird dringend empfohlen.

MATERIAL FUR DEN BAU EINES STALLES

Der Stall benötigt ein solides Fundament und witterungsresistente Wände. Viele mit Sicherheitsglas versehene oder durch Metallstangen gegen Bruch geschützte Fenster sorgen für ausreichend Licht und Luft. Ställe können aus Holz oder Stein gebaut werden. In beiden Fällen müssen die Wände kräftig sein. Die Innenwände eines Holzstalles müssen mindestens 4 cm dick sein. Wenn die Innenwand aus Steinen gebaut wird, muss man Steine auswählen, die den Schlag eines Pferdehufs aushalten. Wichtig ist auch, dass bei der Wahl des Materials dafür gesorgt wird, dass keine Verletzungsgefahr

Heulager

durch zu dünne Bretter oder durch hervorstehende Bauteile besteht. Die Boxenaufbauten müssen hundertprozentig stabil sein. Bei der Stalldecke ist die Verwendung von Holz vorteilhaft, da dieses bei Bedarf Feuchtigkeit aufnehmen kann. Der Stallboden soll widerstandsfähig, nicht zu hart, wärmedämmend, trocken und vor allem rutschfest sein. Man empfiehlt Ziegel-, Holzfuß- und Gussasphaltböden mit grober Körnung. Das Gefälle darf nicht mehr als 2 % betragen. Denken Sie bei der Planung des Stalls auch an Kammern zur Aufbewahrung des Sattelzeugs, an Putz- und Sattelplätze und an einen Raum für die Lagerung von Raufutter und Stroh.

Gitterstäbe vor dem Fenster und eine automatische Tränke

Ein vorgezogenes Dach zum Schutz vor Regen

Ständer

EINRICHTUNG DER BOX

In der Box hält sich das für Sportzwecke verwendete Pferd etwa 23 Stunden pro Tag auf. Deshalb muss sie entsprechend eingerichtet sein. In der Box muss eine Futterkrippe und eine Selbsttränke vorhanden sein. Automatische Tränken sind an die Wasserleitung angeschlossen. Im Winter sollte man deshalb darauf achten, dass die Tränken nicht einfrieren können.
Bei der Fütterung von Raufutter wird die Fütterung unmittelbar vom Boden aus immer mehr bevorzugt. Früher brachte man Raufen über den Krippen in größerer Höhe an, jedoch besteht hier, ebenso wie bei zu tiefer Anbringung der Raufen, Verletzungsgefahr.
Ein Türverschluss muss die Tür der Box ausreichend sichern und ihr auch am unteren Ende zum Fußboden hin Halt geben. Er muss verhindern können, dass sich wälzende Pferde die Tür nach außen biegen und sich beim Zurückziehen der Beine verletzen.

STÄNDE

Früher, als die Pferde täglich zur Arbeit aus dem Stall herausgenommen wurden und nur für wenige Nachtstunden den Stall aufsuchten, wurden die Pferde in Ständen aufgestallt. Heute gehören Stände eher zu den Ausnahmen. Ein Stand sollte 3 m lang sein. Bei zu kurzen Ständen besteht die Gefahr, dass das Pferd mit den Hinterbeinen hinter den Standpfosten kommt. Als Breite setzen wir unbedingt 1,60 m an. Bei festen Standwänden muss der Stand breiter sein. Bei beweglichen Abtrennungen können die Pferde beim Liegen die Beine unter der Abtrennung durchstrecken, der Stand kann schmäler sein.

AUSMISTEN

Ein Pferd mistet ungefähr 10 bis 12 mal pro Tag und gibt circa sieben Liter Urin ab. Deshalb müssen täglich die Misthaufen und die Urinstellen entfernt werden. Einmal pro Woche wird die ganze Box ausgeräumt und mit neuer Einstreu gefüllt. Mist- und Urinstellen werden mit einer Mistgabel, Sägespäne mit einer Schaufel entfernt. Beim täglichen Ausmisten kann man das saubere Stroh in einer Ecke der Box aufeinander stapeln.
Nach jeder Wurmkur des Pferdes ist die Box besonders gründlich zu reinigen und zu desinfizieren.

EINSTREU

Die Einstreu bringt, vor allem in Stadtnähe, in letzter Zeit immer größere Probleme. Nach wie vor wird als Einstreu Stroh verwendet, es ist in der Lage, die Ausscheidungen des Pferdes möglichst vollständig aufzusaugen bzw. zu binden.

Ausmisten

Sägemehl

Stroh ist für ein neugeborenes Fohlen die beste Einstreu

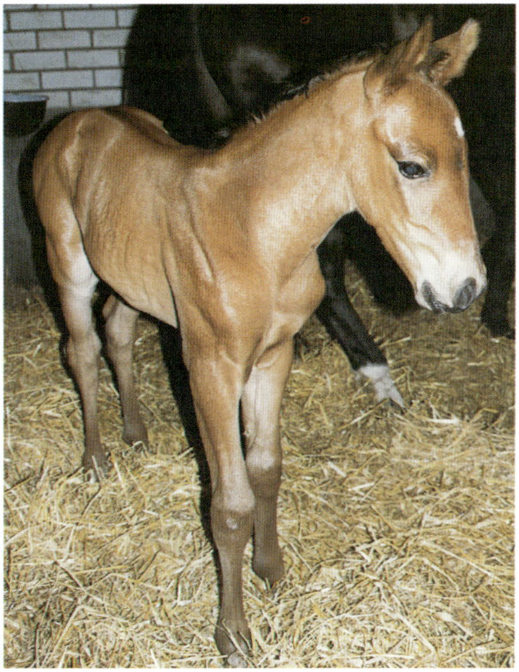

Weiterhin schafft es eine zusätzliche Wärmeisolierung und schützt das Pferd vor Verletzungen. Meist wird Roggen- oder Weizenstroh, manchmal aber auch Gerstenstroh eingestreut. Man rechnet mit einer Einstreumenge von 10–15 kg pro Pferd und Tag.

Andere Einstreumöglichkeiten sind Sägespäne. Ihre Verwendung kann unter bestimmten Umständen jedoch sinnvoll sein, man verwendet sie besonders gerne bei Pferden, die gegenüber Heustaub allergisch sind und chronisch husten. Ebenso wie Holzwolle besitzen Sägespäne jedoch nicht die günstige Saugwirkung wie Stroh. Auch Weißtorf ist wegen seiner hohen Saugfähigkeit und seiner Bindungskraft für Gase als Einstreu geeignet.

Man hat sich bemüht, wie bei anderen Tierarten auch beim Pferd einstreulose Haltungsformen einzuführen. Die Versuche lieferten allerdings noch keine befriedigenden Ergebnisse.

EINSTREU

Ein Pferd in einer Box oder in einem Stand schiebt die Einstreu immer nach einer bestimmten Seite. Aus diesem Grund sollte das frische Stroh täglich aufgeschüttelt und gleichmäßig verteilt werden.

STALLGERÄTE

Als Stallgeräte brauchen wir: eine Strohgabel, eine Mistgabel, eine flache Stallschaufel, einen

Einstreuen

Stallgeräte

Putz- und Waschplatz

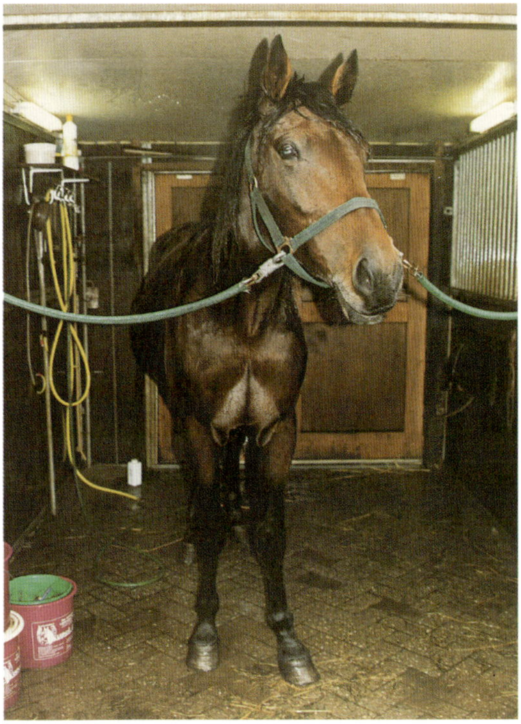

Sattelkammer

Besen und eine Mistkarre. Räumen Sie die Geräte immer auf, bevor Sie den Stall verlassen, damit das Pferd sich nicht verletzen kann.

SATTELKAMMER

Die Sattelkammer sollte nach Möglichkeit vom Rest des Stalls abgeschlossen sein. Das Raumklima in einem Pferdestall, besonders die Feuchtigkeit, beeinflusst das Lederzeug nachteilig. Leder muss gut trocknen können und darf nicht

Führmaschine

schimmeln. Es ist wichtig, dass Zaumzeuge und Trensen übersichtlich aufgehängt werden. Sättel hängt man auf spezielle Sattelböcke.

WASCH- UND PUTZPLATZ

Ideal ist ein Putz- und Waschplatz, an dem man die Pferde festbinden kann, um z. B. ihre Beine abzuspritzen. Der Boden kann aus rauem Beton gefertigt sein und sollte einen guten Abfluss haben.

FÜHRMASCHINE

Um dafür zu sorgen, dass ein Stallpferd ausreichend Bewegung erhält, kann man es in eine Führmaschine stellen. Viele Führmaschinen sind mit einem computer-gesteuerten Trainingsprogramm kombiniert, das für ein bestimmtes Pferd erarbeitet wurde.

Weide und Weidegang

WEIDE

Weidehaltung von Pferde und Ponys entspricht am ehesten der verhaltensgerechten Unterbringung und artgemäßen Ernährung. Eine Weide, auf der Pferde und Ponys grasen, darf – im Gegensatz zu einer Weide für Milchvieh – nicht zu fett und nährstoffreich sein, weil das Pferde und Ponys nicht vertragen. Eine zu fette Weide kann z. B. Hufrehe verursachen. Ein ausgewachsenes Pferd braucht während der Vegetationszeit je nach Qualität eine Weidefläche von 0,25–0,50 ha. Jungpferde benötigen entsprechend weniger. Besonders gut eignen sich große, ebene Koppeln mit natürlichen Begrenzungen aus Hecken und Bäumen.

WEIDEGANG

Regelmäßiger Weidegang ist für ein Pferd sehr wichtig. Leider ist dies nicht für alle Pferde und Ponys möglich. Es sollte sich jeder Pferdehalter darum bemühen, den vierbeinigen Gefährten wenigstens hin und wieder etwas Weidegang zu ermöglichen, auch täglich eine halbe Stunde ist schon ein großer Gewinn.
Weidepferde sind allgemein wesentlich robuster gegenüber Krankheiten und Koliken als Pferde,

Eine Pferdeweide darf nicht zu fett sein

Weidegang ähnelt der ursprünglichen Lebenssituation am meisten

Schafe pflegen eine Pferdeweide

die den ganzen Tag über im Stall stehen. Trotzdem muss man täglich nach Weidepferden schauen und sie nach Verletzungen u. ä. untersuchen.

Nach außen muss eine Pferdeweide durch einen festen Zaun oder einen Elektrozaun begrenzt sein. Pflegemaßnahmen für Weiden sind das Abschleppen und Walzen der Weide, bevor das Wachstum im Frühjahr einsetzt. Weiterhin muss

Holzumzäunung

Stacheldraht eignet sich nicht als Weidezaun

man bedenken, dass (fast) kein Pferd gerne allein auf der Weide steht und einen Kameraden braucht.

MISTSTELLEN AUF DER WEIDE

Pferde haben die Angewohnheit, ihren Mist an bestimmten Stellen der Weide zu deponieren. Das Gras, das in der Nähe dieser Stelle wächst, wird nicht mehr gefressen. Dies bedeutet, dass die verfügbare Oberfläche für die Nahrungsversorgung mit der Zeit immer kleiner wird. Dieses Problem kann man nur lösen, wenn man regelmäßig den Mist von der Weidefläche entfernt und das hohe Gras mäht oder von Schafen abweiden lässt. Schafe fressen alles, was ein Pferd stehen lässt, sogar Brennnesseln. Darüber hinaus werden in ihrem Magen alle möglichen Parasiten abgetötet, gegen die das Pferd nicht ankommt.

WEIDEEINZÄUNUNG

Es gibt natürliche und künstliche Weideeinzäunungen. Natürliche Einzäunungen sind zum Beispiel Hecken, Sträucher und Bäume oder ein Bach. Zu den künstlichen Einzäunungen gehören Holzzäune. Zäune aus Stahlrohr und Stahlbeton werden mit gutem Erfolg benutzt, sind aber sehr teuer.
Häufig werden auch Zäune aus glattem, dickem Draht, der zweifach gespannt wird, empfohlen. Auch Knotengitter können eingesetzt werden, während Stacheldraht wegen der erhöhten Verletzungsgefahr abzulehnen ist. Elektrodraht genügt als alleinige Einzäunung nicht, ist aber eine ausgezeichnete zusätzliche Sicherung eines Holz- oder Drahtzaunes.

GIFTPFLANZEN

Es ist von größter Bedeutung zu kontrollieren, ob auf oder in der Nähe der Weide giftige Pflanzen oder Sträucher wachsen. Normalerweise fressen Pferde instinktiv keine giftigen Pflanzen, aber Ausnahmen bestätigen auch hier die Regel. Taxus (Eibe) ist berühmt-berüchtigt wegen seiner Giftigkeit.
Andere giftige Pflanzen sind: Liguster, Sadebaum, Herbstzeitlose, Fingerhut, Schierling,

Disteln sind nicht giftig

Zufüttern im Winter

Maiglöckchen, Tollkirsche, Goldregen, Frühlings-Adonisröschen, Sommer-Adonisröschen, Schellkraut bzw. Schöllkraut, Bilsenkraut, Hyazinthen, Lupinen, falsche Akazie.

WASSERVERSORGUNG AUF DER WEIDE

Auch auf der Weide muss ein Pferd ausreichend Wasser zur Verfügung haben. Wenn kein natürliches fließendes Wasser vorhanden ist, müssen Sie täglich für frisches Wasser sorgen. Selbstverständlich können sie auch eine automatische Tränke anbringen. Ein Bachlauf oder eine Quelle ist ausreichend, wenn es sich um Trinkwasser handelt. Stillstehendes Wasser oder kleine Teiche eignen sich nicht als Trinkwasser für Pferde. Bei Frost müssen Tränken und natürliche Gewässer regelmäßig kontrolliert werden. Bei leichtem Frost kann man Eisbildung verhindern, indem man einen Ball auf dem Wasser treiben lässt. Auch bei großer Hitze müssen Sie natürliche Wasserquellen kontrollieren, diese könnten eintrocknen.

ZUFÜTTERN

Im Winter, ungefähr von November bis Mai, sollte man Weidepferden und Ponys zusätzliches Futter anbieten. Ebenso wie ihre Artgenossen, die im Stall stehen, brauchen sie zusätzliches Futter, um sich warm halten zu können. Darüber hinaus wird die Weide um diese Jahreszeit wesentlich weniger Nährstoffe liefern. Füttern Sie bevorzugt bei Sonnenaufgang und gegen Abend. Auf diese Weise haben die Tiere Extrafutter, um die kältesten Zeiten des Tages besser überstehen zu können. Ein Heunetz leistet hier ausgezeichnete Dienste. Man kann es täglich an einen anderen Platz hängen, sodass nicht rund um den Futterplatz eine große Schlammfläche entsteht. Kontrollieren Sie bei Frost regelmäßig die Tränken, manchmal drei- bis viermal pro Tag. Winterharte Pferde und Ponys versuchen, sich von den Graswurzeln zu ernähren, die sie mit ihren starken Lippen herausziehen.

Futter

Die Futtermenge, die ein Pferd braucht, hängt ab von seinem Alter, seiner Kondition und der Leistung, die es bringen soll. Ein junges, aufwachsendes Pferd wird anders gefüttert als ein erwachsenes Tier, ein Freizeitpferd braucht weniger Futter als ein Springpferd, das von einem Turnier zum nächsten geht. Auch das Temperament des Tieres bestimmt, welche Futtermenge es braucht. Manche Pferde werden von Kraftfutter nervös und unkontrollierbar. Im Winter braucht ein Pferd mehr Futter, um warm zu bleiben. Achten Sie darauf, dass ihr Pferd nicht zuviel frisst. Ein fettes Pferd wird faul und hat keine Kondition. In vielen Fällen ist dies schlechter als ein Pferd, das etwas zu dünn ist.

Allgemein betrachtet muss das Futter bestehen aus:

- Kohlehydraten,
- Eiweiß,
- Mineralstoffen und Vitaminen.

Kohlehydrate sind notwendig für die Energie-

Möhren, Pferdekorn, Weizenkleie und Heu

versorgung. Eiweiß ist wichtig für die Bildung von Hufen, Haaren, Blut, Milch, usw. Eine ausgewogene Versorgung mit Mineralstoffen und Vitaminen sorgt für die Bildung und Instandhaltung der Knochen und für einen gut funktionierenden Körper. Die Futterration muss also nicht nur vollwertig sein, sie muss auch den jeweiligen physiologischen Ansprüchen genügen und bestimmte strukturelle und geschmackliche Anforderungen erfüllen.

WASSER

Wie der Mensch kann auch das Pferd Hunger besser aushalten als Durst. Wasser ist unentbehrlich. Die Wasserqualität ist außerordentlich wichtig: Es muss frisch sein und darf keinen Beigeschmack haben, ansonsten nehmen Pferde das Wasser nicht an. Die optimale Temperatur beträgt ungefähr 10 °C. Zu kaltes Wasser kann eine Kolik verursachen. Automatische Tränken sind praktisch und liefern zu jeder Zeit frisches Wasser, zumindest wenn sie gut funktionieren. Das Tier kann trinken, wann es will. Nach harter Arbeit sollte man ein Pferd nicht sofort viel trinken lassen, einige Liter löschen den ersten Durst. Nach dem Putzen und Trockenführen kann man es dann mehr trinken lassen. Manche Pferde trinken sehr hastig. Dies kann man vermeiden, indem man sie mit dem Gebiss trinken lässt.

Appetit auf Pferdekorn!

Futtermittel

PFERDEKORN

Pferdekorn ist ein Mischfutter, dessen Zusammensetzung hohen ernährungsphysiologischen Anforderungen entspricht. Es handelt sich hierbei um ein Alleinfutter, das den Bedarf an Nähr- und Wirkstoffen vollständig deckt. Eine zusätzliche Versorgung mit Heu oder Stroh zur Strukturierung der Gesamtration ist allerdings erforderlich. Außerdem empfiehlt man, die Tagesmenge auf vier Mahlzeiten zu verteilen. Im Handel sind Mischfutter unterschiedlicher Zusammensetzung. So sollte man Ponys und Freizeitpferden Mischfutter mit einem niedrigen Eiweißgehalt (10 %), Deckhengsten, Sport- und Rennpferden ein Futter mit hohem Eiweißgehalt anbieten.

HAFER

Hafer gilt noch immer als das beste Getreide für Pferde. Sein geringer Energiegehalt wird durch zahlreiche verdauungs- und ernährungsphysiologische Vorteile aufgewogen. Weiterhin erfordert das Haferkorn durch seinen Spelzenanteil eine intensive und langsame Kautätigkeit. Durch die Spelzen entsteht ein lockerer Futterbrei, der Koliken vorbeugt. Auch ist sein Gehalt an essentiellen Aminosäuren höher als in anderen Getreidearten.

Hafer sorgt für eine gute Kondition und ein lebhaftes Temperament. Jedoch ist ein lebhaftes Temperament nicht gerade bei Kinderponys erwünscht. Manchen Pferden steigt zuviel Hafer in den Kopf.

Auch sein Freund, das Kaninchen, liebt Möhren

WEIZENKLEIE

Weizenkleie ist eigentlich das Abfallprodukt des Weizenkorns. Die Spelzen des Weizenkorns sind äußerst vitaminhaltig. Sie sind leicht zu füttern und werden gerne gefressen. Sie bieten Ballaststoffe und sorgen dafür, dass andere Nährstoffe optimal aufgenommen und verwertet werden können. Maximal ein Drittel der Futterration darf aus Weizenkleie bestehen. Es wird dringend empfohlen, Weizenkleie vor dem Füttern in Wasser einzuweichen. Dieser Brei wird dann zum anderen Futter hinzugegeben. Gute Weizenkleie ist grob und möglichst trocken. Trockene Weizenkleie hat eine verstopfende Wirkung und eignet sich gut für Pferde mit dünnflüssigem Kot.

MASH

Mash ist ein Gemisch aus Hafer, Weizenkleie und Leinsamen, das mit kochendem Wasser übergossen und dann angerührt wird. Der Mash wird lauwarm gefüttert, ist sehr kräftigend und deshalb besonders für kranke und geschwächte Pferde geeignet. Aber auch bei überdurchschnittlicher Beanspruchung (zum Beispiel in der Jagdzeit bei Jagdpferden, bei Turnierpferden in der Saison oder beim Haarwechsel) kann Mash gefüttert werden.

MÖHREN

Gelbe Rüben enthalten viel Karotin. Ihr Karotingehalt sichert allerdings nicht die Vitaminversorgung, er unterstützt sie nur. Möhren gehören mit zum Saftfutter und sind in kleineren Mengen sehr bekömmlich. Sie werden gerne als Beifutter gegeben.

Möhren müssen stets gut gewaschen werden, die grünen Blätter sollten entfernt werden. Hierdurch vermeidet man (Sand)-Koliken.

ZUCKERRÜBEN

Zuckerrüben lassen sich teilweise vom Nährwert her mit Möhren vergleichen. Ihr Nährwert ist gering, aber sie sind saftig und Pferde finden sie lecker. Man schneidet die Zuckerrüben am besten klein, auf diese Weise verhindert man, dass sich gierige Pferde daran verschlucken.

Im Handel sind auch getrocknete Zuckerrüben in Form von Schnitzeln erhältlich. Diese haben viele Kalorien und eignen sich gut, um magere Pferde wieder aufzufüttern. Zuckerrübenschnitzel müssen immer eingeweicht werden. Trockene Schnitzel können Koliken, Erstickungsanfälle oder noch schlimmere Krankheiten auslösen. Der angerührte Brei muss innerhalb eines Tages verfüttert werden, ansonsten fängt er an zu gären.

Heu muss eine gute Qualität haben

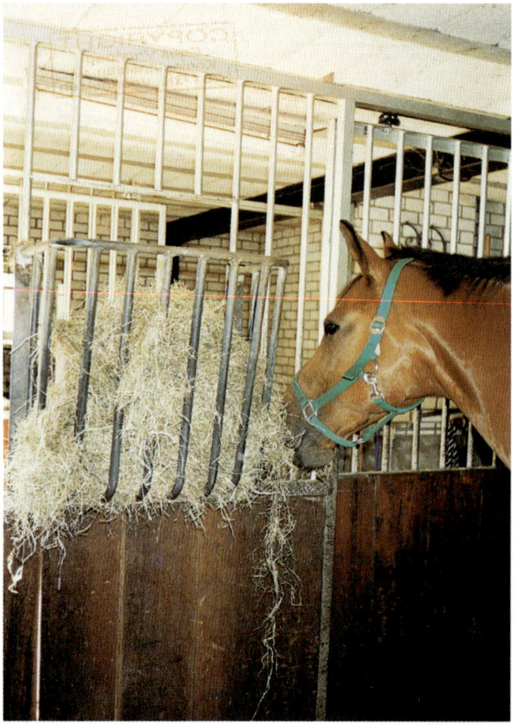

Ein Pferd ist beim Fressen wählerisch

HEU

Heu ist in der Pferdefütterung von grundlegender Bedeutung. Es gibt Heu vom ersten und vom zweiten Schnitt. Heu des ersten Schnittes gewinnt man normalerweise im Frühjahr oder zu Beginn des Sommers, wenn das Gras schnell wächst. Der Nährstoffgehalt dieses Heus ist höher als der von Heu vom zweiten Schnitt, das gewöhnlich im August von den Wiesen eingeholt wird. Wenn das Heu eingeholt wurde, darf es nicht sofort gefüttert werden. Es muss wenigstens sechs Wochen liegen, bevor es verfüttert werden darf. In trockenem Heu kann ein Pferd nämlich giftige Pflanzen nicht mehr unterscheiden. Nach sechs Wochen haben eventuelle Giftstoffe auch ihre Wirkung verloren.

Im Prinzip darf ein Pferd soviel Heu fressen, wie es möchte. Heufressen ist außerdem für das Stallpferd ein guter Zeitvertreib. Man sollte allerdings nur Heu von guter Qualität verfüttern. Nur wenn ein Pferd besonders hungrig ist, wird es auch schlechtes Heu fressen.

Nasses Heu gibt man Pferden, die Probleme mit den Atemwegen oder Allergien haben. Legen Sie eine Portion Heu in eine große Wanne und gießen Sie Wasser darüber. Lassen Sie das ganze eine Weile stehen und gießen Sie dann das Wasser ab.

Süße Vernunft

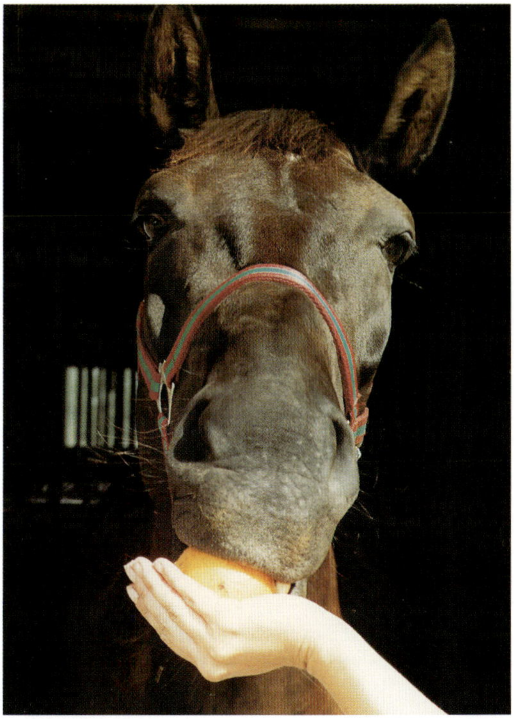

Eine Ruhepause

GRAS

Ein Pferd, das auf der Weide steht, versorgt sich zum großen Teil selbst. Die Weide muss allerdings mit gutem Gras bewachsen sein. Mit seinen beweglichen Lippen kann das Pferd genau diejenigen Grasarten selektieren, die es gerne frisst. Es wird niemals Gras fressen, das ihm nicht schmeckt. Auf einer guten Pferdeweide, egal ob Sommerweide oder Winterfutterbereitung, sollten neben hochwachsenden Obergräsern und niedrigwachsenden Untergräsern mehrere Kleearten und viele verschiedene Kräuterarten wachsen.

Nur eine derartige Mischung liefert die hohen Werte an Mineralien, Spurenelementen und heilenden sowie verdauungsanregenden Pflanzeninhaltsstoffen, die ein Pferd zum Erhalt seiner Gesundheit braucht.

SÜSSIGKEITEN

Süßigkeiten sind für Pferde nicht gut. Ein Zuckerstückchen wird von jedem Pferd gerne gefressen. Es gibt sogar Pferde, die gerne Pfefferminzbonbons lutschen. Versuchen Sie, Süßigkeiten auf eine möglichst geringe Menge zu beschränken und füttern Sie zur Belohnung besser ein paar Möhren, einen Apfel (in Stücken) oder ein Stück trockenes Brot (nicht verschimmelt).

Im Handel gibt es Pferdeleckerli mit Apfel- bzw. Möhrengeschmack. Zuckerstückchen sind von Übel. Achten Sie auch darauf, dass ihr Pferd auf der Weide nicht von allen möglichen Leuten mit Leckereien verwöhnt wird. Man geht das Risiko ein, dass es vielleicht beißt, wenn man ihm nichts mitbringt.

Futterzeiten

In der Natur frißt ein Pferd, abgesehen von kurzen Ruhepausen, ständig. Pferde haben einen kleinen Magen. Stellen Sie sich ihn ungefähr so groß vor wie einen Fußball. Vom Magen aus gelangt das Futter schnell in die langen Därme. Diese müssen konstant gefüllt und möglichst viel in Bewegung sein. Deshalb sollten die natürlichen Bedingungen nachvollzogen werden. In der Praxis ist das kaum möglich. Dreimal tägliches Füttern ist jedoch eine gute Annäherung an diese Bedingungen. Wenn das Pferd nicht zu schwer arbeitet, kann auch zweimal pro Tag ausreichen, besonders wenn das Pferd den ganzen Tag über Raufutter zur Verfügung hat. Einem Pferd, das den ganzen Tag über arbeiten muss, gibt man abends die größte Futterportion.
Halten Sie feste Futterzeiten ein. Wenn man diese zu sehr variiert, verursacht dies Nervosität und eine schlechte Verdauung. Geben Sie dem Pferd vor dem Reiten mindestens eine Stunde Zeit, damit es sein Futter verdauen kann.

Haut- und Fellpflege

Die Haut ist ein wichtiges Organ mit verschiedenen Funktionen, die für das Wohlbefinden des Pferdes von großer Bedeutung sind. Der Zustand von Haut und Fell zeigt, ob ein Pferd gesund ist oder nicht. Ein struppiges Haarkleid weist auf unzureichende Kondition und vermutlich auch auf eine Krankheit hin. Ein glänzendes Fell zeigt, dass das Tier gesund ist.
Für Pferde, die sich hauptsächlich im Stall aufhalten, ist das Putzen ein wichtiger Teil der Hautpflege. Weidepferde hingegen brauchen

Sich wälzen auf der Weide ist eine Form der Hautpflege

natürliche Hautöle zum Schutz gegen Kälte und Regen. Deshalb dürfen sie nicht zu oft geputzt werden. Auch bei Weidepferden sollte angetrockneter Schlamm und Mist abgebürstet und nach dem Reiten der Schweiß aus dem Fell entfernt werden. Beim Putzen hat man eine gute Gelegenheit, das Tier auf etwaige Verletzungen oder Schwellungen zu kontrollieren.
Auch Beine und Hufe brauchen Pflege. Bei nas-

Fertig für die große Putzaktion

sem Wetter ist es selbstverständlich, Beine und Hufe nach der Arbeit mit Wasser sorgfältig zu reinigen.

KONTAKT

Es gibt einen weiteren wichtigen Grund für das tägliche Putzen, besonders wenn man ein eigenes Pferd oder Pony besitzt. Auf diese Weise lernt man sein Tier ausgezeichnet kennen. Man wird sehr schnell entdecken, wie das Pferd von Kopf bis zu seinen Füßen aussieht. Kleinere Wunden, Verletzungen oder irgendwelche Abnormitäten werden schneller festgestellt.

Man stellt so auch schnell Kontakt zu dem Tier her. Die meisten Pferde lassen sich gerne putzen und genießen eine intensive Pflege ihres Fells. Manchmal gehen sie sogar so weit, dass sie der Person, die sich mit ihnen beschäftigt, zeigen, wo ihnen das Fell juckt und wo sie gerne gebürstet werden wollen. Andere Pferde werden ganz ruhig und entspannt. In jedem Fall wird das Putzen gerne angenommen.

Beruhigend

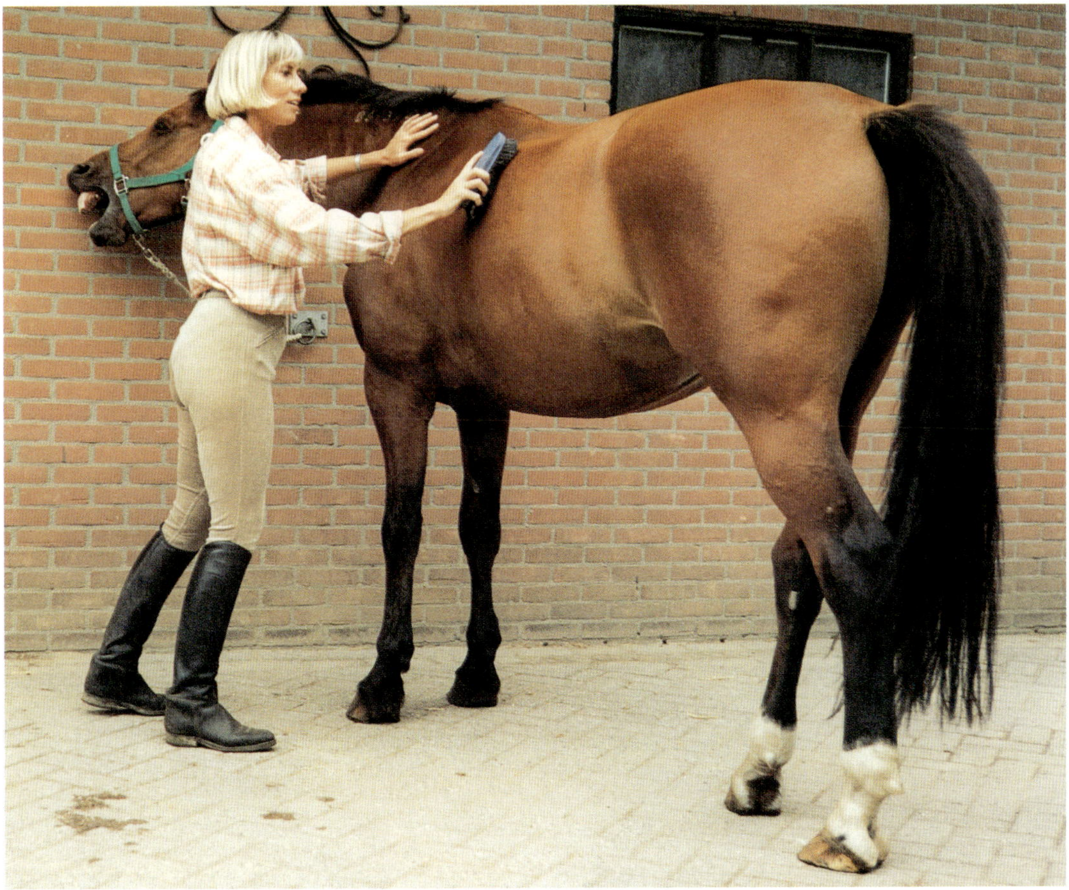

PUTZEN
Während des täglichen Putzvorgangs wird das Fell geglättet und massiert. Überflüssiges Hautfett, Hautschuppen, Schmutz, Mist und angetrockneter Schweiß werden dabei sorgfältig entfernt. Wenn dies nicht passiert, können die Poren der Haut verstopfen. Da die Temperatur des Pferdekörpers über die Haut reguliert wird, ist dieser Vorgang sehr wichtig. Über das Schwitzen wird Feuchtigkeit abgegeben und es sorgt gleichzeitig für Abkühlung. Deshalb müssen die Hautporen gut offengehalten werden.
Im Winter müssen Pferde mit einem Winterfell gründlicher gebürstet werden als es im Sommer erforderlich ist. Der ausführliche Putzvorgang sollte möglichst nach dem Reiten stattfinden, wenn das Pferd abgetrocknet ist und die Poren der Haut gut offen sind.

Putzgeräte

STRIEGEL
Ein Striegel kann aus Eisen, Gummi oder auch aus Plastik gemacht sein. Mit dem Striegel raut man zuerst alle verkrusteten Schmutzstellen auf und putzt dann in weiten Strichen, immer der Haarrichtung des Pferdes folgend, über Hals, Schulter, Rücken, Rippen, Bauch und Kruppe. Den Striegel hält man dabei in der Hand, die dem Pferd zugewandt ist. Hin und wieder klopft man den angesammelten Staub auf dem Boden oder gegen eine Wand aus, aber natürlich nicht in Windrichtung auf das Pferd hin.

Putzen mit dem Striegel

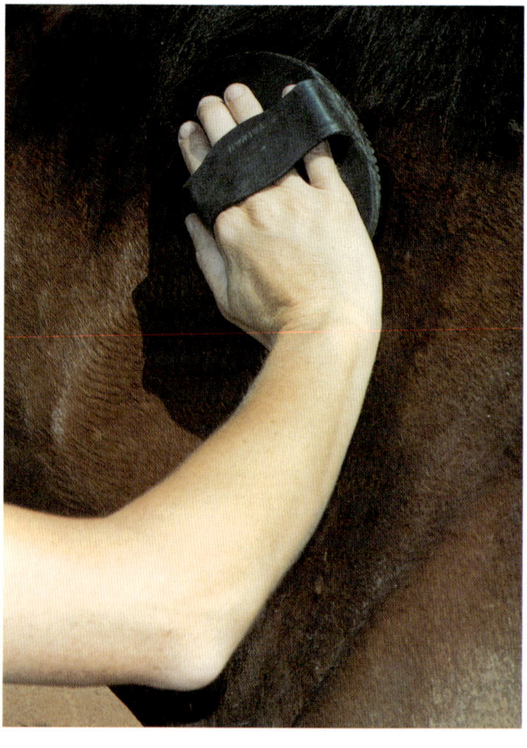

HARTE BÜRSTE
Nach dem Vorputzen mit dem Striegel können Sie mit einer harten Bürste das aufgeraute Fell glätten und lockere Haare entfernen. Arbeiten Sie an empfindlichen Stellen vorsichtig und benutzen Sie eine harte Bürste nicht für geschorene oder empfindliche Tiere. Mit der harten Bürste können Sie auch über Mähne und Schweif putzen.

KARDÄTSCHE
Mit einer feinen weichen Bürste oder Kardätsche wird jetzt das Fell glatt gebürstet und es beginnt zu glänzen. Arbeiten Sie wieder vom Kopf bis zum Schweif. Verwenden Sie für den Kopf, die Haut unter der Mähne, um die Ellbogen und zwischen den Vorderbeinen auch die weiche Bürste.

SCHWAMM
Man braucht einen feuchten Schwamm, um nach einem Ritt den Staub aus den Augenecken und aus den Nüstern zu entfernen. Spülen Sie den

Nachputzen mit der Kardätsche

Schwamm regelmäßig aus, um Infektionen zu verhindern. Manche Pferde lassen sich nicht gerne an Augen und Nüstern fassen, aber mit Ruhe und Geduld kann man hier viel erreichen. Ein zweiter Schwamm dient dafür, den After zwischen den Hinterbeinen der Pferde abzuschwammen. In der Natur wird sich ein Pferd nicht selbst beschmutzen, aber in der begrenzten Räumlichkeit eines Stalles oder während des Reitens ist es oft nicht möglich, stillzustehen und breitbeinig zu misten.

ABSPRITZEN

Im Sommer haben es viele Pferde richtig gern, nach dem Reiten mit Wasser abgespritzt zu werden. Beginnen Sie immer mit den Beinen. Dabei werden die Sehnen massiert und gekühlt. Trocknen Sie die Fesselbeuge immer gut ab, sodass keine Mauke entstehen kann.

SCHWEISSMESSER

Nach dem Abspritzen kann man das Pferd mit einem Schweißmesser „abtrocknen". Arbeiten Sie sich von oben nach unten in Wuchsrichtung der Haare vor.

TROCKENFÜHREN

Wenn man ein Pferd abgespritzt hat oder wenn es hart gearbeitet und stark geschwitzt hat, führt

Putzen mit einer harten Bürste

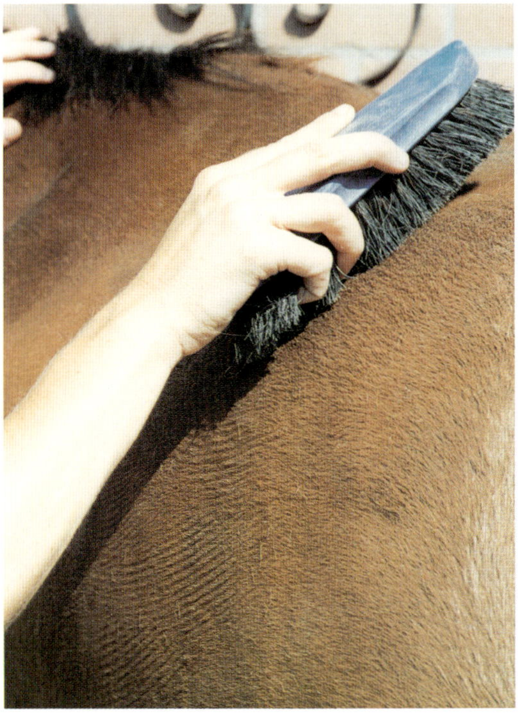

Mit den Händen das Stroh aus dem Schweif entfernen

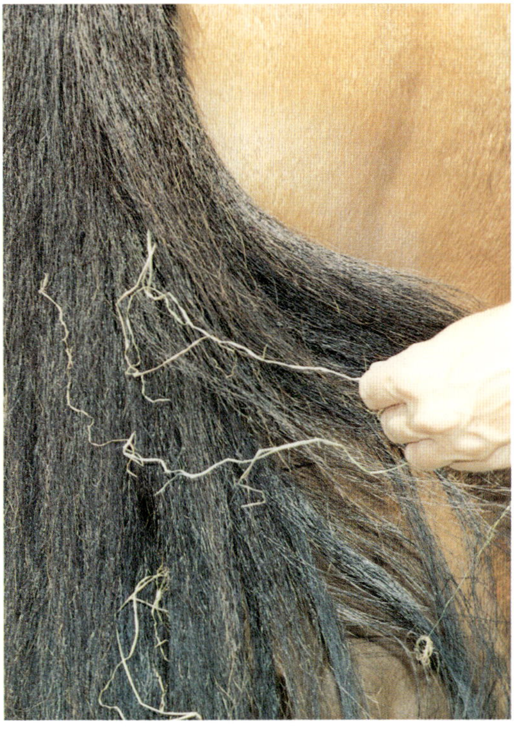

Ein Schwamm für Augenwinkel und Nüstern

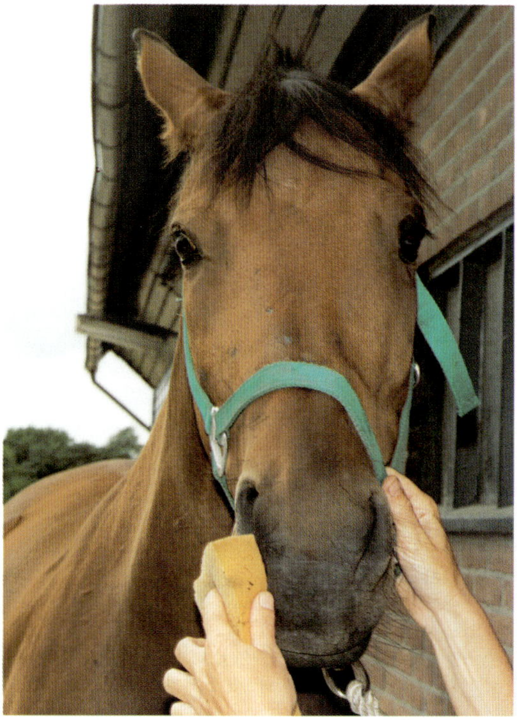

Schweißmesser

man es ruhig an der Hand trocken. Dies verhindert, dass das Tier innerlich zu sehr abkühlt und beugt einer Erkältung vor.

FELLWECHSEL

Unter Fellwechsel verstehen wir das Ausfallen und die Erneuerung der Deckhaare. Zweimal pro Jahr wechselt ein Pferd seine Deckhaare, und zwar im Frühjahr und im Herbst. Am stärksten fällt der Fellwechsel im Frühjahr auf, weil dann die langen Winterhaare dem dünneren und kürzeren Sommerfell Platz machen. Auch bei Pfer-

Beim Abspritzen beginnen Sie mit den Beinen

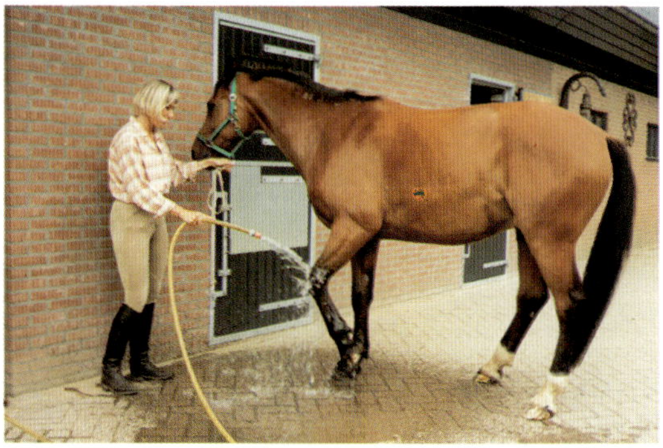

Fellwechsel

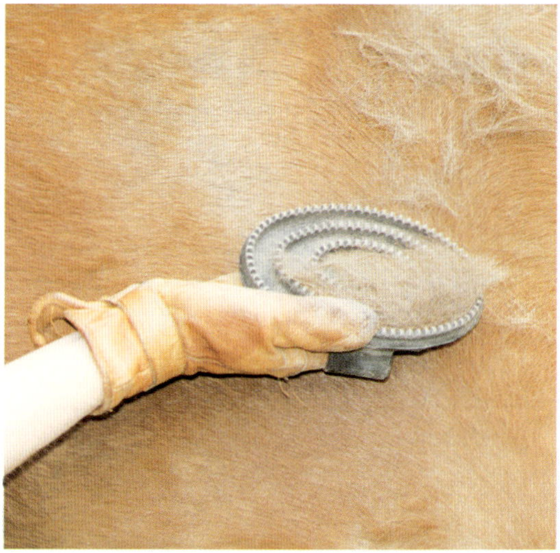

den, die ganzjährig im Auslaufstall oder auf der Weide gehalten werden, müssen im Frühjahr und im Herbst die abgestoßenen Haare gründlich ausgeputzt werden. Älteren Pferden kann der Fellwechsel Schwierigkeiten bereiten. Man füttert dann gerne Leinsamen zu, um den Fellwechsel zu erleichtern.

Manchmal kann es auch vorkommen, dass ein Pferd ein langes, dichtes Winterfell bekommt, das nach der Arbeit nur schwer trocknet und die Fellpflege erschwert. Dann können Sie das Pferd bereits zu Beginn der kalten Jahreszeit eindecken und es den ganzen Winter über mit einer Stalldecke versehen. Man kann ein Pferd auch scheren. Dies kann allerdings die Fresslust des Tieres steigern und das Pferd braucht auch häufig eine größere Futterration. Bei Reitpferden werden meist die Sattellage und die Beine nicht geschoren.

Hufpflege

Kratzen Sie immer vor und nach dem Reiten mit einem Hufkratzer die Hufe gut aus. Man kann dabei auch gleichzeitig kontrollieren, ob das Pferd nicht in etwas Scharfes hineingetreten ist und sich dabei verletzt hat. Wenn man dies erst nach einigen Tagen feststellt, kann das Resultat eine Entzündung sein. Um den Huf richtig pflegen zu können, müssen Sie lernen, ihn aufzuheben und festzuhalten. Treten Sie von vorn auf das Pferd zu, legen Sie ihm die Hand auf die Schulter und lassen Sie die Hand dann ruhig tiefer gleiten, bis sie die Röhre umfasst. Drehen Sie die Hand nach innen und fordern Sie das Pferd mit leichtem Druck und gleichzeitig mit der Stimme auf, den Huf herzugeben.

HUF

Wir unterscheiden folgende Teile:
Von der Seite gesehen baut sich der Huf aus Hufbein, Kronbein, Fesselbein, Röhrbein, Hufgelenk, Hufbeinbeugesehne, Strahlkissen, Zehenstrecksehne, Zehenteil der Hornwand, Weiße Linie, Hornsohle, Hornstrahl auf.
Von unten sieht der Huf so aus: Ballen, Eckstreben, Eckstrebenwinkel, Hornsohle, Hornstrahl, Seitliche Strahlfurchen, Hornstrahl, Mittlere Hornstrahlfurche, Kante des Tragrandes.

Ein gut gepflegter Huf

Ein Hufkratzer, eine harte Bürste und ein Pinsel

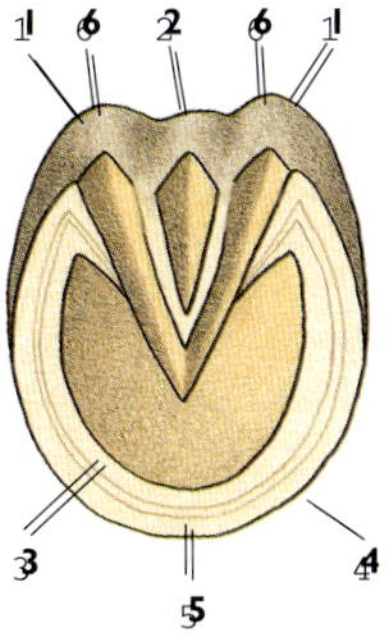

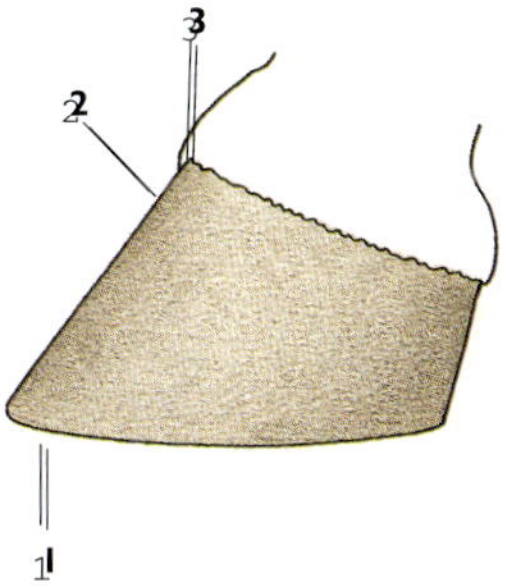

So sieht ein Huf von unten aus:
1. *Strahl*
2. *Strahlfurche*
3. *Hornsohle*
4. *Hornwand*
5. *Weiße Linie*
6. *Hornballen*

So sieht ein Huf von der Seite aus:
1. *Hornwand*
2. *Hufwand*
3. *Kronenrand*

Hufeisen in allerlei Größen

Das Auskratzen des Hufes

Ein abgelaufenes Eisen

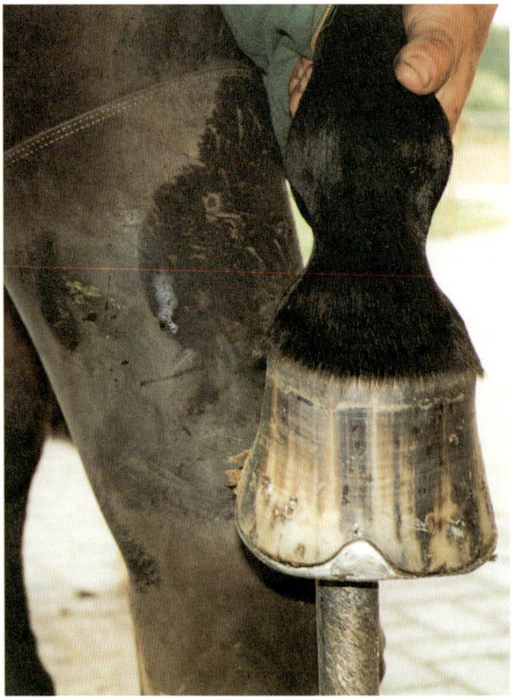

Der Hufschmied lockert die Nägel…

und zieht das Eisen ab

Er schält den Strahl,

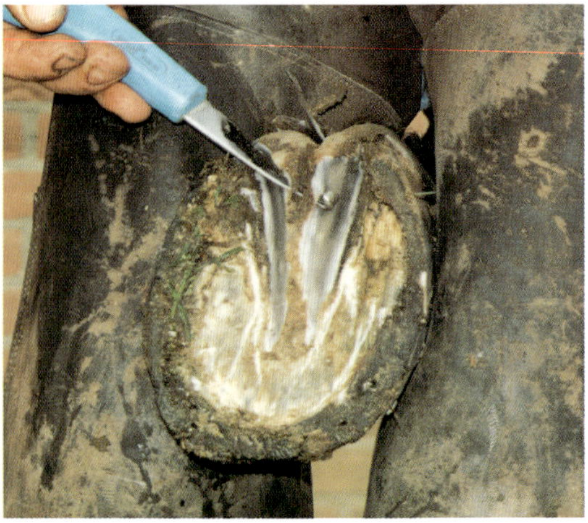

In die Weiße Linie werden die Nägel für die Hufeisen genagelt.

HUFKRATZER ODER HUFRÄUMER

Mit dem Hufkratzer werden Schmutz, Steine, Mist usw. aus Furchen und Ecken entfernt. Dabei soll man keinesfalls das Horn von Sohle und Strahl verletzen.

erhitzt die Hufeisen…

und schmiedet sie in die passende Form

HUFBESCHLAG

Ein Pferd, das regelmäßig im Gelände geritten wird, braucht alle sechs bis acht Wochen neue Hufeisen. Hufeisen schützen den Tragrand, der sich auf harten und steinigen Wegen schneller abreibt, als das Horn nachwachsen kann. Nur Pferde, die ausschließlich auf weichem Boden geritten werden, können eventuell ohne Eisen geritten werden. Aber auch solche Pferde müssen regelmäßig zum Hufschmied gebracht werden. Die Hufe von Pferden, die kaum unter dem Sattel gehen oder gar nicht genutzt werden, müssen wenigstens einmal im Vierteljahr vom Schmied nachgesehen und geraspelt werden.

STOLLEN

Stollen sind Stifte aus Eisen, die in das Hufeisen geschraubt werden können oder die fest im Hufeisen verankert sind. Sie sorgen dafür, dass das

Die Hufnägel werden in die Weiße Linie des Hufes geschlagen

Das Abknipsen der Nägel

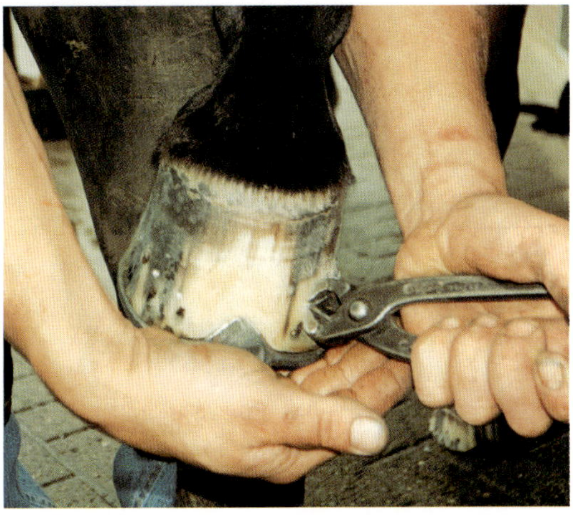

Pferd auf glattem und nassem Boden mehr Griff hat.

BESCHLAGEN
Um ein Pferd zu beschlagen, braucht man Hufeisen, Hufnägel, besondere Geräte und einen guten Hufschmied.
Der Arbeitsgang eines Schmiedes verläuft in der Regel folgendermaßen: Mit der Nietklinge werden die in den Huf versenkten Nagelenden gehoben, das alte Eisen wird gelockert und mit der Abreißzange gelöst. Dann wird der Huf für den neuen Beschlag vorbereitet.
Nachgewachsenes Horn wird weggehauen, das Eisen wird wieder angemessen. Es kann nun kalt aufgeschlagen werden oder man macht es in der Esse glühend heiß, bearbeitet es dann mit dem Hammer auf dem Amboss und brennt es auf den Huf auf.
Das abgekühlte Eisen wird aufgenagelt: es wird mit zwei Nägeln geheftet, dann werden die übrigen Nägel in genauer Richtung in die Weiße Linie eingeschlagen, angebogen, mit der Zange abgezwickt und nachgezogen. Mit dem Unterhauer werden die Enden vernietet. Am Schluss wird der Huf noch einmal nachgeraspelt.

Frisieren

Reitpferde werden meist frisiert. Bevor man ein Pferd frisiert, sollte man es zunächst gut putzen. Dann werden vor allem Schweif, Mähne, Fesselhaare und die langen Haare über der Ohrmuschel abgeschnitten. Wie man ein Pferd frisiert, hängt davon ab, zu welcher Rasse es gehört. Manche Rassen, zum Beispiel Fjordpferde, sollen „offiziell" eine ganz bestimmte Frisur tragen. Bei Dressur-, Eignungs- und Materialprüfungen soll die Mähne eingeflochten werden. Alle Verschönerungen, bei denen die Schutzfunktion des Langhaares beeinträchtigt wird, sollten nur im Frühjahr vorgenommen werden.

Ein frisiertes Zugpferd

Kürzen der Tasthaare

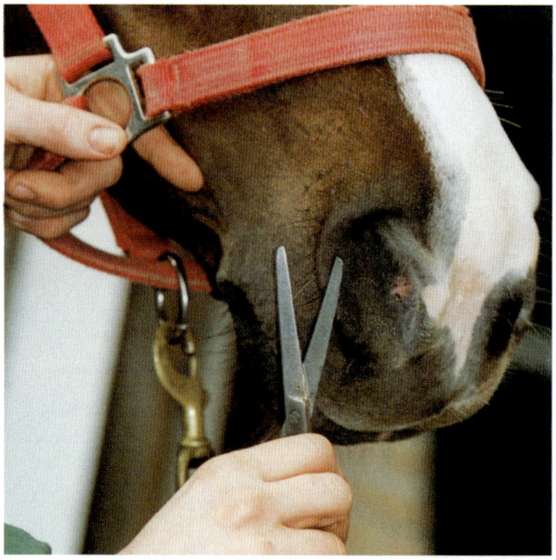

Ein frisiertes Reitpferd

Eine Schere und ein Verziehkamm

Verziehen der Mähne

Das Abschneiden der Mähne

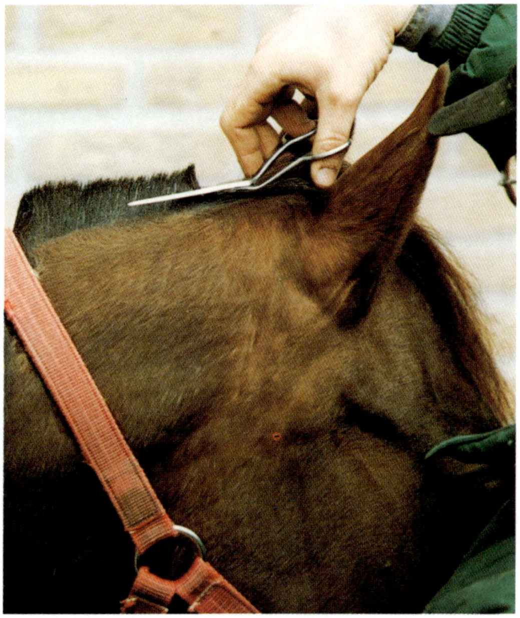

Utensilien zum Frisieren

SCHERE

Verwenden Sie zum Frisieren eine abgerundete Schere, deren Spitzen nach oben gebogen sind, damit auch unruhige Pferde nicht verletzt werden können. Damit schneidet man die über die Ohrmuschel hinausragenden langen Haare und die vornehmlich im Winter am unteren scharfen Rand der Kinnbacken wachsenden harten, lan-

Scheren der Schweifwurzel

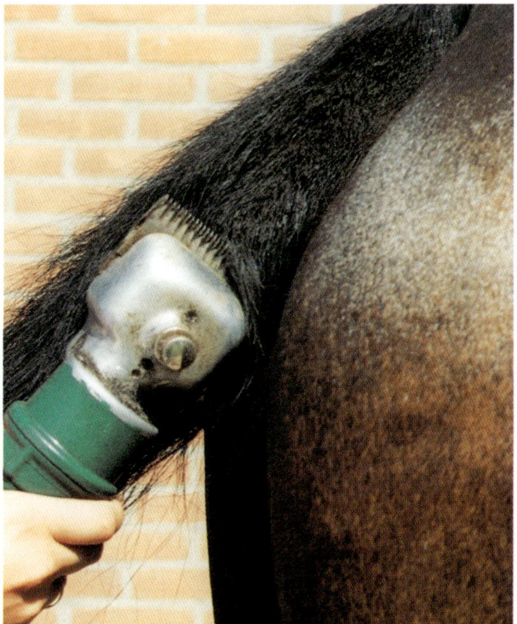

Scheren der Beine

Eingeflochtene Mähne

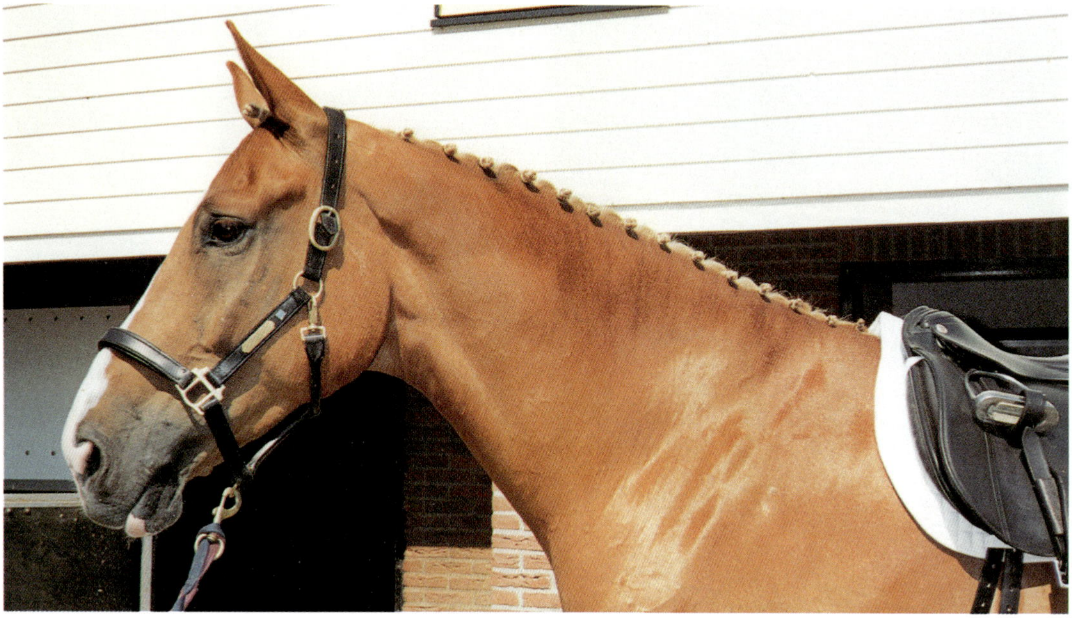

gen Haare ab. Niemals dürfen Haare in den Ohren sowie die Tasthaare am Maul und an den Nüstern durch Ausreißen oder Abschneiden entfernt werden.

VERZIEHKAMM

Die Mähne des Reitpferdes wird mit einem Mähnenkamm verzogen. Dazu fasst man mit einer Hand einige lange Haare aus der unteren Mähnenschicht. Die kürzeren Deckhaare werden mit dem Mähnenkamm gegen den Strich zurückgeschoben. Nun umwickelt man den Kamm mit den verbleibenden langen Unterhaaren und zieht diese mit einem Ruck heraus. So wird die ganze Mähne auf eine gleichmäßige Länge verzogen.

Zum ersten Mal eingeflochten

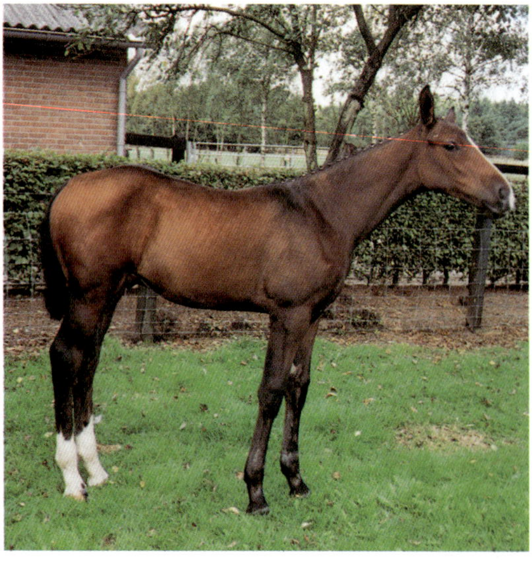

SCHERMASCHINE

Die Haare an den Beinen und an der Seite der Schweifrübe sowie die Fesselhaare (besonders beim Warmblutpferd) kann man mit einer Schermaschine abschneiden. Unten beschneidet man den Schweif so, dass er beim Laufen etwa eine Handbreit unterhalb der Sprunggelenke waagrecht endet.

EINFLECHTEN

Vor offiziellen Wettbewerben oder Körungen müssen oft die Mähnen eingeflochten werden. Bevor man die Zöpfchen flechtet, wird die Mähne gut durchgebürstet. Anschließend feuchtet man die Mähnenhaare mit einem Schwamm an, wodurch das Flechten erleichtert wird.

Einige Haare werden etwa 6–8 cm breit abgeteilt, und die anderen mit einer Wäscheklammer zur Seite gehalten. Diese abgeteilten Haare werden in drei gleich dicke Strähnen unterteilt und so weit oben wie möglich und sehr fest geflochten. Das Befestigen der Zöpfchen läßt man sich von jemandem zeigen, der damit Erfahrung hat.

Kurz geschorene Mähne

SCHEREN

Wenn es Herbst wird, entwickeln besonders Pferde, die viel auf der Weide stehen, recht schnell ein dickes Winterfell, das sie vor der Winterkälte schützen soll. Dies kann bei Pferden, die viel und regelmäßig arbeiten müssen, zu echten Problemen führen. Pferde und Ponys mit dickem Fell schwitzen während der Arbeit sehr schnell.

Ein weiterer Nachteil des langen Winterfells ist auch, dass die Haut nach der Arbeit sehr langsam trocknet, wodurch für die Pferde eher die Gefahr einer Erkältung besteht. Um Haarwechselprobleme zu vermeiden, wartet man mit dem Scheren, bis das Pferd sein Winterfell vollständig entwickelt hat. Das Winterfell wird allerdings relativ dünn bleiben, wenn man die Pferde ab dem Spätherbst eindeckt.

Ein Reitpferd wird anders geschoren als ein Zugpferd. Die Haare in der Sattellage werden in der Regel beim Reitpferd nicht geschoren. Da der Sattel durch die Haarstoppeln, die beim Scheren entstehen würden, nicht flach genug aufliegen kann, besteht die Gefahr für Druckstellen. Nach dem Scheren zieht man dem Pferd im Stall entweder zwei dünne oder eine dicke Decke an.

BLANKET CHIP

Das am wenigsten eingreifende Schermuster ist das Deckenmuster. Hierbei werden nur der Bauch, die Brust und der Kehlrand geschoren, wodurch es aussieht, als ob das Pferd eine Decke an hätte. Dieses Muster wird hauptsächlich in England gerne geschoren. Deshalb nennt man es auch Blanket chip.

Das Fjordpferd entwickelt ein dickes Winterfell

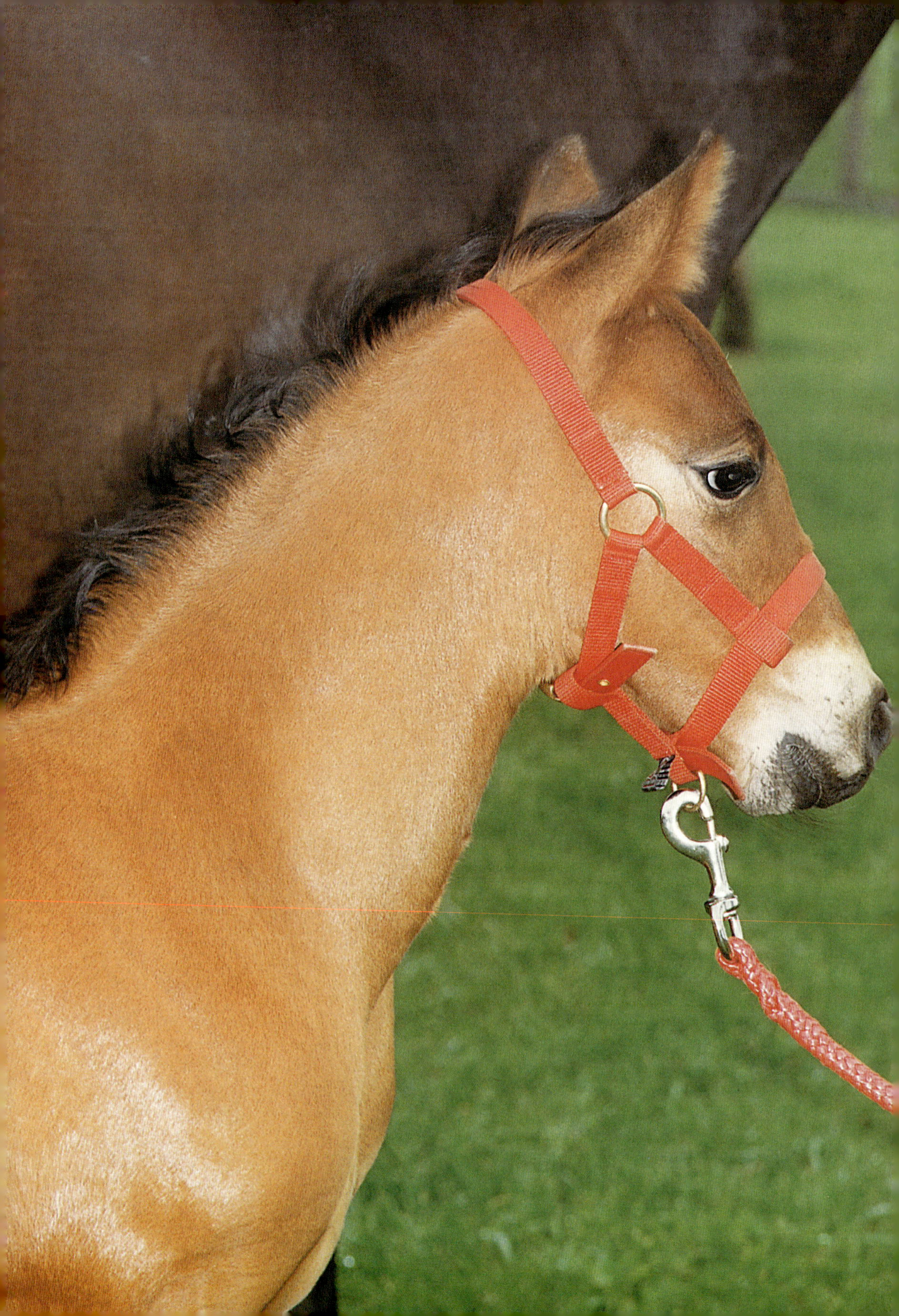

3 Grundlagen für Pferd und Reiter

Dieses Kapitel handelt von der Ausbildung des Pferdes, den Grundprinzipien des Reitens und von der hierfür benötigten Ausrüstung. Zum Lernen des Reitens ist ein gut gerittenes, älteres Pferd ein ausgezeichneter Lehrmeister. Kein Mensch kann Reiten lernen, wenn er nur Bücher liest.

Die Ausbildung des jungen Pferdes

Eine gute Ausbildung beginnt bereits damit, dass das Fohlen lernt, Vertrauen zum Menschen zu entwickeln. Deshalb empfiehlt es sich, einem Fohlen frühzeitig ein Halfter anzuziehen und es auf Spaziergänge mitzunehmen. Auf diese Weise lernt es, geführt zu werden.

Ist ein Pferd zwei Jahre alt, kann es vorsichtig anlongiert werden. An der Longe lernt das Pferd insbesondere auf Stimmhilfen zu reagieren. Darüber hinaus lernt es Zaumzeug, Sattel und Gebiss kennen.

Wenn das Pferd drei Jahre alt ist, kann man es langsam an das Gewicht des Reiters gewöhnen (siehe dazu auch Gewöhnung an den Sattel auf Seite 122).

ROHES PFERD

Ein rohes Pferd ist ein unausgebildetes oder noch nicht fertig ausgebildetes Pferd.

LAUFEN AN DER HAND

Der erste Schritt zu einem gut ausgebildeten Pferd ist, dass es lernt, an der Hand zu laufen. Deshalb sollte hiermit bereits im Fohlenalter begonnen werden.

Ausbildung eines rohen Pferdes

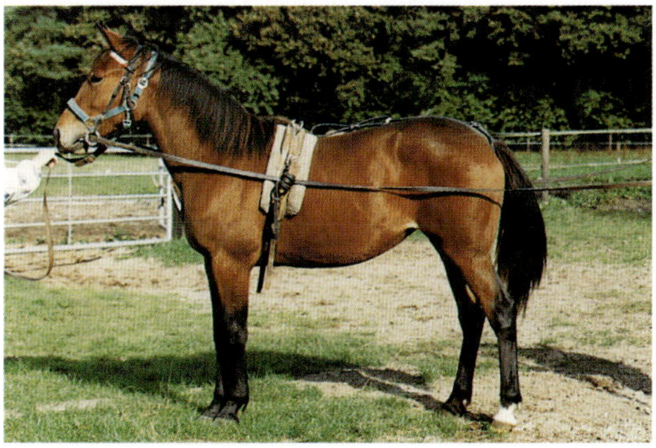

Die Ausbildung beginnt bereits im Fohlenalter

Laufen mit dem Fohlen

Gewöhnen Sie das Fohlen möglichst früh an das Halfter. Laufen Sie am Anfang mit dem Fohlen am Halfter hinter seiner Mutter her. Dann versuchen Sie, neben der Stute zu laufen. Wenn dies gut geht, probieren Sie, das Fohlen von der Mutter ein Stückchen wegzuführen. Laufen Sie wie bei erwachsenen Pferden immer links neben der Schulter des Pferdes.

JÄHRLING

Üben Sie auch mit Jährlingen das Laufen an der Hand. Man kann das Tier vorsichtig auf den Sattel vorbereiten, wenn man ihm ab und zu eine Decke auf die Sattellage legt. Hufe auskratzen und Putzen sind Dinge, die ein Pferd möglichst früh lernen sollte.

Regelmäßiger Kontakt mit dem Menschen sorgt für beiderseitiges Vertrauen. Das Pferd lernt die Stimme seines Betreuers kennen und reagiert allmählich auf Kommandos wie „Halt“ oder „Vorwärts“. Im Alter zwischen einem und drei Jahren sollte ein Pferd oder Pony nicht arbeiten, da die Tiere sich während dieser Zeit noch im Wachstum befinden. Einige Rassen, zum Beispiel Vollblüter, werden bereits früher eingesetzt, dies kommt aber meist nicht der Lebenserwartung der Tiere zugute.

Longieren

Die erste ernsthafte Arbeit für das Pferd beginnt mit dem Longieren. Longieren bedeutet, dass

das Pferd an der Longe im Kreis läuft. Der Trainer befindet sich im Kreismittelpunkt. Ziel ist zunächst, dass das Pferd Gehorsam gegenüber Stimme und Peitsche lernt, dass es willig vorwärts geht, auf Kommando anhält, sich an das Tragen von Sattel und Trense gewöhnt und lernt, ein Gebiss zu akzeptieren. Außerdem wird es lernen, sich mit der Zeit auf einem Zirkel auszubalancieren, seine Gänge, sein Takt und Schwung werden sich verbessern.
Das Longieren verlangt auch in den ersten Stadien besondere Fähigkeiten. Sie sollten deshalb einem erfahrenen Ausbilder assistieren, bevor Sie selbst ein Pferd longieren.

Longieren mit einem Helfer

LONGE
Eine Longe ist eine ungefähr 10 m lange Leine aus starkem Gurtmaterial, an deren Ende sich ein Karabinerhaken oder eine Lederschnalle befindet. Ein Wirbel ist nützlich, weil er verhindert, dass sich die Longe verdrehen kann. Verwenden Sie auf keinen Fall statt der Longe einen Strick, Sie könnten sich an den Händen verletzen, wenn das Pferd plötzlich zieht. Tragen Sie beim Longieren immer ein Paar feste Handschuhe, um Ihre Hände zu schützen. Die Longe wird am mittlersten Ring des Kappzaums oder am äußeren Gebissring der Trense befestigt.
Durch Nachtreiben mit der Peitsche hält der Longenführer die Longe stets gespannt.

BEFESTIGUNG DER LONGE AN DER TRENSE
Beim Longieren ist sehr wichtig, dass die Longe richtig befestigt wird. Man sollte sie nicht nur am inneren Trensenring befestigen, da man so dem Pferd das Gebiss aus dem Maul ziehen kann. Es ist besser, den Haken der Longe unter den Kinnriemen und durch den Trensenriemen

Longe

Die Longe ist am äußeren Gebissring eingeschnallt

Longierpeitsche

Zwischen Longe und Peitsche eingeschlossen

zu ziehen und dann die Longe zu befestigen. Eine weitere Möglichkeit besteht darin, die Longe durch den innersten Trensenring zu stecken und sie am äußeren Trensenring zu befestigen. Natürlich dürfen die Zügel nicht über den Kopf des Pferdes rutschen. Drehen Sie die Zügel ineinander und stecken Sie den Kehlriemen durch.

LONGIERPEITSCHE

Die Longierpeitsche soll möglichst leicht und möglichst lang sein. Eine kurze Peitsche ist nutzlos, weil Sie die Größe des Zirkels verkleinern müssten, um das Pferd zu erreichen. Ein zu enger Zirkel strapaziert aber vor allem die Beine des Pferdes. Die Peitsche dient hauptsächlich dazu, Anweisungen zu geben und nicht dazu, das Pferd zu schlagen.

PEITSCHENHILFEN BEIM LONGIEREN

Man verwendet die Peitsche hauptsächlich, um zu verhindern, dass das Pferd beim Longieren in den Zirkel hineinläuft. So kann der Longenführer das Pferd zwischen der Longe und der Peitsche eingeschlossen halten.
Die Peitsche wird nur dazu verwendet, um Anweisungen zu geben. Das Pferd muss Vertrauen zur Peitsche haben. Während des Longierens muss die Peitsche immer nach vorne zeigen und auf Höhe der Hinterhand des Pferdes gehalten werden.

STIMMHILFEN BEIM LONGIEREN

Neben den Hilfen der Longe und der Peitsche soll sich das Pferd an Stimmhilfen gewöhnen. Stimmhilfen sind beim Longieren genauso wichtig wie andere Hilfen. Das Pferd muss aus den Kommandos schließen können, was es tun soll: Wenn es langsamer gehen und anhalten soll, geben Sie langsame Kommandos mit tiefer Stimme, wie „hoh" oder „Halt". Soll das Pferd schneller gehen, müssen die Kommandos forscher klingen, geben Sie dann Anweisungen wie „Trab", „vorwärts" oder „Galopp". Verwenden Sie immer die gleichen Kommandos und sprechen Sie diese in der gleichen Tonlage.

LONGIERGURT

Ein Longiergurt ist ein Gurt mit zwei kleinen Sattelkissen an der Oberseite. Seitlich befinden sich Ringe zur Befestigung der Hilfszügel. Man

Longiergurt

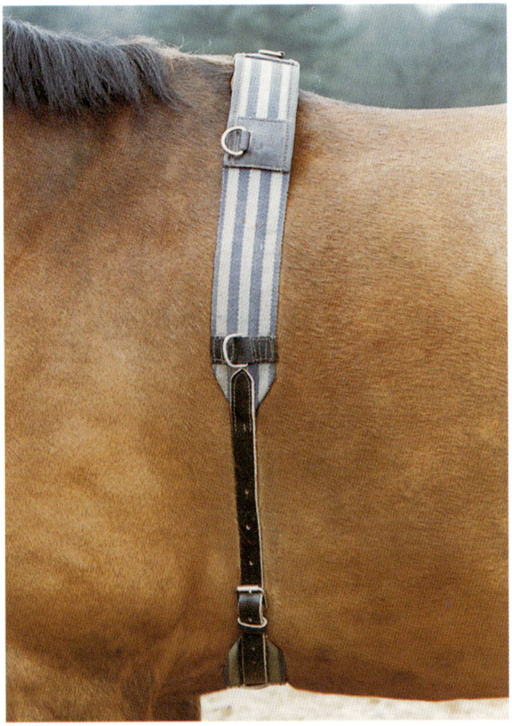

Kappzaum

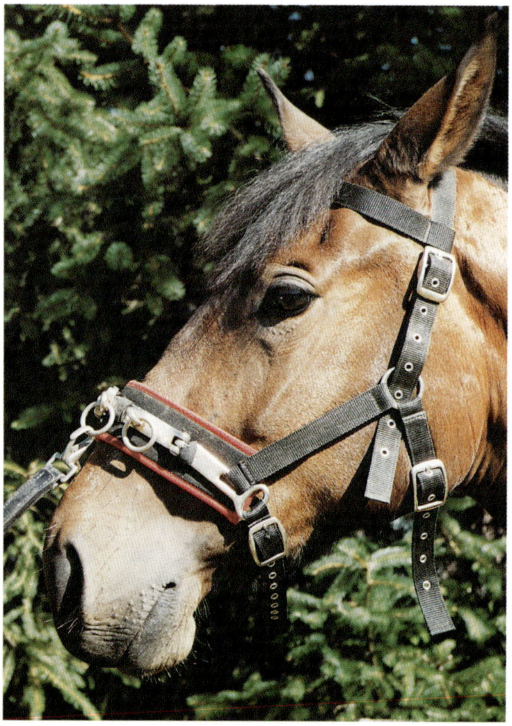

An den Sattel gewöhnen

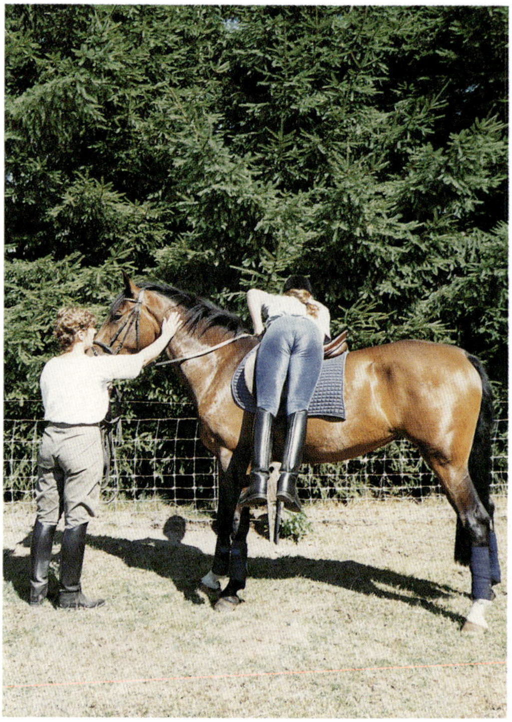

Das Anreiten an der Longe

verwendet einen Longiergurt gerne am Beginn der Ausbildung eines jungen Pferdes.

KAPPZAUM
Ein Kappzaum ähnelt einem kräftigen Halfter, hat aber einen unterlegten Nasenriemen mit drei drehbaren Metallringen, an denen die Longe und eventuelle Hilfszügel befestigt werden können.

Gewöhnung an den Sattel

Ein junges Pferd wird langsam an den Sattel und an das Gewicht des Reiters gewöhnt.
Mit Hilfe eines Longiergurtes auf dem Rücken des jungen Pferdes beim Longieren gewöhnt es sich langsam daran, dass etwas auf seinem Rücken liegt. Wenn es mit dem Longiergurt vertraut ist, kann man vorsichtig einen Sattel auflegen und diesen mit einem Sattelgurt befestigen. Hierfür wählt man beim ersten Mal die vertraute Umgebung im Stall. Suchen Sie sich einen Helfer. Dieser kann dem Pferd ruhig zusprechen, während Sie dem Pferd den Sattel auflegen und dann langsam und vorsichtig den Sattelgurt anziehen.
Wenn das Pferd mit diesem Vorgang vertraut ist, kann man es auch gesattelt longieren. Nun können Sie das Pferd an das Gewicht des Reiters gewöhnen. Das Pferd muss mindestens drei Jahre alt sein. Beim ersten Mal legen Sie sich nur mit dem Bauch über den Sattel, bleiben dort eine Weile liegen, während Ihr Helfer das Pferd beruhigt und lobt. Ist das Pferd damit vertraut, können Sie aufsitzen. Gehen Sie hierfür mit dem Pferd nach Möglichkeit in eine geschlossene Reitbahn, sodass der Aktionsradius des Pferdes begrenzt ist.
Die Grundprinzipien des Reitens kann man dem Pferd am besten an der Longe beibringen. Das

junge Pferd muss sich langsam an das Gebiss gewöhnen, weil sein Maul noch empfindlich ist. Der Longenführer lässt deshalb das Pferd ruhig Schritt gehen und traben, währenddessen der Reiter vorsichtig die Zügel aufnimmt. Er kombiniert nun die Kommandos des Longenführers mit Schenkelhilfen. Auf diese Weise lernt das Pferd die vorwärtstreibenden Hilfen kennen. Wenn das Pferd an der Longe gelernt hat, auf Stimmhilfen anzuhalten, wird die Stimme anfangs auch verwendet, wenn der Reiter das Pferd anhalten möchte. Auf diese Weise muss man die Zügel nur wenig einsetzen.
Wenn das junge Pferd zum ersten Mal frei ohne Longe geritten wird, sollte sich ein erfahrenes, gerittenes Pferd in seiner Gesellschaft befinden.

Allgemeines zum Reiten

Gutes Reiten kann man nicht ausschließlich aus Büchern lernen. Zunächst braucht man einen guten Lehrer. Weiterhin ist es nahezu unmöglich, einen unerfahrenen Reiter auf ein rohes Pferd zu setzen. Deshalb braucht man neben einem erfahrenen Reitlehrer ein gut ausgebildetes Pferd, damit man das richtige Gefühl für das Reiten entwickeln kann.

KORREKTER SITZ

Ein Reiter sitzt richtig auf dem Pferd, wenn er das Gleichgewicht (die Balance) auf dem Pferd erlangt, ohne sich festzuhalten, sich mit den Beinen festzuklammern oder steif zu machen. Ziel sind ein geschmeidiges Mitgehen des Reiters mit der Bewegung des Pferdes und eine weitgehende Übereinstimmung der Schwerpunkte von Pferd und Reiter. Wenn der Reiter losgelassen sitzen kann, wird man mit Korrekturen der Körperhaltung beginnen.

Korrekter Sitz

Haltung der Hände

Der Dresssursitz ist die Grundlage für alle Sitzformen. Er wird für die dressurmäßige Arbeit und Ausbildung von Pferd und Reiter verwendet. Er bildet den Grundsitz zum Erlernen der anderen Sitzarten, wie Entlastungssitz und leichter Sitz (Springsitz).
Das Gesäß des Reiters ruht mit losgelassenen Muskeln in voller Breite im Sattel. Seine Oberschenkel liegen mit ihrer inneren Fläche an, das Knie befindet sich flach am Sattel. Die Unterschenkel hängen schräg nach rückwärts am Pferdeleib herab und halten mit der flachen Wade eine weiche Fühlung. Der Steigbügel wird an der breitesten Stelle des Fußballens gehalten und möglichst gleichmäßig belastet. Der Oberkörper erhebt sich senkrecht aus den Hüften, das Kreuz wird mäßig angezogen, wodurch es federnd mit dem Pferderücken mitschwingen kann. Die Schultern werden natürlich fallen gelassen, der Kopf wird frei und aufrecht getragen, wobei der Blick über den Pferdekopf gerichtet ist. Die Oberarme hängen locker aus den Schultergelenken herab, der Unterarm lehnt sich mit dem Ellbogengelenk leicht an den Leib. Die Hände werden geschlossen und senkrecht mit den Daumen nach oben so getragen, dass die äußere Fläche des Unterarms mit Handrücken und Zügel eine gerade Linie zum Pferdemaul bildet.

Geben Sie immer klare Hilfen

UNABHÄNGIGER SITZ

Man hat einen unabhängigen Sitz, wenn man losgelassen auf dem Pferd sitzen und mit seiner Bewegung geschmeidig mitgehen kann. Lende und Armgelenke wirken hierbei wie eine Art Stoßdämpfer, wodurch man die Hände stillhalten kann und das Pferd nicht im Maul stört.

HILFEN

Der Reiter wirkt mit seinen Schenkeln, Zügeln und mit seinem Gewicht auf das Pferd ein, man bezeichnet diese Einwirkungen als Hilfen. Durch das Zusammenwirken dieser Hilfen und in Kombination mit der Stimme (Stimmhilfe) wird die angestrebte Haltung und die Gangleistung des Pferdes erreicht.

SCHENKELHILFEN

Der Schenkel des Reiters hat die Aufgabe, den gleichseitigen Hinterfuß anzutreiben oder am Seitwärtstreten zu hindern. Dies kann nur in dem Augenblick bewirkt werden, in dem dieser vom Boden abfußt. Der Hinterfuß wird umso mehr zum Vortreten angeregt, je näher sich der Schenkel des Reiters am Sattelgurt befindet.
Dehalb liegt der vorwärtstreibende Schenkel direkt am Sattelgurt. Der Stiefelschaft schließt mit dem hinteren Rand des Sattelgurtes ab. Der verwahrende Schenkel liegt etwa eine Handbreit zurück und hindert entweder den gleichseitigen Hinterfuß am seitlichen Verlassen der Richtung, oder veranlasst ihn, nach der entgegengesetzten Seite von der Richtung abzuweichen.
Das Pferd soll leicht und schnell auf die Hilfen reagieren. Mit fortschreitender Ausbildung wird der Reiter die Hilfen immer feiner geben können. Zur Unterstützung der Schenkelhilfen kann der erfahrene Reiter Sporen oder auch eine Gerte verwenden.

ZÜGELHILFEN

Der Reiter hat über die Zügel, die am Gebiss befestigt sind, mit dem Pferdemaul Kontakt. Die Einwirkung erfolgt durch vermehrtes An- und Abspannen der Zügel. Da Zügelhilfen vornehmlich verhaltend wirken, müssen sie stets mit treibenden Hilfen verbunden sein. Sie wirken umso besser, je mehr das Pferd die Einwirkungen der Hände auf die Laden durch Genick über Hals und Rücken bis in die Hinterbeine durchlässt. Wir unterscheiden annehmende, nachgebende, verwahrende und durchhaltende Hilfen. Bei allen Einwirkungen mit dem Zügel muss beachtet werden, dass die meisten Reiter fälschlicherweise dazu neigen, zuviel mit den Händen und zu wenig mit Schenkel- und Gewichtshilfen einzuwirken.

GEWICHTSHILFEN

Mit den Gewichtshilfen unterstützt der Reiter Schenkel- und Zügelhilfen. Wir unterscheiden beidseitig belastende, einseitig belastende und entlastende Gewichtshilfen, wobei stets der Schwerpunkt des Reiters möglichst nahe und senkrecht über dem des Pferdes liegt.

STIMMHILFEN

Siehe: Stimmhilfen beim Longieren

Eine Gerte zur Unterstützung der Schenkelhilfen

Aufsitzen

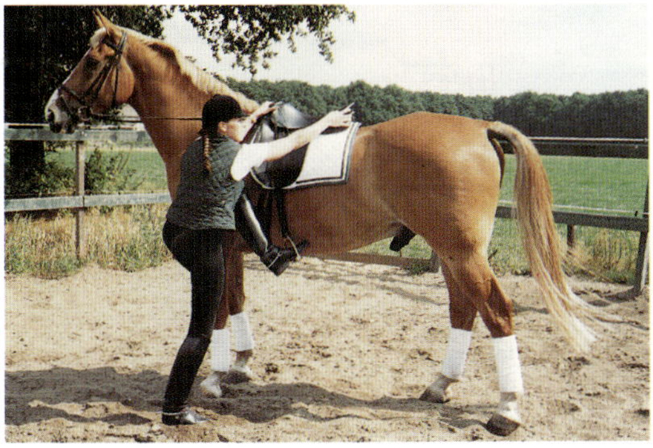

AUFSITZEN

Das Pferd muss zunächst einmal ruhig stehen, bis der Reiter die Hilfe zum Anreiten gibt. Kontrollieren Sie vor dem Aufsitzen, ob der Sattelgurt fest genug angegurtet ist und ob beide Steigbügel herabhängen. Überprüfen Sie, ob die Trense richtig verschnallt ist.
Zum Aufsitzen stellen Sie sich an die Schulter des Pferdes auf seiner linken Seite mit dem Rücken zur Gangrichtung. Fassen Sie mit der linken Hand die Zügel, den rechten Zügel etwas kürzer als den linken, damit der Kopf geradeaus gerichtet ist und das Pferd nicht beißen kann und zur Unterstützung bei Bedarf etwas Mähne oder den Vorderzwiesel des Sattels. Drehen Sie den Bügel mit der rechten Hand etwas zu sich hin. Schieben Sie den linken Fuß in den Steigbügel und drücken Sie sich mit dem anderen Fuß vom Boden ab, um in schwungvoller Aufwärtsdrehung über dem Pferderücken ganz sanft in den Sattel zu gleiten. Das gewinkelte Knie lehnt sich fest an das Sattelblatt, damit die Fußspitze nicht in den Pferdebauch stößt, die andere Hand erfasst den Hinterzwiesel und hilft beim Hochziehen des Körpers. Das überschwingende Bein bleibt waagrecht gestreckt und vermeidet die Berührung der Kruppe.

ABSITZEN

Zum Absitzen stützt sich der Reiter mit der Zügelhand auf den Mähnenkamm und mit der anderen Hand auf den Vorderzwiesel oder auf die Pausche des Sattels. Dann nimmt er beide Füße aus den Steigbügeln, schwingt ein Bein waagrecht über den Pferderücken zurück und federt mit dem Fuß auf dem Boden auf.
Der Reiter sollte unbedingt beim Absitzen beide Füße aus den Bügeln nehmen, denn das Pferd könnte sich plötzlich erschrecken und weglaufen. Der Fuß des Reiters könnte dabei im Steigbügel hängen bleiben und der Reiter mitgeschleppt werden.

Absitzen: Nehmen Sie die Füße aus den Bügeln…

schwingen Sie das rechte Bein über den Pferderücken…

lassen Sie sich langsam herabgleiten.

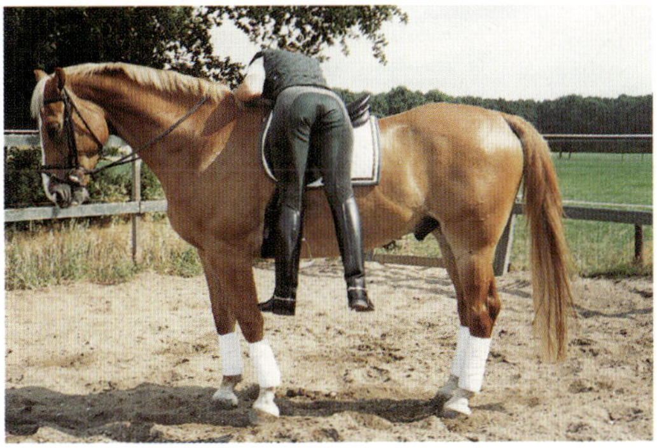

AKTION

Unter Aktion verstehen wir den Raumgriff der Gliedmaßen aufwärts-vorwärts. Eine hohe Aktion ist z. B. dem Hackney angezüchtet, auch Andalusier und Lipizzaner zeigen häufig viel Aktion. Für Sportpferde der Warmblutzuchten ist ein flacher und weiter Raumgriff erwünscht.

TEMPI

Unter dem Begriff Tempi verstehen wir die ver-

Schritt

Trab: Leichttraben

schiedenen Gangmaße, durch die sich die drei Grundgangarten des Reitpferdes – Schritt, Trab, Galopp – unterscheiden. Takt ist das räumliche und zeitliche Gleichmaß der Bewegungen.

SCHRITT

Der Schritt ist eine schreitende Bewegung im Viertakt, er besteht aus einer Folge aneinander gereihter Schritte. Im Schritt erfolgt die Vorwärtsbewegung der Füße in diagonaler Reihenfolge nacheinander in gleichmäßigen Zeitabständen.

Wenn der rechte Vorderfuß antritt, folgt der linke Hinter-, dann der linke Vorder- und anschließend der rechte Hinterfuß. Wenn die gleichseitigen Füße gleichzeitig aufgesetzt werden, entsteht der sogenannte Pass. Im natürlichen freien Schritt treten die Hinterfüße etwa in die Hufspuren der Vorderfüße.

TRAB

Der Trab ist eine Bewegung im Zweitakt, er besteht aus einer Folge aneinander gereihter Tritte. Zwei diagonale Füße werden gleichzeitig bewegt und anschließend gleichzeitig aufgesetzt. Da das vortretende Beinpaar den Boden ein wenig später erreicht, als das abfußende diesen verlässt, entsteht dazwischen ein Augenblick der freien Schwebe. Im Trab wird zwischen folgenden Tempi unterschieden: Arbeitstrab (Gebrauchstrab), Mitteltrab, Starker Trab, Versammelter Trab.

AUSSITZEN

Beim Aussitzen im Trab und Galopp bleibt der Reiter im Sattel sitzen. Hierbei scheint der Reiter geschmeidig und losgelassen im Sattel zu kleben, wobei er bei jeder Schwingung des Pferderückens mitfedert. Besonders Reitanfänger haben Schwierigkeiten beim Aussitzen, solange

Trab: Aussitzen

sie nicht losgelassen genug sitzen können. Sitzfehler des Reiters können ein verkrampftes Sichwerfenlassen in Trab und Galopp oder ein Klappen des Gesäßes sein.

LEICHTTRABEN

Beim Leichttraben oder „Englischtraben“ sitzt der Reiter nicht ununterbrochen im Sattel, sondern stets nur beim Auffußen desselben diagonalen Gliedmaßenpaares, er überschlägt also das diagonale Auffußen des anderen Gliedmaßenpaares durch „Lüften des Gesäßes“, wobei er den Oberkörper im Vorwärtsschwung des Ganges leicht nach vorne neigt. Leichttraben schont bei einem ruhigen Gangrhythmus die Kräfte des Pferdes.

GALOPP

Auf hartem Boden können wir im mittleren Galopptempo einen regelmäßigen Dreitakt mit nachfolgender Zwischenpause hören. Das Pferd galoppiert Links- oder Rechtsgalopp. Im Links-

Rechtsgalopp

Linksgalopp

galopp erfolgt das Auffußen beispielsweise rechts hinten, gleichzeitig links hinten und rechts vorn, links vorn, dann folgt die Schwebephase. Der Rechtsgalopp erfolgt dementsprechend umgekehrt: Links hinten, gleichzeitig rechts hinten und links vorn, rechts vorn, Schwebephase. Im fehlerhaften Kreuzgalopp geht das Pferd hinten Rechts- und vorne Linksgalopp oder umgekehrt.

Beim Angaloppieren gibt der Reiter folgende Hilfen: Vortreibende Schenkel- und Kreuzhilfen mit halben Paraden sorgen für ein vermehrtes Herantreten der Hinterhufe des Pferdes an den Schwerpunkt. Durch diese „Versammlung" kann das Pferd angaloppieren. Der Reiter gibt durch geringes Annehmen des betreffenden Zügels dem Pferd eine leichte Kopfstellung zur Seite des gewünschten Galopps.

Dann nimmt er zum Beispiel für Rechtsgalopp den rechten Schenkel unmittelbar an den Sattelgurt, der linke äußere Schenkel liegt verwahrend etwa eine Handbreit hinter dem Sattelgurt, er verhindert das Ausfallen des linken Hinterfußes. Durch Heruntertreten des rechten Steigbügels belastet der Reiter den rechten Gesäßknochen vermehrt.

Sobald das Pferd angaloppiert, lässt der Reiter durch leichtes Nachgeben mit der rechten Hand den Galoppsprung heraus. Treibende Schenkel- und Gewichtshilfen sorgen für flüssiges Weitergaloppieren.

ÜBUNGEN FUR DEN REITER

Der Reiter muss geschmeidig und elastisch sein, um einen sicheren und unabhängigen Sitz zu haben. Nachfolgend sind einige Sitzübungen auf dem Pferd aufgeführt. Es empfiehlt sich, diese Übungen auf einem ausgebundenen Pferd zu machen, das an einer Longe geht, und die Bügel ganz vom Sattel abzuschnallen. Zunächst erfolgen die Übungen im Schritt, dann auch im Trab und Galopp:

- Armkreisen vor-, seit- und rückwärts. Armübungen kann man auch im Trab an der Longe durchführen.
- Aufrichten und freies Sitzen, dabei Arme seitlich hoch.
- Vorbeugen des Oberkörpers, Zurücklegen des Oberkörpers.
- Beine weit zurückstrecken.

Gymnastikübungen

Müde von den Übungen

- Hände hinter dem Körper verschränkt falten.
- Ellenbogen zurückfedern.
- Strecken des Oberkörpers mit leichter Rückbeuge.

Für das Reiten ist zwar die physische Kraft des Reiters nicht von ausschlaggebender Bedeutung, aber sie ist fördernd. Gymnastikübungen können helfen, die Elastizität und Kraft der Muskeln zu entwickeln. Sie sollten Ihre Beine und Hüften trainieren und Übungen zur Lockerung der Gelenke durchführen. Ein allgemeines Muskeltraining wird natürlich auch Ihrer Reitkondition zugute kommen.

REITEN AUF DER RECHTEN HAND
Auf der rechten Hand reiten bedeutet, dass sich Ihre rechte Hand auf der Innenseite der Reitbahn befindet.

REITEN AUF DER LINKEN HAND
Auf der linken Hand reiten bedeutet, dass sich Ihre linke Hand auf der Innenseite der Reitbahn befindet.

HANDWECHSEL
Handwechsel bedeutet, dass man von der linken auf die rechte Hand wechselt und umgekehrt.

HALTEN
Beim Anhalten sind die Gewichtshilfen sehr wichtig. Indem man sich tief in den Sattel setzt und den Rücken gerade aufrichtet, zeigt man dem Pferd, dass es langsamer gehen muss. Dabei geben Sie eine leichte annehmende Zügelhilfe. Den Schenkeldruck verringern und sofort mit den Händen nachgeben, wenn das Pferd steht. Beim Halten muss das Pferd geschlossen stehen.

Auf der linken Hand reiten

Halten

REITBAHN

Eine Reitbahn ist ein Ausbildungsplatz für Pferd und Reiter. Sie hat stets zwei kurze und zwei lange Seiten. Die Flächenausdehnung beträgt meist 40 x 20, die vorgeschriebenen Maße des Dressurvierecks für internationale Wettbewerbe sind 20 x 60 m.

Normalerweise hat eine Standardbahn eine gute Bodenbeschaffenheit, die weder zu hart noch zu weich ist. Wende- und Ansatzpunkte für die Hufschlagfiguren sind durch Buchstaben an der Bande gekennzeichnet.

Reiten auf zwei Hufschlägen

Die Bahnpunkte sind mit den Buchstaben A, F, B, M, C, H, E, K bezeichnet

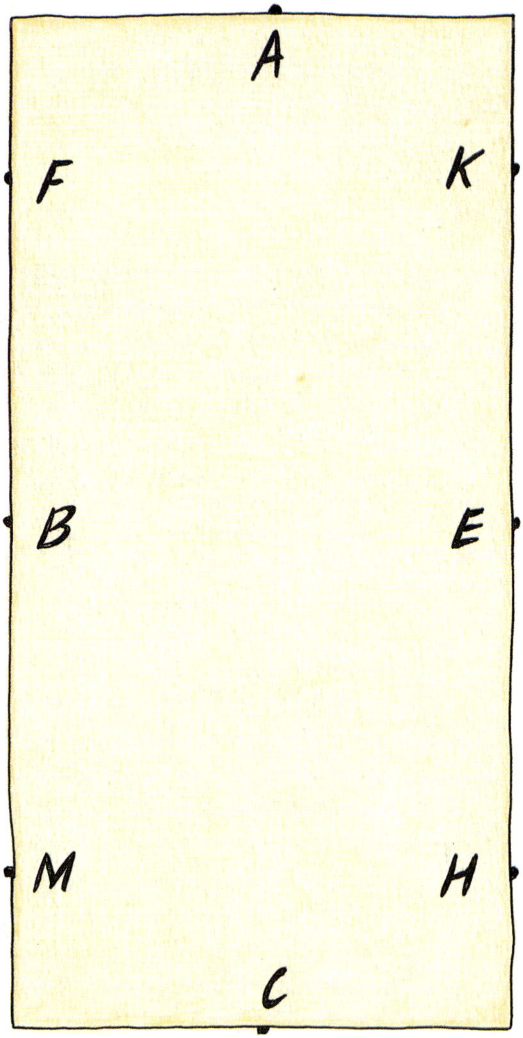

HUFSCHLAG

Die Laufspur der Pferde entlang der Bande einer Reitbahn heißt Hufschlag. Der zweite Hufschlag befindet sich ungefähr eineinhalb Meter von der Bande entfernt.

HUFSCHLAGFIGUREN

In einer Reitbahn kann man viele unterschiedliche Hufschlagfiguren reiten. Die wichtigsten Figuren haben wir auf der nächsten Seite abgebildet. Überlegen Sie sich zunächst, welche Figur Sie an welchem Punkt der Reitbahn reiten möchten. Man kann zum Beispiel geradeaus von A nach C reiten, durch die Länge der Reitbahn. In der Praxis ist es sehr viel schwieriger, ohne die Hilfe der Bande in der Reitbahn geradeaus zu reiten. Mit gleichmäßiger Zügelverbindung und treibenden Hilfen halten Sie das Pferd auf einer geraden Linie.

An verschiedenen Punkten der Reitbahn kann man Zirkel oder Volten reiten. Wir unterscheiden verschiedene Volten, deren Durchmesser von 6 bis 20 m variieren und halbe Volten. Während einer Volte muss gut vorwärts geritten werden, sodass das Tempo nicht unterbrochen wird. Mit korrekten Hilfen sorgt man auch dafür, dass das Pferd die richtige Stellung und Biegung hat. Eine Variante der Volte ist eine Schlangenlinie durch die ganze Bahn. Die Figur kann mit unterschiedlicher Bogenzahl geritten werden.

BAHNREGELN

Wenn mehrere Reiter zur gleichen Zeit in der Reitbahn reiten, müssen sie sich an bestimmte Regeln halten. Hier folgen einige der wichtigsten Richtlinien:

- Wenn nicht auf der gleichen Hand geritten wird, haben Reiter, die auf der linken Hand reiten, immer „Vorfahrt".
- Der Hufschlag ist der Hauptweg der Reitbahn. Wenn man hier langsam reitet, hält man alle anderen Reiter auf. Möchte man z. B. ein Pferd am langen Zügel trockenreiten, geht man auf den zweiten Hufschlag.
- Reiten Sie niemals dicht auf ein anderes Pferd auf.

Bahnfiguren

1. Gebrochene Linie, einmal

2. Von F nach H durch die ganze Bahn wechseln

3. Bei B auf den Mittelzirkel

4. Zirkel

5. Volte

6. Aus dem Zirkel wechseln

7. Volte bei E

8. Durch eine Schlangenlinie die Hand wechseln

9. Schlangenlinie durch die ganze Bahn in 5 Bögen

10. Schlangenlinie durch die ganze Bahn in 3 Bögen

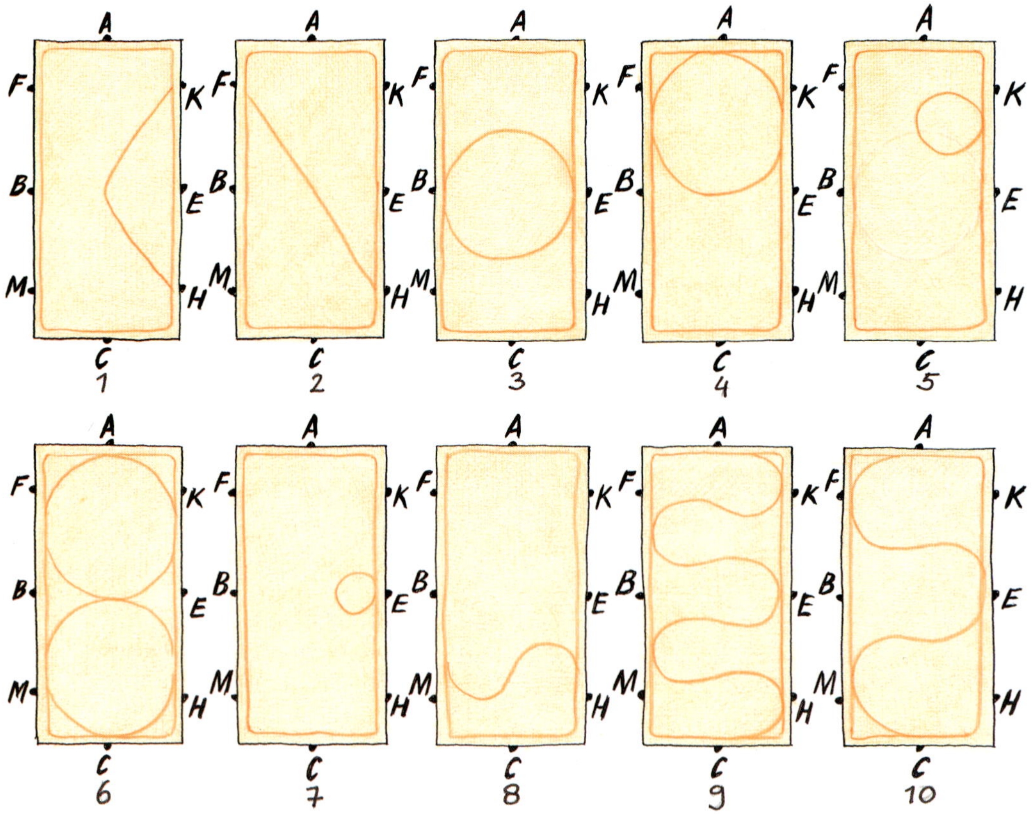

Ausrüstung von Pferd und Reiter

Als Pferdebesitzer muss man natürlich nicht nur wissen, wie man sattelt, sondern auch, welche Ausrüstung benötigt wird. Zur Ausrüstung eines Reitpferdes gehören Zaumzeug und Sattel. Weiterhin können Hilfszügel, ein Vorderzeug, ein Schweifriemen und Gamaschen am Pferd angebracht werden.

Trensenzäumung

Die Trense ist für die Grundausbildung des Pferdes sowie zum Springen und zum Reiten im Gelände die beste Art der Zäumung. Sie ist aus dem Trensenzaum mit Gebiss und Zügeln und dem Reithalfter zusammengesetzt. Der Trensenzaum besteht aus Kopfstück, Backenriemen, Kehlriemen und Stirnriemen. Die für den Pferdekopf benötigte Länge des Zaumzeuges wird durch eine oder zwei Schnallen an einem oder an beiden Backenstücken hergestellt. Normalerweise verwendet man ein einfaches Trensengebiss. Je dicker es ist, desto weicher und angenehmer empfindet es das Pferd. Die Zügel werden in die Trensenringe eingeschnallt und müssen am hinteren Ende auseinander schnallbar sein.

KANDARENZÄUMUNG

Die Kandarenzäumung sollte nur von fortgeschrittenen Reitern auf ausgebildeten Pferden verwendet werden. Sie besteht aus einem Englischen Reithalfter, einer Unterlegtrense, einer Kinnkette, der Kandare (ein ungebrochenes Gebissstück mit seitlichen Hebeln). Die Wirkung der Kandare beruht auf der Hebelkraft, die durch die Kinnkette bewirkt wird.

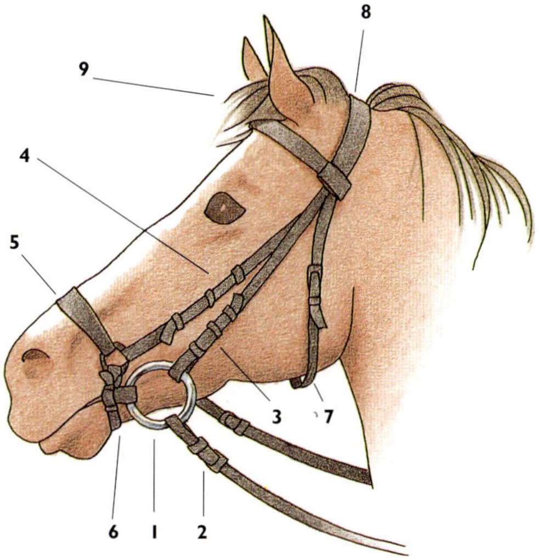

Trensenzäumung mit hannoverschem Reithalfter

1. Trensengebiss
2. Zügel
3. Backenriemen
4. Kopfgestell des Reithalfters
5. Nasenriemen
6. Kinnriemen
7. Kehlriemen
8. Kopfstück
9. Stirnriemen

Reithalfter

HANNOVERSCHES REITHALFTER

Das Hannoversche Reithalfter überträgt den Druck des Gebisses auf das Nasenbein, verhindert das Aufsperren des Mauls und das seitliche Verschieben des Unterkiefers. Der Kinnriemen verläuft unter dem Trensengebiss.

ENGLISCHES REITHALFTER

Das Englische Reithalfter besitzt einen etwas

Ausrüstung für ein Pony

Kandarenzäumung

Hannoversches Reithalfter

Englisches Reithalfter

breiteren, meist verdickten Nasenriemen mit einem eigens verstellbaren Kopfteil. Es wird oberhalb des Trensengebisses verschnallt.

KOMBINIERTES REITHALFTER
Ein kombiniertes Reithalfter besteht aus einem Englischen Reithalfter, an dessen vorderem Nasenteil sich ein dünnerer Riemen befindet, der durch eine kleine Schlaufe geführt wird und unterhalb des Trensengebisses am Unterkiefer verschnallt wird.

MEXIKANISCHES REITHALFTER
Beim Mexikanischen Reithalfter kreuzen sich zwei durch eine Rosette auf dem Nasenbein des Pferdes gehaltene Riemen, die jeweils ober- und unterhalb des Gebisses zusammengeschnallt werden.

Trensen und Gebisse

TRENSENGEBISS
Eine Trense ist eine gebrochene, gelenkige Mundstange, die relativ weich wirkt. Wir unterscheiden verschiedene Arten von Trensen:
Es gibt die Ringtrense, die Olivenkopf- und die Knebeltrense. Das Trensengebiss muss jeden

Kombiniertes Reithalfter

Unterschiedliche Trensen

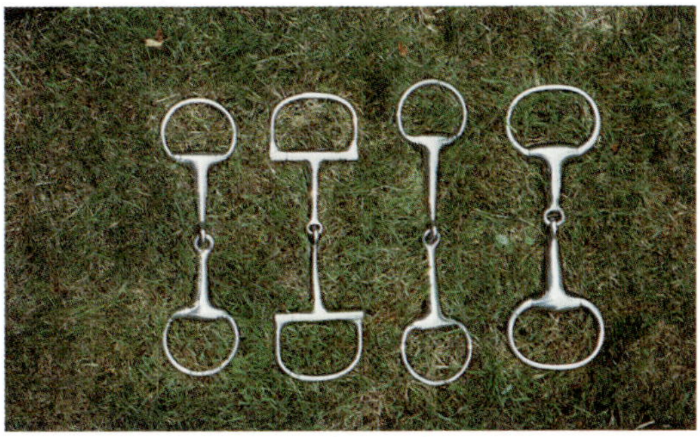

Maulwinkel um etwa 0,5 cm überragen und soll möglichst dick sein (ein dünnes hat eine zu scharfe Wirkung).
An den Ringlöchern, durch welche die Trensenringe laufen, sollte es nicht abgenutzt sein, da sonst scharfe Kanten entstehen könnten, die die Maulwinkel verletzen. Bei einer Gummitrense ist das Mundstück mit Gummi überzogen.

STANGENGEBISS

Das bekannteste Stangengebiss wird bei der Kandarenzäumung verwendet. Es besteht aus einem festen Mundstück, an dessen Seitenteile sich Aufzüge befinden.
Im Mundstück kann eine Aussparung für den Zungenbogen vorgesehen sein. Da die Zunge unter dem Bogen liegt, drückt dieses Gebiss wesentlich stärker auf die empfindlichen Teile des Pferdemauls. Die Wirkung dieser Stange wird durch die Länge der Aufzüge in Kombination mit der Kinnkette bestimmt.

Stangengebiss

Pelham

Hackamore

PELHAM

Das Pelham stellt sowohl in Aussehen als auch in der Wirkung ein Mittelding zwischen Trense und Kandare dar. Heute sind die verschiedenartigsten Gebissteile unter dem Namen Pelham im Handel.

HACKAMORE

Beim gebisslosen Hackamore besteht die Wirkung im Druck auf das Nasenbein. Das Ziel des Reiters mit dem Hackamore ist die weitgehende

Dressur- und Springzügel

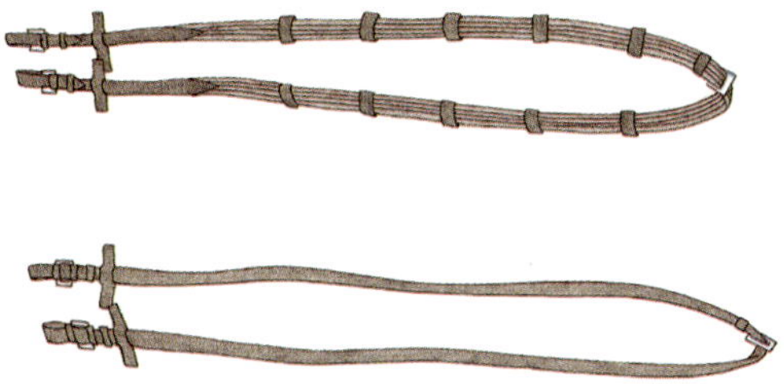

Ausschaltung der Handeinwirkung auf das Pferd und somit ein hauptsächliches Reiten durch Gewichtsverlagerung.

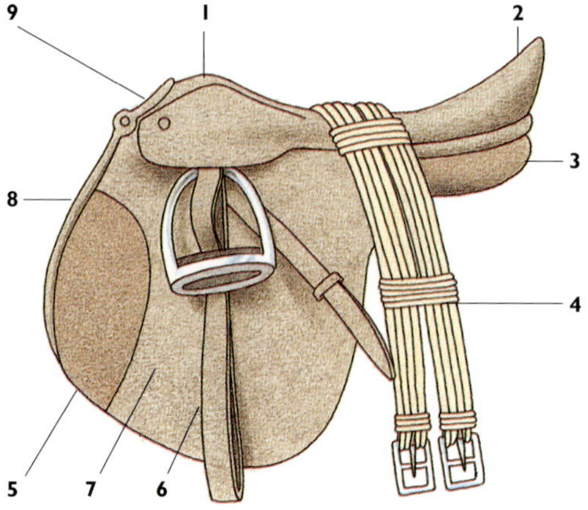

Der Vielseitigkeitssattel:
1. Vorderzwiesel
2. Hinterzwiesel (Sattelkranz)
3. Sattelkissen
4. Sattelgurt
5. Steigbügel
6. Steigbügelriemen
7. Schweißblatt
8. Pauschen
9. Sattelkammer

Zügel

Die Trensenzügel sind zwei etwa 1,30 m lange Riemen aus Leder oder Gurt, sie werden in die Trensenringe eingeschnallt. Der Reiter wirkt über die Zügel auf das Gebiss und damit auf das empfindliche Pferdemaul ein. Es gibt Dressur- und Springzügel. Springzügel haben Stege, wodurch sie besonders bei Nässe mehr Halt bieten.

DIE SENKRECHTE

Dies ist eine gedachte Linie, die vom Genick des Pferdes aus gerade nach unten verläuft. Das versammelte und durchlässige Pferd steht „am Zügel", wenn der höchste Punkt im Genick liegt und die Stirnlinie vor der Senkrechten steht. Das Pferd geht „gegen den Zügel", wenn sich sein Kopf vor der Senkrechten befindet. Das Pferd steht „hinter dem Zügel", wenn sich der höchste Punkt der Halsoberlinie nicht mehr im Genick, sondern fast auf der Mitte des Halses befindet.

Sattel

Für Pferd und Reiter ist die Wahl eines für beide Partner optimal passenden Sattels ausschlaggebend. Die Sattelmaße müssen an die Größe der Sitzfläche des Reiters und an den Körperbau des Pferdes angepasst sein. Vor dem Kauf eines Sattels muss man sich genau überlegen, für welche Arten des Reitens er eingesetzt werden soll.

Vielseitigkeitssattel, Dressursattel, Springsattel

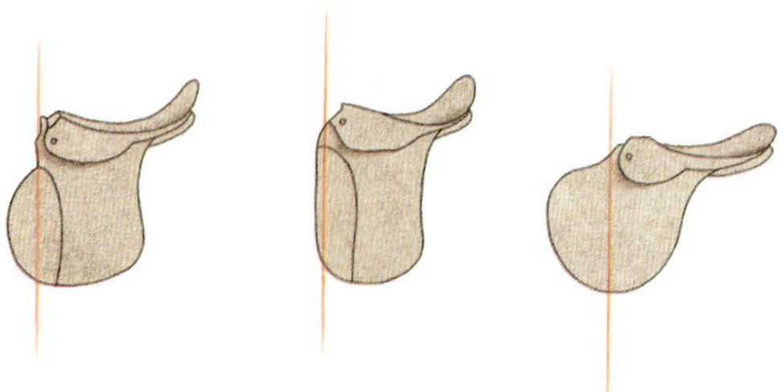

Es gibt unterschiedliche Sättel, am häufigsten sieht man den Dressursattel, Springsattel und Vielseitigkeitssattel.
Die Leihpferde in einer Reitschule tragen meist Vielseitigkeitssättel. Diesen Sattel kann man sowohl für das Bahnreiten als auch für das Geländereiten verwenden. Der Sattelbaum bildet die Grundlage für die Form des Sattels. Die Sattelkissen (Polster) liegen rechts und links auf dem Pferderücken. Dazwischen befindet sich ein Hohlraum, den wir die Sattelkammer nennen. An den Sattelkissen befinden sich die Sattelblätter. Der hintere Teil der Sitzfläche bildet den Sattelkranz. Die Sattelgurtstrupfen dienen zur Befestigung des Sattelgurtes. Sattelgurte werden aus Leder, Gummi oder Kunststoff hergestellt und müssen breit genug sein, um genügend Auflagefläche zu haben. Die Steigbügelriemen sind meist aus Leder hergestellt. Die Steigbügel sind ca. 12 cm breit. Eine Satteldecke hat den Zweck, den Schweiß des Pferdes von der Sattelpolsterung abzuhalten. Satteldecken sind entweder nach der Form des Sattels geschnitten oder viereckig (Schabracken). Sie können aus Leder, Gummi oder Kunststoff hergestellt sein.

Damensattel

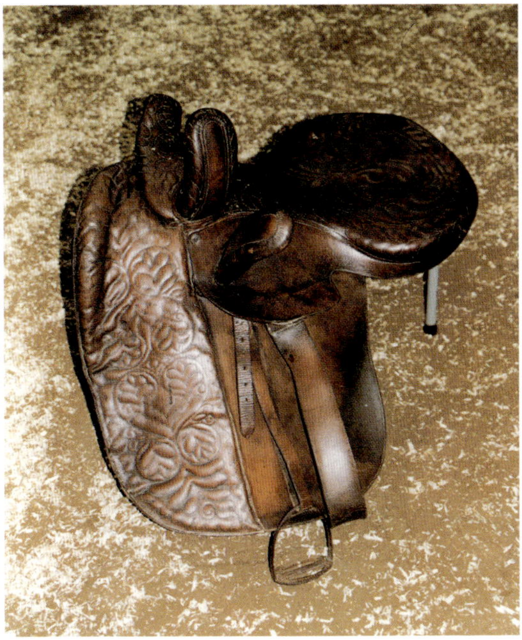

DAMENSATTEL
Seit dem Mittelalter ist das Prinzip des Damensattels mit Seitsitz bekannt. Vermutlich wurde er von Katharina di Medici eingeführt. Bis zum Ersten Weltkrieg ritten die meisten Frauen im Damensattel. Er wurde damals Amazonensattel genannt. Das Wort Amazone hat seinen Ursprung in der griechischen Mythologie.

Satteldecke

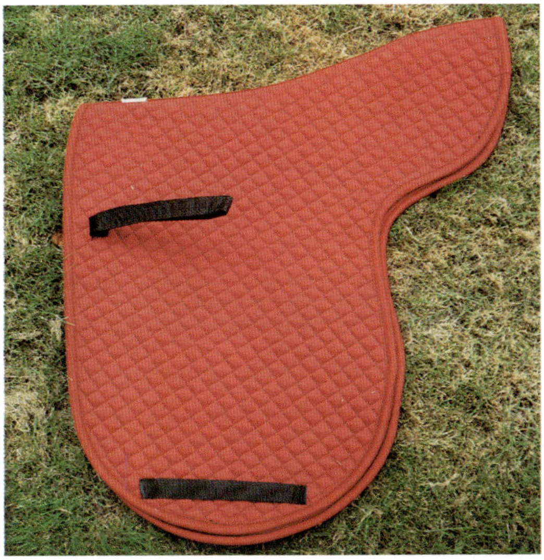

Der moderne Damensattel besitzt eine flache Sitzfläche mit zwei gebogenen Hörnern, die den Beinen der Reiterin festen Halt geben. Über das obere, feste Horn legt man den rechten Oberschenkel, unter das untere Horn den linken Oberschenkel. Nur der linke Fuß befindet sich in einem Steigbügel. Der Damensattel wird mit zwei Gurten festgeschnallt.

RENNSATTEL
Ein Rennsattel ist eigentlich nur noch die Andeutung eines Sattels. Seine Sattelfläche erfüllt im Grunde keine Sitzfunktion, der Jockey kniet vielmehr auf den Sattelblättern, um den Rücken des Pferdes vollkommen zu entlasten.

SATTELDECKE
Unter dem Sattel liegt immer eine Satteldecke. Sie schützt den Pferderücken vor dem Sattel und den Sattel vor dem Pferdeschweiß. Schabracken sind meist größere, farbige oder weiße, viereckige Satteldecken für festliche Anlässe.

Sattelgurt

Der Sattelgurt sorgt dafür, dass der Sattel auf dem Rücken des Pferdes sicher und fest liegen

Der Sattelgurt wird an den Gurtstrippen befestigt

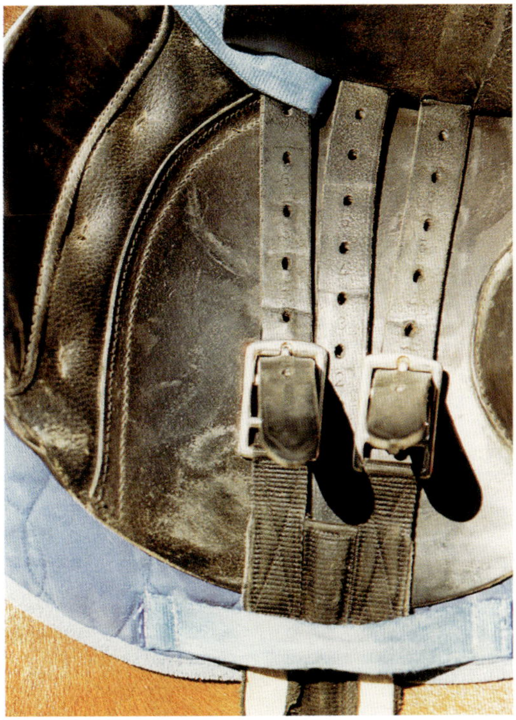

Sattelgurt

bleibt. Der Gurt verläuft um die Brust des Pferdes und wird zu beiden Seiten des Sattels unter dem Sattelblatt in den Strippen eingeschnallt. Auf diese Weise ist der Sattel unverrückbar und fest in der Sattellage fixiert.

Aufsatteln und Aufzäumen

Beim Aufsatteln und Aufzäumen des Pferdes wird meist erst der Sattel aufgelegt, dann wird die Trense angelegt. Hat man es mit einem Tier zu tun, das sich nicht gerne satteln lässt, sollte man es zuerst auftrensen und dann den Sattel auflegen. Mit Trense kann man das Pferd vermutlich besser unter Kontrolle halten. Ein angebundenes Pferd wird immer zuerst gesattelt.

AUFSATTELN

Vor dem Satteln muss besonders die Sattellage des Pferdes gut geputzt werden. Stellen Sie sich auf die linke Seite des Pferdes und legen Sie den Sattel über den Widerrist auf. Schieben Sie den Sattel – mit dem Fellstrich – so weit zurück, dass er an der niedrigsten Stelle des Pferderückens aufliegt. Nehmen Sie rechts den Sattelgurt vom Sattel, ohne dass er dabei an die Beine des Pferdes schlägt und kontrollieren Sie, ob er nicht verdreht ist. Greifen Sie dann den Gurt auf der linken Seite und gurten Sie vorsichtig und behutsam an. Vergessen Sie keinesfalls, vor dem Aufsitzen nochmals nachzugurten.

NACHGURTEN

Das erste Angurten darf nicht zu straff sein, sonst könnte das Pferd unangenehm reagieren. Nachdem man mit dem Pferd einige Schritte gelaufen ist, kann man den Sattelgurt stärker festziehen. Diesen Vorgang nennen wir nachgurten. Es gibt Pferde, die beim Gurten die Luft anhalten. Deshalb muss man immer vor dem Reiten kontrollieren, ob der Sattelgurt festsitzt. Nach dem Aufsitzen und Anreiten, nach ca. 10 Minuten, wird der Sattelgurt nochmals überprüft.

AUFZÄUMEN ODER AUFTRENSEN

Unter Auftrensen oder Aufzäumen verstehen

Legen Sie die Zügel über den Hals

Nehmen Sie das Halfter ab

Legen Sie das Gebiss ein

Ziehen Sie das Kopfstück vorsichtig über die Ohren

wir das Anlegen der Trense. Legen Sie dem Pferd zunächst die Zügel über den Hals. Fassen Sie das Kopfstück mit der rechten Hand, ziehen Sie es dem Pferd über den Kopf und legen Sie das Gebiss mit der linken Hand in sein Maul. Sollte es das Gebiss nicht leicht annehmen, öffnen Sie mit Zeigefinger und Daumen der linken Hand das Maul an der Stelle, an der sich keine Zähne befinden. Ist das Gebiss im Maul, wird das Kopfstück mit der anderen Hand über die Ohren gestreift und der Schopf herausgezogen.
Die Ohren des Pferdes sind recht empfindlich, deshalb sollten Sie hierbei vorsichtig vorgehen. Schließen Sie den Kehlriemen, sodass eine geschlossene Faust oder ungefähr ein vier Finger breiter Zwischenraum bleibt. Schließen Sie dann den Sperrriemen, um ein Öffnen des Mauls zu verhindern. Unter den Sperrriemen muss man nach dem Schließen noch zwei flache Finger schieben können.

ABSATTELN

Das Absatteln erfolgt in der umgekehrten Reihenfolge des Aufsattelns. Öffnen Sie den Sattelgurt auf der linken Seite des Sattels, gehen Sie um das Pferd herum und legen Sie den Gurt von der rechten Seite aus über den Sattel.
Erst wenn Sie den Sattel abgenommen haben, können Sie auch die Trense abnehmen. Pferde sind nach dem Reiten oft in der Sattellage nass

Sorgen Sie für die korrekte Verschnallung des Kehlriemens

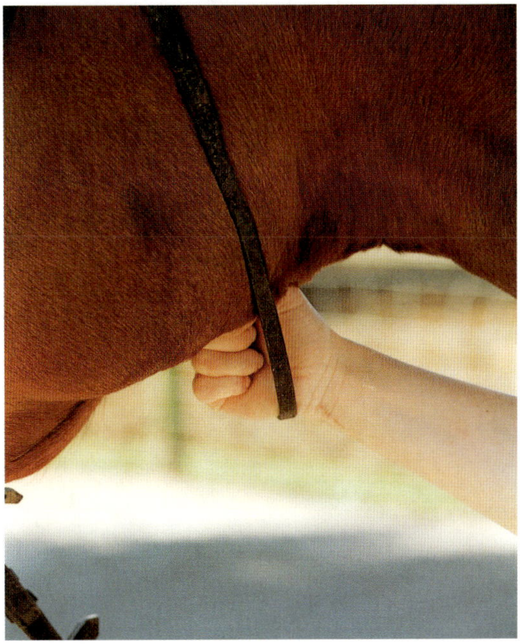

geschwitzt und nutzen diese Gelegenheit gerne, um sich zu wälzen. Wenn man also erst die Trense abnimmt, könnte sich das Pferd mit dem

Sattel wälzen wollen, wodurch er ernsthaft Schaden erleiden würde.

ABZÄUMEN
Auch das Abzäumen passiert in umgekehrter Reihenfolge wie das Aufzäumen. Befestigen Sie den Halfterriemen am Pferdehals, um zu vermeiden, dass das Pferd wegläuft. Anschließend werden Sperr- und Kehlriemen aufgeschnallt. Greifen Sie das Kopfstück der Trense und ziehen Sie diese ruhig über die Ohren des Pferdes. Meist wird das Pferd sein Maul von selbst öffnen und das Gebiss herausfallen.

Vorderzeug

Das Vorderzeug ist ein beiderseits am Sattel und am Sattelgurt befestigter, um die Pferdebrust verlaufender Riemen, der verhindert, dass der Sattel rutscht.

Hilfszügel

Hilfszügel werden dazu verwendet, um dem Pferd die Anlehnung und Durchlässigkeit zu erlernen und diese zu verbessern. Das Ziel der

Vorderzeug

Martingal

Benutzung von Hilfszügeln muss jedoch immer sein, diese im weiteren Verlauf der Ausbildung überflüssig zu machen.

MARTINGAL
Das Martingal soll verhindern, dass das Pferd den Kopf zu hoch nimmt. Es besteht aus einem am Sattelgurt zu befestigenden Riemen, dessen oberer Teil sich gabelt und je mit einem Ring versehen ist.

AUSBINDEZÜGEL
Ausbindezügel sind schmale Riemen, häufig mit zwischengenähtem Gummiring, um eine federnde Anlehnung des Pferdes zu erreichen. Man befestigt sie sowohl am Sattel-, bzw. Longiergurt, als auch an den Trensenringen.

Ausbindezügel

Schlaufzügel

SCHLAUFZÜGEL
Mit Schlaufzügeln „zwingt" man den Pferdekopf nach unten. Sie bestehen aus zwei ca. 2,50 m langen Zügeln, die ausgehend von der Reiterhand durch die Trensenringe geführt und am Sattelgurt angebracht werden. Schlaufzügel sollten nur von sachkundigen Reitern verwendet werden, sonst kann dem Pferd eher geschadet als genutzt werden.

Thiedemannzügel

THIEDEMANNZÜGEL
Ein Thiedemannzügel verhindert, dass das Pferd den Kopf zu hoch nimmt oder dass es den Hals zu lang streckt. Bei korrekter Haltung des Pferdes wird man den Zügel nicht mehr verwenden.

Pflege der Ausrüstung

Das Lederzeug muss regelmäßig gereinigt und auf Anzeichen von Abnutzung oder Brüchigkeit, besonders an den Schnallen, untersucht werden. Leder braucht regelmäßige Pflege mit Sattelseife und Fett. Für eine ausführliche Putzprozedur von Sattel und Trense müsssen alle Teile der Trense auseinander geschnallt werden. Schnallen Sie das Gebiss aus der Trense und weichen Sie es in warmem, sauberem Wasser ein. Nach einiger Zeit können Sie es abtrocknen und nach dem gesamten Putzvorgang wieder in die Trense einschnallen.
Vom Sattel werden Gurt, Steigbügelriemen und Steigbügel sowie die Satteldecke entfernt. Zum Reinigen der Lederteile verwenden Sie einen feuchten, groben Lappen oder einen feuchten Schwamm, um zunächst den groben Schmutz zu entfernen. Lassen Sie das Leder gut trocknen. Mit einem Extraschwamm tragen Sie auf alle Lederteile von beiden Seiten großzügig Sattelseife auf und reiben diese über die Flächen, um jeglichen Schmutz und Schweißränder gründlich zu entfernen. Achten Sie dabei jedoch darauf, den Sitz des Sattels nicht übermäßig einzuseifen, da er sonst klebrig wird und die Sattelseife

Pflege der Ausrüstung

die Reithosen fleckig machen kann. Vergessen Sie auch die Unterseite des Sattels nicht. Jetzt ist das Leder sauber und kann, wenn es abgetrocknet ist, mit Fett oder Öl behandelt werden. Um die Schnallen blank zu reiben, verwenden Sie einen Metallreiniger. Weichen Sie die Steigbügel in kaltem Wasser ein, wenn sie sehr stark verschmutzt sind. Säubern und polieren Sie die Steigbügel, ziehen Sie sie auf die Riemen und befestigen Sie diese wieder am Sattel. Auch Sattelgurte, die nicht aus Leder sind, müssen gewaschen werden, wenn sie sehr schmutzig sind. Verwenden Sie hierfür die entsprechenden Pflegemittel.

Schutz der Pferdebeine

BANDAGEN

Um die Beine eines Pferdes während des Reitens zu schützen und ihnen Halt zu geben, kann man Bandagen verwenden. Sie müssen allerdings korrekt gewickelt werden, sonst ist die Wirkung auf die Pferdebeine eher schädlich. Bandagen, die zu straff gewickelt sind, können die Blutzirkulation behindern. Wenn sie allerdings zu locker sitzen, dann werden sie während des Reitens nach unten rutschen und können Unfälle verursachen.

GAMASCHEN

Gamaschen sind aus Leder oder Kunststoff hergestellt. Sie lassen sich leicht mit Schnallen oder Klettverschlüssen am Pferdebein befestigen. Gamaschen gibt es in unterschiedlichen Größen und Ausführungen.

SPRINGGLOCKEN

Springglocken werden verwendet, um den Kronenrand und den Ballen des Fußes zu schützen. Sie werden hauptsächlich zum Springen angelegt. Springglocken sind aus Gummi.

Bandagen und Gamaschen

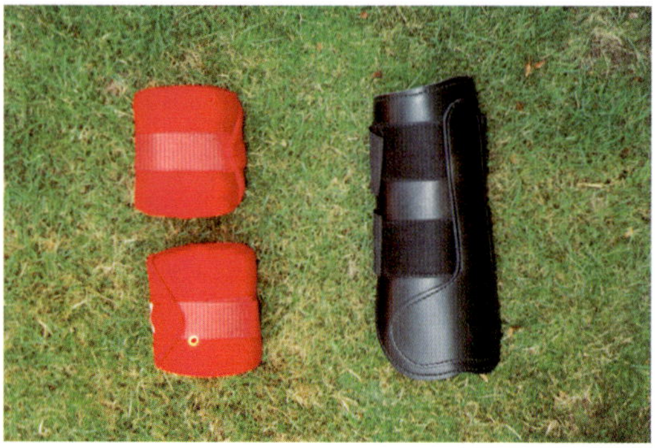

Anlegen einer Bandage

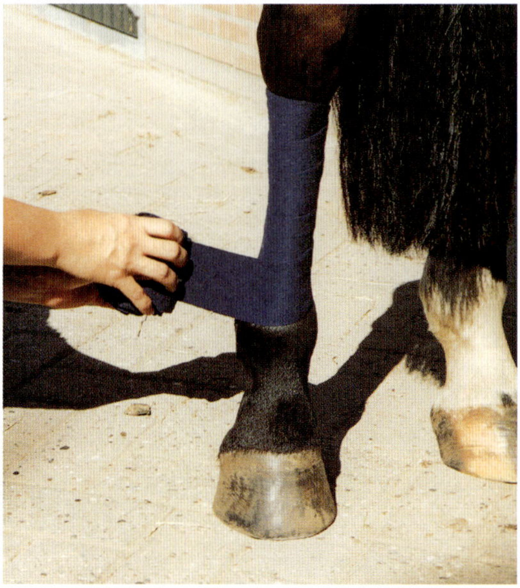

STREICHKAPPEN

Manche Pferde streifen während des Reitens mit den Beinen aneinander. Wir nennen diesen Vorgang Streichen.

Wenn ein Pferd beschlagen ist und streicht, kann es sich leicht Verletzungen zuziehen. In

Gamaschen und Springglocken

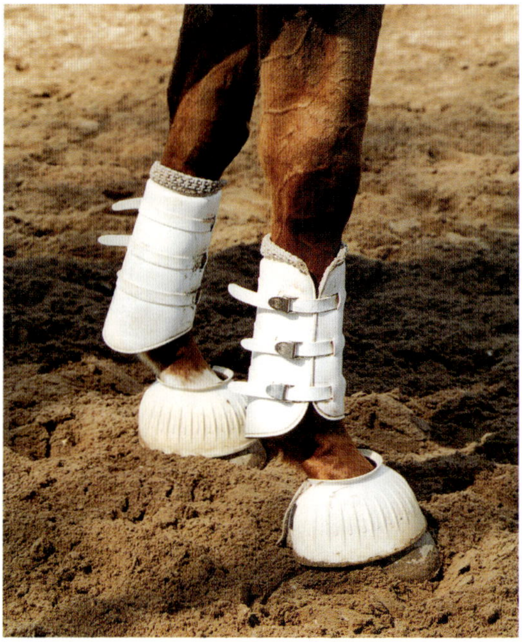

Streichkappen

Sporen

solchen Fällen können Streichkappen Schutz vor Abschürfungen der Beine bieten.

Weitere Ausrüstung

BAUCHSCHÜTZER
Pferde, die ihre Beine während des Sprunges hochschlagen, tragen zum Schutz oft einen Bauchschützer.

FLIEGENMÜTZE
Eine Fliegenmütze verhindert, dass Fliegen in die Ohren des Pferdes gelangen.

SPOREN
Sporen an den Stiefeln von Reitern dienen dazu, Schenkelhilfen zu verstärken, wenn ein Pferd auf den Druck nicht reagiert. Sie dürfen nur von erfahrenen Reitern verwendet werden, die während des Reitens ihre Beine ruhig liegen lassen können. Es gibt scharfe und stumpfe Sporen, die mit Riemen an den Stiefeln befestigt werden.

Bauchschoner

REITPEITSCHE
Eine Reitpeitsche oder Gerte dient dazu, die Hilfen des Reiters zu unterstützen und zu verstärken. Bei Ausritten und beim Springen wird eine kurze Gerte (75 cm) verwendet. Für das Dressurreiten verwendet man längere Peitschen (wenigstens 1 m). Zum Strafen wird die Gerte dicht hinter dem Reiterschenkel eingesetzt.

KLEIDUNG
Welche Kleidung man sich auch aussucht, sie muss stets bestimmte Anforderungen erfüllen. Versuchen Sie, Arme und Beine möglichst zu

Fliegenmütze

Eine Reithose muss gut passen

Reitfrack

Reitjacke und Zylinder

Reitkappe mit Kinnschutz

bedecken und zu schützen. Tragen Sie keine flatternden Schals oder Tücher. Jacken sollten stets geschlossen getragen werden. Natürlich muss man sich nach dem Wetter richten. Es macht keinen Spaß, wenn man nass geschwitzt ist und es ist keinesfalls erfreulich, wenn man frierend und klappernd auf dem Pferd sitzt und nicht warm genug angezogen ist.

REITHOSE
Eine Reithose muss eine gute Passform haben. Sie darf während des Reitens keine Falten an der Innenseite der Beine, an den Knien und am Gesäß aufwerfen, da sich der Reiter sonst wund reitet. Denken Sie beim Kauf der Reithose daran, dass für einige Wettbewerbe eine bestimmte Farbe (meist weiß) Pflicht ist.

REITJACKE
Eine eng anliegende Reitjacke muss dem Reiter während des Reitens genügend Bewegungsfreiheit bieten. Sie muss einen Schlitz haben, der verhindert, dass die Jacke auf dem Sattelkranz aufsitzt.

REITFRACK
Ein Reitfrack ist eine Reitjacke mit langen

Ziehen Sie die Stiefel mit Stiefelanziehern an …

und mit einem Stiefelknecht wieder aus

Schößen, er wird ausschließlich bei schweren Dressurprüfungen getragen.

REITSTIEFEL

Reitstiefel gibt es aus Leder und aus Gummi. Die Stiefel müssen gut passen, der Schaft muss bis unter das Knie reichen. Reitstiefel aus Leder werden mit Stiefelanziehern angezogen. Verwenden Sie zum Ausziehen der Stiefel einen Stiefelknecht.

REITKAPPE

Eine Kappe schützt den Kopf bei einem möglichen Sturz oder vor herabhängenden Ästen. Eine gute Reitkappe muss mit einer harten Ein-

Handschuhe

Plastron

lage und mit einem Kinnriemen versehen sein. Ihre Kappe sollte unbedingt den Sicherheitsanforderungen entsprechen. Bei Vielseitigkeitsprüfungen tragen die Reiter beim Geländeritt meist einen Military-Helm.
In vielen Reitschulen ist es für alle Reitschüler und auch für Privatreiter Pflicht, eine Reitkappe zu tragen.

ZYLINDER
Bei Dressurprüfungen werden oft von Männern und Frauen Zylinder getragen. Diese werden meist mit einem elastischen Band oder einer Schnur befestigt.

HANDSCHUHE
Reithandschuhe müssen kräftig sein. Sie müssen beim Reiten viel aushalten, Feuchtigkeit, Pferdeschweiß und Fett. Reithandschuhe können aus Wolle, Baumwolle, Leder, Kunstfasern oder aus einer Kombination dieser Stoffe gefertigt sein. Für manche Wettbewerbe ist es Pflicht, weiße Handschuhe zu tragen.

PLASTRON
Ein Plastron ist ein Vorhemd aus weißer oder gelber Baumwolle, das sich Damen bei Dressurprüfungen anstelle einer Krawatte um den Hals binden.

SCHLEIFEN
Für die Platzierung in einem Wettbewerb erhält man eine Schleife.
Die Reihenfolge der Platzierung ist z. B. in den Niederlanden folgendermaßen:
Erster Platz - orange Schleife,
Zweiter Platz - rote Schleife,
Dritter Platz - weiße Schleife,
Vierter Platz - blaue Schleife,
Fünfter Platz - grüne Schleife,
Sechster Platz und folgende - rosa Schleife.

Schleifen

4 Dressur

Die Dressur ist eine der wichtigsten Sparten im Pferdesport. Obwohl die Grundlagen der Dressur bereits bei den alten Griechen bekannt waren, beginnt die Geschichte der modernen Dressur in der Renaissance.
1532 schuf Frederico Griso in Neapel eine Reitakademie, die von jungen Edlen aus dem ganzen christlichen Abendland besucht wurde. Hier und auf ähnlichen Hochschulen wurden die künftigen Standesherren mit den Geheimnissen der höheren Reitkunst vertraut gemacht, im Tanzen und Fechten unterrichtet und in die Kunst der Konversation eingeführt. Pferde wurden an solchen Orten dazu abgerichtet, spektakuläre Bewegungen auszuführen. Dieser Sport fand unter den Adeligen des europäischen Festlands viele Anhänger. Im Laufe der Jahrhunderte entwickelte sich diese Art von Zirkusnummern zur Dressur, wie wir sie heute kennen. Während der Olympischen Spiele 1912 wurde erstmals eine Dressurprüfung geritten.
Die Dressur soll einem Pferd lehren, sich so gut wie möglich zu bewegen. Darüber hinaus erweckt sie den Eindruck, als ob das Pferd diese Bewegungen freiwillig ausführt. Um dies zu erreichen, muss ein Pferd gehorsam auf die Hilfen des Reiters reagieren.
Wer sich mit der Dressur beschäftigen möchte, muss neben der Motivation, das Pferd auf die richtige Art und Weise auszubilden, auch über ein hohes Maß an Selbstdisziplin verfügen. Letztendlich bestimmt der Reiter, wie das Pferd

Ein wundervoller Anblick!

Links: „Am Zügel gehen“

Schwung

geritten wird. In diesem Kapitel möchten wir zunächst die unterschiedlichen Fachbegriffe vorstellen. Dann besprechen wir Dressurlektionen. Wir informieren auch über die Spanische Hofreitschule mit ihren weltberühmten Schulvorführungen. Schließlich beschäftigen wir uns noch mit dem Dressurreiten in Abteilungen und mit dem Quadrillereiten.

Fachbegriffe aus der Dressur

GYMNASTIZIEREN
Das Gymnastizieren ist für jedes Reitpferd unbedingt erforderlich, weil es von Natur aus nicht als Tragtier vorgesehen ist. Nur ein gymnastiziertes und entsprechend gerittenes Pferd kann einen Reiter über einen längeren Zeitraum ohne Gesundheitsschäden auf seinem Rücken tragen. Die Dressurausbildung sollte so weit gediehen sein, dass sie den Tragapparat des Pferdes kräftigt. Dies entspricht etwa einer Dressurprüfung der Klasse A. Eine systematische Grundausbildung in der Dressur ist nicht nur für den Dressursport, sondern auch für das Freizeitreiten wichtig.

IMPULS
Impuls ist der Vorwärtsdrang, den der Reiter anregt, wenn er das Pferd vollkommen unter Kontrolle hat. Man kann nur dann mit Impuls reiten, wenn man ein gutes Zusammenwirken

zwischen treibenden und verwahrenden Hilfen beherrscht. Es geht dabei nicht um ein schnelleres Reittempo, sondern um den Schub, den das Pferd aus der Hinterhand entwickeln muss.

AN DEN ZÜGEL STELLEN

Aus einer guten Interaktion zwischen den treibenden Hilfen und einer mitgehenden, einfühlsamen und weichen Hand resultiert, dass man das Pferd an den Zügel stellen kann. Der durch den Schenkel geweckte Impuls kommt über das Pferdemaul und die Zügel wieder in die Hand des Reiters zurück.
Der Reiter muss durch das Treiben gleichsam einen geschlossenen Kreis entwickeln, über die Hinterbeine des Pferdes, den Rücken und Hals und das Gebiss in die Reiterhände. Man kann sehen und fühlen, ob ein Pferd am Zügel geht, wenn es seinen Hals biegt und mit leicht angenommenen Zügeln willig am Gebiss steht.

ANLEHNUNG

Wir sprechen von einer guten Anlehnung, wenn ein Pferd gleichmäßig und ständig elastisch am Zügel steht, sich entspannt und die Hinterhand aktiv und korrekt einsetzt. Sie beruht auf der Zwiesprache zwischen Zügelhand und Pferdemaul. Die Zügel sollen dabei anstehen, ohne starr und unelastisch zu sein.

VERSAMMLUNG

Um ein Pferd im Gleichgewicht laufen zu lassen, muss der Reiter sein Gewicht gut verteilen. Von Natur aus trägt die Vorderhand des Pferdes mehr Gewicht als die Hinterhand. Als Vergleich kann man sich einen Tisch, der auf vier Beinen steht, vorstellen. Wird auf der einen Seite des Tisches – bzw. auf dem Pferdekopf – mehr Gewicht aufgenommen, dann wird das Gleichgewicht nach vorne verschoben. Wenn das Gewicht des Reiters noch dazukommt, bedeutet

Eine gute Anlehnung

Versammlung

dies, dass noch mehr Gewicht auf die Vorhand des Pferdes gelangt. Indem man die Rücken- und Hinterhandmuskeln des Pferdes entwickelt, kann die Hinterhand mehr Gewicht aufnehmen und die Vorhand entlasten.
Hierbei werden die Hinterbeine mehr unter den Pferdekörper geschoben, die Belastung der Vorhand wird geringer. Wenn der Reiter mit Hilfe seiner Sitz- und Schenkelhilfen das Gewicht mehr auf die Hinterhand bringt, sprechen wir von Versammlung. Die Versammlung kann niemals durch verstärktes Ziehen am Zügel erreicht werden. Sie darf nur ganz allmählich trainiert werden. Versammlung ist nur möglich, wenn das Pferd aufgrund seines Körperbaus grundsätzlich die Voraussetzugen hierfür bietet. Ein Pferd mit tief angesetztem Genick, Hirschhals oder waagerechter Kruppe zur Versammlung zwingen zu wollen, ist von vornherein zum Scheitern verurteilt.
Zusammengefasst bedeutet Versammlung, das Pferd durch Kreuz- und Schenkelhilfen zu veranlassen, mit untergesetzten, in den Hanken gebeugten Hintergliedmaßen das Reitergewicht vermehrt aufzunehmen und damit die schwächere Vorhand zu entlasten.

DEHNUNG

Dehnung bedeutet, dass wir das Pferd dazu anspornen, bei jedem Schritt möglichst viel Raum zu gewinnen, ohne dabei in eine schnellere Gangart überzugehen. Das Pferd wird hierbei den Hals strecken, aber ruhig und entspannt am Gebiss bleiben.

MITTELSCHRITT, STARKER SCHRITT, VERSAMMELTER SCHRITT, SCHRITT AM LANGEN ZÜGEL

Zwischen einzelnen Dressurlektionen kann man den Schritt zur Entspannung des Pferdes verwenden. Ein junges Pferd sollte man viel am langen Zügel gehen lassen. Sobald es die Hilfen

Verstärken

des Reiters begreift, kann man mit dem Mittelschritt beginnen. In der Grundausbildung des Pferdes wird nur der Mittelschritt geritten.
Ein gut gerittener Schritt bildet die Grundlage für die Ausgewogenheit der übrigen Gangarten. Schrittreiten bedeutet für den Reiter nicht, sich tragen zu lassen, sondern das Pferd zu gymnastizieren. Der Reiter spürt während der Schrittphasen Schwingbewegungen nach vorn, nach oben und zur Seite hin. Er muss sich in diese Bewegungen einfügen und sie durch entsprechende Hilfen unterstützen. Die Nickbewegung von Kopf und Hals des Pferdes entsteht durch das Vorschwingen der Vorderbeine. Der starke Schritt zeigt die geringste Versammlung, das

Starker Schritt

Pferd schreitet in weiten, raumgreifenden Schritten. Es hat dabei volle Halsfreiheit, die Zügelanlehnung bleibt jedoch bestehen.
Unter dem Reiter soll das Pferd am leicht anstehenden Zügel in allen Schritt-Tempi gleichmäßig und fleißig vorwärts gehen. Die Pausen zwischen den einzelnen Hufschlägen sollen gleich lang sein, sodass ein gleichmäßiger Takt zu hören ist.

VERSAMMELTER TRAB, ARBEITSTRAB, MITTELTRAB, STARKER TRAB

Je nach Raumgriff, Geschwindigkeit und Versammlung unterscheidet man Arbeitstrab, versammelten Trab, Mitteltrab und starken Trab. Der Arbeitstrab ist normalerweise ein ruhiger, langsamer, schwingender Trab in geringer Versammlung. Mehr Raumgriff und eine höhere Geschwindigkeit werden beim Mitteltrab er-

Mitteltrab

Starker Trab

reicht, der durch stärker vorwärts treibende Reiterhilfen und durch Paraden des Reiters hervorgerufen wird. Beim starken Trab lässt sich die längste Schwebephase erkennen. Je nach Vermögen des Pferdes zeigt sich hier ein Maximum an Raumgriff und Schwung. Beim versammelten Trab wird die Hinterhand untergesetzt, das Tempo stark verkürzt und die Kopf-Hals-Partie des Pferdes richtet sich stärker auf.
Der stark versammelte Trab ist die grundlegende Gangart für viele Lektionen der Hohen Schule, wie zum Beispiel für Seitengänge, Passage und Piaffe.
Der Reiter sitzt beim Aussitzen im Trab im Sattel und schwingt vom Gesäß bis zu den Knien im Trabrhythmus mit. Das Gesäß darf sich während des Geworfenwerdens nicht aus dem Sattel herausheben. Die Zügelhand hält eine weiche Verbindung zum Pferdemaul und reagiert leicht nachgebend.
Beim „Leichttraben" oder „Englischtraben" (siehe auch *Trab, Kapitel 4*) sitzt der Reiter nicht ununterbrochen im Sattel, sondern immer nur beim Auffußen desselben diagonalen Beinpaares. In der Halle wird auf dem inneren Hinterfuß und somit gleichzeitig auf dem äußeren Vorderfuß leichtgetrabt.

ARBEITSGALOPP, MITTELGALOPP, STARKER GALOPP

Die meisten Reitpferde haben wenig oder keine Schwierigkeiten mit dem Galopp. Natürlich ist es wichtig, dass das Pferd konstant am Zügel auf der rechten und auf der linken Hand galoppieren kann. Kopf und Hals müssen sich in Übereinstimmung mit dem vorfußenden Vorderbein befinden. Die Hauptschubkraft erzeugt das nach der Schwebephase zuerst auffußende und abdrückende Hinterbein, dann erfolgt das Abrollen über die Diagonale und das gestreckte Vorderbein.
Beim Angaloppieren nützt der Reiter die leicht diagonale Galoppstellung des Pferdes aus, indem er zum Rechtsgalopp beispielsweise den rechten Gesäßknochen und den rechten Schenkel vermehrt einsetzt, den linken Zügel verwahrend benutzt und damit der inneren Streckung nach vorne dient. Der Reiter sitzt ruhig und losgelassen auf dem Pferd und läßt sich im Galopp wiegen. Dieses angenehme Wiegen entsteht durch den Wechsel zwischen Auffußen und Schwebephase. Das Gesäß bleibt im Sattel kleben und geht mit dem Rhythmus der Bewegung mit.
Im Gelände empfiehlt sich für den Reiter im Galopp der leichte Sitz. Hierbei stellt er sich in die Steigbügel, lüftet das Gesäß, schließt die Knie und neigt den Operkörper leicht nach vorne, wobei der Rücken des Pferdes entlastet wird. Der Arbeitsgalopp ist ein ruhiger, gelöster Galopp im Dreitakt. Im Mittelgalopp erhöht sich das Tempo, die Sprünge werden energischer und raumgreifender, dürfen aber nicht eiliger werden. Im starken Galopp streckt sich das Pferd stark.

KREUZGALOPP

Beim Kreuzgalopp geht das Pferd hinten Rechtsgalopp und vorne Linksgalopp oder umgekehrt. Der Kreuzgalopp kommt vor allem bei jungen Pferden vor, die sich noch nicht im Gleichgewicht befinden. Für den Reiter ist Kreuzgalopp recht unbequem, er muss sofort durchparieren und den Galopp korrigieren.

Versammelter Galopp

Annehmende Zügelhilfe beim Rückwärtsrichten

Linksstellung des Kopfes

ÜBERTRETEN

Ein Pferd tritt über, wenn es seine Hinterbeine vor die Eindrücke setzt, die seine Vorderbeine hinterlassen haben. Bei starken Gangarten muss dies der Fall sein.

ÜBERGÄNGE

Unter einem Übergang verstehen wir den Wechsel von einer schnelleren in eine langsamere Gangart und umgekehrt. Auch innerhalb der gleichen Gangart ist ein Übergang möglich; dann sprechen wir vom Wechsel des Tempos. Durch das Reiten von Übergängen wird die Hinterhand des Pferdes gymnastiziert. Ein Beispiel ist der Übergang von Mitteltrab in starken Trab und wieder zurück. Für ein langsameres Tempo muss der Reiter verwahrende Hilfen einsetzen. Für ein schnelleres Tempo muss er verstärkt treibende Hilfen einsetzen.

Bei einem jungen Pferd werden die Tempowechsel zunächst noch eher fließend ausfallen, und zwar solange, bis die Hinterhand vermehrt untergesetzt ist. Beim ausgebildeten Pferd sollen die Wechsel von einer Gangart in eine andere schwungvoll, geschmeidig und kraftvoll aus der Hinterhand erfolgen. Tempowechsel zeigen, ob das Pferd versammelt ist und die Hilfen des Reiters gut annimmt. Der Reiter kann zeigen, ob er die Hilfengebung beherrscht.

PARADE

Eine Parade ist eine annehmende Zügelhilfe beim Wechseln oder Verkürzen der Gangart. Mit einer Parade wird die Aufmerksamkeit des Pferdes erhöht oder das Pferd zum Halten gebracht. Eine Parade besteht nie ausschließlich aus einer Zügelhilfe, sondern immer auch aus dem Anspannen des Kreuzes mit beidseitigem Schenkeldruck. Der hieraus resultierende Vorwärtsdrang wird durch eine oder mehrere kurze annehmende Zügelhilfen aufgefangen. Das Pferd setzt die Hinterhand vermehrt unter, richtet die Vorhand auf und verlangsamt das Tempo.

HALBE PARADE

Eine „Halbe Parade“ hat den Zweck, das Pferd in eine niedrigere Gangart zu bringen, das Gangmaß zu verkürzen, während des Ganges die Versammlung und Haltung zu verbessern, das Pferd aufmerksam zu machen, dem Drücken auf das Gebiss und dem Eilen zu begegnen. Der Reiter gibt mit treibender Schenkelhilfe und mit angespanntem Kreuz eine durchhaltende oder annehmende Zügelhilfe in der erforderlichen Stärke. Bereits wenn sich eine erfolgreiche Reaktion andeutet, sollte der Reiter sofort eine nachgebende Zügelhilfe geben. Falls es erforderlich ist, müssen diese Hilfen mehrmals hintereinander wiederholt werden.

STELLUNG

Stellung bedeutet, dass das Pferd seinen Kopf im Gelenk zwischen Kopf und Hals, dem Genick, seitlich wendet und das Genick in der Ganasche seitlich biegt. Auf diese Weise legt es den inneren Ganaschenrand unter, sehr selten über die Ohrspeicheldrüse an die Halsmuskeln an. Wir sprechen von Links- bzw. Rechtsstellung.

Geradeaus vorwärts gehen

Dressurübungen und -lektionen

REITEN VON WENDUNGEN

Während des Reitens von Wendungen wird das Pferd nach der Seite der Wendung gestellt. Vor jeder Wendung macht der Reiter das Pferd durch eine halbe Parade aufmerksam und verlagert sein Gewicht ein wenig nach der Seite der Wendung. Hierbei ist die richtige Gewichtsverteilung von entscheidender Bedeutung. Nur wenn der Reiter die innere Hüfte bei tiefem Knie vorschiebt und dabei die äußere Schulter nicht zurücklässt, kann er mit den Zügeln die

Reiten einer Biegung

Vorhand des Pferdes korrekt führen und somit verhindern, dass die Hinterhand ausfällt. So wird der Reiter auch vermeiden, in der inneren Hüfte einzuknicken und dabei das Gesäß nach außen zu schieben. Das Pferd wird nach der Seite der Wendung gestellt.
Der innere Zügel führt das Pferd in die Wendung hinein, der innere Schenkel treibt vermehrt am Gurt den gleichseitigen Hinterfuß vor. Der äußere Zügel gibt so weit nach, wie es die Stellung des Pferdes nach innen erfordert, und verwahrt gleichzeitig gegen die äußere Schulter. Der verwahrende äußere Schenkel verhindert das Ausfallen der Hinterhand.
Wenn die Vorhand in die beabsichtigte Richtung geführt wurde, vermindert der Reiter die Wirkung des inneren Zügels und stellt mit dem äußeren Zügel den Kopf des Pferdes wieder geradeaus und hält das Pferd auf der neuen Linie.

GERADEAUS GEHEN

Von Natur aus hat jedes Pferd die Tendenz, etwas schief zu laufen, da es eine hohle und eine runde Seite hat. Damit ein Pferd trotz seiner „natürlichen Schiefe" geradeaus geht, müssen die Zügel gleichmäßig anstehen. Darüber hinaus muss der Impuls (der Vorwärtsdrang) erhalten bleiben. Meist wird das Pferd auf seiner runden Seite dem Reiter mehr Gewicht in die Hand geben. Deshalb muss der Reiter auf dieser Seite stärker treiben, sodass das Pferd allmählich besser geradeaus läuft. Jeder Dressurreiter hat am Anfang leichte Schwierigkeiten, auf der Mittellinie das Pferd korrekt geradeaus zu reiten. Dort muss das Pferd ohne die seitliche Stütze der Bande geradeaus laufen.

Halten

HALTEN

Beim korrekten Halten steht das Pferd gleichmäßig auf seinen vier Beinen, es steht geschlossen. Der Reiter gibt eine ganze Parade, seine Einwirkung von Schenkel und angespanntem Kreuz bleibt auch im Moment des Stillstandes des Pferdes in geringerem Maße erhalten. Hierdurch vermeidet man, dass das Pferd zurücktritt. Ist das Pferd zum Stillstand gekommen, wird der Reiter mit der Hand nachgeben, ohne die Anlehnung zum Pferdemaul aufzugeben. Beim Halten muss das Pferd für mehrere Sekunden lang unbeweglich stehen.

RÜCKWÄRTSRICHTEN

Beim Rückwärtsrichten gibt der Reiter zunächst mit Schenkel und Kreuz die Hilfen, die er auch zum Anreiten verwendet. In dem Augenblick, in dem das Pferd nach vorne antreten will, wirkt der Reiter mit beiden Zügeln leicht annehmend und veranlasst das Zurücktreten.
Beim korrekten Rückwärtsrichten werden die diagonalen Füße des Pferdes gleichzeitig geho-

Rückwärts gehen

Wendung auf der Hinterhand

ben, zurückgeführt und wieder aufgesetzt. Dabei heben die Hufe klar vom Boden ab und werden in gleichbleibend langen Tritten auf gerader Linie zurückgesetzt.

WENDUNG AUF DER HINTERHAND

Der Reiter stellt zunächst das Pferd deutlich nach der Seite der Wendung, der innere Zügel leitet die Wendung ein. Das Gewicht wird auf die innere Seite verlagert, die äußere Schulter etwas vorgenommen. Der innere Schenkel liegt vortreibend am Gurt. Gemeinsam mit dem verwahrend wirkenden äußeren Schenkel veranlasst er die taktmäßige Bewegung der Hinterbeine und veranlasst sie dabei, leicht vorzutreten. Beide Schenkel verhindern ein Rückwärtstreten. Die Hinterbeine müssen gleichmäßig im Schritt-Takt treten. Nach der Wendung soll das Pferd alle vier Beine gleichmäßig belastend geradeaus gestellt und ruhig wieder auf dem ursprünglichen Hufschlag stehen.

WENDUNG AUF DER VORHAND

Der Drehpunkt liegt bei der Wendung auf der Vorhand dicht neben dem inneren Vorderfuß. Der innere Hinterfuß tritt vor und über den äußeren. Die Wendung auf der Vorhand kann wegen des erforderlichen Raumes nicht auf dem Hufschlag an der Bande durchgeführt werden. Sie wird daher in einer geschlossenen Bahn auf dem zweiten Hufschlag durchgeführt.

KEHRTWENDUNG AUF DER VORHAND

Bei der Kehrtwendung auf der Vorhand bewegt sich das Pferd aus dem Halten einen halben Kreis nach links oder rechts um die Vorhand herum, wobei es sich um den inneren Vorderfuß dreht. Dabei tritt der innere Hinterfuß vor und über den äußeren Hinterfuß, bis das Pferd eine Drehung um 180 Grad ausgeführt hat. Während und nach der Wendung sorgen Kreuz und Schenkel dafür, dass das Pferd am Zügel bleibt. Die Kehrtwendung auf der Vorhand kann auch auf einem Ausritt eingesetzt werden, wenn beispielsweise ein Tor geöffnet werden muss.

FIGUREN

Neben den Bahnfiguren, die in Kapitel 4 vorgestellt wurden, wie Hand wechseln, Halten, Volte und Schlangenlinie gibt es noch weitere Bahnfiguren.

Reiten auf dem Zirkel: Hierbei wird die Hinterhand des Pferdes von den Schenkeln des Reiters und die Vorhand von den Zügeln auf der Kreislinie, die sich an den Zirkelpunkten orientiert, geführt und gehalten. Der innere Schenkel des Reiters treibt den inneren Hinterfuß vor und hilft, die Längsbiegung zu erhalten.

Beim Wechseln aus dem Zirkel wird das Pferd

Figuren reiten

vor dem Übergang auf die neue Hand einen Augenblick geradeaus gestellt, bevor es in Richtung der neuen Hand gestellt wird.
Beim Wechseln durch den Zirkel darf der erste Bogen der Wechsellinie nicht zu groß geritten werden, damit auch wirklich der Zirkelmittelpunkt durchritten wird.
Weitere Bahnfiguren sind Volten, die mit unterschiedlichen Durchmessern geritten werden können. Hierbei wird das Pferd rund nach vorn wie nach hinten geritten. Die Volte muss dort enden, wo sie begonnen wurde.
Schlangenlinien sind je nach Anzahl und Enge der gerittenen Bögen sowohl lösende als auch die Versammlung vorbereitende Übungen. Die leichteste Schlangenlinie ist die einfache Schlangenlinie an der langen Seite.

Seitengänge

Bei der Ausführung von Seitengängen bewegt sich das Pferd mit der Vorhand und der Hinterhand auf unterschiedlichen Hufschlägen in einer Vorwärts-Seitwärts-Bewegung. Seitengänge haben das Ziel, den Körper des Pferdes biegsam und elastisch zu machen.

SCHENKELWEICHEN

Beim Schenkelweichen bewegt sich das nicht gebogene Pferd mit geringer Kopfstellung vorwärts-seitwärts auf zwei Hufschlägen. Dabei treten die inneren Füße gleichmäßig vor und über die äußeren Füße. Beim Schenkelweichen an den langen Seiten der Reitbahn ist eine Schrägstellung der Längsachse des Pferdes zur Hufschlaglinie bis höchstens zu einem Winkel von ungefähr 45 Grad einzunehmen.
Der Reiter sitzt verstärkt nach innen und drückt mit dem dicht hinter dem Gurt liegenden inneren Schenkel die Hinterhand seitwärts. Die Vorhand wird durch den äußeren Zügel auf dem Hufschlag geführt. Der Reiter verhindert durch Verwahren mit dem äußeren Schenkel und dem äußeren Zügel, dass das Pferd über die äußere Schulter ausfällt und vor dem inneren Schenkel flieht.

SCHULTER VOR

Schulter vor ist einer der ersten Seitengänge, der gelehrt wird. Hierbei wird die Vorhand leicht nach innen gebracht, sodass das innere Hinterbein und das äußere Vorderbein sich auf einer Linie befinden. Diese Übung braucht weniger Biegung und Versammlung als Schulterherein.

SCHULTERHEREIN

Das Schulterherein ist ein Seitengang auf zwei Hufschlägen. Die Wirbelsäule des Pferdes wird

Schulterherein

nach innen gebogen, das Pferd ist um den inneren Schenkel des Reiters gebogen. Die Hinterhand geht geradeaus auf dem äußeren Hufschlag, die Vorhand wendet sich zur Bahnmitte und befindet sich auf dem zweiten, inneren Hufschlag, sodass zunächst der äußere Vorderhuf und der innere Hinterhuf in dieselbe Spur treten (insgesamt ergeben sich also drei Hufspuren).

Schenkelweichen

Dressur-Lektionen für Fortgeschrittene

TRAVERS

Im Travers ist die Hinterhand des Pferdes so weit in das Innere der Bahn gestellt, dass die äußere Hüfte des Pferdes hinter die innere Schulter gerichtet ist. Das Pferd tritt in die Richtung, in die es gestellt und gebogen ist. Die äußeren Hufe treten vor und über. Das innere Hinterbein wird verstärkt belastet, weil das Gewicht des Pferdes über dieses Bein seitwärts bewegt wird. Travers dient ebenso wie Renvers der Biegsamkeit der Hinterhand, der Verbesserung der Versammlung und der Genick- und Längsbiegung.

RENVERS

Beim Renvers befindet sich der Hufschlag der Vorhand wie beim Schulterherein im Inneren der Bahn und ist mindestens einen halben Schritt vom Hufschlag des inneren Hinterfußes entfernt. Das Pferd ist in Bewegungsrichtung gestellt und gebogen.

Traversieren

TRAVERSALE

Bei der Traversale verschiebt sich das Pferd in einer Vorwärts-Seitwärts-Bewegung an einer gedachten Hufschlaglinie entlang in das Innere der Reitbahn und zurück zum Hufschlag. Das Pferd bewegt sich hierbei wie im Travers um den inneren Reiterschenkel gebogen und ist in die Bewegungsrichtung gestellt. Die Längsachse des Pferdes verläuft stets parallel zur Bande, die Hinterhand darf nicht vorausgehen.
Wie beim Travers ist der Zweck der Traversalen einerseits eine Gymnastizierung des Pferdes, andererseits eine Verbesserung der Versammlung. Traversalen werden im versammelten Trab oder im Galopp geritten. Wenn man diese Übung korrekt ausführen kann, sieht es aus, als ob das Pferd mühelos über die Reitbahn gleitet. Die Traversale wird von fortgeschrittenen Reitern und Pferden als ganze Traversale von einer Bandenseite diagonal zur gegenüberliegenden geritten.

SCHAUKEL

Die Schaukel ist eine Übung, die sich aus einer

Pirouette im Galopp

Pirouette im Galopp

Anzahl vorgegebener Rückwärtstritte und Vorwärtsschritte ohne dazwischen liegende Unterbrechung zusammensetzt. Aus dem mehrmaligen Rückwärts-Vorwärts-Rückwärts-Vorwärts-Reiten wird ohne Anhalten aus dem letzten Rückwärtstritt in einer beliebigen Gangart angeritten. Die Tritt- und Schrittzahl wird nach dem jeweiligen Auftreten der Vorderhufe gezählt. Die Hilfen des Reiters entsprechen den Hilfen des Rückwärtsrichtens mit anschließendem Halten.

PIROUETTE

Bei einer Pirouette macht das Pferd eine Wendung um 360 Grad auf kleinstem Kreis. Die Vorderbeine beschreiben einen größeren Kreis als die Hinterbeine. Die Pirouette wird im Galopp geritten und soll in vier bis sechs regelmäßigen Galoppsprüngen erfolgen. Der Drehpunkt des Kreises liegt am inneren Hinterhuf. Dieser darf nicht auf der Stelle drehen, sondern muss selbst einen kleinen Kreis beschreiben. Um den inneren Hinterfuß bewegt sich der äußere Hinterfuß und die Vorhand. Das Gewicht des Reiters befindet sich auf dem inneren Hinterfuß. Bei dieser Lektion ist die Belastung der Hinterhand des Pferdes sehr groß. Deshalb empfiehlt sich der Gebrauch der „Arbeitspirouette", bei der mit gleicher Stellung, Biegung und Takt der Wendekreis etwas vergrößert geritten wird.

AUSSENGALOPP

Außengalopp oder Kontergalopp ist ein Galopp um die Reitbahn oder auf einer Volte, bei dem das äußere Vorderbein vorgreift. Diese Übung verlangt vom Pferd Biegsamkeit.

GALOPPWECHSEL

Wenn das Pferd auf die Hilfen des Reiters während der Schwebephase von einem Galopp in den anderen umspringt, sprechen wir von einem Galoppwechsel. Während dieser Übung, die auch fliegender Galoppwechsel genannt wird, muss das Pferd leichtfüßig bleiben und den Vorwärtsschub behalten. Vorder- und Hinterbeine müssen stets im gleichen Moment umspringen. Es ist falsch, wenn die Vorderbeine nach den Hinterbeinen wechseln und umgekehrt.
Der einfache Galoppwechsel ist hierfür eine vorbereitende Übung. Hierbei geht das Pferd zunächst vom Galopp in den Schritt über. Nach einigen Tritten im Schritt, höchstens vier, springt es im anderen Galopp wieder an. Während des einfachen Wechsels darf nicht getrabt werden, der Übergang sollte fließend sein.

Höhere Dressur-Lektionen

ZICK-ZACK-TRAVERSALEN

Zick-Zack-Traversalen werden entlang der Mittellinie geritten. Hierbei wird die seitliche Entfernung von der Mittellinie im Trab in Metern, im Galopp in einer bestimmten Anzahl von Sprüngen zu jeder Seite festgelegt. Gezählt werden hierbei die Auftritte der Vorderhufe. Bei den Zick-Zack-Traversalen neigen viele Reiter dazu, mit den Hilfen zu schnell die neue Richtung erreichen zu wollen und sind unruhig im Sitz. Dadurch erreichen sie jedoch, dass sich die Pferde in die neue Richtung „werfen" und mit

Fliegender Wechsel

der Hinterhand vorauskommen. Ist dies der Fall, so muss der Reiter versuchen, ruhig zu sitzen und die Hilfen konzentriert und korrekt zu geben.

MEHRFACHE FLIEGENDE GALOPPWECHSEL

Galoppwechsel nach einer vorbestimmten Anzahl von Galoppsprüngen werden als mehrfache fliegende Wechsel bezeichnet. Im Dressursport reitet man die mehrfach fliegenden Galoppwechsel nach drei, vier und zwei Sprüngen und von Sprung-zu-Sprung oder à Tempo (auch Einerwechsel genannt).
Die Anzahl der Galoppzwischensprünge bei mehrfachen fliegenden Wechseln wird nach dem Auffußen des inneren Vorderfußes gezählt.
Die Beherrschung des auf gerader Linie und genau am vorbestimmten Ort ausgeführten einzelnen fliegenden Wechsels ist Voraussetzung für mehrfache Wechsel.

PASSAGE

Die Passage ist eine Trabbewegung mit ausgeprägter Schwebephase, bei der neben Tragkraft auch Schubkraft aus der Hinterhand mitwirkt. Das erhobene diagonale Beinpaar bleibt eine

Passage

Weile aushaltend in der Luft, wodurch die betont taktmäßige Bewegung entsteht. Sie kann aus dem versammelten Trab, aus der Piaffe, aber auch aus dem Schritt entwickelt werden.

PIAFFE

Eine korrekt durchgeführte Piaffe gehört zu einer der schwierigsten Dressurübungen. Eine Piaffe ist eine taktmäßige, erhabene Bewegung fast auf der Stelle, bei der die diagonalen Bein-

Piaffe

paare trabartig, jedoch ohne Schwebephase, abwechselnd ab- und wieder auffußen. Den größten Teil der Last tragen dabei die sich in den Hanken beugenden Hinterbeine. Hierbei sind besonders die Rückenmuskeln federnd angespannt. Die Vorhand des Pferdes ist deutlich aufgerichtet, das Genick ist der höchste Punkt.
Bei einem gut ausgebildeten Pferd kann der Reiter durch seine Hilfengebung den Takt und damit das Tempo der Piaffe bestimmen.

Die Teilnahme an Dressurwettbewerben

In einem Wettbewerb geht es darum, ob ein Reiter sein Pferd unter Kontrolle hat und die geforderten Übungen korrekt ausführen kann. Darüber hinaus wird bewertet, ob Pferd und Reiter ein harmonisches Bild abgeben; hierfür erhält man gesonderte Punkte. Das Pferd muss deshalb sorgfältig geputzt, seine Mähne muss eingeflochten sein und der Reiter muss die geforderte Kleidung tragen. Vergessen Sie auch nicht, das Lederzeug vorher gut zu putzen.

KLASSENEINTEILUNG

In der Dressur gibt es folgende Klasseneinteilung: E, A, L, M, S, Prix St-Georges, Intermediaire I, Intermediaire II, Grand Prix, Grand Prix Special. Eine neue Kombination von Pferd und Reiter beginnt jeweils in der höchsten gemeinsamen Klasse. Die höchste Klasse des Reiters ist diejenige, in der er eine Platzierung erhalten hat. Die höchste Klasse des Pferdes ist diejenige, in der das Pferd innerhalb der vorhergehenden 12 Monate eine Platzierung erreicht hat. Durch Platzierungen kann eine Pferd-Reiter-Kombination in die nächst höhere Klasse aufrücken.

DRESSURVIERECK

Ein Dressurviereck ist ein nach vorgeschriebenen Maßen begrenztes, eingeebnetes Rechteck, auf dem Dressuraufgaben geritten werden. Für die Klassen E, A, L und M beträgt die Flächenausdehnung 20 x 40 m. Die vorgeschriebenen Maße ab Klasse S und für internationale Wettbewerbe sind 20 x 60 m. In einem Dressurviereck von 20 x 60 m sind mehr Bahnpunkte markiert als im Dressurviereck 20 x 40 m. Sie lauten auf der linken Seite F, P, B, R, und M, auf der rechten Seite K, V, E, S und H. Auf der Linie von A nach C befinden sich die Markierungspunkte D, L, X, I und G.

WERTNOTEN

Für Dressurprüfungen gibt es Wertnoten. Die Wertnotenskala lautet: 10 = ausgezeichnet, 9 = sehr gut, 8 = gut, 7 = ziemlich gut, 6 = befriedigend, 5 = genügend, 4 = mangelhaft, 3 = ziemlich schlecht, 2 = schlecht, 1 = sehr schlecht, 0 = nicht ausgeführt.
Für die Beurteilung von Pferd und Reiter sind folgende Kriterien ausschlaggebend: Aussehen, Haltung und Eigenschaften des gerittenen Pferdes, Sitz des Reiters, Einwirkung und Hilfengebung, Reinheit der Gänge des Pferdes, Takt, Schwung, Raumgriff, Versammlungsbereitschaft, Anlehnung, Geraderichtung, Durchlässigkeit, Gehorsam und ein harmonisches Gesamtbild.

Ehrenrunde im Dressurviereck

In den Klassen A bis L ist der Gebrauch von Sporen und von einer Peitsche erlaubt. In den Klassen M und S sind Sporen erlaubt, eine Peitsche ist verboten.

ABREITEN

Ein Reitverein muss bei der Ausrichtung eines Dressurwettbewerbes für die Teilnehmer einen Abreiteplatz in der Größe von 525 m^2 (bevorzugt 35 Meter lang und 15 Meter breit) zur Verfügung stellen. Die Pferde müssen vor einem Wettbewerb gut gelöst oder abgeritten werden können. Auf dem Abreiteplatz muss nicht die ganze Prüfung in allen Details durchgeritten werden, auch müssen nicht die Schwachpunkte von Pferd und Reiter trainiert werden. Vielmehr geht es darum, durch lösende Übungen, wie Traben, Volten und andere Übungen, die Muskeln des Pferderückens und des -halses zu lockern und natürlich auch den Reiter „aufzuwärmen". Es hat keinen Sinn, das Pferd vor dem Wettbewerb zu ermüden.

RICHTER BEI DRESSURWETTBEWERBEN

Für Dressurwettbewerbe gibt es offiziell anerkannte Richter, die sich einer Richterprüfung unterzogen haben und auf die offizielle Richterliste für die entsprechende Disziplin aufgenom-

Lösen vor der Prüfung

Die Jury beurteilt den Teilnehmer

men wurden. Bei Dressurwettbewerben der Klasse S und höher beurteilen wenigstens zwei und höchstens drei Richter. Bei internationalen Wettbewerben gibt es fünf Richter, zwei an den langen Seiten bei B und E, und drei Richter bei C. Unter den letztgenannten drei Richtern befindet sich auch der Prüfungsvorsitzende. So gibt es wenigstens drei Gesichtspunkte, unter denen die Durchführung einer Prüfung beurteilt wird. Nach Ende des Wettbewerbs erhält jeder Teilnehmer einen Bericht, in dem neben der Gesamtbeurteilung auch Bemerkungen zu Anlehnung, Durchlässigkeit und dem Gesamteindruck von Pferd und Reiter vermerkt sind.

TURNIERLEITER

Ein Turnierleiter ist für den Gesamtablauf in der Reitbahn verantwortlich. Er sorgt dafür, dass ein Zeitplan, der im Tagesprogramm vermerkt ist, eingehalten wird. Für die Teilnehmer ist der Zeitplan wichtig, damit sie sich danach richten können und beispielsweise nicht zu früh mit dem Abreiten beginnen.

GRÜSSEN

Beim Halten vor der Jury nimmt der Teilnehmer die Zügel und eventuell die Peitsche in seine linke Hand. Die rechte Hand wird etwas nach hinten gebracht und der Teilnehmer nickt mit dem Kopf.

VORGESCHRIEBENE KLEIDUNG BEI DRESSURWETTBEWERBEN

Bei einem Dressurwettbewerb müssen Amazonen und Reiter in folgender Kleidung im Dressurviereck erscheinen:

Grüßen

- in einer schwarzen oder dunkelblauen Reitjacke oder einem Frack,
- in einer weißen, beigen oder einer gelben Reithose,

Vorgeschriebene Kleidung für die Dressur

– mit einem weißen oder gelben Plastron oder einer Krawatte,
– mit einem Paar weißen Handschuhen,
– mit einem Paar schwarzen Reitstiefeln,
– mit einer Reitkappe, einer Melone oder einem Zylinder.

Militär- und Polizeiangehörige dürfen bei einem Reitturnier auch Uniform tragen.

Wichtige internationale Wettbewerbe

FEDERATION EQUESTRE INTERNATIONALE

Die Abkürzung F.E.I. steht für Fédération Equestre Internationale, die Internationale Reiterliche Vereinigung, in der alle Nationalen Reiterlichen Vereinigungen (FN) vertreten sind. Dies ist ein Sportbund, der den Reitsport auf internationaler Ebene regelt. Er wurde 1921 gegründet und stellt das Reglement im Pferdesport auf. Die F.E.I. stellt Pferden, die an internationalen Wettbewerben teilnehmen, einen Pass aus. Sie verlangt außerdem, dass ein Tierarzt solche Pferde untersucht und kontrolliert.

PRIX ST. GEORGES

Der Prix St. Georges ist der leichteste Wettbewerb der F.E.I.-Prüfungen. Gefordert werden u. a.: Traversalen, Schulterherein, halbe Pirouetten, fliegende Galoppwechsel zu vier und zu drei Sprüngen, starke und versammelte Gangarten.

F.E.I. INTERMEDIAIRE I

Der F.E.I. Intermédiaire I ist eine Dressurprüfung, deren Schwierigkeitsgrad zwischen Prix St. Georges und Intermédiaire II liegt. Gefragt werden u. a.: Schulterherein, Traversalen, halbe Pirouetten, fliegende Galoppwechsel zu drei und zu zwei Sprüngen.

Reiten einer Prüfung in Uniform

Kür mit Musik

F.E.I. INTERMEDIAIRE II

Die F.E.I. Intermédiaire II ist ein Dressurwettbewerb, dessen Anforderungen zwischen Intermédiaire I und Grand Prix liegen. Hier werden unter anderem fliegende Galoppwechsel zu zwei Sprüngen, Galopptraversalen, Pirouetten, Passagen und Piaffen gefordert.

GRAND PRIX

Der Grand Prix ist die schwierigste der F.E.I.

Dressurprüfungen. Bei diesem Wettbewerb werden u. a. gefragt: Zick-Zack-Traversalen, Galoppwechsel von Sprung zu Sprung, Piaffe und Passage.

KÜR MIT MUSIK

Eine Kür mit Musik kann auf jedem Niveau geritten werden. Dies ist eine Prüfung mit einer Reihe von Pflichtteilen und Gangarten. Ansonsten kann der Reiter (oder eine andere Person) die Kür entwerfen. Die Musik und die Übungen sollten aufeinander abgestimmt sein. Es muss eine vorgegebene Zeit eingehalten werden.

HOHE SCHULE

Unter der Hohen Schule verstehen wir die Grundlagen der klassischen Reitkunst nach den Grundprinzipien der großen Reitmeister aus vergangenen Zeiten. Den Höhepunkt dieser Dressurprüfung bilden die Schulsprünge, die heute nur noch in der Spanischen Hofreitschule in Wien gezeigt werden.

SPANISCHE REITSCHULE

Die Spanische Reitschule wurde 1572 in Wien gegründet. Man bevorzugte damals spanische Pferde, die sich für die gewünschte Dressurausbildung bestens eigneten.

Der berühmte Barockbau von Fischer von Erlach wurde unter Kaiser Karl VI. erbaut und im Jahre 1735 eingeweiht. Die Reithalle und der Stallkomplex gehören heute zur Wiener Hofburg. In dieser ältesten Reitschule wird die Reitkunst nach den klassischen Grundprinzipien durchgeführt. Heute werden in der Spanischen Reitschule ausschließlich Lipizzaner-Hengste geritten.

Schulsprünge

LEVADE

Bei der Levade, einer Ausgangslektion für Schulsprünge, beugt sich das Pferd tief in den Hanken, die Vorderhufe sind dicht an den Ellenbogen gezogen. Der Rumpf des Pferdes nimmt eine annähernd waagerechte Stellung ein.

COURBETTE

Die Courbette besteht aus mehreren Sprüngen. Hierbei geht das Pferd erst in die Levade und springt dann in einigen Sprüngen auf den Hinterbeinen vorwärts, ohne mit den Vorderbeinen auf den Boden zu gelangen. Auch hier muss beim Pferd für eine korrekte Durchführung eine angeborene Veranlagung vorliegen, ansonsten ist eine Ausbildung sinnlos und man verschwendet seine Zeit.

KRUPPADE

Die Kruppade ist ein Schulsprung auf der Stelle, wobei die Hilfengebung durch Gertentip auf die Kruppe erfolgt. Die Vorderhufe verharren am Boden, während die Hinterhand wie in der Kapriole ausschlägt.

KAPRIOLE

Die Kapriole ist ohne Zweifel der schwierigste Schulsprung. Das Pferd erhebt sich aus der Piaffe in die Pesade und springt hoch ab. Wenn es nahezu waagerecht in der Luft schwebt, schlägt es mit den beiden Hinterbeinen aus, die dabei dicht zusammen bleiben müssen. Die Landung erfolgt mit allen vier Beinen zugleich fast auf der Stelle des Absprungs.

Pas de deux

Abteilungsreiten

Im Gegensatz zum Einzelwettbewerb bietet das Reiten in einer Abteilung die Möglichkeit, zusammen mit anderen an Dressurwettbewerben teilzunehmen. Bei diesem Teamsport zählt nicht die individuelle Präsentation, sondern die Gesamtleistung der Gruppe.
Jeder einzelne Reiter muss die Grundlagen des Dressurreitens beherrschen, um in der Gruppe mitreiten zu können. Eine Gruppe kann aus 4, 8, 12 oder 16 Paaren bestehen.

KOMMANDOGEBER

Jede Gruppe hat einen Kommandogeber. Der Kommandogeber reitet jeweils am Anfang seiner Gruppe und gibt während der Dressurprüfung die Kommandos, z. B. zum Handwechsel, zur Tempoänderung oder zum Halten.

KOMMANDOS

Der Kommandogeber benutzt die Kommandos, um seine Gruppe die verschiedenen Übungen und Figuren reiten zu lassen. Jedes Kommando besteht aus einem Ankündigungs- und einem Ausführungskommando. Zwischen beiden legt der Kommandogeber eine Pause ein, um den Reitern der Abteilung ausreichend Zeit zur Vorbereitung der korrekten Ausführung zu geben. Das Ausführungskommando kommt an der Stelle der Reitbahn, an der alle Reiter der Abteilung genügend Platz zur Ausführung haben.

GESCHLOSSENE UND OFFENE REIHE

Bei einer geschlossenen Reihe stehen die Pferde so dicht nebeneinander, dass sich die Steigbügel der Reiter berühren. Bei einer offenen Reihe dagegen halten die Reiter stets einen bestimmten Zwischenabstand ein.

Levade

Courbette

Kapriole

ABTEILUNG BILDEN
Auf der rechten (linken) Hand im Schritt Abteilung bilden, Anfang X (Name des Anfangsreiters). Dies bedeutet, nach dem Durcheinanderreiten wird eine Abteilung gebildet. Der aufgerufene Anfangsreiter geht auf den Hufschlag und ruft dort „Anfang hier". Die übrigen Reiter folgen bei vorher festgelegter Reihenfolge selbständig, sonst nach Aufruf.

RICHTUNGS- UND HANDWECHSEL
Richtungs- und Handwechsel sowie bestimmte Hufschlagfiguren können in der Abteilung gleichzeitig, aber auch in der Reihe hintereinander geritten erfolgen.

Quadrillereiten

Eine Quadrille besteht aus 12, 16 oder 24 Paaren, die meist zu Musik eine Art Dressurprüfung ablegen, wobei die Hufschlagfiguren exakt geritten werden müssen.
Die Grundaufstellung einer Quadrille ist eine Reihe zu zweien, wobei sich die Köpfe der Pferde nebeneinander befinden, die Reiter Bügel an Bügel reiten, und der Abstand zwischen den einzelnen Paaren überall gleich groß ist.

KOLONNE, ABTEILUNG, SEKTION
Wenn während des Quadrillereitens die Grundaufstellung, die Kolonne zu zweien, getrennt wird, bilden sich zwei Abteilungen.
Wenn diese wiederum geteilt werden, sprechen wir von Sektionen. Die Möglichkeiten der zu reitenden Figuren werden auf diese Weise variiert und den Zuschauern bietet sich ein schöner Anblick.

Figuren beim Quadrillereiten

Eine Gruppe, die eine Dressuraufgabe reitet, hat natürlich viel mehr Möglichkeiten, um die Figuren zu variieren:
- Aufstellung: Dies kann auf traditionelle Art und Weise erfolgen, wobei die Reiter auf einer Linie stehen, um die Richter zu grüßen, aber auch in einer V-Formation, in zwei Gruppen auf einer versetzten Linie.
- Handwechsel: Die Richtung kann in Paaren, in Reihen, in Abteilungen, zu dreien, durch die Mitte oder auf der Diagonalen geschehen.
- Figuren: Diese haben wohlklingende Namen, wie Mühle, Fischgräte, Schmetterling oder Kleeblatt.

Es gibt zu viele unterschiedliche Figuren beim Dressurreiten, sodass wir sie hier nicht alle vorstellen können.

FISCHGRÄTE
Die Abteilung begibt sich in Paaren auf die Mittellinie. Sobald die ganze Abteilung sich zu zweien auf der Mittellinie der Reitbahn befindet, gibt der Kommandogeber das Kommando. Die Reiter auf der linken Seite reiten alle gleichzeitig eine kleine Volte nach links, während die Reiter auf der rechten Seite eine

Quadrillereiten

Quadrillereiten

Volte nach rechts reiten. Danach treffen die Paare wieder auf der Mittellinie zusammen.

SANDUHR

Die Kolonne begibt sich geschlossen auf die Mittellinie der Reitbahn. Auf der Hälfte der Mittellinie beginnt sie, sich zu teilen. Der erste Reiter reitet nach der linken Ecke, der zweite zur rechten Ecke und so weiter. Die Abteilungen begegnen sich an der kurzen Seite der Reitbahn und begeben sich nach der Wendung auf der langen Seite wieder in die Mitte der Reitbahn. Dort kreuzen die Abteilungen einander.

Das Gleiche wird nun auf der anderen Hand durchgeführt, wodurch die Form einer Sanduhr beschrieben wird. Zum Schluss treffen die Abteilungen auf der Mittellinie wieder zusammen.

AKZO

5 Springen

Verglichen mit den anderen Bereichen des Pferdesports hat sich das Springen relativ spät entwickelt. Eine gute Sprungkraft war vor allem während der Jagd oder bei Kavallerieübungen, bei denen Hindernisse übersprungen werden mussten, wichtig. Der erste offizielle Springwettstreit fand 1864 in Dublin statt, aber seit 1912 ist diese spannende Sportart ein Teilbereich der Olympischen Spiele. Wir sehen heute Frederico Caprilli (1868–1907) als Begründer des modernen Springsports an. Der italienische Landsmann führte eine Sitzhaltung ein, bei der sich der Reiter an die natürlichen Bewegungen des Pferdes anpasst. Wir bezeichnen diese Haltung als leichten Sitz.

In der Wildnis oder in Freiheit springen die meisten Pferde gut und gerne. Springen wird für Pferde jedoch mühsamer, wenn sie ihr Gleichgewicht mitsamt einem Reiter auf ihrem Rücken halten müssen. Deshalb ist es notwendig, dass zwischen Reiter und Pferd eine harmonische Übereinstimmung herrscht. Der Reiter darf das Pferd durch sein Gewicht nur so wenig wie möglich behindern. Weiterhin muss der Reiter ein Gefühl für ein Hindernis haben. Darunter verstehen wir, dass er sein Pferd möglichst passend an einen Sprung heranreitet, sodass für das Pferd der Platz des Absprungs möglichst einfach wird. Einige Reiter haben von Natur aus mehr „Augen" für ein Hindernis als andere Reiter und es lassen sich auch manche Pferde korrekter an den Sprung heranreiten als andere. Das Gefühl für ein Hindernis kann man nur durch viel Springen erhalten.

In diesem Kapitel werden häufig vorkommende Begriffe erklärt, die mit dem Springsport allgemein und mit dem Springen als Wettbewerb in Verbindung stehen.

Harmonie zwischen Reiter und Pferd

Links: Leichter Sitz

Eine Springpeitsche ist kurz und handlich

Springen

AUSRÜSTUNG ZUM SPRINGEN

Zum Springen benötigt man bestimmte Ausrüstungsgegenstände, die speziell für diese Sparte des Sportes entwickelt wurden.

Springsattel – dieser unterscheidet sich von einem Vielseitigkeitssattel dadurch, dass er dicke Kniepauschen und eine niedrige, tiefe Sitzfläche besitzt. Natürlich muss man sich nicht unbedingt einen speziellen Springsattel anschaffen. Auch ein Vielseitigkeitssattel kann verwendet werden.

Springpeitsche – sie ist kurz und handlich. Der Reiter lässt sie vorne an der Schulter herabhängen, sodass sie Reiter und Pferd während des Sprungs nicht stören kann. Bei Springwettbewerben darf eine maximal 75 cm lange Peitsche verwendet werden.

SCHUTZ DES SPRINGPFERDES

Gamaschen und Streichkappen dienen dazu, die Beine des Pferdes zu schützen, sodass sich das Pferd nicht am Hindernis oder mit den eigenen Hufeisen verletzen kann. Gamaschen können aus Leder, gehärtetem Schaumstoff, Gummi oder Filz gefertigt sein. Ihre Polsterung ist an der Innenseite verstärkt. Sie schützen Sehnen, Röhrbeine und die Gelenke im unteren Beinbereich. Beim Anschnallen der Gamaschen ist darauf zu achten, dass sie weder drücken noch scheuern und die Blutzirkulation nicht beeinträchtigen. Streichkappen schützen das Fessel-

Springpferd

gelenk. Springglocken schützen den Ballen und den Kronenrand vor Verletzungen.
Auf schwerem, tiefem Boden kann es vorkommen, dass sich ein Pferd selbst tritt. Hier kann man Gamaschen verwenden, die den Fesselkopf mit einschließen.

DAS SPRINGPFERD

Viele Rassen haben gute Springpferde hervorgebracht, es gibt hierfür keine festen Regeln. Wesentlich wichtiger als eine bestimmte Rasse ist, dass das Springpferd entsprechend gebaut ist. Besondere Beachtung erfordern Huf, Beine, Hals und Rücken. Der Hals ist die Balancierstange des Pferdes. Ein zu kurzer, schwerer oder zu tief angesetzter Hals erschwert das Ausbalancieren. Der Rücken muss so beweglich sein, dass er sich der Springkurve anpassen kann. Ohne gesunde Hufe und natürlich auch Beine nützt das beste Exterieur allerdings gar nichts. Weiterhin muss das Pferd von guter Kondition sein und das erforderliche Galoppiervermögen besitzen. Das Springpferd sollte eine gute Beintechnik über dem Sprung haben, es muss vorsichtig sein, darf nicht vorwärtsstürmen und sollte möglichst leichtrittig sein.

DER LEICHTE SITZ

Beim Springen muss ein Pferd mit geringem Aufwand die ideale Balance finden. Hierfür muss der Reiter sein Gewicht nach Möglichkeit am gleichen Platz halten und still sitzen können, ohne sich an den Zügeln festzuhalten. Nur wenn er sich völlig im Gleichgewicht befindet, kann er die korrekten Bein- und Zügelhilfen geben.
Während des Sprunges ist der leichte Sitz die richtige Haltung des Reiters. Hierfür werden die Steigbügel um zwei bis drei Löcher ver-

Bascule

kürzt. Der Fuß wird so weit durch den Bügel gesteckt, dass er in ihm eine sichere Stütze findet und für eine festere Lage des Unterschenkels sorgt. Der Reiter treibt beim Galoppieren im leichten Sitz vor allem durch die am Pferdeleib anliegende Wade. Der Oberkörper des Reiters bleibt vor der Senkrechten. Das Gesäß ist bei geschmeidigen Hüft- und Kniegelenken ein wenig angehoben. Es befindet sich nicht „im Sattel", sondern „am Sattel". Hierdurch ist ein Druck der Gesäßknochen auf den Rücken des Pferdes ausgeschaltet. Der Reiter trägt den Kopf erhoben und sitzt mit gut nach vorn geschobenen Hüften.

BASCULE

Unter Bascule verstehen wir die gewünschte Wölbung der Kopf-Hals-Rückenlinie des gestreckten Pferdes über dem Hindernis. Basculieren ist die harmonische Ausnutzung der Möglichkeiten, die ein Pferd hat, um über ein Hindernis zu springen. Ein breiter Sprung mit parallel gelegten Stangen eignet sich ausgezeichnet, um einem Pferd das Basculieren zu lehren.

TECHNIK DES PFERDES

Im Prinzip ist ein Sprung über ein Hindernis nicht mehr als ein übergroßer Galoppsprung. Aber wegen dieser Übergröße muss das Pferd über eine gute Springtechnik verfügen. Diese kann unterteilt werden in die Vorderbeintechnik, die Hinterbeintechnik und in die Technik von Kopf und Hals. Die Vorderbeine müssen während des Sprunges im Vorderfußwurzelgelenk sowie im Fesselgelenk gut angezogen werden. Manche Pferde lassen die Unterbeine hängen, dadurch müssen sie wesentlich höher springen, damit sie das Hindernis nicht berühren. Ein häufig vorkommender Fehler ist der, dass das Pferd die Hinterbeine beim Sprung nicht streckt. Am höchsten Punkt des Sprungs muss sich das Pferd strecken. Vergisst das Pferd, sich zu strecken und hält seine Beine angewinkelt, hat es nicht genügend Platz, um zu landen. Kopf und Hals sorgen dafür, dass der Rücken während des Sprungs optimal eingesetzt wird.

Der Sprung

ANREITEN

Ein Hindernis wird in konstantem Tempo und Rhythmus angeritten. Mit den Schenkeln wird das Pferd getrieben, sodass es nicht vor dem Hindernis stehen bleibt. Reiten Sie das Hindernis möglichst gerade an, sodass das Pferd die

Gutes Anreiten ist wichtig

optimale Balance für den Sprung hat. Reiten Sie die Mitte des Hindernisses gerade an. Die Art des Hindernisses bestimmt die Geschwindigkeit, mit der man anreitet. Sehr breite Sprünge brauchen viel Geschwindigkeit. Kurz vor dem Absprung bringt der Reiter seine Hände nach vorne, um dem Tier die notwendige Freiheit zu geben; die Nase des Pferdes muss immer vor den Vorderbeinen sein.

ABSPRUNG

Das Pferd bringt zunächst den Kopf und den Hals empor, um den Absprung vor einem Sprung zu bestimmen. Beim Absprung selbst kommt der Hals hoch und das Pferd schiebt die Hinterbeine weit nach vorne unter den Körper. Danach hebt es die Vorhand, verkürzt den Hals und streckt die Hinterbeine vor dem tatsächlichen Absprung vom Boden.
Während des Absprungs muss der Reiter sein Gewicht immer nach vorne bringen und geschmeidig mit der Bewegung des Pferdes mitgehen. Er hält leichten Kontakt mit dem Pferdemaul, das bedeutet, er geht mit den Händen Richtung Kopf, wenn das Pferd seinen Hals streckt. Dies ist die schwierigste Phase des Sprungs. Der Reiter muss genau im richtigen Moment den Springsitz einnehmen, nämlich sobald das Pferd vom Boden abhebt. Nimmt er ihn zu früh ein, wird die Vorhand zu schnell belastet und das Pferd gerät aus dem Gleichgewicht. Nimmt er ihn zu spät ein, ist der Reiter hinter der Bewegung des Pferdes und bleibt in den Zügeln hängen.

Absprung

Landung

SCHWEBEPHASE

Während der Schwebephase befindet sich das Pferd mit vier Beinen in der Luft. In diesem Moment ist der Widerrist der höchste Punkt des Pferdekörpers. Während das Pferd durch die Luft fliegt, streckt es Hals und Kopf weit nach vorn, um die Balance zu halten und der Sprungkurve zu folgen. Der Reiter kippt über dem Sprung in der Hüfte ab und geht mit der natürlichen Sprungkurve mit, indem er das Pferd uneingeschränkt seinen Hals und Rücken gebrauchen lässt. Bei diesem Schweben wird so viel Koordination aller Muskeln benötigt, dass der Reiter sich in dieser Phase möglichst ruhig verhalten sollte. Während der Schwebephase bereitet sich der Reiter auf die Landung vor. Es ist wichtig, dass der Reiter während des Sprunges immer nach vorne schaut.

Schwebephase

LANDUNG

Bei der Landung streckt das Pferd die Vorderbeine. Das Pferd landet einen Augenblick früher auf dem einen als auf dem anderen Vorderbein, so dass sich das ganze Gewicht für einen kurzen Moment auf einem Huf befindet. Da der Huf sehr empfindlich ist, muss man eine weiche, leichte Landung anstreben. Sobald die Hinterbeine auftreffen, greift die Vorhand aus, um vorwärts zu gehen. Das Pferd hebt den Kopf leicht an, um damit die Vorhand zu entlasten und den Aufprall der Landung abzufangen.

Zu Beginn der Landephase richtet der Reiter seinen Oberkörper langsam wieder auf. Bei der Landung sitzt er wieder gerade, ohne schwer einzusitzen, mit erhobenem Kopf, das Gewicht aber noch so weit vor den Lenden des Pferdes, dass die Hinterbeine richtig springen können. Der Reiter sollte den leichten Aufprall beim Landen durch elastische Hüften, Knie- und Fußgelenke dämpfen.

Einfache Springübungen

SCHRITT- UND TRABSTANGEN AUF DEM BODEN

Übungen mit einzelnen Stangen sind eine gute Vorbereitung auf das richtige Springen. Der Reiter lernt hierbei, wann der Moment des Absprungs ist und entwickelt sein Gleichgewichts- und Rhythmusgefühl. Das Pferd wird hierdurch gehorsam, auch wenn es sich nur um ein winzig kleines Hindernis handelt. Ein junges Pferd sollte man im Schritt über die Stange gehen lassen. Wenn es reif genug ist, um die Übung im Trab auszuführen, müssen Sie dafür sorgen, dass die Stange nicht wegrollen kann und zum Beispiel einen Ständer dagegen legen.

CAVALETTI

Cavaletti kommt aus dem Italienischen und bedeutet „Pferdchen“. Wir nennen niedrige

Vorwärtstreibende Hilfen nach dem Sprung

Cavaletti

Stangenhindernisse mit seitlichen Ständern, oft Kreuzen, von etwa 25–30 cm Höhe Cavalettis. Da sich die Rundstangen nicht am Kreuzpunkt, sondern in den Winkeln der seitlichen Holz-

Cavaletti

Cavaletti

kreuzständer befinden, ergeben sich bei Drehung der Holzkreuze drei verschiedene Höhen.

CAVALETTI-ARBEIT

Um dem Pferd zu lehren, mit einem Reiter auf dem Rücken im Gleichgewicht zu gehen und die Abstände genau einzuhalten, verwendet man drei bis sechs Cavalettis hintereinander in gleichen Abständen, über die man das Pferd traben lässt. Die Abstände müssen so eingehalten werden, dass das Pferd in gelösten Trabtritten zwischen die Stangen tritt und diese nicht berührt. Mit dieser Übung erreicht man Gelöstheit und Kräftigung der Rückenmuskulatur.

KREUZ

Es ist wichtig, ein Pferd während des Anreitens und des Springens gerade zu richten. Hierfür kann man zu Beginn der Ausbildung ein sogenanntes Kreuz verwenden. Ein Kreuz besteht aus zwei Ständern und zwei Stangen, wobei die Stangen mit dem einen Ende im Ständer, mit dem anderen Ende am Boden liegen und einander in der Mitte des Hindernisses kreuzen. Kreuze zeigen dem Pferd den Weg zur Mitte, dem niedrigsten Punkt des Hindernisses.

IN-OUT-KOMBINATIONEN

Wenn ein Pferd einige Hindernisse nacheinander und kombiniert springen kann, lässt man es In-out-Kombinationen springen. Hierbei handelt es sich um eine einfache Reihe von Hindernissen, die nicht höher als 50 bis 80 cm sind.

Cavaletti-Arbeit

Cavaletti-Arbeit

Dabei übt man das Reiten der Galoppsprünge zwischen den Hindernissen. Das Pferd lernt auf diese Weise alle möglichen Arten von Hindernissen kennen.
Bei dieser verhältnismäßig einfachen Arbeit kann man zwischen den Hindernissen Stangen auf den Boden legen, um dem Pferd zu lernen, sein Gleichgewicht wieder zu finden und stets mit zwei Beinen abzuspringen und aufzukommen. Man kann diese Hindernisse auch nebeneinander stellen und in einer Schlangenlinie anreiten. Dies ist eine ausgezeichnete Übung, um Wendungen zu lernen und die Hand zu wechseln.

Einfaches Hindernis

Hindernisse

EINFACHES HINDERNIS

Ein einfaches Hindernis besteht aus einem einzigen Hindernis. Die beiden bekanntesten einfachen Hindernisse sind ein Hochsprung, wie z. B. ein Steilsprung, oder ein Oxer.

KOMBINATION

Hindernisse, die aus mehreren Hindernissen bestehen, z. B. Steilsprung, Oxer, Steilsprung, nennen wir Kombination. So wird ein dreifaches oder ein zweifaches Hindernis wie ein Sprung bewertet, besteht aber aus drei Sprüngen. Kombinationen sind numeriert, die einzelnen Teilsprünge werden mit Buchstaben (a, b, c) gekennzeichnet. Kombinationen müssen stets in einem Durchlauf gesprungen werden. Verweigert das Pferd einen Teilsprung, muss die ganze Kombination nochmals gesprungen werden.

HOCHSPRUNG

Ein Hochsprung ist ein einfaches Hindernis. Für Pferde sind Hochsprünge besonders schwierig, weil sie bei diesen Sprüngen mehr Probleme damit haben, den Abstand abzuschätzen. Im Allgemeinen gilt, dass ein Hochsprung

Kombiniertes Hindernis

Mauer

So sieht das Pferd eine Kombination

Hochweitsprung

versammelt und nicht zu schnell angeritten werden sollte. Der Absprungspunkt liegt näher am Hindernis als bei einem Weitsprung, da die Pferde steiler empor springen müssen.
Zu den Hochsprüngen rechnen wir: (Steilsprünge), Mauer, Rick, Elefantensprung, Gatter, Amsterdamer Tor, Eisenbahnschranke, Zaun.

STEILSPRUNG
Ein Steilsprung ist ein Hindernis, das als vertikale Fläche gebaut wird. Verschiedene Planken oder Stangen können übereinander angebracht

Steilsprung

sein. Der Steilsprung ist das klassische Beispiel für einen Hochsprung.

MAUER
Eine Mauer ist ein aus Kästen oder Blöcken aufgebauter Hochsprung. Die Schwierigkeit dieses Sprungs besteht darin, dass das Pferd den Landeplatz nicht sehen kann.

HOCHWEITSPRUNG
Ein Hochweitsprung ist ein Hindernis, das horizontal gebaut ist. Bei diesem Hindernis muss das Pferd nicht nur eine bestimmte Höhe, sondern auch eine gewisse Breite überwinden. Zu den klassischen Hochweitsprüngen gehören der Oxer, eine Triplebarre oder der Trakehner Graben.

JOKER
Der Joker ist ein schwieriges, aber kein unsportliches Hindernis. Es gibt keine Vorschrift, wie man einen Joker baut. Ein Joker kann sich beispielsweise von den herkömmlichen Hindernissen dadurch unterscheiden, dass in das Hindernis ein knorriger Baumstamm integriert ist. Meist sind solche Hindernisse

Oxer

Triplebarre

seitlich durch eine Jokerkarte markiert. Ein gesprungener Jokersprung liefert z. B. in einem Staffel-Wettbewerb die doppelte Punktzahl ab dem letzten Hindernis.

OXER

Ein Oxer ist ein Hochweitsprung, bei dem das Pferd eine bestimmte Höhe und Breite überwinden muss. Er besteht normalerweise aus mehr als einer Planke oder mehreren Stangen vorne und einer Stange hinten, im Allgemeinen mit einer kleinen Bürste dazwischen. Eine Bürste ist Füllmaterial für einen Sprung, sie lässt ihn voller und für das Pferd einladender aussehen. Es gibt zum Beispiel Oxer mit Naturstangen auf Mauerunterbau, Karreeoxer, Oxer mit Stangen, Oxer mit Bürste oder Karreeoxer mit Bürste. Auch wenn ein Oxer aus unterschiedlichen Teilen besteht, ist er ein einfaches Hindernis und muss stets in einem Sprung genommen werden.

TRIPLEBARRE

Eine Triplebarre ist ein Hochsprung. Das Hin-

Wassergraben

Springen des Wassergrabens

Hindernis mit einer Vorlegestange

dernis besteht aus hintereinander angebrachten Stangen, wobei die folgende Stange stets höher ist, als die vorhergehende Stange. Die Triplebarre muss in einem Sprung genommen werden. Manche Pferde werfen häufig Hindernisse um, die nicht zu hoch für sie sind. Wenn sie die Beine nicht ausreichend anziehen oder nicht genügend auf die oberste Stange achten, kann man sie durch Springen einer Triplebarre korrigieren.

WASSERGRABEN
Ein mit Wasser gefüllter Graben kann ein Hindernis in einem Parcours darstellen. Meist ist ein Wassergraben 2 bis 4 m breit und 10 bis 15 cm tief. Der Wassergraben unterscheidet sich von anderen Hindernissen dadurch, dass das Pferd, wenn es einen Fehler macht, im Wasser landet. Bei diesem Hindernis ist wichtig, wie das Pferd auf Wasser reagiert.
Am Absprung des Wassergrabens wird meist eine Stange oder eine Bürste (eine kleine Hecke oder ein Mäuerchen) angebracht. Diese Bürste auf dem Boden darf nicht höher als 50 cm sein. Die Landestelle wird durch eine Latte oder etwas ähnliches in Weiß markiert, sodass die Jury feststellen kann, ob das Pferd dort seinen Hufabdruck hinterlassen hat. Die Holzlatte muss am Rande des Wassers angebracht und im Boden fest verankert werden.

GRUNDLINIE
Unter der Grundlinie eines Hindernisses verstehen wir diejenige Linie, die das Hindernis von vorne gesehen auf dem Boden markiert. Bei Steilsprüngen ist für das Pferd wichtig, dass eine Grundlinie vorhanden ist, weil das Pferd ungefähr vier Meter vor dem Sprung nur noch einen bestimmten Teil des Hindernisses sehen kann. Eine Grundlinie erleichtert es dem Pferd, die Höhe und den Absprung abzuschätzen.

Springen als Wettbewerb

SPRINGTURNIER
Ein Springturnier ist ein Wettbewerb, bei dem Reiter und Pferd unter verschiedenen Bedingungen in einem Parcours mit Hindernissen beurteilt werden.

KLASSENEINTEILUNG
Springwettbewerbe werden, wie auch Dressurwettbewerbe, nach dem Ausbildungsniveau von Pferd und Reiter in folgende Klassen unterteilt: Klasse E = Eingangsstufe, Klasse A = Anfangsstufe, Klasse L = Leichte Anforderung, Klasse M = Mittelschwere Anforderung, und Klasse S = schwere Anforderung. Bei diesen Wettbewerben bestimmt die Zahl der Platzierungen, ob ein Paar in einer höheren Klasse starten darf.
In den Springprüfungen der Klassen M und S dürfen bei nationalen Prüfungen gemäß der Leistungsprüfungs-Ordnung (LPO) nur bestimmte Zaumzeuge verwendet werden, bei internationalen Prüfungen ist dies freigestellt. Von einigen Sonderfällen abgesehen ist die einfache Trense mit Reithalfter die zweckmäßigste Zäumung für die Pferde.

KLASSE
Eine Klasse ist ein abgeschlossener Teil eines Wettbewerbs, an dessen Ende eine Platzierung stattfindet.

ABMESSUNGEN EINES SPRINGPLATZES
Die Fläche eines Springplatzes im Freien muss wenigstens 3200 m^2 betragen; die kurzen Seiten müssen minimal 40 Meter lang sein. Bei Wettbewerben für Ponyreiter beträgt die vorgeschriebene Fläche 2400 m^2.
Bei einem Springturnier in der Halle sind

Springplatz

1200 m^2 gefordert mit einer minimalen Breite von 20 Metern.

PARCOURS

Ein Parcours ist der internationale Begriff für die Springbahn auf Turnieren mit einer bestimmten Anzahl von Hindernissen und von einer bestimmten Länge. Die Startlinie liegt zwischen 6 m und 25 m vor dem ersten, die Ziellinie zwischen 6 m und 25 m hinter dem letzten Hindernis. Die Hindernisse werden jeweils in der Mitte übersprungen und sind in der vorgeschriebenen Reihenfolge nummeriert.

Lockern

ABREITEN UND EINSPRINGEN

Es ist unbedingt erforderlich, dass ein Pferd vor dem Wettbewerb lockergeritten und eingesprungen wird. Ein „kaltes“ Pferd ist steif und kann sich verletzen, wenn es vorher nicht ausreichend gelockert wurde. Der Teilnehmer muss vor der Prüfung die Startfolge wissen, sodass er entscheiden kann, wann er mit dem

Nach dem Glockensignal darf der Teilnehmer wieder starten

Rote Fahne rechts, weiße Fahne links

Einspringen beginnen muss. Dies bedeutet natürlich keinesfalls, dass man das Pferd ermüdet. Das Ziel ist es, das Pferd für den Wettbewerb zu lockern und aufmerksam zu machen. Für einige Pferde reichen ein paar Sprünge aus, damit sie mit Vertrauen in den Wettbewerb hineingehen.

GLOCKE
Die Glocke wird verwendet, um den Teilnehmern bestimmte Informationen mitzuteilen, z. B.:

- der Teilnehmer darf den Springplatz betreten
- das Startsignal wird gegeben
- der Teilnehmer muss anhalten
- der Teilnehmer darf nach einer Unterbrechung den Parcours weiterreiten
- die Glocke wird geläutet, wenn der Teilnehmer ausgeschlossen wird.

Wenn ein Teilnehmer nicht entsprechend auf die Glocke reagiert, kann er ausgeschlossen werden. Auch wenn er nach einer Unterbrechung des Parcours nicht auf das Glockenzeichen wartet, bis er weiterreitet, kann er disqualifiziert werden.

FAHNEN
Eine rote und eine weiße Fahne begrenzen ein steiles Hindernis und wenigstens zwei rote und zwei weiße Fahnen einen Weitsprung. Sie dienen zur Orientierung der Teilnehmer. Die Reiter wissen, dass sich eine rote Fahne immer auf der rechten und eine weiße Fahne immer auf der linken Seite des Hindernisses befindet.

ZEITNAHME
Für alle Springprüfungen ist eine Höchstzeit festgesetzt. Diese Zeit wird von dem Augenblick, in dem ein Paar die Startlinie passiert, bis zu dem Moment gestoppt, da das Paar über die Ziellinie geritten ist.

STECHEN
Wenn mehrere Reiter fehlerlos oder mit einer gleichen Zahl an Strafpunkten den Parcours beenden, wird ein Stechen geritten.
Bei einem Stechen müssen die Reiter über einige Hindernisse springen, die möglicherweise erhöht und verbreitert wurden. Es können auch Hindernisse hinzugefügt werden. Der Reiter mit den wenigsten Fehlern und der schnellsten Zeit gewinnt.

RICHTVERFAHREN
Die meisten Prüfungen und Wettbewerbe werden nach Fehlern und Zeit oder mit einer Zeit-

Erhöhen für das Stechen

Hindernis Nummer 5

wertung beurteilt, bei der die Fehlerpunkte in Strafsekunden umgerechnet werden (Richtverfahren A und C). Wenn die erlaubte Höchstzeit überschritten ist, wird dies mit der Anrechnung von Zeitfehlern bestraft. Wird die doppelte Höchstzeit überschritten, so erfolgt der Ausschluss des Teilnehmers.

PARCOURS ABGEHEN

Alle Teilnehmer einer Springprüfung haben vor dem Wettbewerb einmal die Möglichkeit, zu Fuß über den Springplatz zu laufen, um den Parcours kennenzulernen. Es ist verboten, die Reitbahn in Stallkleidung zu betreten. Während des Abschreitens des Parcours können sich die Teilnehmer die Hindernisse anschauen und sich überlegen, wie sie den Sprung anreiten. Sie machen sich mit der Größe der Hindernisse vertraut, messen die Distanzen zwischen den einzelnen Hindernissen, schauen sich die Bodenbeschaffenheit genau an und planen, wie sie reiten wollen.

PARCOURSBAUER

Ein Parcoursbauer muss in der Lage sein, einen Parcours zu bauen, der sowohl für die Teilnehmer als auch für das Publikum attraktiv ist. Er muss die Hindernisse so aufstellen, dass die Pferde eine reelle Chance haben, den Parcours fehlerlos zu überspringen. Ein guter Parcoursbauer kann genau abschätzen, wie hoch ein Pferd springen kann und welche Möglichkeiten es hat, um ein Hindernis zu überwinden. Bei der Planung eines Parcours muss natürlich das Niveau der Teilnehmer beziehungsweise die Klasse, in der gestartet wird, und der Schwierigkeitsgrad der Sprünge aufeinander abgestimmt sein. Eine halbe Stunde vor Beginn der Prüfung hängt eine Zeichnung des Parcours in der Nähe des Eingangs zur Reitbahn oder an der Meldestelle aus. Dort sind alle Besonderheiten des Parcours zu sehen. Eine Kopie dieses Plans wird an die Jury ausgehändigt.

Den Parcours abgehen

Parcoursbauer

AUSSER KONKURRENZ

Wenn ein Paar außer Konkurrenz startet, darf es nicht in eine bestimmte Klasse aufgenommen werden und auch nicht für eine Platzierung oder für die Anerkennung von Wettbewerbspunkten in Frage kommen. Ein solches Paar darf auch kein Stechen reiten, egal, wie gut es sich geschlagen hat.

RICHTER BEI SPRINGWETTBEWERBEN

Bei Springwettbewerben ist bei einer Teilnahme von maximal 120 Startern die Anwesenheit von drei Mitgliedern der Richtkommission erforderlich. Bei mehr als 120 Startern an einem Tag müssen vier Richter bestellt werden. Bei mehr als 200 Teilnehmern müssen mindestens fünf Springrichter anwesend sein. Wenn ein Wassergraben in den Parcours mit aufgenommen wurde, muss hierfür ein eigener Richter angestellt werden. Wenn bis maximal 50 Reiter starten, sind zwei Richter ausreichend.

GRÜSSEN

Jeder Teilnehmer ist dazu verpflichtet zu grüßen. Das Heben der Peitsche oder das Neigen des Kopfes wird bei Springprüfungen als Gruß anerkannt.

Vorgeschriebene Kleidung

SPRINGPRÜFUNG

Auch für Springprüfungen gibt es bestimmte Kleidungsvorschriften. Starten mehrere Reiter als eine Mannschaft, so muss das an ihrer Kleidung zu sehen sein. Weibliche Reiter tragen beim Springen eine schwarze oder eine blaue Reitjacke mit einem weißen Plastron. Die Herren tragen eine rote oder eine schwarze Reitjacke mit einer weißen Krawatte.

Bei internationalen Springwettbewerben bestimmt die jeweilige Nationalität des Reiters die Farbe der Jacke. Irische Reiter tragen beispielsweise eine grüne Jacke. Eine blaue oder schwarze Reitkappe ist Pflicht. Eine Peitsche ist erlaubt, sie darf aber nicht länger als 75 cm sein. Die Reiter dürfen auch in allen Klassen Sporen tragen. Weiterhin sind Reitstiefel, Reithosen und ein Oberhemd oder eine Bluse vorgeschrieben. Bei außergewöhnlich heißem Wetter kann die Jury auch beschließen, dass die Reiter ohne Reitjacke reiten dürfen. Es ist jedoch nicht erlaubt, dass ein Reiter in normaler Straßenkleidung, in Pulli oder einem Poloshirt auf dem Springplatz erscheint. Bei schlechtem Wetter kann die Jury das Tragen von Regenjacken erlauben. Angehörige des Militärs oder der Polizei dürfen ihre Uniform tragen.

Hindernisfehler

Parcourshelfer bauen das Hindernis wieder auf

Dies ist kein Hindernisfehler

Für Ponyreiter muss die Kleidung vor allem zweckmäßig, passend und einfach sein.

HINDERNISFEHLER

Als Hindernisfehler wird beispielsweise gewertet, wenn ein Paar eine Stange oder einen Kasten abwirft oder wenn das Pferd mit einem Huf in den Wassergraben tritt.

Eine abgeworfene Stange oder ein Block wird nur als Fehler gewertet, wenn das Hindernis hierdurch in seiner Höhe und Breite verändert ist. Wenn zum Beispiel die unterste Stange eines Steilsprungs herunterfällt, gilt dies nicht als Fehler.

VERREITEN IM PARCOURS
Man spricht von einem Verreiten im Parcours, wenn der Teilnehmer die Reihenfolge des Parcours nicht einhält. Um weiterzureiten, muss der Teilnehmer an der Stelle, wo er den falschen Weg eingeschlagen hat, den Kurs des Parcours wieder aufnehmen, sonst erfolgt der Ausschluss aus dieser Prüfung. Um ein Verreiten zu vermeiden, gehen Sie vor Beginn der Prüfung den Parcours ab.

STURZ
Wenn Pferd und Reiter während eines Parcours stürzen, führt das bei manchen Wettbewerben zum Ausschluss. Für einen Sturz erhält der Teilnehmer in der Regel acht Fehlerpunkte. Das folgende Hindernis muss nach dem Glockenzeichen innerhalb von 60 Sekunden gesprungen werden.

ÜBERSCHREITEN DER ERLAUBTEN ZEIT
Wenn ein Teilnehmer die erlaubte Zeit überschreitet, wird er nach den Regeln des entsprechenden Wettbewerbs bestraft. Darüber hinaus gibt es ein ultimatives Zeitlimit. Wird auch dieses überschritten, erfolgt der Ausschluss des Paares aus dem Wettbewerb.

Ungehorsam des Pferdes

VERWEIGERN
Ein Pferd verweigert den Sprung, wenn es vor dem Hindernis stehen bleibt, wenn es daran vorbeiläuft oder wenn es sich durch Abwenden oder Zurücktreten widersetzt, oder wenn der Reiter durch das Reiten einer Volte seine Linie kreuzt.
Nach den Regeln der Fédération Equestre Internationale (F.E.I.) wird ein Paar während eines Wettbewerbs bei der dritten Verweigerung ausgeschlossen.

Zweifache Kombination bei einem klassischen Springwettbewerb

AUSBRECHEN
Ausbrechen bedeutet, dass ein Pferd an einem zu springenden Hindernis, an einem Teil der Kombination, an der Ziellinie oder an einem obligatorischen Durchgang vorbeiläuft.

WIDERSTAND
Man spricht von Widerstand, wenn das Pferd sich weigert, vorwärts zu gehen.

BARREN
Unter dem Begriff Barren versteht man alle möglichen künstlichen Methoden, die dazu verwendet werden, ein Pferd dazu zu bringen, in einem Wettbewerb höher und vorsichtiger zu springen. Ein Reiter kann beispielsweise während des Sprungs von einem Helfer die Beine des Pferdes mit einem Stock oder einer Stange berühren lassen. In einem Wettbewerb ist Barren in keiner Weise erlaubt.
Wird festgestellt, dass ein Reiter sein Pferd gebarrt hat, wird er wenigstens für 24 Stunden von allen Wettbewerben ausgeschlossen.

STRAFPUNKTE
Die Fehler während eines Parcours werden anhand von Tabellen in Strafpunkte umgerechnet. Bei den meisten Wettbewerben auf nationalem und internationalem Niveau gilt die Tabelle der Fédération Equestre Internationale (F.E.I.) mit folgenden Regeln: Erster Ungehorsam (oder Verweigerung) = 3 Strafpunkte, Zweiter Ungehorsam = 6 Strafpunkte, beim dritten Ungehorsam wird das Paar disqualifiziert; Abwerfen eines Hindernisteils = 4 Strafpunkte; Sturz von Pferd und Reiter = 8 Strafpunkte; das Überschreiten der erlaubten Zeit von Pferd und Reiter wird je angefangene Sekunde bewertet = 1/4 Strafpunkt/Sekunde; das Überschreiten der Höchstzeit führt zum Ausschluss von Pferd und Reiter aus dieser Prüfung.
Die Anzahl der Fehlerpunkte für die diversen Vorkommnisse werden nach dem Ritt zusammengezählt.

Springwettbewerbe

KLASSISCHER SPRINGWETTBEWERB
Bei einem klassischen Springwettbewerb geht es vor allem um die Geschicklichkeit von Pferd und Reiter, mit der Hindernisse überwunden werden. Wenn mehrere Reiter den Parcours fehlerlos oder mit der gleichen Anzahl von Strafpunkten beenden, wird die Platzierung durch ein oder zwei Stechen ermittelt.
Beim Stechen kann die Schnelligkeit ausschlaggebend sein.

JAGDSPRINGPARCOURS
Ein Jagdspringwettbewerb wird auch Zeitspringen oder Geschicklichkeitsspringen genannt. Bei diesen Wettbewerben wird ein Parcours aufgestellt, bei dem Schnelligkeit der entscheidende Faktor ist.
Die Fehlerpunkte werden direkt in Strafsekunden umgerechnet.

Verweigerung

Die Mauer bei einem Mächtigkeitsspringen

Jagdspringwettbewerb

Der Korb mit den Schleifen

MÄCHTIGKEITSSPRINGEN

Mächtigkeitsspringen bestehen meist aus mehreren Stechen, wobei die Hindernisse fehlerlos genommen werden müssen. Pro Stechen werden die Hindernisse schwerer. Die Mauer kann im letzten Stechen bis 2,25 Meter hoch sein. Meist fällt im vierten Stechen die Entscheidung. Der Preis wird geteilt, wenn nach dem vierten Stechen noch zwei oder mehr Paare fehlerlos sind.

Besondere Springwettbewerbe

STAFETTEN-SPRINGWETTBEWERBE

Bei einem Stafetten-Springwettbewerb wird über sechs, acht oder zehn Hindernisse gesprungen, die stets schwieriger werden. Die steigenden Schwierigkeiten bestehen nicht nur aus der Höhe und Breite der Hindernisse, sondern auch im Verlauf des Parcours. Die Bewertung erfolgt so: 1 Punkt für Hindernis 1, unter der Bedingung, dass es gut gesprungen wurde, 2 Punkte für Hindernis 2, 3 Punkte für Hindernis 3 usw., bis zu einer Summe von 21, 36 oder 55 Punkten.

Siegerehrung

Erster Platz

SPRINGWETTBEWERB À L'AMERICAINE

Ein Springwettbewerb à l'Américaine wird auf Zeit über mittelschwere Hindernisse geritten. Der Parcours muss beendet werden, sobald der erste Fehler gemacht wurde (wenn das Pferd z. B. ein Hindernisteil abwirft, den Gehorsam verweigert oder wenn es vor dem Hindernis stehen bleibt).

STAFFEL-SPRINGEN

Dieser Wettbewerb wird immer im Team von zwei oder drei Teilnehmern geritten. In Übereinstimmung mit der Ausschreibung des Wettbewerbs dürfen die Teilnehmer einander nach Belieben ablösen.
Ablösung ist allerdings Pflicht, wenn ein Teilnehmer seinen Parcours beendet oder einen Fehler gemacht hat.

PUNKTESPRINGEN

Punktespringen ist ein Wettbewerb mit einer bestimmten Anzahl von Hindernissen, deren Überspringen in Übereinstimmung mit ihrem Schwierigkeitsgrad eine bestimmte Anzahl von Punkten bedeutet.
Das einfachste Hindernis wird mit 10 Punkten bewertet, wenn es gut gesprungen wurde, beim schwierigsten Hindernis kann man 120 Punkte erhalten. Ein Teilnehmer hat 60 bis 90 Sekunden Zeit, um nach eigener Wahl eine bestimmte Zahl von Hindernissen zu springen. Reihenfolge und Richtung kann der Reiter selbst bestimmen. Jedes Hindernis darf zweimal gesprungen werden.

GLÜCKSSPRINGEN

Hierbei werden maximal acht Hindernisse übersprungen. Ein Teilnehmer darf selbständig die Reihenfolge der Hindernisse bestimmen.
Jedes Hindernis darf nur einmal gesprungen werden.

BARRIERE-SPRINGEN

Beim Barriere-Springen besteht der Springparcours aus sechs Hindernissen. Die Hindernisse müssen von beiden Seiten zu springen sein. Der Parcours muss zweimal von den Teilnehmern übersprungen werden, beim erstenmal in der Reihenfolge Sprung 1 mit 6, beim zweitenmal in der Reihenfolge von Sprung 6 mit 1.

STILSPRINGEN

Die Teilnehmer eines Stilspringens werden nach folgenden Kriterien beurteilt:

- Präsentation/Reitstil; hierbei wird Wert gelegt auf die Präsentation von Reiter, Pferd

Sieger

und Ausrüstung, auf die Weise, wie der Teilnehmer den Parcours bewältigt, in der Reitbahn reitet, grüßt und 25 Meter im Schritt und 25 Meter im Trab zurücklegt.

- Bewältigung des Parcours
- Stil des Reiters
- Das Springen.

CAPRILLI-PRÜFUNG

Obwohl der Prix Caprilli genauso gut in dem Kapitel Dressur behandelt werden könnte, wollen wir ihn als vorbereitende Springprüfung ansehen. Bei dieser Prüfung werden sowohl Teile einer Dressuraufgabe geritten als auch Hindernisse übersprungen. Im F.E.I.-Reglement wird der Prix Caprilli als ein Wettbewerb der einfachen Reitkunst beschrieben.

In den Dressurprüfungen wird nicht mehr verlangt als nötig ist, um nach den modernen Anforderungen sportlich reiten zu können. Die Ansprüche sind also nicht besonders hoch.

Zwischen den Dressurübungen müssen Hindernisse gesprungen werden, die meist aus einfachen Hochweitsprüngen oder einfachen Kombinationen bestehen.

Zweiter Platz

6 Fahren

Der Anblick eines schicken Gespannes mit einem oder mehreren Pferden erweckt bei den meisten Menschen nostalgische Gefühle. Jedoch war die Rolle angespannter Pferde in der Vergangenheit alles andere als romantisch. Die Pferde mussten schwere Wagen ziehen und in der Landwirtschaft hart arbeiten, ohne dass man sich großartig um sie gekümmert hätte. Die Kraft des Pferdes hat auf diese Weise einen wichtigen Beitrag zur Eroberung von Kontinenten, zur Entwicklung der Landwirtschaft und zur Mobilität der Bevölkerung geleistet. Selbst nachdem Motoren die Aufgabe der Pferde übernommen hatten, war es über einen langen Zeitraum an der Tagesordnung, die Motorleistung in Pferdestärken auszudrücken. Heute verwendet man Gespanne fast nur noch als Freizeitvergnügen. Darüber hinaus entwickelte sich eine spannende Sportart.
Fahren mit Gespannpferden hat eine lange Tradition. Die ursprüngliche Konstruktion war die des zweirädrigen, einspännigen Karrens mit einer sogenannten Zweistangenschleife in A-Form. Zwei lange Stangen wurden dem Pferd über den Rücken gelegt oder beiderseits des Rumpfes befestigt, sodass die langen Enden auf dem Boden nachschleiften. Auf den Querhölzern befestigte man die Last.
Heute haben sich im Fahrsport drei Disziplinen entwickelt:
- Fahrwettbewerbe,
- Hindernisfahren,
- Freizeitfahren.

In diesem Kapitel werden nachfolgend behandelt: die Anspannung, Fahrwettbewerbe, das Hindernisfahren, das Freizeitfahren im Straßenverkehr und die Verständigung mit anderen Verkehrsteilnehmern.

Das Geschirr des Gespannpferdes

Die Kenntnis des Geschirrs und seine korrekte Anpassung ist gerade beim Fahren von großer Bedeutung. Man unterscheidet zwei verschiedene Geschirrkonstruktionen, das Sielen- oder Brustblattgeschirr für leichte Zugarbeit und das Kumtgeschirr für schwere Zugarbeit. Die Maße des Geschirrs müssen exakt an den Körperbau des Pferdes angepasst werden. Ansonsten besteht die Gefahr von Druckstellen. Das Brustblattgeschirr lässt sich im Gegensatz zum Kumtgeschirr jederzeit auf verschiedene Größen verstellen.

Links: Heute ist das Fahren hauptsächlich eine Freizeitbeschäftigung

Brustblattgeschirr

Das Geschirr zum Anspannen umfasst den ganzen Rumpf des Pferdes. Auf dem Hals und der Brust des Pferdes befinden sich das Brustblatt mit den Zugsträngen sowie der Halsriemen mit den Leinenaugen. Um die Mittelhand ist der Rückenriemen geschnallt mit seitlichen Aufsatzhaken, dem Kammdeckel und den seitlich angebrachten Schlagriemenösen, durch welche die Scherbäume gesteckt werden, sowie der Bauchgurt. Um die Hinterhand werden schließlich der Schweifriemen und der Umlaufriemen gelegt.

BRUST

Das Brustgeschirr besteht aus folgenden Teilen:
- Der Halsriemen. Dieser muss exakt an die Halsform und -dicke des jeweiligen Pferdes angepasst sein. Mit Hilfe des Halsriemens kann das Brustblatt je nach Erfordernis höher oder niedriger geschnallt werden. Der Halsriemen muss breit genug sein, da ein zu schmaler Riemen in den Mähnenkamm des Pferdes einschneiden würde.
- Das Brustblatt. Dieses muss aus besonders gut bearbeitetem Leder gefertigt sein. Die Naht des Brustblattes muss sich immer auf der Unterseite befinden. Vom Brustblatt aus führen die Zugstränge an die Zugvorrichtung des Wagens, über die das Pferd die Last zieht.

Brustgeschirr

Brustgeschirr
a) Fahrleine
b) Brustblatt
c) Scherbaum
d) Bauchgurt
e) Halsriemen
f) Leinenauge
g) Kammer
h) Aufsatzhaken
i) Rückenriemen
k) Kreuzriemen
l) Schweifriemen
m) Schlagriemenöse
n) Zugstrang

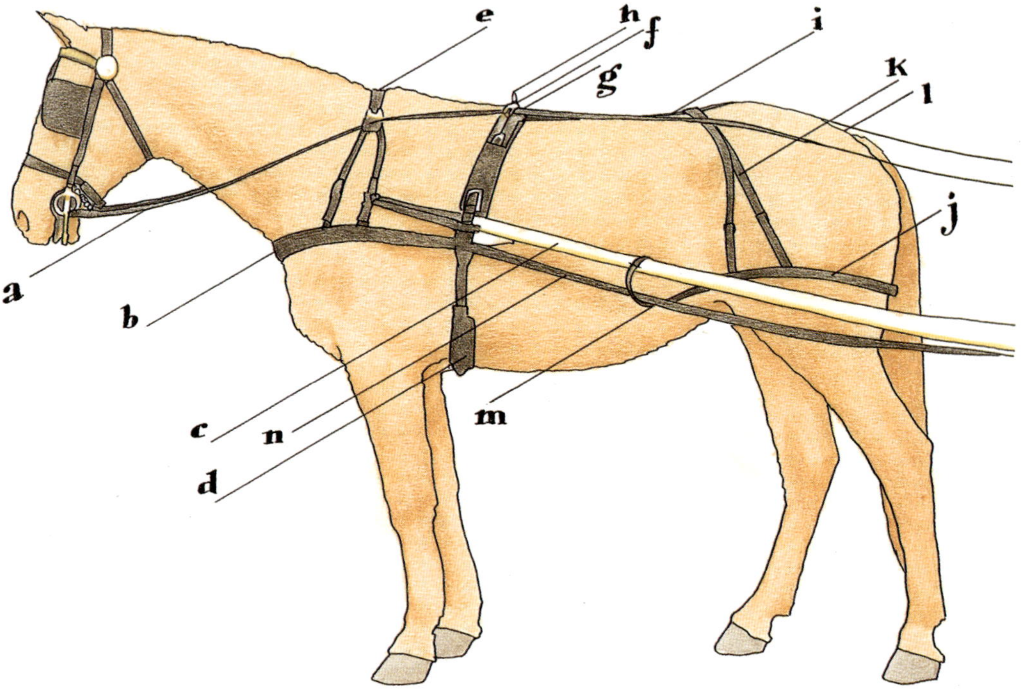

- Die Zugstränge. Sie sind an den beiden äußeren Enden des Brustblattes befestigt. Die Zugstränge können sowohl aus Gurtmaterial als auch aus Leder gefertigt sein.
- Die Gurte. Die Gurte sollen verhindern, dass die Stränge durchschießen können.
- Die Leinenaugen. Dies sind bewegliche Ringe, die sich an beiden Seiten der Kammer befinden und die Fahrleinen an ihrem Platz halten.

WIDERRIST

Am Widerrist bzw. Rücken sind folgende Teile angebracht:

- Der Aufsatzhaken. An ihm wird ein eventueller Aufsatz befestigt, wodurch das Pferd seinen Kopf in einer bestimmten Haltung trägt.
- Die Kammer. Sie wird wie bei einem Sattel aus zwei Sattelkissen gebildet. Dieses Teil des Geschirrs ähnelt einem kleinen Sattel.
- Die Leinenaugen. Sie müssen genügend Raum bieten, um den Leinen ungehinderten Durchgang zu ermöglichen.
- Die Schlagriemenöse. Sie verhindert das „an die Beine Schlagen“ des Zugstranges.
- Der Bauchgurt, der meist aus einem Innen- und einem Außengurt besteht.
- Der Rückenriemen und Schweifriemen. Diese werden an einem Ring befestigt, der sich hinter dem Aufsatzhaken am Widerrist befindet.
- Der Umlaufriemen gehört zum sogenannten Hintergeschirr. Hierbei handelt es sich um einen breiten Riemen, der um die Hinterbacken des Pferdes verläuft. Er arretiert das Geschirr an der Hinterhand, damit es nicht verrutscht, wenn sich das Pferd gegen die Fahrtrichtung stemmt, um den Wagen zum Halten zu bringen.
- Der Kreuzriemen bringt den Umlaufriemen in die gewünschte Höhe.

Der Aufsatzhaken am Geschirr gehört zu einer Postkutsche

KUMTGESCHIRR

Das Kumtgeschirr ist das Prinzip der englischen Anspannung. Es bietet eine größere und günstigere Auflagefläche als das Brustblattgeschirr und eignet sich deshalb für schweren Zug besser. Bei einem Kumtgeschirr haben wir als Zugelement statt des Brustblattes vor der Brust ein Kumt auf der Schulter- und Halspartie des Pferdes.

Ein Kumtgeschirr kann nicht auf verschiedene Größen verstellt werden und muss deshalb für jedes Pferd gesondert angepasst werden. Es muss eine birnenähnliche Form haben und entsprechend der Anatomie des Pferdes auf Hals und Schulter gut aufliegen. Man verwendet gerne ein Unterkumt, das der Form eines Kumts genau angepasst ist. Dies ist eine unterlegte Polsterung, die von außen festgeschnallt wird und mit dem Kumt eine Einheit bildet.

Vom Kumt auf den Schultern führen wie beim Brustblatt die Zugstränge an die Zugvorrichtung des Wagens, über die das Pferd die Last zieht. Eine umlaufende Bauchgurtkonstruktion hält Zugelement und Zugstränge in ihren Positionen. Das Hintergeschirr stabilisiert und befestigt das Geschirr an der Hinterhand.

LEINEN

Die Fahrleinen für ein Einergespann bestehen

Kumtgeschirr

Kreuzleinen

Handstück

Panikhaken

aus einer rechten und einer linken Leine. Die Gesamtlänge einer einzigen Leine beträgt bei geschlossenem Gespann 4,30 Meter. Am Ende der linken Leine ist ein Handriemen befestigt. Leinen müssen immer glatt sein und dürfen keine Ringe oder Stege haben.
Die Vorderleinen, die Fahrleinen für die Vorderpferde im Tandem, Einhorn, Vierer- und Fünfergespann messen 7,10 m bis 7,20 m, die Fahrleinen für Random und Sechsergespann sind 10,20 m lang.

HANDSTÜCK

Stecken Sie den kleinen Finger der linken Hand immer durch das sogenannte Handstück, das sich am Anfang der Außenleine befindet. Hier sind die beiden Leinen miteinander befestigt. Das Handstück verhindert, dass die Leinen auf den Boden gelangen.

PANIKHAKEN

In einer Notsituation kann mit einer einfachen Handbewegung ein kleiner Stift gezogen werden, wodurch das Pferd sofort vom Wagen freikommt.

Das Kopfgestell

Das Kopfgestell des angespannten Pferdes unterscheidet sich von der Zäumung eines Reitpferdes. Neben dem Kopfstück, dem Kehl- und Nasenriemen und den Backenstücken besitzt das Kopfgestell des Fahrpferdes Scheuklappen, Blendriemen und ein besonderes Gebiss, wie eine Liverpool- oder eine Buxton-Kandare. Oft wird auch eine Kinnkette verwendet, die die Hebelwirkung des Gebisses noch verstärkt.

SCHEUKLAPPEN

Scheuklappen sollen verhindern, dass ein eingespanntes Pferd vor unerwarteten Dingen erschrickt und dadurch sich und die Insassen der Kutsche in Gefahr bringt. Scheuklappen behindern die Sicht nach vorne in keiner Weise. Sie sollen die Sicht nach hinten verwehren und werden hauptsächlich für Zwei- oder Mehrspänner verwendet. Sie müssen so hoch an den Backenstücken befestigt sein, dass die Augen auf der Grenze zwischen dem oberen und mittleren Drittel liegen.

BLENDRIEMEN

Ein Blendriemen sorgt dafür, dass sich beide Scheuklappen in gleichmäßigem und ausreichendem Abstand vom Auge befinden. Er ist aus einem Stück Leder gearbeitet und muss, um seine Funktion zu erfüllen, gegabelt sein. Klappernde Augenklappen hingegen würden das Pferd nervös machen und ängstigen.

ROSETTEN

An der Stelle, an der das Stirnteil am Kopfstück befestigt ist, befinden sich oft hübsche, runde Platten, auch Rosetten genannt. Man erzählt,

Kopfgestell:
a) Kopfstück
b) Stirnriemen
c) Rosette
d) Blendriemen
e) Scheuklappe
f) Kehlriemen
g) Backenstück
h) Nasenriemen
i) Liverpool-Kandare
j) Kinnkette
k) Leine

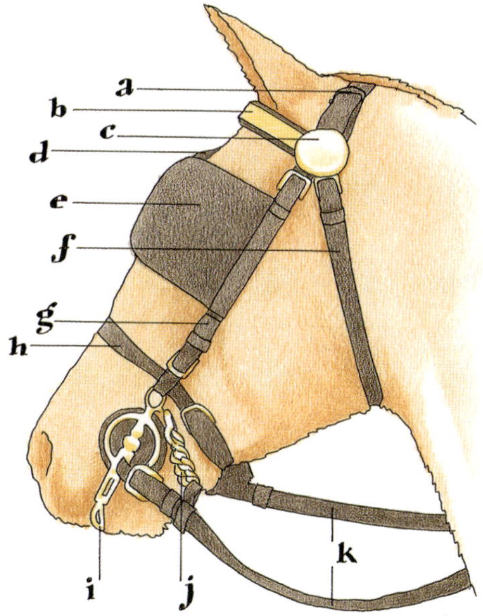

Kopfgestell

Scheuklappen

Rosetten

Liverpool-Kandare

dass Rosetten ursprünglich Amulette waren, die das Pferd, einen kostbaren Besitz, vor bösen Geistern schützen sollten.

NASENRIEMEN

Der Nasenriemen soll die Backenstücke senkrecht halten und so verhindern, dass sie verrutschen können. Er soll eine Kaubewegung im Pferdemaul ermöglichen. Der Nasenriemen sitzt gut, wenn noch zwei Finger dazwischen geschoben werden können.

SPIELER

Einige Kopfgestelle sind mit Spielern versehen. Hierbei handelt es sich um ein Schmuckelement. Sie werden meist bei Gespannen verwendet und sollen dafür sorgen, dass die Pferde von vorne betrachtet gleich aussehen.

Gebisse

Neben dem Trensengebiss, das hauptsächlich für die Ausbildung von jungen Pferden verwendet wird, sehen wir bei Kutschpferden meist Stangengebisse. Für die englische Anspannung mit Kumtgeschirr wird meist eine Fahrkandare eingeschnallt. Es werden häufig Kandaren mit dickem, geradem Mundstück mit ganz geringer Zungenfreiheit und festen, ungeweglichen Hebelanzügen verwendet. Die Oberbäume müssen etwas auswärts gebogen sein, damit sie oberhalb der Maulwinkel nicht scheuern können.

LIVERPOOL-KANDARE

Bei einer Liverpool-Kandare hat man verschiedene Möglichkeiten zum Einschnallen der Fahrleinen.

BUXTON-KANDARE

Bei Anspannungen, bei denen mehrere Pferde hintereinander vor dem Wagen stehen, schnallt man den hinteren Pferden oft eine Buxton-Kandare ein. Diese Stange ist mit einer Brücke versehen, welche die beiden Scheren miteinander verbindet. Die Brücke vermeidet, dass sich die Leinen der vorderen Pferde während des Fahrens mit den Scheren verheddern.

AUFSCHIRREN

Das Aufschirren eines einzelnen Pferdes geschieht stets auf seiner linken Seite.
Bei einem Zweiergespann wird das links laufende Pferd von der linken Seite, und das rechts laufende Pferd von der rechten aus aufgeschirrt. Das Aufschirren erfolgt nach Möglichkeit

Vierspänner mit Kumtgeschirr

immer in der gleichen Reihenfolge. Bei einem Brustblattgeschirr legt man Stränge und Kammdeckel auf den Unterarm und nimmt Halsriemen und Brustblatt mit beiden Händen auf, wobei man dafür sorgt, dass der Halsriemen nach oben gerichtet ist. Anschließend streift man Brustblatt und Halsriemen über den Pferdekopf und dreht sie hinter den Pferdeohren von links nach rechts. Man führt sie langsam zur Schulter und legt sie auf den Rücken des Pferdes. Das Brustblatt sitzt gut, wenn es sich eine Hand breit über dem Brustbein befindet.
Das Kumtgeschirr wird auf die gleiche Weise angelegt, wie das Brustblattgeschirr. Statt Halsriemen und Brustblatt wird das Kumt aufgelegt. Das Kumt sitzt gut, wenn eine Faust zwischen Kumt und Pferdekörper passt. Anschließend legt man den Schweifriemen an und schnallt die Gurte zu. Jetzt kann man das Kopfgestell und gegebenenfalls die Scheuklappen anlegen.
Achten Sie besonders darauf, dass die Kinnkette nicht verdreht in der Kinnkettengrube des Pferdes liegt. Jetzt müssen Sie beim Brustblattgeschirr die jeweilige Außenleine an der Außenseite durch die Leinenringe von Kammdeckel und Halsriemen einziehen und am Gebiss einschnallen. Die Innenleine wird auf die gleiche Weise durch die inneren Leinenringe gezogen und solange, bis das Pferd angespannt wird, mit dem Kehlriemen befestigt.

Buxton-Kandare

ANSPANNEN

Das Anspannen wird immer in der gleichen Reihenfolge mit Ruhe und Bedacht vorgenommen. Das Anspannen geht folgendermaßen vor sich: Der Wagen steht mit angezogener Bremse bereit. Man lässt die Pferde langsam und vorsichtig an der Deichsel zurücktreten, sodass sie nirgends anstoßen. Jetzt wird die Innenleine desjenigen Pferdes, das den Kopf höher trägt, über die Innenleine des anderen Pferdes geführt. Dann werden die Deichselketten befestigt. Die Leinen, die im Handstück zusammengeschnallt und in kurzen Schleifen zusammengenommen sind, werden von vorne nach hinten unter die Oberblattstrupfe gesteckt. Äußere und innere Stränge werden an den Ortscheiten befestigt. Die Aufhalter werden so verkürzt, dass die Brustblätter nicht nach vorne gezogen werden.

ABSPANNEN

Das Abspannen erfolgt in umgekehrter Reihenfolge wie das Anspannen. Gleiches gilt auch für das Abnehmen des Geschirrs. Nach jedem Abspannen muss man die Pferde auf Geschirrdruck überprüfen.

PFLEGE DES GESCHIRRS

Nach dem Fahren sollte das Geschirr mit einem nassen Schwamm gesäubert werden, um Fell und Schweiß des Pferdes zu entfernen. Schweiß führt dazu, dass Leder hart und brüchig wird. Er enthält Salze, die das Leder angreifen. Um Schweiß zu entfernen, wird das Geschirr mit Sattelseife behandelt. Hierfür schnallt man das Geschirr auseinander. Nachdem die Seife gut einmassiert wurde, lässt man das Geschirr gut trocknen. Der Trockenprozess darf keinesfalls dadurch beschleunigt werden, dass man die Teile z. B. in die pralle Sonne oder auf eine Heizung legt. Das Leder trocknet sonst stark aus und kann brechen. Die Lederteile werden anschließend eingefettet und poliert. Lackleder wird nicht mit Fett behandelt und nur trocken abgerieben.

GESCHIRRBOCK

Mit Hilfe eines Geschirrbocks kann man das Geschirr übersichtlich aufhängen oder zum Pferd bringen. Vor allem beim Anspannen von mehreren Pferden ist es sehr praktisch, alles übersichtlich bei der Hand zu haben. Pro Geschirr braucht man drei verschiedene Aufhängevorrichtungen: eine für das Brustblatt oder Kumt, eine für das Hintergeschirr und eine für das Kopfgestell. Obwohl die Peitsche nicht zum Geschirr gehört, muss an dieser Stelle unbedingt erwähnt werden, dass diese stets hängend aufbewahrt werden sollte, sodass ihr Stock gerade bleibt.

Abspannen

Geschirrbock

Die Technik des Fahrens

FAHRLEHRGERÄT

Mit Hilfe eines Fahrlehrgerätes können die unterschiedlichen Handgriffe „auf dem Trockenen“ geübt werden.

Handhaltungen

GRUNDHALTUNG

Für die Leinenführung gilt folgende Grundhaltung: Man hält die Leinen während des Fahrens in einer Hand, während die andere Hand frei sein muss. Beide Leinen liegen glatt ausgedreht in der linken Hand und mit der Haarseite nach oben. Die linke Leine läuft über den Zeigefinger und die rechte Leine zwischen Mittel- und Ringfinger durch die Hand. Mittel-, Ring- und kleiner Finger schließen sich und halten die Leinen fest. Die Peitsche wird in der rechten Hand gehalten und weist nach oben und leicht vorwärts nach links.

GEBRAUCHSHALTUNG

Bei der Gebrauchshaltung bleibt die Haltung der linken Hand unverändert in der Grundhaltung. Man bringt die rechte Hand mit der Peitsche vor die linke Hand, wobei man mit den untersten drei Fingern die rechte Fahrleine umfasst. Mittel-, Ring- und kleiner Finger umgreifen Peitsche und rechte Leine. Die rechte Hand steht direkt vor der linken. In der Gebrauchshaltung fährt man beidhändig auf geraden Strecken und benutzt sie zum Verlängern und Verkürzen der Leinen. Weiterhin dient die Gebrauchshaltung zur Entlastung und Entspannung der linken Hand.

Fahrlehrgerät

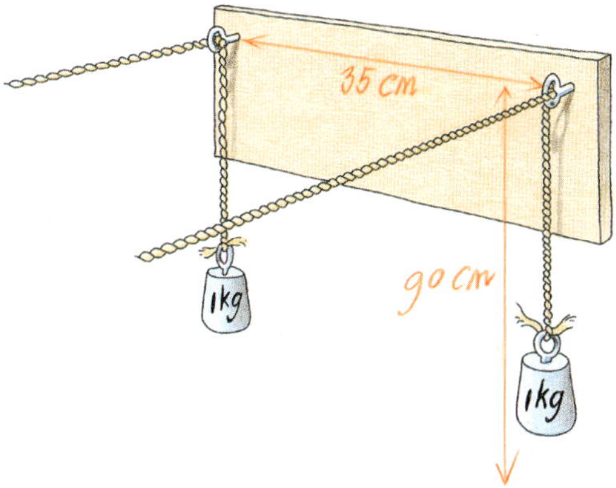

Grundhaltung

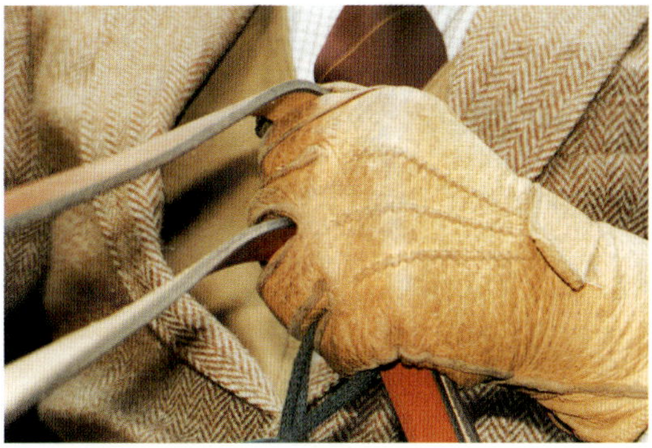

Gebrauchshaltung

DRESSUR- ODER ARBEITSHALTUNG

Aus der Gebrauchshaltung kann man in die Dressurhaltung übergehen. Hierfür steht die linke Hand in Grundhaltung. Die rechte Hand mit Peitsche greift die rechte Leine von oben mit Mittel-, Ring- und kleinem Finger etwa 5 cm vor der linken Hand und stellt sich in gleicher Höhe senkrecht halbrechts vor die linke Hand. Sie zieht dabei ein ca. 10 cm langes Stück der rechten Leine aus der linken Hand heraus, wobei sich die Länge zum Pferdemaul nicht verändern darf.

AUFSITZEN AUF DEN BOCK

Vor dem Aufsitzen auf den Bock werden die Fahrleinen aus der Oberblattstrupfe genommen und in richtiger Abmessung aufgenommen, sodass die Verbindung zum Pferdemaul hergestellt wird. Der Fahrer sitzt auf den Bock auf. Nach dem Aufsitzen wird die Gebrauchshaltung eingenommen.

AUFNEHMEN DER LEINEN

Die Leinen werden so aufgenommen, dass man nach dem Aufsitzen auf den Bock an ihrer Län-

Dressurhaltung

Aufsitzen auf den Bock

Verkürzen der Leinen

ge praktisch nichts mehr verändern muss. Die Verbindung zum Pferdemaul wird hergestellt.

VERKÜRZEN DER LEINEN

Für ein langsameres Tempo müssen die Leinen verkürzt werden. Das Verkürzen geschieht zentimeterweise. Aus der Gebrauchshaltung heraus wird die rechte Hand einige Zentimeter auf der Leine nach vorne geschoben und dort geschlossen; die linke Hand folgt und schließt sich. Wiederholen Sie dies, so oft es nötig ist. Üben Sie das Verkürzen der Leinen, bis Sie es sicher beherrschen. Man kann auch Verkürzen, indem man die linke Hand vor die rechte und die rechte Hand unmittelbar vor die linke stellt.

HALTEN

Ausgangsstellung zum Anhalten eines Gespannes ist die Gebrauchshaltung, mit dem Unterschied, dass die rechte Hand 25 cm nach vorne geschoben die Leine umschließt. Die linke Hand geht senkrecht nach oben, um der rechten Hand Platz zu machen. Man verlängert die Leinen wieder, indem man sie mit der rechten Hand Zentimeter um Zentimeter aus der linken zieht. Die rechte Hand kehrt dann in die Gebrauchshaltung zurück. In einer Notlage hat man mehr Kraft, wenn man die linke Hand über die rechte Hand greift. Dies ist allerdings nur erlaubt, wenn eine gefährliche Situation entstanden ist.

VORWÄRTSGEHEN

Beim Vorwärtsgehen müssen die Pferde an die Hand gestellt sein. Gibt der Fahrer mit den Händen nach, dann gehen die Pferde vorwärts. Wenn die Pferde auf vorwärtstreibende Stimmhilfen nicht reagieren, kann man die Anweisung mit einer kleinen Peitschenhilfe unterstützen. Die Peitsche ist ausschließlich dafür vorgese-

Halten

hen, um dem Pferd Anweisungen zu geben und nicht zum Schlagen.

PEITSCHENHILFEN

Obwohl der Fahrer die Peitsche sparsam einsetzen sollte, kann man auf dieses Hilfsmittel beim Anspannen nicht verzichten. Die Wirkung der Fahrpeitsche ist mit Gesäß und Schenkel des Reiters vergleichbar.

Mit der Peitsche werden folgende drei Arten von Anweisungen gegeben:

- eine vortreibende Hilfe, um vorwärts zu gehen oder um das Tempo zu erhöhen. Wenn der Fahrer mit der Peitsche treibt, muss er gleichzeitig die Leinen nachgeben.
- eine versammelnde Hilfe, die identisch ist mit einer treibenden Hilfe, dabei gibt der Fahrer die Leinen aber nicht nach. Manchmal ist es notwendig, leichten Widerstand zu geben, wenn zum Beispiel ein Übergang vom Trab zu versammeltem Trab durchgeführt werden soll.
- eine Strafe, bei der die Leinen gut angenommen werden müssen, um zu vermeiden, dass das Pferd wegstürmt. Der Fahrer muss einen strafenden Schlag genau in dem Moment geben, in dem das Pferd ungehorsam ist. Straft man später, dann kann das Pferd seinen

Anweisung mit der Peitsche

Achenbach-System

Ungehorsam nicht verstehen und die Strafe hat keine korrigierende Wirkung.

WENDUNGEN

Für eine Wendung nimmt der Fahrer die Gebrauchshaltung ein. Er muss dabei bedenken, dass er rechts auf dem Bock sitzt. Hierdurch verändert sich der Abstand zwischen seinen Händen und dem Pferdemaul während einer Wendung nach rechts. Bei Wendungen nach rechts ist es deshalb notwendig, die Zügel zu verkürzen, so dass sie nicht schlaff durchhängen und der Fahrer keinen Kontakt mehr zum Pferdemaul hat. Das Verkürzen geschieht Zentimeter um Zentimeter. Die rechte Hand schiebt sich nach vorne an der rechten Leine entlang und die linke Hand gibt nach. Wenn die Wendung ausgeführt wurde, dann dreht man die linke Hand wieder zurück und nimmt mit der rechten Hand die Gebrauchtshaltung ein, wodurch die Leinen wieder verlängert werden.

ACHENBACH-FAHRSYSTEM

Das heute bekannteste Fahrsystem ist das Achenbach-Fahrsystem, das nach Benno von Achenbach, dem Entwickler dieser Methode, benannt wurde. Die grundsätzlichen Merkmale dieses Fahrsystems sind: Durch die senkrechte Stellung beider Hände in Grund- und Dressurhaltung können kleinere Wendungen allein durch Drehen der Handgelenke durchgeführt werden. In der Grundhaltung liegen alle Fahrleinen in der linken Hand.

Fahrwettbewerbe

Man kann mit einem Einspänner, einem Tandem (zwei Pferde, die hintereinander vor den Wagen gespannt sind), einem Zweispänner und einem Vierspänner an Wettbewerben teilnehmen.

VORGESCHRIEBENE KLEIDUNG BEI FAHRWETTBEWERBEN

Bei Fahrwettbewerben (und hier besonders bei einer Dressur- und einer Geschicklichkeitsprüfung) tragen die Herren einen dunklen Anzug mit Krawatte. Als Kopfbedeckung dient eine Melone oder ein anderes Hutmodell. Die Damen haben ein Kostüm an, bevorzugt mit einem langen Rock und einer hübschen Bluse. Auf dem Kopf haben sie einen passenden Hut. Sowohl für Herren als auch für Damen sind Handschuhe und Spritzdecke Pflicht. Die Spritzdecke wird um die Oberschenkel und die Knie des Fahrers geschlagen. Sie soll verhindern, dass die Leinen und die Handschuhe auf Kostüm oder Anzug Flecken hinterlassen. Neben dieser Kleidung kann sich ein Teilnehmer auch immer in einem gewöhnlichen Reitdress oder in seiner Uniform präsentieren. Beim Marathon ist weniger offizielle Kleidung erlaubt. Trotzdem ist auch hier das Tragen einer Kopfbedeckung für die Teilnehmer und die Grooms Pflicht.

Geschmackvolle Kombination

Einige Fahrer kleiden sich für Wettbewerbe besonders geschmackvoll. Sie versuchen, die Farben von Geschirr und Pferden harmonisch durch ihre Kleidung zu ergänzen.

GRÜSSEN BEI FAHRWETTBEWERBEN

Zum Grüßen bleibt der Fahrer mit dem Gespann gerade vor den Richtern stehen. Die Herren nehmen mit der rechten Hand den Hut ab, die Damen neigen den Kopf.

VIELSEITIGKEITSPRÜFUNGEN

Vielseitigkeitsprüfungen entstanden aus dem Versuch einiger englischer Fahrer und Kutscher, die Tradition des Fahrens alter Postkutschen fortzusetzen. Die Abfahrt der alten Postkutschen fand an der Poststelle in London statt. Die Pferde, Geschirre und Kutschen wurden vor der Reise sorgfältig und ausführlich inspiziert, damit unterwegs nichts passieren und den Zeitplan durcheinanderbringen konnte. Es fuhr auch immer jemand mit, der das Einhalten des Zeitplans überwachte. Die Postkutsche rollte durch eine abwechslungsreiche Landschaft. In hügeligem Gelände kam sie langsamer voran als auf flachen Wegen. Manchmal war auch der Weg versperrt, z. B. durch eine eingestürzte Brücke oder einen quer liegenden Baum. Die Überwindung eines solchen Hindernisses kostete natürlich oft viel Zeit. Hierdurch gerieten die Kutscher in Zeitverzug und mussten galoppieren, um die verlorene Zeit wieder einzuholen. Ein Kutscher musste über einige Kenntnisse verfügen, um solch eine Reise durchzuführen.
Die heutigen Vielseitigkeitswettbewerbe bestehen aus den Teilprüfungen:
a) Präsentation und Dressur,
b) Marathon,
c) Geschicklichkeitsprüfung.

PRÄSENTATION

Bei der Präsentation beurteilt eine Jury den Gesamteindruck der Pferde, des Fahrers, der Hilfsfahrer, der Kutsche und des Geschirrs. Die Gespanne stehen hierfür ruhig in einer Reitbahn.

DRESSURPRÜFUNG

Der Schwierigkeitsgrad der Prüfung wird durch das Niveau des ganzen Wettbewerbs bestimmt und steht deshalb in direkter Verbindung mit dem Grad der Ausbildung des Pferdes und dem Niveau des Teilnehmers. Der Teilbereich Dressur findet auf einem Gelände von minimal 30 x 60 m für Ein- und Zweispänner, und 40 x 80 m für Tandems und Vierspänner statt. Eine Prü-

Die Damen neigen den Kopf

Postkutsche

fung dauert ungefähr 12 Minuten. Bei der Dressur wird die Ruhe, die Regelmäßigkeit der Gangarten, die Harmonie, der Vorwärtsdrang des Pferdes und die Geschicklichkeit und Haltung des Fahrers beurteilt. Jede Fahrprüfung beginnt und endet mit dem Grüßen der Richter. Die Klassen 1 und 2 werden durch mindestens einen Fahrrichter beurteilt. In Klasse 3 findet die Beurteilung durch wenigstens drei der Jurymitglieder statt. Beim Richten mehrerer Fahrrichter sitzen diese auf der kurzen Seite verteilt bei B oder E. Der vorsitzende Richter sitzt immer bei C. Wenn ein Teilnehmer die Prüfung wegen Materialfehler nicht beenden kann, erfolgt der Ausschluß.

MARATHON

Der Marathon ist das Gegenstück zur Geländeprüfung in der Vielseitigkeit. Der Marathon geht über 24 bis 27 km und besteht aus fünf Abschnitten mit zwei vorgeschriebenen Pausen. Die erlaubte Höchstzeit beträgt 2 Stunden. In Teil A geht es 10 km über Straßen und Wege, die Gangart der Pferde ist freigestellt. Teil B geht über 1,2 km und muss im Schritt bewältigt werden. Im Teil C geht die Strecke über hügeliges Gelände, die Pferde gehen einen flotten Trab. Nach Teil D, der zweiten Schrittphase, wird während des 10-minütigen Stopps eine tierärztliche Kontrolle durchgeführt. Der letzte

Beginn einer Dressurprüfung

Marathon

Teil E geht über 10 km. Hier müssen acht Hindernisse überwunden werden. Es handelt sich dabei um natürliche Hindernisse, wie Wasserdurchfahrten, aber die meisten werden künstlich hergestellt.
In Teilprüfung C wird ein Parcours aus 20 Hindernissen umfahren. Diese Prüfung ist als „Kegelfahren“ bekannt. Fehlerpunkte gibt es bei Berührung des Kegels, bei Herunterfallen des Balles von der Kegelspitze und bei Überschreiten des Zeitlimits.

HINDERNISSE BEIM MARATHON

Ein Hindernis besteht aus maximal sechs Toren (A mit F), die durch ein rotes und ein weißes Band gekennzeichnet und mit den entsprechenden Buchstaben markiert sind. Der Teilnehmer muss die alphabetische Reihenfolge der Tore einhalten. Er muss zwischen den weißen und roten Bändern durchfahren und dabei das rote

Die Grooms befinden sich hinten auf dem Wagen

Wasserdurchfahrt

Tierärztliche Kontrolle

Band an der rechten Seite passieren. Ein Teilnehmer wird vom Wettbewerb ausgeschlossen, wenn er die maximale Zeit von fünf Minuten an einem Hindernis überschreitet, wenn er ein oder mehrere Pferde ausspannen muss, wenn er ein Tor des Hindernisses von der verkehrten Seite nimmt und wenn er sich schlecht benimmt.

TIERÄRZTLICHE KONTROLLE

Beim Marathon sind wenigstens zwei tierärztliche Kontrollen Pflicht. Die erste findet vor dem Start der Gespanne zu Teil A statt, die zweite findet nach Teil D statt.

BOCKRICHTER

Ein Bockrichter sitzt während des Marathons neben dem Fahrer. Er beurteilt vor allem die korrekte Ausführung der Gangarten in den verschiedenen Teilen und notiert die Zeiten.

HINDERNISRICHTER

An den Hindernissen in Teil E befinden sich Hindernisrichter. Sie notieren die Zeit, die ein Teilnehmer braucht, um das Hindernis zu überwinden. Sie vermerken natürlich auch eventuelle Fehler.

KEGELFAHREN

Beim Hindernisfahren oder „Kegelfahren" wird der Gehorsam der Pferde und das Können der Fahrer und ihrer Mannschaft beurteilt. Der Parcours besteht aus bis zu 20 Hindernissen, die die Teilnehmer in einer festgelegten Zeit bewältigen müssen. Jedes Hindernis besteht aus zwei Kegeln mit je einem Ball auf der Kegelspitze. Dieser Ball liegt so locker auf, dass er sofort herabfällt, wenn der Kegel berührt wird. Der Abstand zwischen den Kegeln wird in Übereinstimmung mit der Spurbreite des Wagens festgelegt, wobei 30 bis 60 cm hinzugefügt werden können. Der Parcours muss während der festgelegten Zeit absolviert werden. Wenn mehr als

Bockrichter

ein Fahrer in der erlaubten Zeit fehlerlos geblieben ist, wird ein Stechen um den ersten Platz gefahren. Vor dem Beginn der Prüfung haben die Teilnehmer die Gelegenheit, den Parcours kennenzulernen.

SPURBREITE

Die Spurbreite ist der Abstand zwischen den Hinterrädern der Kutsche.

PERSONEN AUF EINER KUTSCHE

Während der Präsentation, der Dressur und der Geschicklichkeit gelten bestimmte Regeln für die Anzahl der Personen, die auf einer Kutsche sitzen dürfen. Ein Groom begleitet den Fahrer und lehnt sich immer entsprechend hinaus, um dem Gespann mehr Stabilität zu geben.
Während der Dressur- und der Geschicklichkeitsprüfung:
Einspänner, Zweispänner und Tandem:
- ein Teilnehmer,
- ein Groom.

Vierspänner:
- ein Teilnehmer,
- zwei Grooms.

Während des Marathons:
Einspänner und Tandem:
- ein Teilnehmer,
- ein Groom.

Zweispänner:
- ein Teilnehmer,
- ein Groom (zwei Grooms erlaubt).

Geschicklichkeitsprüfung

Vierspänner: ein Teilnehmer, zwei Grooms

Vierspänner:
- ein Teilnehmer,
- zwei Grooms,

Passagiere sind nicht erlaubt. Sollte ein Teilnehmer trotzdem jemanden mitnehmen, kann er ausgeschlossen werden.

ABTEILUNGEN

Fahrwettbewerbe werden in folgende Abteilungen untergliedert:
- Einspänner, Ponys,
- Einspänner, Pferde,
- Zweispänner, Ponys,
- Zweispänner, Pferde,
- Tandem, Ponys,
- Tandem, Pferde,
- Vierspänner, Ponys,
- Vierspänner, Pferde.

KLASSENEINTEILUNG

Bei kombinierten Wettbewerben unterscheiden wir die Klassen 1, 2 und 3, die aus folgenden Teilen bestehen: Dressur, Marathon und Geschicklichkeitsprüfung. Die Bewertung der Teilnehmer erfolgt durch Punktegewinn oder Punktabzug auf Basis der Anzahl der Strafpunkte.

WERTUNG

Die Wertung eines kombinierten Wettbewerbs erfolgt durch die Anzahl der Strafpunkte, die ein Teilnehmer in den Teilprüfungen bei der Dressur, dem Marathon oder der Geschicklichkeitsprüfung erhalten hat. Die Gesamtsumme der Strafpunkte wird festgestellt.
Der Teilnehmer mit den wenigsten Strafpunkten ist der Gewinner des Wettbewerbs.
Unterschiedliche Organisationen schreiben Fahrwettbewerbe aus, bei denen eine Dressurprüfung in Kombination mit einer Geschick-

lichkeitsprüfung gefahren werden muss. Wenn ein Fahrer an solchen Wettbewerben teilnimmt, kann er sich und seine Pferde bei dieser Gelegenheit überprüfen und Routine erhalten. Auf Grund bestimmter Leistungen qualifizieren sich die besten Teams für kombinierte Wettbewerbe.

Schauwettbewerbe

Beim Schaufahren geht es um die Auswahl der am besten präsentierten Gespanne. Neben dem harmonischen Gesamteindruck wird hauptsächlich die Haltung und Bewegung der Pferde bewertet, wobei der Schwerpunkt auf dem Trab liegt.

Freizeitfahren

Gespannfahren in der freien Natur nennen wir Freizeitfahren. Fahrclubs organisieren oft gemeinsame Ausfahrten, wobei die Teilnehmer historische Gewänder anlegen. Solche Ereignisse erhalten hierdurch einen nostalgischen Touch.

WAGENTYPEN

Man unterscheidet grob einen zwei- und einen vierrädrigen Pferdewagen. Letzterer ist durch eine drehbare Vorderachse lenkbar. Englische Wagen sind z. B. ein einspänniger Buggy mit vier Rädern, ein Dogcart, einspännig und Tandem mit zwei Rädern, ein Tilbury, einspännig und Tandem mit zwei Rädern.
Jeder Wagentyp hat bestimmte Grundkonstruktionen:

Schaufahren

Freizeitfahren

- Der Unterbau. Er bestimmt die Fahreigenschaften des Wagens.
- Der Wagenaufbau. In ihm finden Fahrer und Fahrgäste Platz.
- Der Kutschbock. Er muss dem Sitz des Fahrers festen Halt bieten.
- Bremsen und Laternen. Sie dienen der Sicherheit und sind vorgeschrieben.
- Die Deichsel. Eine starre Schere oder Gabel dient als Lenkstange des Pferdewagens, die von den Pferden in Wendungen automatisch durch Gegendruck bedient wird.
- Die Zugvorrichtung für die Pferde. Sie ist an und vor der Vorderachskonstruktion befestigt. Sie besteht aus der fest stehenden Sprengwaage mit aufgesetzten Docken oder angehängten Ortscheiten. Die Sprengwaage soll die größte Breite des Wagens um ca. 10 cm übertreffen, damit die Deichselpferde seitlich genügend Raum finden und der Fahrer enge Hindernisse gut abschätzen kann.

Bei einer Dressurprüfung und einem Geschicklichkeitswettbewerb werden sogenannte Präsentierwagen verwendet. Für einen Einspänner oder ein Tandem gibt es Wagen mit zwei oder vier Rädern. Für Mehrspänner müssen Wagen mit vier Rädern verwendet werden.
Bei einem Marathonwagen ist wichtig, dass dieser schmal gebaut ist und einen engen Wendekreis hat. Für Schauwettbewerbe gibt es besonders leichte Wagentypen, durch die das Pferd besonders gut herausgebracht werden kann. Der Wagen muss auf der linken Seite mit mindestens einem roten Reflektor am äußersten hinteren Ende versehen sein. In der Dressurprü-

Rechts ein deutscher Jagdwagen, links ein französischer Wagen

fung und im Geschicklichkeitswettbewerb muss der gleiche Wagen verwendet werden. Beim Marathon darf der Teilnehmer einen anderen Wagen (Marathonwagen) fahren.

ANSPANNUNGEN

In Europa ist hauptsächlich der englische und der ungarische Anspannungsstil verbreitet. Diese Anspannungen unterscheiden sich wiederum durch die Stadt- oder Parkanspannung und die schlichtere Landanspannung. Die russische Anspannungsart ist vorwiegend auf den Osten beschränkt, wohingegen der amerikanische Stil manchmal auch bei uns gepflegt wird.

Unter dem Anspannungsstil verstehen wir eine bestimmte Kombination von Pferdetyp, Geschirr und Wagenkonstruktion.

- Die englische Anspannung zielt auf Schlichtheit und Funktionalität ab und hat eine lange Tradition. Der zwei- oder vierrädrige Wagen muss zur Größe des Pferdes passen. Die Pferde sind normalerweise gepflegt und elegant und haben viel Aktion. In Körperbau und Farbe sind die Pferde oft ähnlich. Häufig sieht man ein schwarzes Kumtgeschirr mit Fahrkandare und Ketten-Aufhalter mit stahlpolierten, ovalen Gliedern. Englische Fahrleinen (hier liegt das Schnallstück kurz vor der Hand des Fahrers) und Bogenpeitsche werden mit hohen, schweren englischen Wagentypen in dunklen Farben kombiniert.
- Die Landanspannung ist deutschen Ursprungs. Hierbei legt man hauptsächlich auf Sicherheit Wert. Sie wird meist mit einem Brustblattgeschirr und einem Jagdwagen gefahren. Der Fahrer fährt im Sportanzug mit Hut, aber auch in einer Nationaltracht.

• Beim Freizeitfahren wird auf korrekte Regeln nicht so viel Wert gelegt. Wie bereits der Name andeutet, ist hier die Wahl der Kutsche und der Anspannung nicht reglementiert. Es geht vor allem um Sicherheit und natürlich auch um eine geschmackvolle Kombination von Pferd und Wagen. Hier sieht man sowohl schlichte, schmucklose Zweckbeschirrung als auch poliertes, reich beschlagenes Geschirr und noble Kutschen, je nach dem Geschmack des Fahrers.

Ein „flotter Dreier" als Shownummer

Verkehrsregeln für das Fahren mit Gespannpferden

Eine Anspannung ist ein langsamer Verkehrsteilnehmer. Natürlich gelten auch für ein Gespann die allgemeinen Verkehrsregeln der Straßenverkehrsordnung. Nachfolgend haben wir einige Zeichen aufgeführt, die beim Fahren mit Gespannpferden im Straßenverkehr gegeben werden sollen.

VOR DER WENDUNG NACH LINKS
Vor der Wendung nach links hält der Fahrer die Peitsche mit der rechten Hand hoch über dem Kopf quer nach links und schaut sich nach links um.

VOR DER WENDUNG NACH RECHTS
Vor der Wendung nach rechts übergibt der Fahrer die Peitsche der linken Hand, streckt den rechten Arm nach rechts seitwärts und sieht sich nach rechts um.

VOR DEM ÜBERGANG ZUR NÄCHSTNIEDEREN GANGART, VOR DEM HALTEN
Vor dem Übergang zur nächstniederen Gangart übergibt der Fahrer die Peitsche der linken Hand und hält die rechte Hand senkrecht hoch, um ein Auffahren anderer Verkehrsteilnehmer von hinten zu vermeiden. Er verhält sich ebenso, wenn er anhalten möchte.

GERADEAUSFAHREN
An stark befahrenen Kreuzungen zeigt der Fahrer das Geradeausfahren durch Ausstrecken des rechten Armes nach vorn an. Dabei hält er die Peitsche in der linken Hand.

BELEUCHTUNG
Gespanne müssen nachts – ab einer Stunde nach Sonnenuntergang bis zu einer halben

Rechts abbiegen

Stunde vor Sonnenaufgang – beleuchtet sein. Die Beleuchtung muss bestimmte Anforderungen erfüllen.
Zwei Laternen müssen auf gleicher Höhe außen an der rechten und der linken Seite der Kutsche oder des Wagens angebracht sein. Ein rotes Rücklicht und zwei rote Reflektoren müssen sich an der Rückseite des Wagens befinden. Weiterhin wird empfohlen, einen dreieckigen Reflektor hinten an der Kutsche anzubringen.

FAHRABZEICHEN

Um in den Besitz des Fahrabzeichens zu kommen, muss der Kandidat eine theoretische und eine praktische Prüfung ablegen.
Der theoretische Teil besteht aus Fragen beispielsweise über die tägliche Versorgung des Pferdes, über die Fütterung, über das Exterieur, über das Geschirr oder über die Verkehrsregeln. Vor dem praktischen Teil muss der Kandidat ein Pferd korrekt aufzäumen und anspannen und das Pferd eine halbe Stunde lang im Schritt und Trab fahren. Der Fahrteil findet auf öffentlichen Wegen im normalen Straßenverkehr statt. Besitzern einer Fahrprüfung wird ein Ausweis ausgestellt. In einigen Gebieten und Ländern darf man nur fahren, wenn man eine Fahrprüfung abgelegt hat.

BELASTUNG EINES GESPANNES

Ebenso wie bei Pferden unter dem Sattel gelten für Gespannpferde verschiedene Regeln, die während des Fahrens beachtet werden müssen. Zunächst ist es wichtig, ruhig und gleichmäßig zu fahren und Schritt und Trab regelmäßig abzuwechseln. Statt nach einem kurzen Trab die Pferde wieder in den Stall zu stellen, ist es besser, eine lange Ausfahrt zu machen. Beachten Sie auch, dass Sie nicht zu viel „Gepäck“ mitnehmen, ob das nun Passagiere sind oder irgend welche Gegenstände.
Das gezogene Gewicht kann man folgendermaßen bestimmen:

- Wenn man auf harten Wegen fährt, kann ein Pferd dreimal sein eigenes Gewicht ziehen.
- Will man auf Sand- oder Schotterwegen fahren, rechnet man als Last zweimal das Gewicht des Pferdes.
- Auf hügeligem Gelände oder in den Bergen sollte das Pferd maximal sein eigenes Gewicht ziehen.

Letztendlich ist es auf einer langen Ausfahrt selbstverständlich, Ruhepausen einzulegen. Gehen Sie ungefähr einen Kilometer vor dem vorgesehenen Rastplatz in den Schritt über, sodass das Pferd bzw. die Pferde bereits vor der Pause zur Ruhe kommen können.

Fahren auf öffentlichen Straßen

7 Westernreiten

Der Westernstil basiert auf Sicherheit und Bequemlichkeit

Im 19. Jahrhundert erlebte die Viehzucht einen enormen Aufschwung. Hier war die Welt der echten Cowboys, die auf den großen Ranchbetrieben unter den widrigsten Umständen das Vieh zählten, brannten und umhertrieben. Diese relativ kleine Anzahl an Männern, die diese Arbeit verrichtete, brauchte schnelle, wendige Pferde mit einem ruhigen und arbeitswilligen Charakter. Darüber hinaus mussten die Cowboys die Pferde mit einer Hand steuern können, sodass sie die andere für verschiedene Arbeiten benutzen konnten. Amerikanische Viehzüchter mussten oft große Entfernungen zurücklegen. Auf diese Weise entwickelte sich ein sicherer, bequemer Reitstil. Die Arbeitsbedingungen und die Spiele, mit denen sich die Cowboys in ihrer knappen Freizeit vergnügten, bildeten die Grundlage des heutigen Westernreitens.
Um es ganz klar zu sagen, Westernreiten hat nichts mit Rodeo zu tun. Rodeo ist ausschließlich auf Effekt und Sensation ausgerichtet, wohingegen der Westernreitstil auf Ruhe und Sicherheit basiert. Wichtig ist hierfür ein geeignetes Pferd. Durch die strenge Zuchtauslese, die die Cowboys bei der Wahl ihrer Pferde trafen, blieben drei Rassen übrig, die ihre Ansprüche erfüllen konnten: das Quarter Horse, der Paint und der Appaloosa.
Heute wird das Westernreiten als eine Sparte des Reitsports fast täglich beliebter und viele Reiter kaufen sich Westernpferde. Wer an einem Wettbewerb oder an einer Show teilnehmen möchte, kann unter folgenden Pferden wählen: dem Westernreitpferd, dem Freizeitpferd, dem Trailpferd und dem Paradepferd.
Nachfolgend geben wir eine systematische Übersicht über die Grundbegriffe des Westernreitens.

Links: Anhalten auf Stimme. Whoa...!

Der Westernreiter

Ein guter Westernreiter sitzt auf eine natürliche und entspannte Weise im Sattel, und die Hilfen, die er gibt, sind leicht. Das Westernpferd wird mit lockerem Zügel geritten. Nur wenn das Pferd korrigiert werden muss, nimmt der Reiter eine leichte und elastische Verbindung mit dem Pferdemaul auf.

HALTUNG DES WESTERNREITERS

Bei einer korrekten Haltung kann man eine vertikale Linie beim Reiter anlegen, die bei seinem Ohr beginnt und über die Schulter, die Hüften und die Fersen nach unten verläuft. Wichtig ist die richtige Länge der Steigbügel. Die Länge der Bügel sollte es ermöglichen, die Beine zu strecken, aber genug Federung in den Knien

Der Sitz des Western-Reiters

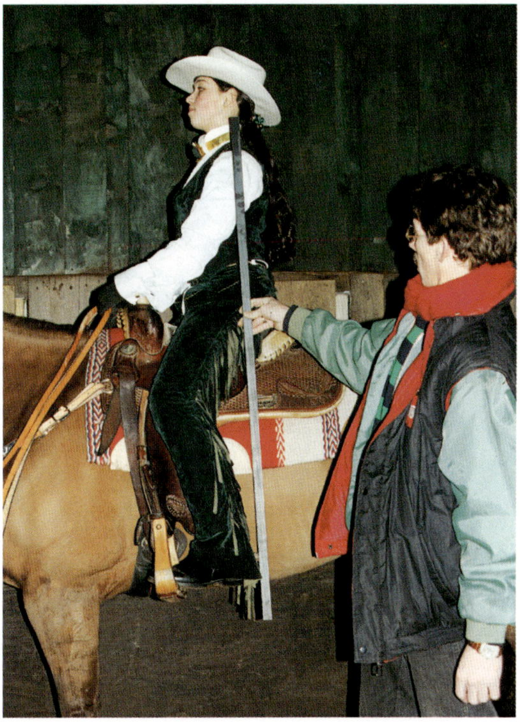

Der Kopf wird hochgenommen

Reiten eines Senior-Pferdes

Reiten eines Junior-Pferdes

zulassen, um ungefähr 7,5 cm aus dem Sattel herauszukommen, wenn man sich in die Bügel stellt. Die Fersen sollten tiefer als die Fußspitzen sein und die Schenkel sollten so am Gurt anliegen, dass sie jederzeit die erforderlichen Hilfen geben können. Die Steigbügel selbst müssen unter dem Ballen liegen.
Der Reiter sitzt in der Mitte des Sattels, mit hochgenommenem Kopf und Schultern, die parallel zu denen des Pferdes verlaufen. Der Körper ist gerade, aber gelöst.
Wenn man als Anfänger versucht, diese Haltung einzunehmen und aus Unsicherheit im Sattel droht, vorne überzufallen, kann man sich am Sattelhorn festhalten, um die Balance zu behalten.
Die Zügel werden in einer Hand gehalten – normalerweise in der linken.

REITEN EINES JUNIOR-PFERDES

Beim Reiten eines Junior-Pferdes hält man die Zügel übereinander in zwei Händen. Es ist wichtig, dass beide Zügel die gleiche Länge haben. Die Hände werden entweder über oder vor dem Sattelhorn gehalten.

REITEN EINES SENIOR-PFERDES

Senior-Pferde werden immer mit einer Hand geritten. Beim Reiten mit einer Hand kann man die Zügel sowohl in der linken als auch in der rechten Hand halten. Da die meisten Menschen

Rechtshänder sind, werden die Zügel im Allgemeinen in der linken Hand gehalten. Die rechte Hand kann dann dazu verwendet werden, um beispielsweise ein Tor zu öffnen. Die Cowboys brauchten früher die rechte Hand zum Kälber- oder Stiereinfangen. Bei den langsamen Gangarten des Westernreitens hält man die Hand mit den Zügeln vor oder über dem Sattelhorn.
Die freie Hand befindet sich neben der anderen Hand oder hängt locker an den Hüften herab. Bei den schnelleren Gangarten hält man die Hand mit den Zügeln über das Horn und die freie Hand trägt man vor dem Bauch oder am Hals des Pferdes. Die Zügelenden hängen auf der Seite der zügelführenden Hand herab.

Gangarten

SCHRITT (WALK)

Der Walk entspricht beim Westernreiten dem Schritt. Der Schritt muss lebhaft, frei und taktmäßig sein. Um aus dem Stillstand in den Schritt überzugehen, gibt man dem Pferd einen leichten Schenkeldruck. Läuft das Pferd, kann man den Druck wieder zurücknehmen. Die Zügel werden möglichst entspannt gehalten und nur bei Bedarf aufgenommen.

JOG

Der Jog ist ein ruhiger, verkürzter, gleichmäßiger Trab, der ebenfalls lebhaft und locker sein muss. Dazu gehören ein gewisser Grad an Versammlung mit vermehrter Belastung der Hinterhand und eine „runde Oberlinie". Bei Wettbewerben ist es Pflicht, im Jog das Pferd auszusitzen.

Jog

TRAB

Sobald das Tempo des Jog schneller wird, sprechen wir von Trab. Die Cowboys verwenden den Trab gerne, um schnell irgendwohin zu reiten (der Trab ist für das Pferd weniger anstrengend als der Lope). Sie traben dann leicht oder bleiben in den Steigbügeln stehen mit einer Hand am Horn, um im Gleichgewicht zu bleiben. Um vom Jog in den Trab überzugehen, treibt man das Pferd mit beiden Schenkeln vorwärts, wobei man gleichzeitig die Hände mehr nach vorne bringt.

GALOPP (LOPE)

Der Lope ist ein ruhiger Handgalopp, der aus einander folgenden Sprüngen besteht. Der äußere

Schritt (Walk)

Trab

Lope

Zirkel im Galopp

Schenkel treibt nur bei Bedarf. Vom Jog in den Lope legt man das äußere Bein an.

NECKREINING

Beim Neckreining reagiert das Pferd auf die Zügelberührung am Hals. Um das Pferd in die richtige Richtung zu lenken, legt man die Zügel mit der breiten Seite links oder rechts an den Hals.

Wenn die Zügel an den Hals gelegt werden, muss sich das Pferd biegen. Beim Reiten einer Wendung mit zwei Händen wird immer der Innenzügel leicht nach innen geführt und der äußere Zügel an der Außenseite des Halses angelegt. Wenn man das Pferd mit einer Hand reitet, kann man eine Wendung durchführen, indem man die Finger zwischen den Zügeln hält und leichten Druck auf den inneren Zügel ausübt. Bei einem gut ausgebildeten Pferd wird dies nicht notwendig sein, aber um einem Pferd das Neckreining beizubringen, kann es eine ausgezeichnete Hilfe sein.

Neckreining

Die Zügelhilfen beim Neckreining werden durch die Beinhilfen unterstützt. Wenn man das Pferd nach rechts abwenden möchte, legt man den linken Zügel gegen den Pferdehals. Das Pferd versteht dies als Aufforderung, nach rechts zu gehen. Beide Schultern müssen vom Rücken aus gerade sein. Der Rumpf darf eine leichte Biegung haben.

ZIRKEL IM GALOPP

Beim Galoppieren eines Pferdes auf dem Zirkel macht man das innere Bein länger, wodurch man mehr Druck auf den Steigbügel ausübt und mehr nach innen zum Sitzen kommt. Bei Wettbewerben kann Geschwindigkeit auf großen und kleinen Zirkeln geprüft werden. Um schneller zu galoppieren, bringt man die Hände nach vorne.

ROLLBACK

Bei einem Rollback stoppt das Pferd aus dem Galopp und dreht sich gleichzeitig um, um dann in der entgegengesetzten Richtung weiterzugaloppieren.

SLIDING-STOP

Wenn man einen Sliding-Stop reitet, so kommt das Pferd aus einem recht hohen Tempo zum Stillstand, wobei es während des Stopps mit den Hinterbeinen blockiert, während die Vorderbeine weiterlaufen.

Rollback

Der Sliding-Stop wird am einfachsten aus einem ruhigen Tempo heraus geübt. Man versucht, tiefer im Sattel einzusitzen, bringt den Oberkörper hintenüber, ruft „whoa“ und hält die Beine vom Pferd ab, sodass es die Hinterhand untersetzen kann. Sollte das Pferd auf diese Hilfen nicht reagieren, nimmt man beide Zügel an und bringt das Pferd so zum Stillstand. Nachfolgend stellt man es genau an den Platz, wo man auch „whoa“ gerufen hat. Wenn man dies beständig wiederholt, wird das Pferd die Hilfen für den Sliding-Stop besser begreifen. Für einen guten Sliding-Stop muss das Pferd entspannt sein. Wenn es angespannt ist, bringt es beim Schnellerwerden seinen Kopf empor, wodurch Rücken und Hinterhand nicht gut beim Stopp mitarbeiten können.
Während des Trainings für den Sliding-Stop wird oft der Schweif eingeflochten, um zu vermeiden, dass das Pferd sich beim Stoppen Haare aus dem Schweif tritt.

SPIN

Bei einem Spin dreht sich das Pferd auf der Hinterhand um 360°, wobei das innere Hinterbein auf der gleichen Stelle bleibt und das äußere Hinterbein aktiv ist. Der Spin wird durch die Anwendung von Neckreining und durch korrekte Bein- und Sitzhilfen ausgeführt.
Für das Training des Spins reitet man das Pferd auf einer Volte. Beginnen Sie mit verschiedenen Kreisen, wobei die Innenhand vom Hals abgestellt ist und der Außenzügel am Hals anliegt. Dann verkleinert man die Volte, indem man mit dem inneren Bein einen leichten Druck ausübt,

Sliding-stop

Eingeflochtener Schweif

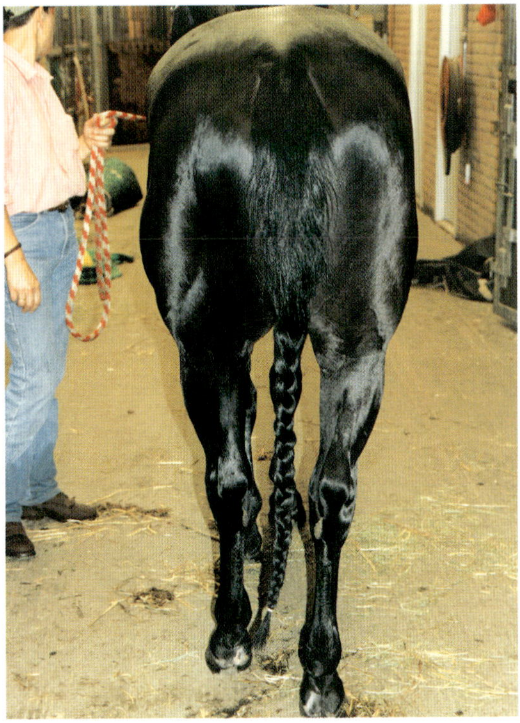

um das innere Bein des Pferdes abzuhalten, sodass es beim nachinnengehen nicht durch das innere Reiterbein gehindert wird. Während man auf den Spin hinarbeitet, lernt das Pferd, die Biegung anzunehmen, das innere Hinterbein gut unterzusetzen und das äußere Hinterbein arbeiten zu lassen. Das äußere Hinterbein muss aktiv sein, während das innere Bein auf dem Platz bleibt.

Da in der Anfangsphase beim Training der Sliding-Stops immer „whoa" gerufen wird, lernt das Pferd, dass es anhalten soll. Es hat erkannt, wann es gut ist, auf den Ruf zu reagieren. Auch während des Spins wird der Ausruf „whoa" verwendet, jetzt gilt es dem inneren Hinterbein. Die vorwärts treibenden Anweisungen, wie Zügelhilfen, Schenkeldruck und Sitz sorgen dafür, dass das äußere Hinterbein aktiv bleibt.

Beim Training des Spins reitet man am besten mit zwei Händen, um das Pferd bei der Drehung

Training des Spins

Trail riding

Spin

Spin

Ein Zaumzeug ohne Nasenriemen

Einohrzaumzeug

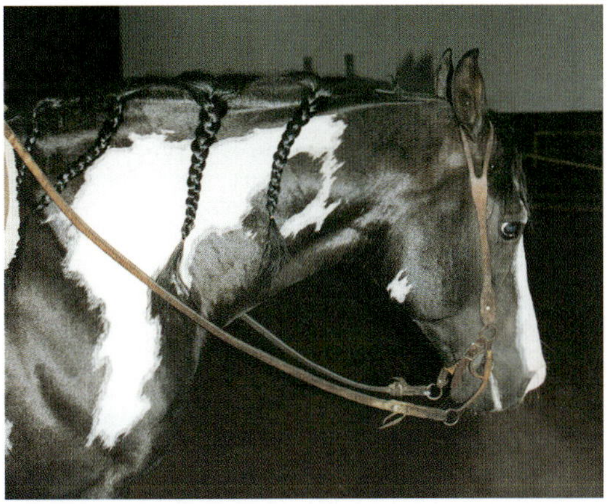

besser unterstützen zu können. In der Anfangsphase ist es wichtig, dass man langsam und rhythmisch dreht. Danach kann man das Tempo allmählich steigern. Es geht bei dieser Übung letztendlich darum, das Pferd möglichst schnell drehen zu lassen.
Am Anfang der Übungen darf das Pferd vom ständigen Drehen nicht verwirrt werden. Selbstverständlich hält man es nach ein oder zwei Drehungen an und legt eine Pause ein, bevor man von neuem mit dieser Übung beginnt.

Stirnriemenzaumzeug

TRAIL RIDING

Trail riding ist die amerikanische Bezeichnung für Reiten in der freien Natur.

Crownpiece (Kopfstück), browband (Stirnriemen), cheekpiece (Backenstück), throatlatch (Kehlriemen)

ZAUMZEUG
Das Zaumzeug nennt man auch Headstall. Es dient dazu, das Gebiss am richtigen Platz im Pferdemaul zu halten. Im Westernsport verwendet man zwei Arten von Zaumzeugen: das Stirnriemen- und das Einohrzaumzeug. Auffallend an diesen beiden Zaumzeugen ist, dass jeweils der Nasenriemen fehlt.

ZÜGEL
Die Zügel beim Westernreiten bestehen aus zwei einzelnen Teilen.

0-ring-snaffle

Die Zügel

GEBISS
Das amerikanische Wort für eine Wassertrense ist Snaffle. Das Mundstück, das beim Westernreiten verwendet wird, ist meist dünner als das beim Englischen Reiten. Es ist aus einer speziellen Eisenart gefertigt, die schnell rostet. Da Pferde Rost lecker finden, ist das nicht problematisch. Je nach der Form der Ringe unterscheiden wir ein O-ring-snaffle von einem D-ring-snaffle.

STANGENGEBISS
Ein Stangengebiss hat an beiden Seiten eine Stange. Durch die Hebelwirkung dieser Stangen kann man leichter auf das Maul einwirken. Hier ist eine gefühlvolle Reiterhand erwünscht; das Pferd soll nicht unnötig Qualen erleiden.

BOSAL
Ein Bosal ist eine Zäumung ohne Mundstück. Der Bosal wirkt durch Druck auf das Nasenbein. Er ist für das Pferd die angenehmste und schmerzfreieste Zäumung überhaupt. Er übt im Vergleich zu allen anderen Zäumungen keinen Zwang aus und erzieht den Reiter zu Feinfühligkeit mit der Zügelhand. Die Wirkung geht über den Reflexbogen des Nervensystems, und wird durch sanfte und gelegentlich auch heftige Zupf- und Ruckbewegungen auf das Nasenbein übertragen. Im Idealfall reagiert das Pferd sofort auf die kleinste Hilfe. Die primäre Hilfengebung erfolgt durch Gewicht, Sitz und Schenkel.

Stangengebiss

LEADROPE
Ein Leadrope ist eine Art Führstrick, mit dem ein Pferd an der Hand geführt wird. Das Leadrope für die Halterklassen besteht aus Kette und Lederriemen. Die Kette darf während der Vorführung nicht angezogen werden.

EINOHRZAUMZEUG
Das Einohrzaumzeug hat ein Kopfstück mit einem Loch an einer Seite, durch welches das Ohr des Pferdes gesteckt wird.

WESTERN-SATTEL
Wir haben auf der Zeichnung des Western-Sattels bei der Erklärung der einzelnen Teile bewusst amerikanische Begriffe verwendet, da man in der Western-„Szene" hauptsächlich amerikanische Fachbegriffe benutzt.

1 Fork 2 Tie-strap holder 3 Front rigging dee 4 Tie-strap 5 Fender 6 Stirrup leather 7 Stirrup 8 Stirrup tread 9 Front cinch 10 Cinch connecting strap 11 Back cinch 12 Saddle strings 13 Rear rigging dee 14 Skirt 15 Back jockey 16 Cantle 17 Seat 18 Seat jockey 19 Horn

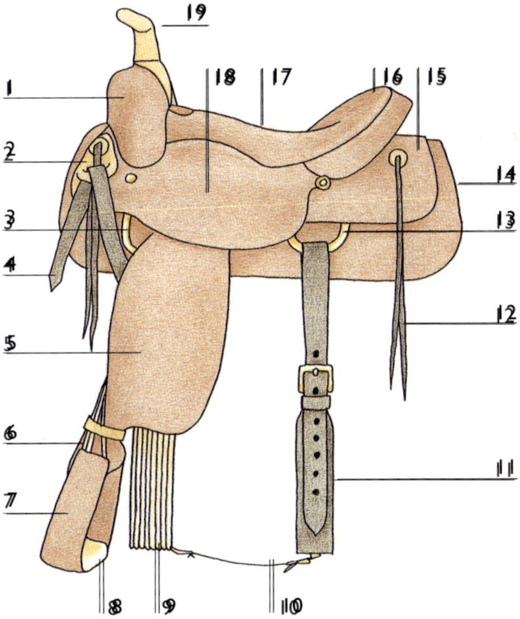

Bosal mit Führstrick

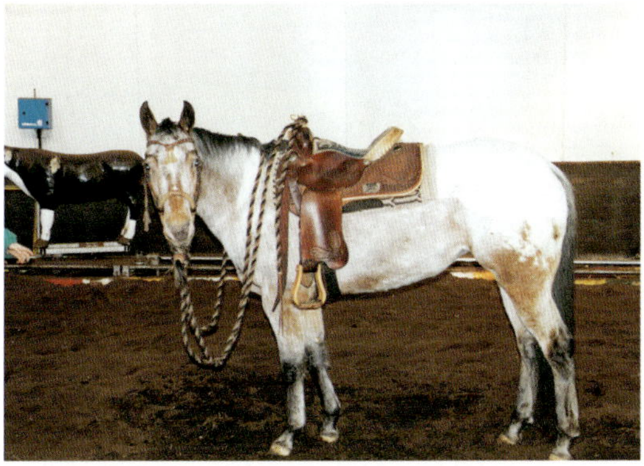

Bosal

Showhalfter mit Führkette

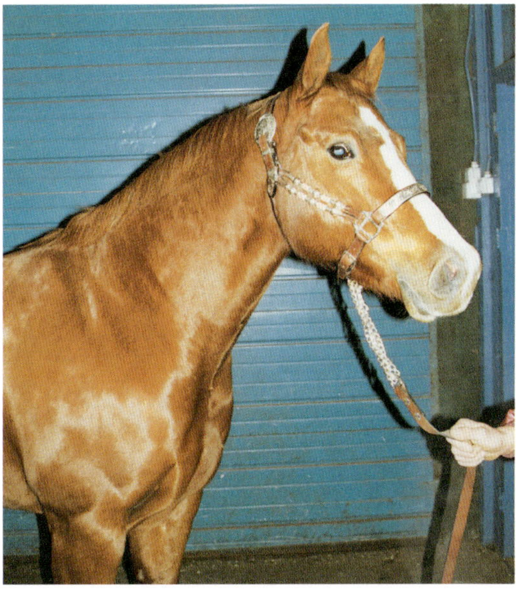

Die Schlinge wird über das Horn gelegt

Man legt eine weitere Schlinge...

und zieht das äußere Ende des Führstrickes an

Beschreibung und Erklärung der einzelnen Sattelteile

FORK
Mit Fork wird die Kammer des Sattels bezeichnet.

HORN
Mit Horn bezeichnen wir den Sattelknopf. Das Horn ist meist handgefertigt aus unbearbeitetem Leder. Der Sattelknopf kann dem Reiter bei der Arbeit mit Vieh helfen, im Sattel zu bleiben. Es gibt auch Wettbewerbe, in denen der Sattelknopf nicht berührt werden darf.

FENDER
Der Fender umfasst Schutzblatt und Steigbügelriemen.

STIRRUP
Ein Stirrup ist ein Steigbügel.

TIE-STRAP
Der Lederriemen, mit dem angegurtet wird, heißt Tie-strap.

TIE-STRAP HOLDER
Was vom Tie-strap nach dem Angurten übrig bleibt, wird durch den Tie-strap holder gesteckt.

Fork

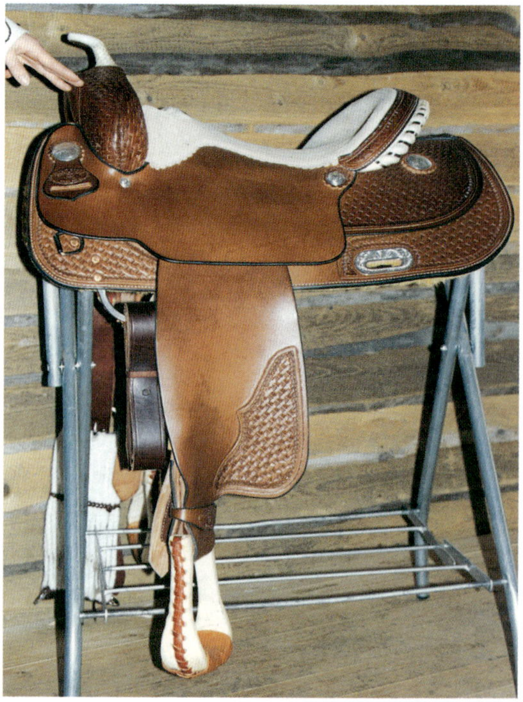

Horn

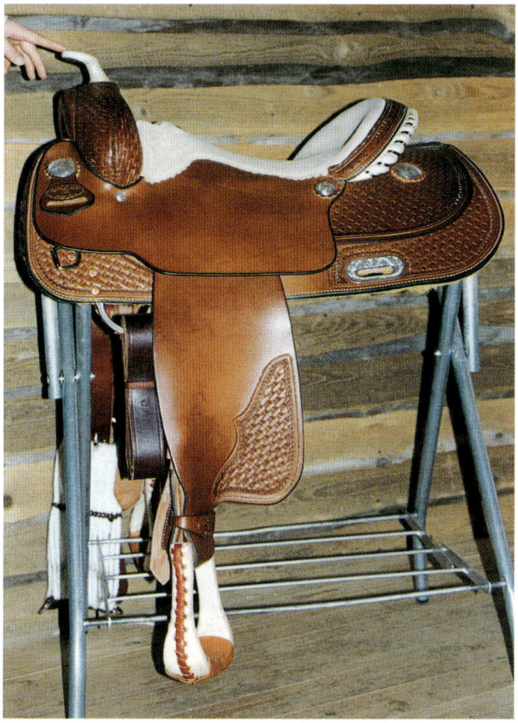

Stirrup

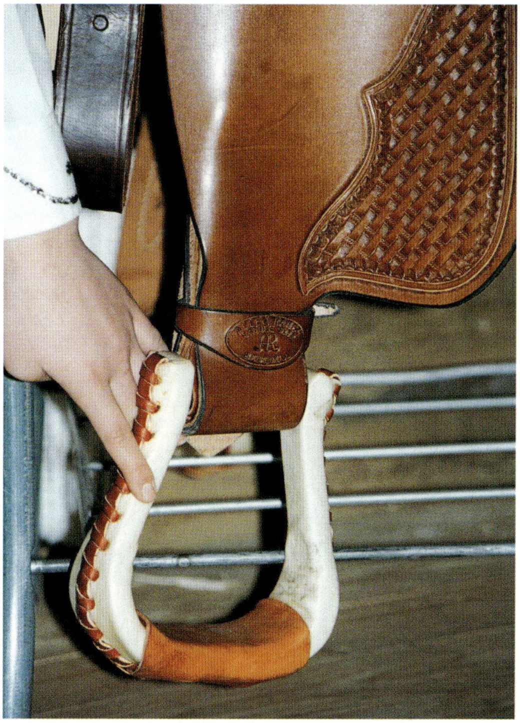

Fender

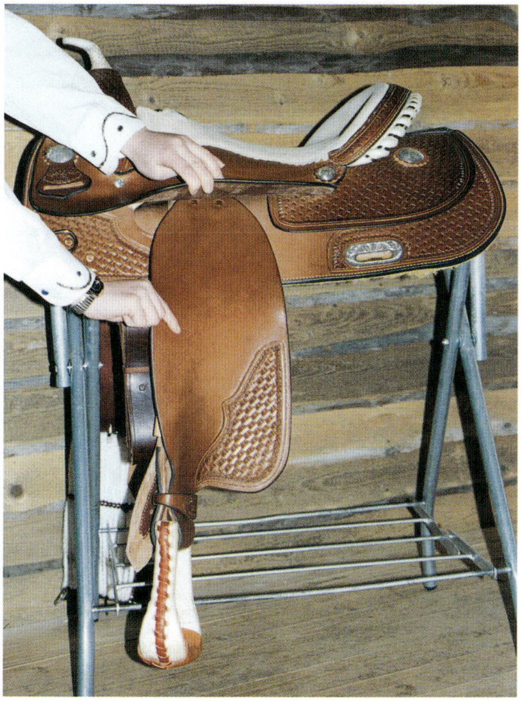

Tie-strap

Tie-strap holder

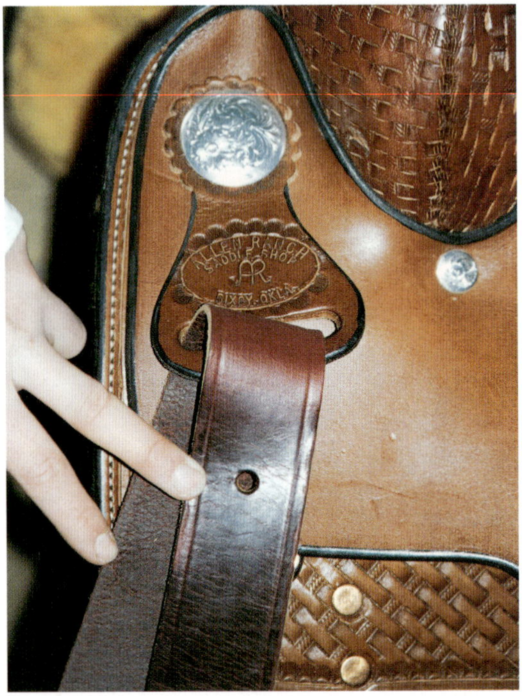

Sattel mit einem Cinch und einem Back cinch

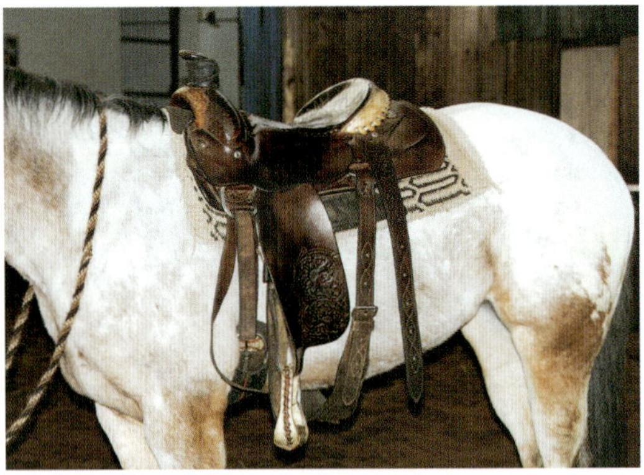

CINCH
Der Cinch ist ein Riemen bzw. Gurt.

BACK CINCH
Ein Back cinch, ein Flankengurt, wird hauptsächlich für Arbeitspferde und für das Cutting verwendet. Der Flankengurt sorgt dafür, dass der Sattel nicht verrutscht.

RIGGING DEE
Ein Rigging dee ist eine Art Ring, der den Sattel mit dem Gurt verbindet.

Rigging dee

Seat

Cantle

Back jockey und skirt

Saddle strings

SEAT
Der Seat oder Sitz ist der Platz, auf dem der Reiter sitzt. Die meisten Sättel haben aus Bequemlichkeitsgründen gepolsterte Sitze, die mit Leder überzogen sind.

CANTLE
Der Cantle ist der Hinterzwiesel des Sattels.

BACK JOCKEY UND SKIRT
Der Sattel liegt auf dem Hinterjockey und dem Sattelrand. Der Western-Sattel hat keine Sattelkissen.

SADDLE STRINGS
Die Saddle strings oder Sattelschnüre werden verwendet, um etwas am Sattel festzubinden.

Typen von Western-Sätteln

Es gibt unterschiedlich geformte Western-Sättel.

REINING-SATTEL
Ein Reining-Sattel ist offiziell für das Reining bestimmt, kann aber auch für alle anderen Bereiche verwendet werden. Er ist ein echter Showsattel. Er ist von Hand gefertigt und mit Silber verziert.

CUTTING-SATTEL
Einen Cutting-Sattel erkennt man an seiner flachen Seitenfläche und dem hohen Horn.

ROPING-SATTEL
Für die eigentliche Rancharbeit verwendet man einen Roping-Sattel. Er besitzt ein dickes Horn und ist schwerer und robuster als andere Sättel.

Reining-Sattel

Roping-Sattel

Cutting-Sattel

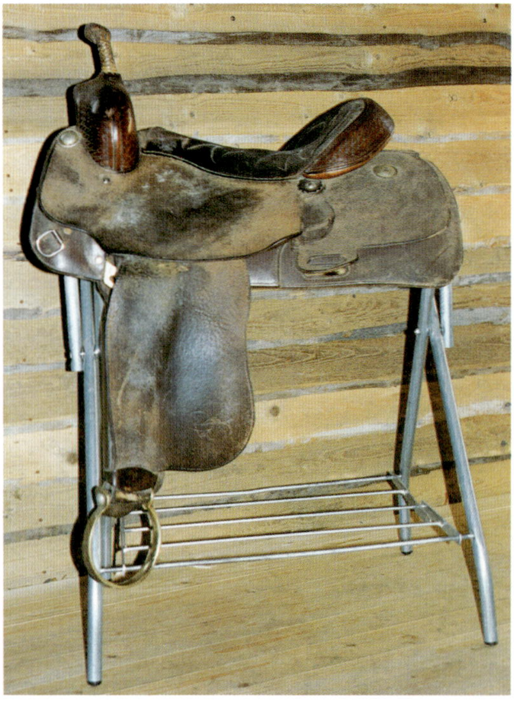

Unter einem Western-Sattel liegt ein Pad

PAD

Da der Western-Sattel keine Sattelkissen hat, muss ein Pad oder eine Satteldecke die Lage des Sattels auf dem Pferderücken unterstützen und hierdurch Druckstellen vermeiden.

Steigbügeltypen

FLAT-BOTTOM

Der Flat-bottom-Steigbügel wird für Dressur- oder Geschicklichkeitswettbewerbe verwendet. Der Bügel wird unter den Fußballen geschoben.

Flat-bottom

Sporen

Oxbow

Sliding-Eisen

OXBOW

Den Oxbow-Steigbügel verwendet man für die Arbeit mit dem Vieh. Er wird vor den Absatz geschoben.

SPOREN

Obwohl das Tragen von Sporen nicht bei allen Western-Wettbewerben und Schauveranstaltungen Pflicht ist, tragen sie die meisten Reiter. Ein guter Western-Reiter wird sie jedoch selten oder kaum verwenden.

SLIDING-EISEN

Ein Pferd, das viele Sliding-Stops durchführen muss, ist mit Sliding-Eisen beschlagen. Sie sind breiter und länger als normale Eisen.

Kleidung

Die Grundgarderobe für das Western-Reiten besteht aus einer robusten Hose (Jeans) mit einer doppelten Naht an der Innenseite, Cowboy-Stiefeln und einem Western-Hut. Die Hosen sind an der Innenseite doppelt genäht, um ein Durchreiten zu verhindern.
In den Halterklassen tragen Frauen eine schicke Jacke und eine besondere Hose. In Halterklassen trägt man keine Sporen. Bei den meisten Dressur-

Basiskleidung für das Western-Reiten

prüfungen tragen die Frauen eng anliegende Kleidung, zum Beispiel ein Bodystocking.
In den Halterklassen haben die Männer eine Jacke an und eine Krawatte umgebunden. Bei der Dressur tragen sie ein Oberhemd mit langen Ärmeln und einem Kragen, dazu Jeans, Cowboystiefel und einen Western-Hut. Für das Jagen unter dem Sattel wird die Englische Reitkleidung für die Jagd getragen.
Beim Cutting und beim Working Cowhorse haben sowohl Frauen als auch Männer Chaps an.

CHAPS

Chaps sind eine Art Beinstücke aus Leder. Wir unterscheiden Showring chaps und Ranchwork chaps. Die Chaps für die Rancharbeit sind weiter und haben meist keine Fransen an den Seitenkanten. Showring chaps können unten befestigt werden, wohingegen Ranchwork chaps nur mit ein paar Riemchen befestigt sind. Bei Wettbewerben ist das Tragen von Chaps keine Pflicht, man trägt sie aber hauptsächlich beim Cutting und beim Working cowhorse.

Westernwettbewerbe

Die verschiedenen Sparten des sportlichen Westernreitens wurden eingeführt, um der enormen

Kleidung bei einem Wettbewerb für einen Mann

Kleidung bei einem Wettbewerb für eine Frau

Vielseitigkeit eines Western-Pferdes gerecht zu werden. Die unterschiedlichen Disziplinen des Westernreitens können in drei Hauptgruppen unterteilt werden:

- Dressur,
- Geschicklichkeit,
- Farmarbeit.

In vielen Turnierabteilungen können Arbeitspferde ihre Fähigkeiten demonstrieren. Darüber hinaus gibt es Halterklassen, Pferdeschauen ohne Reiter, auf denen die besten Zuchtergebnisse präsentiert und bewertet werden. Ein „Bridle Path Hack" ist eine Art Materialprüfung des Pferdes. Fast alle Sparten sind in „Junior" (Pferde bis fünf Jahre) und „Senior" (Pferde ab sechs Jahren und älter) unterteilt. Bei nur wenigen Teilnehmern können Junior- und Seniorklassen zusammengelegt werden; solche Disziplinen laufen dann unter „all ages".

Ranchwork chaps

Showring chaps

Junior-Pferd

Eine Organisation kann die Wettbewerbe aber auch nach anderen Kategorien unterteilen. Es gibt beispielsweise auch die Einteilung in: Quarter Horse, Paint, Appaloosa und offene Klasse – oder in Jugendliche, Anfänger, Amateure oder „professionals". Jugendliche können bis zu 18 Jahren alt sein.

JUNIOR-PFERD

Ein Junior-Pferd ist ein Pferd, das nicht älter als fünf Jahre ist. Bei Westernwettbewerben werden Junior-Pferde mit Bosal oder Trensenzaum geritten. Reiter von Junior-Pferden halten die Zügel mit beiden Händen.

SENIOR-PFERD

Ein Senior-Pferd ist sechs Jahre alt oder älter. Senior-Pferde werden in Wettbewerben mit einem Stangengebiss geritten. Ihre Reiter müssen die Zügel in einer Hand halten.

Senior-Pferd

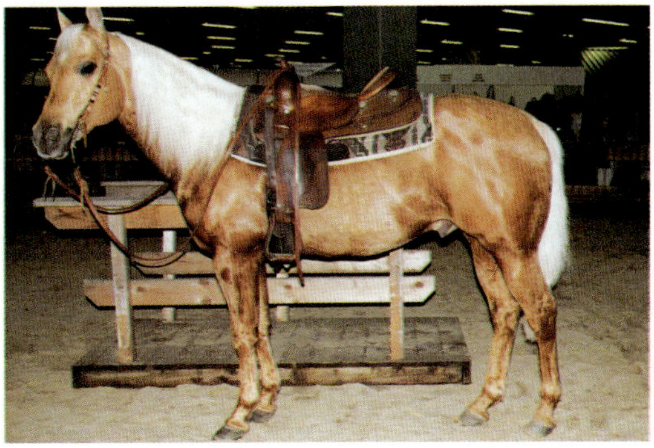

Jury

JURY
Eine Jury besteht aus Richter und Ringsteward. Der Richter beurteilt die Teilnehmer, der Ringsteward schreibt die Beurteilung auf. Der Richter darf während eines Wettbewerbs nicht angesprochen werden, Dies muss immer über den Ringsteward erfolgen und soll eine Beeinflussung des Richters vermeiden.

RINGSTEWARD
Siehe: *Jury*

DOUBLE-POINTED SHOW
Bei einigen Wettbewerben können sich die Organisatoren um die doppelte Anzahl an Richtern bemühen. Die Teilnehmer werden dann zweimal beurteilt und es wird doppelt platziert. Dies nennt man eine Double-pointed Show.

GRÜSSEN
Der Reiter muss die Richter grüßen, eine Ausnahme stellen Geschwindigkeitswettbewerbe dar. Der Zeitpunkt des Grüßens variiert allerdings. Der Reiter grüßt immer, wenn er hereinkommt. Manchmal muss man am Anfang und am Ende der Prüfung grüßen. Grüßen bedeutet, mit dem Kopf zu nicken.

LINE-UP
Wenn sich die Teilnehmer eines Wettbewerbs in einer Reihe nebeneinander aufgestellt haben, sprechen wir von einem Line-up.

Wettbewerbe

Halterklassen

Bei den Halterklassen werden die Pferde mit einem Halfter aus Leder vorgeführt. An ihm ist eine Art Führkette, das Leadrope, befestigt. Ein Leadrope für Halterklassen besteht aus einer Kette und einem Riemen aus Leder. Die Kette darf während der Show nicht angezogen werden. Die Halterklassen werden unterteilt in Halter-Show und Showmanship at Halter.

HALTERSHOW
Bei einer Halter-Show beurteilen die Richter das

Line-up

Showhalfter aus Leder

Pferd. Pferde, die an einer Haltershow teilnehmen, sind in der Regel die Norm für das Exterieur eines Westernpferds. Meist sind sie entweder zu schwerfällig oder zu überbaut, um als Arbeitspferd zu dienen. Deshalb sind Halterpferde eigentlich eher Showpferde. Bei einer Halter-Show werden die Pferde nach Rasse, Lebensalter und Geschlecht eingeteilt. Korrektes Gebäude, Balance, Stil und Schönheit der Pferde wird beurteilt.

Bei der Halter-Show stehen die Pferde hintereinander und die Richter gehen um die Pferde herum. Der Teilnehmer hält den Führstrick in der rechten Hand, das Strickende liegt aufgerollt in der linken Hand. Wenn das Pferd steht, muss es geschlossen stehen. Ist dies nicht der Fall, darf man die Beine mit der Hand verstellen, selbst wenn der Richter gerade das Pferd beurteilt. Wenn das Pferd gut steht, streckt man beide Arme nach vorne in die Richtung des Pferdes. Die Daumen zeigen empor. Der Teilnehmer muss immer entgegengesetzt zum Richter stehen.

2	P	3
	f	
	e	
	r	
1	d	4

Halter-Show

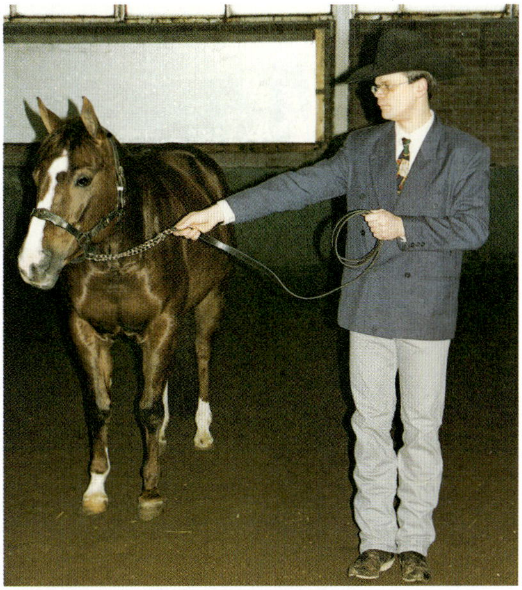

Der Richter steht bei 1, der Teilnehmer bei 4.
Der Richter steht bei 2, der Teilnehmer bei 1.
Der Richter steht bei 3, der Teilnehmer bei 4.
Der Richter steht bei 4, der Teilnehmer bei 1.

Wenn die Jury ihren Platz verändert, muss der Teilnehmer übertreten. Dies geschieht in drei Phasen: Bein nach vorne, seitwärts und schließen.

SHOWMANSHIP AT HALTER

Showmanship at Halter ist eine Klasse für die Jugend und für Amateure. Hier werden die Teilnehmer und nicht das Pferd beurteilt. Die Jury bewertet, wie das Pferd äußerlich herausgebracht wurde und ob der Teilnehmer in der Lage ist, das Pferd möglichst gut zu präsentieren. Die Teilneh-

Showmanship at Halter

mer stehen in einer Reihe, der Line-up, auf der linken Seite des Pferdes und warten auf ein Zeichen der Jury, um im Schritt oder Trab nach vorne zu gehen. Die Teilnehmer werden von dem Moment an durch die Jury beurteilt, in dem sie die Bahn betreten, also auch während des Line-up. Auf ein Zeichen der Jury läuft der Teilnehmer in flottem Tempo nach vorne. Die Hände werden dabei getragen, als ob sie ein Blatt festhalten würden.

Beim Aufstellen zur Begutachtung sollte man sich Zeit nehmen. Auch hier muss das Pferd geschlossen stehen. Beim Showmanship at Halter darf die Führkette nicht heftig betätigt werden. Wenn das Pferd gut steht, deutet der Teilnehmer mit leicht gebogenen Armen und beiden Händen auf das Pferd. Hier gelten die gleichen Regeln zur Aufstellung wie bei der Haltershow. Wenn die Jury fertig ist mit der Beurteilung, gibt sie ein Zeichen. Beim Zurücklaufen zum Platz muss der Teilnehmer in drei Schritten von der Jury weglaufen.

Dressur

In der Western-Dressur unterscheiden wir folgende Dressurklassen: Western Pleasure, Western Horsemanship, Western Riding, Trail, Reining und die Hunterklassen.

WESTERN PLEASURE

Beim Western Pleasure wird das Pferd unter dem Reiter in den drei Grundgangarten am losen Zügel in vollkommener Losgelassenheit vorgeführt. Die Reiter sind hier gemeinsam in der Reitbahn. Sie zeigen Schritt, Jog und Lope sowohl auf der rechten als auch auf der linken Hand. Am Ende der Prüfung werden die Pferde rückwärts gerichtet. Die Jury beurteilt die korrekte Haltung

Western Horsemanship

und Disziplin des Pferdes und gibt Strafpunkte für zu hohe Geschwindigkeit und unkorrekte Gänge.

REVERSE

Beim Western Pleasure bedeutet das Kommando „reverse", dass der Reiter eine Wendung um 180 Grad auf dem Hufschlag ausführen soll. Das Kommando kann im Schritt und im Trab gegeben werden.

WESTERN HORSEMANSHIP

Western Horsemanship ist eine Klasse, bei der die Haltung und die Fähigkeiten des Reiters beurteilt werden. Es werden zwei Prüfungsarten unterschieden: eine individuelle und eine gemeinsame Prüfung. Während der individuellen Prüfung muss der Reiter einen Parcours reiten, den er sich vorher angeschaut hat. Dieser wurde so aufgebaut, dass die Jury den Reitstil gut beurteilen kann. Die Gangarten Walk, Jog und Lope werden auf geraden und gebogenen Linien vorgeführt. Der Parcours muss in 30 Sekunden bewältigt werden. Nach 30 Sekunden muss der Teilnehmer in jedem Fall den Parcours verlassen, auch wenn er noch nicht fertig ist, er erhält sonst Strafpunkte. Die besten aus der ersten Runde werden anschließend in der Gruppe geprüft. Sie müssen ihre Pferde im Walk, Jog und Lope zeigen. Beurteilt werden hauptsächlich die Haltung und Ausstrahlung des Reiters und die Art der Hilfengebung.

WESTERN RIDING

Bei der Dressurprüfung Western Riding handelt es sich um ein Geschicklichkeitsreiten um Hindernisse. Hier werden vor allem die Wendigkeit und Manövrierfähigkeit des Pferdes bewertet. Zunächst müssen die Teilnehmer eine Dressurprüfung ablegen, dann den vorgeschriebenen Parcours überwinden. Der Parcours kann für allerlei Überraschungen sorgen. Manchmal verläuft er über einen Balken, der nicht gesprungen werden darf. Es sind oft auch Galoppwechsel und eine Reihe von Pivoten gefragt. Pferd und Reiter zeigen auch hier die unterschiedlichen Gangarten: Walk, Jog und Lope. Zum Abschluss des Parcours stoppen Pferd und Reiter aus dem Galopp und gehen anschließend rückwärts auf einer geraden Linie.

Die Jury beurteilt, ob das Pferd auf die Anweisungen des Reiters unverzüglich reagiert, ob es willig mitarbeitet und entspannt ist.

Western Riding

TRAIL

Bei der Dressurprüfung Trail müssen Pferd und Reiter einen Parcours reiten, der hauptsächlich aus Hindernissen besteht, die auch in der Natur vorkommen können. Beim Trail gibt es folgende Pflichthindernisse: das Öffnen und Schließen eines Gatters und das Reiten über bewegliche Bohlenbretter. Auch andere Hindernisse werden aufgestellt, meist sind sie nicht höher als 45 cm, fest stehend und stellen für Pferd und Reiter keinerlei Gefahr dar. Beispiele sind ein Balken, der von Pferd und Reiter seitwärts überwunden werden muss, Halten auf einer Holzbrücke, Drehung innerhalb eines Holzvierecks usw.

Beim Trail spielt das Vertrauen zwischen Pferd und Reiter eine große Rolle. Bei dieser Klasse wird der Gehorsam des Pferdes, seine Intelligenz und die Geschicklichkeit, mit der es sich im Parcours bewegt, beurteilt. Wenn ein Paar die Hindernisse sehr schnell nimmt, erhält es Pluspunkte. Dies darf aber nicht auf Kosten der exakten Ausführung der Aufgaben gehen. Das Pferd muss immer aufpassen, wo es seine Beine hinstellt und darf kein Hindernis umwerfen.

Trail

133

Trail

REINING

Eine der spektakulärsten Dressurklassen ist das Reining. Hierbei muss der Reiter zeigen, dass er die totale Kontrolle über jede Bewegung des Pferdes hat. Das Paar reitet einen der 10 AQHA-Parcours, wobei das Pferd auf Wendigkeit, Losgelassenheit und Ruhe beurteilt wird. Die Prüfung umfasst Sliding-Stops, Spins, Rollbacks, Galoppwechsel und die Beherrschung der Geschwindigkeit auf großen und kleinen Zirkeln im Galopp. Darüber hinaus muss das Paar mindestens 5 m Rückwärtsgehen mit Übergang zum Rückwärtstrab. Jede Kombination beginnt mit 70 Punkten. Die Jury zieht für schlechte Ausführung einzelner Teile Punkte ab und gibt Extra-Punkte für gut gerittene Phasen. Ein flüssiger Stop gibt beispielsweise Zusatzpunkte. Die Jury zieht allerdings Punkte ab, wenn das Pferd zum Beispiel während eines Sliding-Stops das Maul zu weit offen hat oder den Kopf zu hoch trägt, oder wenn es die Galoppwechsel nicht flüssig springt oder sie sogar verweigert.

PARCOURS DER AQHA (AMERICAN QUARTER HORSE ASSOCIATION)

Nachfolgende Ausführungen sollen Ihnen zeigen, aus welchen Teilen ein Wettbewerb bestehen kann.
An der langen Seite der Reitbahn wird die Länge des Parcours durch Pfosten markiert.

1. Anfang in der Mitte der Reitbahn. Beginnen Sie auf der rechten Hand und reiten Sie erst einen kleinen Zirkel in ruhigem Tempo, dann einen großen Zirkel in schnellem Tempo.
2. Fliegender Galoppwechsel in der Mitte der Bahn.
3. Reiten Sie auf der linken Hand einen kleinen Zirkel in ruhigem Tempo, dann einen großen Zirkel in schnellem Tempo.
4. Fliegender Galoppwechsel in der Mitte der Bahn.
5. Galoppieren Sie zur kurzen Seite der Bahn, vorbei am letzten Pfosten und machen Sie einen Rollback nach links.
6. Galoppieren Sie zur anderen kurzen Seite und machen Sie einen Rollback nach rechts.
7. Galoppieren Sie in die Mitte der Bahn und machen Sie einen Sliding-Stop.
8. Richten Sie in der Mitte der Bahn rückwärts.
9. Vier Spins nach rechts.
10. Vier Spins nach links.
11. Halten.
12. Lassen Sie die Zügel lang, um zu zeigen, dass die Prüfung beendet ist.

FREE STYLE REINING

Neben dem Reining gibt es auch das Free Style Reining. Bei dieser Prüfung sind die Teilnehmer meist verkleidet und sie wird von Musik begleitet. Beim Free Style Reining stellt jeder Teilnehmer seine eigene Kür zusammen. Es gibt jedoch Pflichtteile, deren Reihenfolge man selbst bestimmen kann. Die Prüfung dauert minimal eine und maximal vier Minuten.

VERSATILE HORSE

Dieser Wettbewerb besteht aus einer Kombination einzelner Dressurprüfungen: Western Pleasure, Western Horsemanship, Western Riding, Trail und Reining.

Galoppwechsel

Free Style Reining

HUNTERKLASSEN

Hunterklassen werden im englischen Jagdstil geritten. Auch Kleidung und Ausrüstung entsprechend dem englischen Stil. Eine der häufigsten Klassen ist hier „Hunter under Saddle“.

HUNTER UNDER SADDLE

Bei der Prüfung Hunter under Saddle sind die Steigbügel kurz geschnallt und der Reiter sitzt leicht nach vorne. Die Hände werden vor dem Sattel getragen mit den Knöcheln nach oben. Es besteht ein leichter Kontakt zum Pferdemaul. Der Kopf des Pferdes muss auf oder leicht vor der Senkrechten getragen werden. Das ganze Pferd muss Losgelassenheit ausstrahlen und lange, flache Gänge zeigen.
Einige geprüfte Gangarten sind:

Hunter under Saddle

– Walk: Schritt,
– Jog: Trab,
– Extended jog: gestreckter Trab,
– Canter: Handgalopp,
– Back up: Rückwärtsgehen,
– Stand-still: Halten.

Geschicklichkeitswettbewerbe

Beim Westernreiten gibt es auch Geschicklichkeitswettbewerbe. Dies ist nicht verwunderlich, wenn man sich die Qualitäten des Western-Pferdes betrachtet. Das Quarter Horse ist das schnellste Pferd auf eine Viertelmeile.

BARREL RACE

Das Barrel Race ist einer der spannendsten Geschicklichkeitswettbewerbe.
Bei diesem Spiel werden drei Fässer in einem Dreieck aufgestellt. Um jedes der Fässer muss ein Kreis geritten werden. Das Paar kann auswählen, welches Fass es als erstes umreitet, das rechte oder das linke Fass. Das dritte Fass steht am Ende der Bahn und wird zum Schluss umritten. Die Zeit wird gestoppt, die zwischen dem Moment liegt, in dem das Pferd mit seiner Nase über die Startlinie geht bis zu dem Moment, in dem es die Ziellinie überschreitet. Der Gewinner ist derjenige, der die schnellste Zeit geritten hat.

Barrel Race

Der Teilnehmer darf die Fässer zwar berühren, aber nicht umstoßen, hierfür erhält er Strafsekunden. Strafpunkte gibt es auch, wenn der Parcours verkehrt geritten wird.

POLE BENDING

Pole Bending ist ein Geschicklichkeitswettbewerb, bei dem die Schnelligkeit und Wendigkeit des Pferdes bewertet wird. Dieser Wettbewerb ist bei Reitern und Zuschauern gleichermaßen beliebt. Pole Bending bedeutet „sich biegen um einen Pfahl". Es handelt sich hierbei um ein Schlangenlinienrennen nach Zeit um Pfähle, die in einer geraden Linie aufgestellt sind. Der Wettbewerb ist vergleichbar mit einem Slalom. Für jeden Pfahl, den das Paar umwirft, erhält es fünf Strafsekunden. Ein Paar wird disqualifiziert, wenn es den falschen Weg reitet.

TEAM PENNING

Team Penning ist eine Geschicklichkeitsklasse, die auf der Arbeit der Cowboys basiert. Wie der Name bereits andeutet, wird im Teamverband geritten. Ein Team aus drei Paaren muss aus einer Kälberherde drei Tiere auf die andere Seite der Bahn treiben und sie dort in einer Umzäunung (penning) unterbringen. Dies muss innerhalb von 90 Sekunden geschehen. Die Zeit läuft, sobald das erste Pferd mit der Nase die Startlinie überschritten hat. Die Zeit wird gestoppt, wenn die Kälber in der Umzäunung sind und das Tor geschlossen ist. Viele Reiter trainieren so ihre Pferde und gewöhnen sie an die Arbeit mit dem Vieh.

Pole Bending

Team Penning

Working Classes (Rancharbeit)

Beim Westernreiten versteht man unter Working Classes die Arbeit mit dem Vieh. Ein Pferd, das sich für diese Arbeit eignet, muss Reining-Kapazitäten und Cow-sense besitzen. Daneben ist für diese Arbeit auch wichtig, dass Reiter und Pferd einander vertrauen. Bei den Working Classes unterscheiden wir zwei Klassen: Working Cowhorse und Cutting.

COW-SENSE

Cow-sense ist der Spürsinn des Pferdes, dem Ausbrechen eines Rindes im Vorhinein zu begegnen und es zu verhindern. Das Pferd muss in der Lage sein, schneller zu „denken" und zu reagieren als das Rind. Für die Wettbewerbsklassen Working Cowhorse und Cutting braucht man ein Pferd mit Cow-sense.

Cow-sense

Working Cowhorse; Fence Work

WORKING COWHORSE

Bei der Turnierklasse Working Cowhorse muss das Pferd zeigen, dass es dafür geeignet ist, die Arbeiten auf einer Ranch zu verrichten. Working Cowhorse hat zwei Unterklassen: dry work (ohne Vieh), bestehend aus einer Reining-Prüfung, und fence work, Arbeit mit Vieh.

DRY WORK

Beim Dry Work absolviert das Paar wie beim Reining einen festgelegten Parcours in einer bestimmten Zeit. Hierbei beurteilt die Jury den Gehorsam des Pferdes.

FENCE WORK

Bei Fence Work wird ein Rind in die Bahn gebracht. Zunächst muss das Pferd das Rind an der kurzen Seite der Bahn unter Kontrolle halten. Danach muss das Pferd das Rind mindestens zweimal an die lange Seite treiben, wobei das Pferd das Tier vor der kurzen Seite in Richtung der Wand drehen oder stoppen lässt. Schließlich muss das Pferd das Rind in die Mitte der Bahn treiben und das Rind in beiden Richtungen einmal umkreisen.

Die Jury beurteilt bei dieser Unterklasse das Pferd auf Cow-sense, gutes Verhalten und Beweglichkeit. Das Pferd muss erkennen lassen, dass es die totale Kontrolle über das Rind hat. Strafpunkte gibt es für aggressives Verhalten gegenüber dem Rind und für Unvermögen, es zu kontrollieren.

CUTTING

Bei der Turnierklasse Cutting müssen Pferd und Reiter aus der Herde, die in die Bahn gebracht wurde, ein Rind auswählen. Wenn der Reiter bestimmt hat, welches Rind er aussondern möchte, muss das Paar das Rind möglichst dicht in die Mitte der Bahn treiben. Die Aufgabe des Pferdes ist es zu vermeiden, dass das Rind zur Herde zurückkehrt. Wichtig hierbei ist, dass das Pferd den gewünschten Abstand einhält. Die Prüfung dauert 150 Sekunden und beginnt in dem Moment, in dem das Paar das Rind aus der Herde abgesondert

Cutting

Herdholders

hat. Wenn das Rind nicht aktiv genug ist oder wenn es sich vom Pferd abdreht, darf der Reiter ein anderes Rind auswählen. Dies darf während einer Prüfung allerdings nicht öfter als dreimal passieren. Wenn sich das Pferd vom Rind abwendet, erhält man Strafpunkte. Es kostet auch Punkte, wenn das Pferd das Rind entkommen lässt oder wenn der Reiter dem Pferd Anweisungen geben muss. Das Pferd muss selbständig arbeiten.

HERDHOLDERS

Beim Cutting sorgen die Herdholders dafür, dass die Herde an der kurzen Seite der Bahn beieinander bleibt.

TURNBACK MEN

Während des Cuttings besteht die Aufgabe der Turnback Men darin, dafür zu sorgen, dass das Rind nicht weiterläuft als bis in die Mitte der Bahn.

KÜNSTLICHE KUH

Für das Training des Pferdes verwendet man gerne eine mechanische, künstliche Kuh, die schnell oder langsam von links nach rechts bewegt werden kann. Das Pferd lernt hiermit den geforderten Abstand zur Kuh zu halten.

Frisieren des Westernpferdes

Pferde, die an Halterklassen teilnehmen, haben die Mähnen ungefähr eine Handbreit lang, wodurch der Hals gut herauskommt.
Für Halterklassen kann man die Mähnen auch einflechten. Eine besondere Art des Einflechtens ist das Einzöpfeln. Besonders beim Cutting, Reining und bei Working Cowhorse tragen die Pferde die Mähnen offen. Beim Training werden lange Mähnen oft eingeflochten, sodass sie nicht im Weg sein können. Am Tag vor einem Wettbewerb wird häufig die Schweifrübe eines teilnehmenden Pferdes mit einer Bandage umwickelt. Diese Bandage wird erst kurz vor dem Wettbewerb abgewickelt. Der Schweif wirkt dann oben schön schmal, wodurch die Hinterhand gut herauskommt.
Für die Wettbewerbe Halter und Pleasure werden oft die Hufe schwarz angestrichen. Weiße Fellstellen oder Abzeichen werden mit Spezialmitteln behandelt.

Künstliche Kuh

Geflochtene Mähne

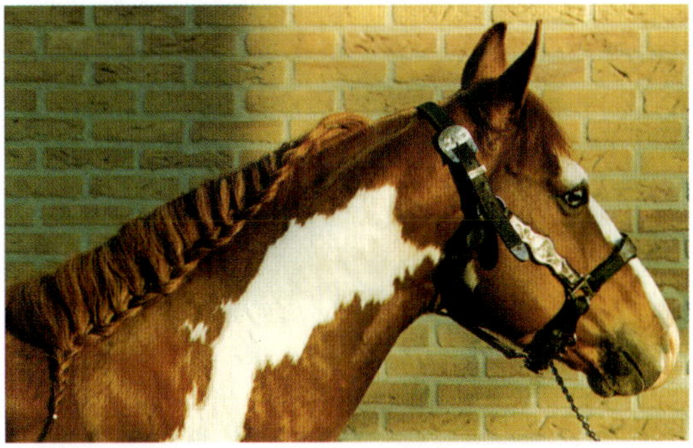

Geschwärzte Hufe

TOT ZIENS IN HOLLAND CASINO SCHEVENINGEN

8 Weitere Sparten des Pferdesports

Mittlerweile haben wir Ihnen sicherlich deutlich gezeigt, dass es sich beim Reiten um eine äußerst vielseitige Sportart handelt. In diesem Kapitel stellen wir weitere Möglichkeiten und Teilbereiche des Sport- und Freizeitreitens vor. Ein Reiter, der sich bereits im Springen profiliert hat, wird kaum eine andere Pferdesportart betreiben wollen. Ein anderer wiederum wird sich vielleicht für den Military-Sport begeistern und viele Reiter reiten einfach gerne in der freien Natur spazieren. Aber ob man nun an einem Wettbewerb aktiv teilnimmt, ob man über Wiesen galoppiert oder ob man nur als Zuschauer bei einem Trabrennen anwesend ist – man beschäftigt sich dabei in jedem Fall mit dem Pferdesport. In diesem Kapitel behandeln wir folgende Bereiche des Pferdesports: Vielseitigkeitswettbewerbe und Militarywettbewerbe, Distanzreiten, Jagdreiten, Polo, Voltigieren, Freizeitreiten und abschließend Wanderreiten.

Trab- und Rennsport

Der Trab- und Rennsport nimmt innerhalb der Welt des Pferdesports eine hochrangige Stellung ein. Der Rennsport ist für die Eigentümer der Pferde und für die Trainer eine besonders ernsthafte Angelegenheit. Man braucht sehr viel Geld, um die Pferde für ein Rennen zu trainieren, um sie zu füttern, sie zu pflegen, unterzubringen und natürlich auch aufzuziehen. Beim Trab- und Rennsport handelt es sich um eine Wissenschaft für sich. Und natürlich liegt der Reiz für viele Zuschauer im Wetten um Geld. Aus welcher Perspektive man es auch erlebt, ein Pferderennen ist immer eine faszinierende Angelegenheit.

Trabsport

Traber sind speziell gezüchtete Pferde, deren beste und wichtigste Gangart der Trab ist. Hierbei handelt es sich nicht um einen akzentuierten Trab wie bei der dressurmäßigen Aufrichtung im Sport und vor der Kutsche, sondern die Renntraber haben einen eher flachen Gang, mit dem sie sogar ähnliche Geschwindigkeiten erreichen

Links: Der Trab- und Rennsport nimmt in der Welt des Pferdesports einen hochrangigen Platz ein

Trabrennen

können wie ein Rennpferd im Galopp. Traber werden wie das Vollblutrennpferd auf Rennleistung selektiert. Zu den bekanntesten Rassen gehören der Französische Traber, der Orlow Traber oder der europäische Standard Traber.

TRABRENNBAHN

Meist besteht das Areal einer Rennbahn für Trabrennen aus zwei parallelen Geraden, die an beiden Enden über je einen Halbbogen miteinander verbunden sind. Die Oberfläche oder Decke der Fahrbahn besteht aus einem ebenen, festen Boden. Da viele Rennen bei Dunkelheit gefahren werden, verfügen zahlreiche Bahnen über eine Flutlichtanlage.
Die Bahnlänge beträgt meist zwischen 800 und 1200 m.

Blumen für den Fahrer

Fliegender Start

SULKY
Ein Sulky ist ein einspänniger, zweirädriger, gummibereifter Rennwagen für Trabrennpferde.

FAHRER
Derjenige, der auf dem Sulky sitzt, wird Fahrer genannt. Der Fahrer sitzt hinter der Achse, übt somit eine gewisse Schubkraft aus und drückt die Gabel hoch, sodass etwas weniger Zugkraft erforderlich ist.

LONGSHAFT
Ein Longshaft ist ein einspänniger, zweirädriger gummibereifter Rennwagen. Hier sitzt der Fahrer genau über der Achse, sodass sich die Gabel im Gleichgewicht hält. Eine Zwischenkonstruktion zwischen Sulky und Longshaft ist die Sulkette.

TRABREITEN
Besonders in Frankreich wird das Trabreiten gepflegt. Hier wird das Pferd nicht vor den Sulky gespannt, sondern trabt unter dem Reiter. Der Reiter muss besonders geschickt sein, da das Pferd leicht Gleichgewicht und Takt verlieren und in den Galopp übergehen kann. Galopp führt zum Ausschluss von Reiter und Pferd. Früher war Trabrennen unter dem Sattel ein häufig betriebener Sport, heute findet man ihn fast nur noch bei kleineren ländlichen Reitturnieren.

FLIEGENDER START
Beim fliegenden Start starten alle Teilnehmer eines Trabrennens von der selben Linie. Die Pferde stehen hinter einem breiten Klappgatter, das an der Hinterseite eines Autos befestigt ist. Nach dem Anfahren des Autos laufen die Pferde nebeneinander her. Sobald die Startlinie erreicht ist, fährt das Auto plötzlich sehr viel schneller und entfernt sich, sodass die Fahrer die volle Renngeschwindigkeit aufnehmen können.

Training von Trabern

BÄNDERSTART
Hier wird mit einem Startband gestartet. Ein Startband ist eine Gummistrippe, die quer über die Bahn gespannt wird. Sobald die Pferde auf ihren Startpositionen stehen, schnellt das Band zur Seite und der Start ist freigegeben.

Trainingswagen

FLIEGENDER START
Beim fliegenden Start sind die Pferde bereits vor der Startlinie in Bewegung und überschreiten sie in vollem Lauf.

STEHENDER START
Die Pferde starten aus dem Stand auf der Startlinie.

GEWINNSUMME
Die Gewinnsumme eines Pferdes ist der Gesamtbetrag, den ein Pferd gewonnen hat.

TRABRENNORDNUNG
Hierbei handelt es sich um den Richtlinienkatalog für den Trabrennsport in Deutschland, den der Hauptverband für Traberzucht und Rennen e.V. herausgegeben hat.

Can't see back

TRABRENNEN IN DEUTSCHLAND
In Deutschland erfolgt das Renngeschehen nach den Richtlinien der Trabrennordnung (TRO). An den Rennen dürfen nur solche Pferde teilnehmen, die beim Hauptverband für Traberzucht und Rennen eingetragen sind.
Auf Rennbahnen der Klasse A finden ganzjährig Rennen statt, meist sind dort nur 2- bis 7-jährige Stuten, 2- bis 10-jährige Hengste und inländische Wallache zugelassen. Auf Rennbahnen der Klasse B, – sie sind meist von geringerer Größe – finden nur saisonale Veranstaltungen statt. Rennbahnen der Klasse C werden nur gelegentlich für Rennen genutzt.
Auf allen Bahnen muss die Rennstrecke im Renntrab zurückgelegt werden. Pferde, die galoppieren oder unrein gehen, werden disqualifiziert.

TRAINING DER TRABRENNPFERDE
Ein Trabrennpferd wird ungefähr sechsmal pro Woche trainiert. Dabei besteht das Training viermal aus Traben über eine Distanz von ca. 14 km. Zweimal wird Schnelligkeit trainiert. Bei dieser Arbeit traben die Pferde in hoher Geschwindigkeit über 4 km.

TRAININGSWAGEN
Man verwendet zum Training einen speziellen Trainingswagen. Dieser ist so ausbalanciert, dass das Pferd den auf- und niedergehenden Druck des Wagens nicht spürt. Ein Trainingswagen ist schwerer als ein Sulky.

CAN'T SEE BACK
„Can't see back" ist der Name für die Stücke aus Wolle, die man seitlich am Kopf des Pferdes unterhalb der Ohren anbringen kann. Nicht jedes Pferd kann gut damit umgehen, wenn ein anderes Pferd knapp hinter ihm trabt. Es wird unruhig und unkonzentriert. Solch einem Pferd kann mit „can't see backs" geholfen werden. Sie sorgen dafür, dass das Pferd nicht nach hinten sehen kann. Für Rennpferde gibt es Kappen mit Scheuklappen.

Galopprennen

In dem kleinen Städtchen Newmarket in Suffolk, England, befindet sich gleichsam die Wiege des Rennsports. Hier fanden im Jahr 1641 die ersten Flachrennen statt. Neben bedeutenden Trainingsanlagen gibt es in England und Irland zahlreiche Gestüte, die mit berühmten Siegerhengsten züchten. Die grünen Weiden mit nährstoffreichem Futter sorgen für ideale Bedingungen bei der Aufzucht.

RENNEN
Das Galopprennen ist die Leistungsprüfung für Vollblüter. Auf eigens angelegten Galopprennbahnen wird Schnelligkeit und Ausdauer der Vollblüter getestet. Die Distanzen der unterschiedlichen Rennen richten sich nach verschiedenen Kriterien, wie beispielsweise dem Alter des Pferdes, Gewicht des Reiters usw. Die Rennen werden für Berufsreiter, Amateurreiter oder für Amazonen ausgeschrieben und nach einem international vereinbarten Reglement durchgeführt. Die Distanzen für Flachrennen liegen zwischen 1000 und 4000 m. Man unterscheidet Fliegerrennen (bis 1400 m), Mittelstreckenrennen (1600–2200 m) und Steherprüfungen (ab 2400 m).

JOCKEY
Ein Jockey ist ein Berufsrennreiter, der in Rennens mindestens 50 Siege errungen hat. Er hat eine 3-jährige Lehrzeit als Pferdewirt erfolgreich abgeschlossen. Er steht vornübergebeugt in den Steigbügeln, wodurch der Luftwiderstand möglichst gering ist. Das Gewicht des Jockeys befindet sich über dem Schwerpunkt des Pferdes. Auf diese Weise hat das Pferd mit dem Gewicht des Jockeys die geringste Last.
Im Bahnprogramm sind die Farben der Bluse und des Reithelms des Jockeys aufgeführt.

RENNSATTEL
Beim kleinen, leichten Rennsattel sind die Sattelblätter weit nach vorn gezogen.

Eine Pferdelänge voraus

WIEGEN
Der Jockey wird vor und nach dem Rennen vom Abwieger gewogen. Es wird überprüft, ob der Jockey mitsamt Sattel und Bleidecke das für sein Pferd vorgeschriebene Gesamtgewicht mitbringt. Nach dem Rennen wird kontrolliert, ob das Gewicht nicht verändert wurde.

STARTBOXEN
Bei einem Rennen startet man die Pferde aus einem fahrbaren Gestell mit zahlreichen schmalen Boxen mit vorderen und hinteren Klapptüren.

STEEPLE-CHASE
Steeple-Chase ist der heutige Begriff für Jagdrennen. Die „Kirchturmspitzenjagd" wird seit dem 18. Jahrhundert veranstaltet.

Galopprennen

Jockeys

Der Jockey sitzt vornübergebeugt

HANDICAP-RENNEN
Bei einem Handicap-Rennen müssen Vollblüter mit besseren Resultaten mehr Gewicht tragen, um theoretisch allen Teilnehmern die gleiche Chance zu geben.

Rennsattel

Wiegen

Startboxen

Wetten

Wetten sorgt bei einem Rennen für den nötigen Nervenkitzel. Wenn Sie selbst mitmachen, werden sie das Geschehen viel unmittelbarer und aufregender erleben. Man kann folgende Wettarten abschließen:
Siegwette: Sie wetten, dass „Ihr Pferd" als Sieger durchs Ziel galoppiert. Wenn das geschieht, haben Sie gewonnen.
Platzwette: Sie wetten, dass „Ihr Pferd" unter den ersten drei Pferden durchs Ziel galoppiert.

Ein Steeple-Chase in früheren Zeiten

Sie streichen auf Ihrem Wettschein die Nummer eines Pferdes an. Wenn es auf einem der ersten drei Plätze einkommt, haben Sie gewonnen.
Zweierwette: Sie wetten, dass „Ihre Pferde" unter den ersten zwei Pferden sind. Wenn das in richtiger Reihenfolge geschieht, haben Sie gewonnen.
Dreierwette: Sie wetten, dass „Ihre Pferde" unter den ersten drei Pferden sind. Wenn das in richtiger Reihenfolge geschieht, haben Sie gewonnen.

AUSSENSEITER

Ein Außenseiter ist ein Pferd, das bei einem Gewinn für gute Wettquoten sorgt. Da nur wenige auf dieses Pferd gewettet haben, ist das Verhältnis von Einsatz zum Gewinn sehr günstig.

Training der Rennpferde

Military und kombinierte Wettbewerbe

Military

Bei einer Military handelt es sich um einen Wettbewerb, bei dem die Vielseitigkeit von Reiter und Pferd während der drei Tage dauernden Prüfung unter Beweis gestellt wird. Der Name „Military" stammt aus der Zeit, als für Offiziere und ihre Pferde noch Eignungsprüfungen ausgeschrieben wurden. Von den Pferden wird während der Dressur Ruhe und Gehorsam, während der Geländeprüfung Mut und Geschicklichkeit und bei der Springprüfung am dritten Tag eine ausreichende Kondition verlangt. Am ersten Tag der Military findet die Dressurprüfung statt; am zweiten Tag werden die Pferde nach der Verfassungsprüfung auf die Geländestrecke geschickt. Am letzten Tag müssen sie einen Parcours springen.

DRESSURPRÜFUNG BEI EINER MILITARY

Von den Pferden wird bei der Dressurprüfung erwartet, dass sie eine regelmäßige, gehorsame und korrekte Aufgabe zeigen, wobei sie mit raumgreifenden, schönen Bewegungen frisch vorwärts gehen. Dies ist leichter gesagt als getan. Ein Military-Pferd muss sich während der Geländeprüfung in voller Kraft präsentieren. Um sich auch bei der Dressurprüfung korrekt vorzuführen, muss das Tier absolut gehorsam sein.

GELANDEPRÜFUNG

Der zweite Tag einer großen Vielseitigkeitsprüfung beginnt mit einer ca. 6 km langen Wegestrecke, bei der pro Minute 240 m im Trab oder Galopp zurückzulegen sind (Phase A). Anschließend gehen Reiter und Pferd auf die Rennbahnstrecke (Phase B). Hat der Reiter das Ziel der Rennbahn passiert, ist er automatisch zur zweiten Wegestrecke (Phase C) gestartet. Auch für diese Phase ist eine bestimmte Zeit vorgesehen. In der folgenden Zwangspause von 10 Minuten wird der Teilnehmer von einem Richter und einem Tierarzt erwartet, welche das Pferd einer Überprüfung unterziehen. Auf der Querfeldeinstrecke (Phase D) beträgt die Bestzeit normalerweise 570 m/Min. Diese Zeit wird nur bei sehr günstigem Boden von Pferden mit großem Galoppiervermögen erreicht.

CROSS-COUNTRY

Cross-Country bedeutet eigentlich „quer durchs Gelände". Deshalb finden wir auf der Querfeldeinstrecke natürliche Hindernisse, wie Hecken, Mauern, Wälle und Gräben. Die Hindernisse

dürfen nicht höher als 1,2 Meter sein. Bei vielen Hindernissen kann der Teilnehmer entscheiden, welchen Weg er einschlägt, um sie zu überwinden. Der schwierigste Weg ist immer der schnellste, ein Umreiten kostet Zeit. Die Schwierigkeit der Hindernisse besteht meist nicht in ihrer Höhe, sondern in der Art und Weise, wo und wie sie aufgestellt sind, in der Kombination verschiedener Hindernisse oder im Absprung. Die Länge einer Querfeldeinstrecke beträgt ungefähr 7 km. Es gilt eine vorgegebene Zeit. Reitet man schneller, gewinnt man Punkte, braucht man länger, erhält man Strafpunkte.
Beim Cross-Country sind Reiter und Pferd stark gefordert. Der Reiter übernimmt hier seinem Pferd gegenüber eine große Verantwortung und darf sein Pferd keinesfalls überfordern. Sobald er Ermüdungserscheinungen verspürt, wird der Reiter die Geschwindigkeit zurücknehmen. Bei großer Erschöpfung des Pferdes sollte der Reiter aufgeben, statt das Pferd ins Ziel zu bringen.
Im Ziel der Phase D begibt sich der Reiter, falls ein Mindestgewicht vorgeschrieben ist, auf dem Pferd zum Zurückwiegen.

HINDERNISSE BEI EINEM CROSS-COUNTRY

Da das Cross-Country in der Natur geritten wird, sind die Hindernisse anders als beim normalen Springparcours. Es wird zwar ein Parcours aufgestellt, aber der Parcourschef wird hauptsächlich natürliche Elemente für die Hindernisse verwenden. Die Art der Hindernisse hängt also nicht nur von den Geländekonturen, sondern auch von den Fähigkeiten des Geländebauers sowie von den vom Wetter beeinflussten Bodenverhältnissen ab. Alle Hindernisse verlangen von Pferd und Reiter perfekte Balance.

- Wassersprung: Abgesehen davon, dass jedes Pferd auf Wasser anders reagiert, gilt für den Wassersprung, dass er immer entschieden angeritten wird, weil sich jedes Zögern auf das Pferd überträgt. Natürlich dürfen Sie nicht so schnell reiten, dass Sie riskieren, sich im Wasser zu überschlagen.
- Coffin: Solche Sprünge verlangen ein kühnes, athletisches und geschicktes Pferd.
- Wall: Oft sind ein Loch oder eine Rampe vor einem Wall angebracht. Hier muss zweimal die Balance gewechselt werden.
- Kombinationen: Beim Springen von Kombinationen ist der direkte Weg der schwierigste. Der Reiter muss entscheiden, ob der direkte Weg oder ein anderer für das Pferd besser geeignet ist. Bei jedem Weg ist korrektes Anreiten erforderlich.

SPRINGPARCOURS BEI EINER MILITARY

Während des Springparcours zeigt das Pferd,

Military

Hindernisse bei einem Cross-Country

dass es, trotz der schweren Anstrengungen des vorherigen Tages, noch fit genug ist, um einen Parcours zu springen. Das Pferd darf an der Springprüfung nur teilnehmen, wenn es bei der tierärztlichen Verfassungsprüfung erfolgreich abgeschnitten hat.

KLEIDUNG BEIM CROSS-COUNTRY UND BEI DER GELÄNDEPRÜFUNG

Beim Cross-Country sind ein Crosshelm und eine Schutzweste Pflicht. Meist tragen die Teilnehmer hier einen Pullover mit langen Armen in den Farben ihres Clubs.

One-Day-Event

Bei einem One-Day-Event werden die Teilprüfungen Dressur, Cross-Country und Springen an einem Tag geritten. Der Schwierigkeitsgrad der Teilprüfungen ist niedriger als bei einer großen Vielseitigkeitsprüfung. Bei erfolgreicher Teilnahme können sich Pferd und Reiter für eine Military-Prüfung qualifizieren.
Es gibt auch kombinierte Wettbewerbe, die an zwei aufeinander folgenden Tagen ausgetragen werden. Am ersten Tag finden Dressur und Springen statt, am zweiten Tag ein kurzes Stee-

Military: Springen

ple-Chase, eine Wegestrecke und ein Cross-Country.

Distanzreiten

Beim Distanzreiten wird eine markierte Route von minimal 25 und maximal 160 km zurückgelegt. Es gilt eine Minimumgeschwindigkeit, sie beträgt bei den meisten Wettbewerben 9 km pro Stunde. Bei derartigen Prüfungen sind strenge tierärztliche Kontrollen vor, während und nach dem Ritt vorgeschrieben, die Entscheidung des Tierarztes ist unanfechtbar.
Hierbei ist noch mehr als bei anderen Wettbewerben im Pferdesport die Ausrüstung von größter Wichtigkeit. Der Reiter sitzt über eine lange Zeit im Sattel. Der Sattel muss deshalb sowohl für ihn als auch für das Pferd passend sein. Neue Sättel und Zaumzeuge eignen sich nicht, weil sie scheuern oder Druckstellen verursachen könnten. Die Kleidung des Reiters muss funktionell und bequem sein. Hosen und Pullover dürfen weder zu dick noch zu dünn sein.
Für einen langen Distanzritt braucht man unbe-

Distanzreiten

dingt Helfer. Sie stehen am Weg, um Reiter und Pferd zu helfen. So kann sich der Teilnehmer während der Pausen ausruhen und stärken.

DISTANZ-PFERDE

Ein Distanz-Pferd muss ökonomisch und mit einem minimalen Verletzungsrisiko laufen können. Weiterhin muss es den Mumm haben weiterzulaufen, auch wenn der Weg mühsam und schwer sein sollte.
Für kürzere Strecken eignen sich Pferde aller Rassen, auf längeren Ritten dominieren die hoch im Blut stehenden Pferde: Araber, Warmblüter mit viel Blutanteil, aber auch Ponys. Die Pferde sind meist nicht sehr groß, etwa zwischen 1,55 und 1,60 m.

TRAINING EINES DISTANZ-PFERDES

Ein für das Distanz-Reiten geeignetes Pferd muss 5 Jahre oder älter sein, bevor man mit dem speziellen Training beginnen kann.
Zunächst ist es wichtig, das Pferd an alle möglichen Dinge im Gelände zu gewöhnen, zum Beispiel an Wasser. Es muss mit Dunkelheit vertraut sein und auf allen unterschiedlichen Böden laufen können. Wenn dies in Fleisch und Blut übergegangen ist, kann man mit dem Konditionstraining beginnen. Hierfür lässt man das Pferd immer härter, nicht länger, arbeiten. Wenn das Pferd genügend Kraft hat, kann man es auf längeren Strecken trainieren.

Jagdreiten

Ursprünglich diente die Reitjagd dem sehr profanen Zweck, Wild zu erbeuten. Heute ist Jagdreiten für viele Pferdefreunde eines der schönsten Erlebnisse. Auf diese Weise wird eine der ältesten Traditionen der Reiterei lebendig gehalten. Da bei uns das Querfeldeinreiten hinter Wild nicht möglich ist, wird eine Jagdstrecke vorherbestimmt. Um ihr eine sportliche und spannende Note zu verleihen, werden künstliche und natürliche Hindernisse mit in die Strecke integriert, die zurückgelegt werden soll.

SCHLEPPJAGD

Bei der Schleppjagd hinter der Meute legt man als Ersatz für eine echte Wildfährte eine stark riechende Duftspur, auf der die Hunde entlanghetzen. Die Reiter folgen mit Abstand.

SCHLEPPENLEGER

Ein Schleppenleger ist ein Reiter, der eine

Jagdreiten

künstliche Duftspur für die Lauflinie der Meute legt. Er kann einen getränkten Schwamm an einem Seil über den Boden schleppen oder beidseits des Sattels Behälter befestigen, aus denen eine Flüssigkeit tropft.

STELLDICHEIN
Zu Beginn der Jagd versammeln sich die geladenen Gäste beim Stelldichein. Die Teilnehmer sitzen auf und gruppieren sich im Halbkreis um den Jagdherren. Dieser begrüßt nach den Jagdsignalen die Zuschauer und gibt die nötigen Richtlinien für die Jagd.

MASTER
Der Master ist der Jagdleiter, ein erfahrener Reiter, der den Aufbau der Jagdstrecke und das gesamte Geschehen während der Jagd bestimmt. Der Master darf nicht überholt werden. Vor ihm reiten die Piköre der Meute.

HUNTSMAN
Der Huntsman ist der Oberpikör und gleichzeitig Chef der Meute. Er trägt am linken Arm eine grüne Binde.

PIKÖR
Ein Pikör ist ein Gehilfe des Huntsman, er beherrscht die Meute. Piköre reiten mit Hetzpeitschen hinter der Meute. Feldpiköre sorgen für Ordnung im Jagdfeld. Sie reiten am Schluss des Feldes und kümmern sich um hilfsbedürftige Teilnehmer.

MEUTE
Die Meute besteht aus 20 bis 24 Jagdhunden, oft Foxhounds (brackenähnliche Hunde), die sehr schnell laufen können. Die Tiere werden sorgfältig gezüchtet und haben meist einen langen Stammbaum. Auch Beagles werden als Meutehunde verwendet. Bei jeder Meute gibt es einen Leit- oder Kopfhund, der die Fährte findet und hält. Innerhalb der Meute herrscht eine strenge Rangordnung.

HORN
Mit dem Jagdhorn gibt der Huntsman Signale, um der Meute Anweisungen zu geben. Bei der Jagd in Frankreich werden die verschiedenen Phasen ständig durch Signale auf den geschwungenen französischen Jagdhörnern begleitet.

HETZJAGD
Dies ist eine Jagdart zu Pferd mit Hundemeute und Fährtenfindung hinter lebendem Wild. Hetzjagden sind in Deutschland verboten.

CURÉE
Nach der Jagd erhalten die Hunde als verdiente Belohnung Pansen oder anderes Fleisch (Eingeweide oder Innereien), welches dem Aufbruch des Wildes entspricht.

Polo

Polo entstand vor ungefähr 2000 Jahren in Persien und wurde am Ende des 19. Jahrhunderts in England von Kavallerieoffizieren eingeführt, die aus dem Nordwesten Indiens zurückgekehrt waren. Pferde, die sich für diese Sportart eignen, müssen schnell laufen und schnell stoppen und wenden können. Ein Poloteam besteht aus vier Spielern. Nummer eins und zwei sind Stürmer, Nummer drei greift an und verteidigt und Nummer vier verteidigt das Tor. Alle Spieler haben ein Handicap, von wenigstens zwei bis zehn. Zwei gegnerische Mannschaften versuchen, innerhalb einer bestimmten Fläche einen kleinen, harten Ball mit einem Schlagstock möglichst oft in das gegnerische Tor zu treiben. Zwei Schiedsrichter überwachen das Spiel. Das Spielfeld ist 270 m lang und 180 m breit. Ein Spieler reitet während eines Spiels mehrere Pferde.

Der Huntsman mit den Pikören

Polo

Polo-Pony

Polo-Ausrüstung

Polo-Zaumzeug

POLO-AUSRÜSTUNG

Der Ball, mit dem gespielt wird, darf im Durchschnitt nicht größer als 8,8 cm sein und nicht mehr als 134 Gramm wiegen. Der Schlagstock (stick) besteht aus einem langen Bambusstiel und einem harten Kopf in Form eines Hammers. Polo ist ein äußerst schnelles Spiel, hart und nicht ungefährlich. Deshalb sind die Spieler verpflichtet, einen Helm mit Kinnriemen und eine spezielle Polokleidung mit Knieschützern zu tragen. Auch für die Pferde müssen bestimmte Regeln eingehalten werden. Sie müssen Bandagen oder Gamaschen zum Schutz der Beine tragen. Ihr Schweif wird eingeflochten, sodass sich kein Schläger in den Haaren verfangen kann. Häufig werden den Pferden auch Stollen in die Hufeisen eingeschraubt.

CHAKKAR

Das Spiel setzt sich aus vier Spielabschnitten, also vier Chakkars von je 7,5 Minuten Dauer, zusammen. Nach jedem Chakkar tauscht der Reiter das Pferd gegen ein frisches aus.

Voltigieren

Voltigieren ist eine Art Gymnastik auf dem Rücken eines ruhig galoppierenden Pferdes. Hierfür verwendet man ein Pferd, das nicht zu groß und nicht zu jung ist, einen breiten, unempfindlichen Rücken besitzt, ruhige, gleichmäßige Galoppsprünge und einen ausgeglichenen Charakter hat. Voltigieren ist ein Mannschaftssport. Ein Team besteht aus wenigstens 8 bis 15 Mitgliedern. Neben einer Longe und einer Longierpeitsche braucht man für diese Sparte des Pferdesports einige besondere Ausrüstungsgegenstände.

VOLTIGIERGURT

Ein Voltigiergurt ist ein Gurt mit zwei Handgriffen, unter den eine Decke gelegt wird. Meist

TAPIJT-VINYL-G
SMARAGDPLEIN 23

befindet sich in der Mitte des Gurtes eine Lederschlaufe, die wie eine Art Steigbügel verwendet werden kann.

AUSBINDEZÜGEL MIT GUMMIRINGEN
Ausbindezügel sorgen dafür, dass das Pferd seinen Kopf nicht hoch nimmt und dass sein Rücken ruhig bleibt. Die Ausbindezügel werden am Voltigiergurt befestigt.

VOLTIGIERWETTBEWERBE
Bei Voltigierwettbewerben gibt es Pflicht- und Kürübungen. Sie können jeweils durch ein, zwei oder mehrere Teammitglieder ausgeführt werden. Bewertet werden nicht nur die Übungen, sondern auch der dazugehörende Aufsprung auf das Pferd, die eventuellen Übergänge zwischen den einzelnen Teilübungen und der Absprung. Daneben erhalten der oder die Teilnehmer an einem Voltigierwettbewerb eine Wertnote für den Gesamteindruck (z. B. Präsentation, Longenführung etc.). Es können 1 bis 10 Punkte vergeben werden, wobei 10 die Höchstnote ist. Wurde eine Übung nicht ausgeführt, werden keine Punkte abgezogen. Bei allen Übungen ist die Grundlage der Auf- und Absprung.

- Aufspringen in den Herrensitz: Der Reiter läuft an der Schulter des galoppierenden Pferdes und hält sich an den Handgriffen auf dem Longiergurt fest. Dabei orientiert er sich stets am inneren Vorderbein des Pferdes. Dann springt der Reiter ab und schwingt dabei sein äußeres Bein über den Pferderücken.
- Abspringen: Aus dem Herrensitz schwingt der Reiter erst nach vorne und anschließend im Fluss der Bewegung nach hinten. Auf diese Weise löst er sich vom Pferderücken, schließt die Beine und springt an der Innenseite des Pferdes auf den Boden. Eine Dame bringt ihr äußeres Bein nach innen über den Hals des Pferdes. Sie schließt die Beine und springt neben dem Pferd auf den Boden.

Geländereiten

Jeder Reiter sollte, um seinem Pferd Abwechslung zu bieten, ab und zu ins Gelände gehen. Zwischen dem Reiten in einer geschlossenen Reitbahn und dem Reiten in freier Natur bestehen große Unterschiede. Viele Pferde verhalten sich im Freien anders als in der Halle. Sie können sich bei unerwarteten Geräuschen oder Situationen erschrecken und sind darüber hinaus meist temperamentvoller. Reitanfänger sollten beim ersten Mal keinesfalls alleine mit dem Pferd ins Gelände gehen. Man kann nur dann alleine ausreiten, wenn man das Pferd vollkommen unter Kontrolle hat. Ein Ausritt auf einem sicheren Pferd kann zum größten Vergnügen von Pferd und Reiter werden. In einer Gruppe sind Pferde ruhiger und meist auch leichter zu reiten. Natürlich muss auch das Wetter für den Ausritt geeignet sein. Bei Gewitter oder Hagelschauern bleibt man besser in der Halle. Im Winter hingegen treten wieder andere Probleme auf, z. B. Glätte. Man kann die Hufeisen der Pferde während dieser Jahreszeit mit Stollen oder Stiften versehen lasen.

Harte Wege sollte man möglichst meiden um die Pferde zu schonen

TEMPO WÄHREND DES AUSRITTS
Man kann auf unterschiedliche Weise ausreiten. Manche Reiter genießen die Natur gerne im Schritt, andere reiten lieber ein flotteres Tempo oder wollen hauptsächlich galoppieren. Das Reittempo hängt von verschiedenen Faktoren ab: vom Trainingszustand des Pferdes, von seiner Kraft und Kondition, und von der Beschaffenheit des Geländes. Galoppieren auf tiefen Sandwegen erfordert beispielsweise viel Kraft vom Pferd. Auf flachem Gelände wird ein Pferd langsamer ermüden als in hügeligem Gelände.
Harte Wege sollte man nach Möglichkeit meiden, aber das ist natürlich leichter gesagt als getan. Galoppieren Sie niemals auf asphaltierten Wegen und traben Sie dort nur, wenn es nicht

Im Schritt über einen asphaltierten Weg

anders geht. Denken Sie immer an Ihr Pferd, seine Beine sind sehr anfällig.

ÜBERFORDERN

Beim Geländereiten ist es wichtig, dass der Reiter sein Pferd nicht überfordert. Überfordern bedeutet hier, dass man zu viel vom Tier verlangt. Sorgen Sie für ein regelmäßiges Abwechseln von Schritt, Trab und Galopp.

HARNEN WÄHREND DES REITENS

Manchmal verspannt ein Pferd während des Ausrittes seinen Rücken und versucht, die Vorder- und Hinterbeine zu strecken. Dies kann bedeuten, dass das Pferd harnen muss. Man sollte dann anhalten, sich in die Bügel stellen und den Oberkörper leicht nach vorne neigen, um den Pferderücken zu entlasten. Läßt man das Pferd nicht urinieren, kann wegen anhaltender Verkrampfung sogar eine Kolik auftreten.

REITWEGE

In den meisten Gebieten unserer Natur ist es verboten, frei umherzureiten. Dort sollte man sich an speziell angelegte Reitwege halten. Wenn man sich frei bewegen darf, ist es selbstverständlich, dass man Neuanpflanzungen und frisch eingesäte Wiesen oder Äcker meidet oder dass man nicht auf sehr schmalen Pfaden reitet. In einigen Gebieten darf man nur reiten, wenn man einen Reiterpass besitzt.

Im Galopp den Strand entlang

Reitweg

REITERPASS

Um in den Besitz eines Reiterpasses zu kommen, muss der Kandidat eine theoretische und eine praktische Prüfung ablegen. Im theoretischen Teil muss er seine Kenntnisse über die tägliche Pflege und Fütterung eines Pferdes, über das Exterieur, die Ausrüstung, Reit-, Erste-Hilfe- und Verkehrsregeln ablegen.

Im praktischen Teil muss der Kandidat vorreiten und zeigen, dass er korrekt auf- und absteigen und sitzen kann. Er muss das Pferd in allen drei Gangarten, im Schritt, Trab und Galopp, beherrschen. Natürlich muss er auch auf- und abtrensen und satteln und zeigen, dass er in der Lage ist, das Pferd korrekt zu versorgen.

REITREGELN

Um im Gelände die Gefahr eines Unglücks zu verringern, gibt es einige Regeln, an die sich alle Reiter halten sollten. Diese Regeln dienen nicht nur der eigenen Sicherheit, sondern auch der von eventuellen Mitreitern oder Reitern, die einem im Gelände begegnen. Beachten Sie folgende Regeln:

- Reiten Sie niemals dicht auf ein anderes Pferd auf. Viele Pferde heben, wenn ein anderes Pferd zu dicht hinten aufkommt, ihr Hinterbein und schlagen aus.
- Wenn ein Reiter einer Gruppe absteigt, halten die anderen Reiter an und warten, bis der abgestiegene Reiter wieder im Sattel sitzt.
- Wenn ein Reiter oder eine andere Reitgruppe entgegenkommt, parieren beide die Pferde durch und gehen im Schritt aneinander vorbei. Passiert man andere Pferde im Trab oder Galopp, besteht die Gefahr, dass diese mit ihren Artgenossen mitlaufen wollen. Das Pferd ist ein Herdentier!
- Der Anführer einer Reitgruppe schaut sich immer nach seinen Mitreitern um, ob sie das Tempo auch mithalten können.
- Wenn eine Gruppe aus Reitern eine Straße überquert, sollten sie, wenn die Straße frei ist, gleichzeitig abwenden und die Straße zügig auf dem kürzesten Weg überqueren. Handelt es sich um eine besonders breite Straße, so können zwei Reiter für die Zeit der Überquerung die Fahrzeuge bitten anzuhalten.

WEITERE ABSPRACHEN

Bei fast jedem Ausritt benutzt man öffentliche Wege. Respektieren Sie andere Wegbenutzer, wie Fußgänger und Radfahrer, und rasen Sie nicht in hohem Tempo an ihnen vorbei. Reiten Sie nur auf Wegen und Straßen, niemals querfeldein, wenn dafür keine besondere Erlaubnis vorliegt. Meiden Sie Fuß-, Wander- und Radwe-

Praktische Prüfung für den Reiterpass

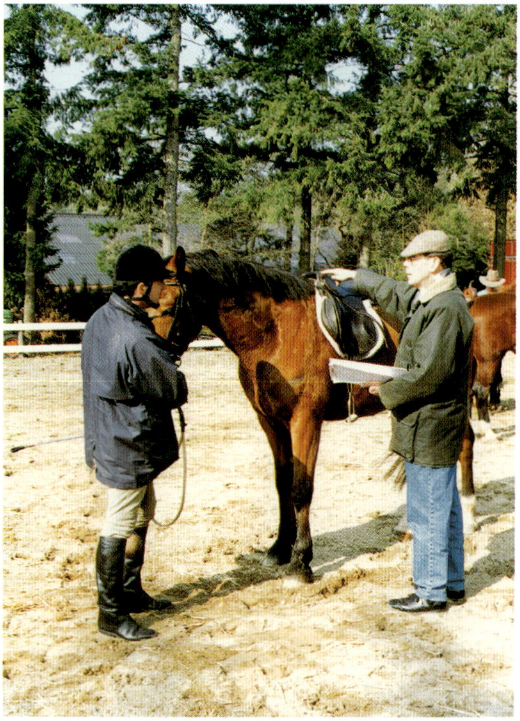

Reiten Sie nicht zu dicht auf ein anderes Pferd auf

Überqueren Sie eine Straße gleichzeitig

ge. Verzichten Sie auf einen Ausritt oder nehmen Sie entsprechende Umwege in Kauf, wenn Wege durch anhaltende Regenfälle oder Frostaufbruch weich geworden sind und nachhaltige Schäden entstehen könnten. Auch auf Wegen, die für das Reiten gut geeignet sind, passt man Gangart und Tempo der Übersichtlichkeit des Geländes an. Reiten Sie auf unbekannten Wegen immer vorsichtig, besonders in Mulden, in denen sich gerne Schlammlöcher befinden. Solche Löcher werden gerne mit Bauschutt oder Ähnlichem aufgefüllt und dann mit Erde überdeckt. Wenn Sie besonders schnell über solche Stellen reiten, kann sich Ihr Pferd verletzen.

ÜBERWINDEN VON HINDERNISSEN IM GELÄNDE

Beim Ausreiten kann man auf natürliche Hindernisse treffen. Man kann beispielsweise eine Böschung hinunterreiten oder einen Bach durchqueren müssen.

Kletterstellen bergauf und bergab sind stets senkrecht hinauf- und senkrecht hinunterzureiten, um der Gefahr des Abrutschens zu begegnen. Beim Klettern bergauf wie bergab entlastet der Reiter mit leicht vorgelegtem Oberkörper den Pferderücken. Bei steileren Hängen fasst er mit einer Hand in die Mähne, um das Pferd im

Maul möglichst wenig zu stören. Seine Unterschenkel liegen bergauf am Pferdeleib hinter dem Gurt, bergab am oder vor dem Gurt, damit der Steigbügel seine Stützfunktion erfüllen kann.

Ein Wasserhindernis kann für Pferd und Reiter ein psychologisches Problem sein. Zunächst sollten beide zu dieser Art des Hindernisses Zutrauen finden, indem man an verschiedenen flachen Wasserstellen mit festem Untergrund im Schritt, Trab und Galopp unter Führung eines erfahrenen Reiters hineinreitet. Erst dann kann man zum Springen aus dem Wasser und danach in das Wasser übergehen.

Beim Einstieg ins Wasser sollte man dem Pferd zunächst Gelegenheit geben, die Bodenbeschaffenheit zu prüfen. Sumpf und Morast spüren die Pferde eher als der Reiter. Wenn ein wassergewohntes Pferd sich sträubt, in einen Wasserlauf hineinzugehen, dann muss es sich nicht um Ungehorsam handeln, sondern der morastige Boden kann der Anlass dafür sein. Viele Pferde planschen ausgesprochen gerne im Wasser.

Sollten Sie trotz aller Vorsichtsmaßnahmen auf sumpfigen Boden geraten sein, dann dürfen Sie es Ihrem Pferd durch Ihren festen Sitz nicht noch schwerer machen. Entlasten Sie das Pferd, geben Sie ihm vermehrte Zügelfreiheit und gehen Sie mit dem Oberkörper nach vorne, bis sich das Pferd wieder aus dem Sumpf befreit hat.

Auch gegen die einfachsten Hindernisse im Gelände sollten Sie nicht sorglos reiten, weil man das Pferd dadurch verunsichert und zum Stehenbleiben verführt.

VERKEHRSREGELN

Auf öffentlichen Straßen und Wegen gilt auch für den Reiter die Straßenverkehrsordnung. Jegliche Teilnahme am Straßenverkehr erfordert ständige Vorsicht und gegenseitige Rücksicht. Jeder Verkehrsteilnehmer hat sich so zu verhalten, dass kein anderer geschädigt, gefährdet oder mehr als den Umständen entsprechend vermeidbar, behindert oder belästigt wird.

- Pferde dürfen nur im Straßenverkehr bewegt werden, wenn ihre Reiter ausreichend auf sie einwirken können.
- Reiter reiten grundsätzlich hintereinander am äußersten rechten Fahrbahnrand. Der Abstand zwischen den einzelnen Reitern beträgt nicht mehr als eine Pferdelänge. Das Nebeneinanderreiten ist nur gestattet, wenn der Verkehr dadurch nicht behindert wird.

Bergab

Bergauf

- Bei einer größeren Gruppe bildet man im Straßenverkehr einen „geschlossenen Verband“. Ein geschlossener Verband gilt als ein Verkehrsteilnehmer, deshalb ist z. B. keine Beleuchtung für jedes Pferd erforderlich. Bei einer Einteilung der Gruppe lässt man vorne und hinten erfahrene und an den Verkehr gewöhnte Pferde gehen. Beim Nebeneinanderreiten gehen nervöse und unerfahrene Pferde und auch die schwächeren Reiter rechts. Heftigere Pferde sollten vor Pferden gehen, die sich gerne treiben lassen.
- Auf öffentlichen Wegen und Straßen mit einer Asphaltdecke sollte Schritt geritten werden.

REITEN BEI DUNKELHEIT

Obwohl man besser nicht im Dunklen oder bei schlechtem Licht reiten sollte, lässt es sich manchmal nicht vermeiden. Während der Dämmerung, bei Dunkelheit oder wenn die Sichtverhältnisse es sonst erfordern, müssen Einzelreiter eine nicht blendende Leuchte mit weißem Licht auf der linken Seite führen, die nach vorne und hinten gleich gut sichtbar ist. Hierfür eignen sich Taschenlampen, die am Stiefel angeschnallt werden können. Bei einem geschlossenen Verband muss nach vorne mindestens eine nicht blendende Leuchte mit weißem Licht vorhanden sein und nach hinten eine Leuchte mit rotem Licht oder gelbem Blinklicht.
Es gibt auch Gamaschen mit Reflektorstreifen oder reflektierende Armbinden für den Reiter, die dafür sorgen, dass Pferd und Reiter in der Dämmerung rechtzeitig gesehen werden.

KLEIDUNG DES GELÄNDEREITERS

Der Reiter trägt bequeme, wetterfeste Kleidung sowie Reithandschuhe. Für längere Ausritte sind gut sitzende Reithosen und Reitstiefel vorteilhaft. Tragen Sie keine Turnschuhe, Ihr Fuß könnte in einer Schrecksituation des Pferdes aus dem Bügel gleiten und Sie verlieren vielleicht den Halt oder fallen vom Pferd.
Je nach Jahreszeit und Witterung werden Sie mehrere oder weniger Kleidungsschichten übereinander anziehen. Achten Sie auf warme Füße und Hände.
Es ist selbstverständlich, dass Sie eine Sicherheitsreitkappe tragen.

PAUSE WÄHREND DES AUSRITTS

Bei mehrstündigen Ausritten muss man Pferd und Reiter eine Rast gönnen. Bereits vor der Rast sollte das Pferd abgeschwitzt haben. Verschwitzte Pferde könnten sich erkälten. Wählen Sie für die Rast einen geschützten Platz, damit

Den Boden prüfen

Reiter halten sich möglichst rechts

Reflektierende Gamaschen, Armbinde und Weste

Pause

Pferd und Reiter nicht Wind und Wetter ausgesetzt sind.
Die Steigbügel werden am Steigbügelriemen hochgeschoben, Sattelgurt und Reithalfter gelockert. Hufe und Pferdebeine werden auf eventuelle Fremdkörper oder Wunden kontrolliert.
Nach Beendigung der Rast wird das Pferd, nachdem man die Sattellage auf mögliche Druckstellen hin kontrolliert hat, neu gesattelt. Auch das Zaumzeug wird vor dem Abreiten überprüft.
Beim Tränken Ihres Pferdes sollten Sie vorsichtig sein. Nimmt das Pferd viel kaltes Wasser zu sich, besteht die Gefahr einer Kolik.

Bequeme Kleidung ist am besten

Reitpferd und Packpferd

Gut vorbereitet aufs Pferd

Wanderreiten

Mehrtagesritte erfordern eine gute Planung. Die Ausrüstung muss so beschaffen sein, dass alle Sachen, die unterwegs gebraucht werden, mitgeführt werden. Bei viel Gepäck kann man ein Handpferd mitführen.
In verschiedenen europäischen Ländern gibt es Vereine und Organisationen, die Wanderritte veranstalten. Sie stellen hierfür oft auch die Pferde zur Verfügung. Aber natürlich muss man auch auf solchen Ritten die Pferde selbst versorgen.

VORBEREITUNG FÜR EINEN WANDERRITT

Wenn man mit dem eigenen Pferd loszieht, muss es trainiert sein. Gehen Sie zur Vorbereitung wenigstens zweimal pro Woche ruhig im Schritt und Trab drei Stunden lang ins Gelände. Es ist empfehlenswert, dieses Training auch in der Dämmerung durchzuführen, damit sich das Pferd an das Laufen in der Dunkelheit gewöhnen kann. Das Pferd muss eine Woche vor dem Abritt fit sein. Besorgen Sie sich vor einem Wanderritt eine gute Landkarte und einen Kompass. Kontrollieren Sie Sattel und Trense. Nichts ist schlimmer, als wenn man eine Tour wegen mangelnder Ausrüstung absagen muss.

WÄHREND EINES WANDERRITTES

Unterwegs müssen Sie Ihr Pferd von Zeit zu Zeit trinken lassen. Ein Pferd kann länger ohne Fressen als ohne Wasser auskommen. Bei der Rast können Sie es grasen lassen. Es ist sowohl für den Reiter als auch für das Pferd eine willkommene Abwechslung, wenn der Reiter ab und an absteigt und ein Stückchen neben dem Pferd läuft. Lockern Sie hierbei den Sattelgurt. Vergessen Sie allerdings nicht, ihn vor dem Aufsteigen wieder festzuziehen. Kontrollieren Sie regelmäßig die Hufeisen und prüfen Sie, ob sie sich gelockert haben oder ob sich Steinchen im Huf verklemmt haben.
Wenn die Pferde nachts in einem Stall untergebracht sind, prüft man, ob die Wände kräftig genug sind. Wenn das Pferd in einem fremden Stall steht, kann es passieren, dass es mit dem Huf schlägt und dabei eventuell eine dünne Wand durchtritt. Entfernen Sie scharfe Nägel und hervorstehende Gegenstände, damit sich Ihr Pferd nicht verletzen kann. Kontrollieren Sie die Qualität von Einstreu und Heu.

9 Krankheiten

Wenn man ein Pferd besitzt oder plant, ein Pferd zu kaufen, muss man erkennen können, ob mit ihm etwas nicht in Ordnung ist. Zunächst ist erst einmal wichtig, zu wissen, woran man ein gesundes Pferd erkennt.

- Ein gesundes Pferd hat einen lebhaften Blick und nimmt seine Umgebung mit Interesse wahr.
- Die normale Körpertemperatur liegt zwischen 37 und 38 °C.
- Die Körperwärme ist gleichmäßig über den ganzen Körper verteilt. Normalerweise fühlen sich die Ohren und die unteren Bereiche der Beine kühler an.
- Die Farbe der Schleimhäute von Nase, Mund und Augen ist rosarot und feucht.
- Die Augen sind klar.
- Das Pferd nimmt sein Futter begeistert auf. (Wenn das Pferd Futter übrig lässt, prüfen Sie zunächst, ob das Futter wirklich in Ordnung, oder ob es vielleicht verschimmelt ist. Pferde sind Feinschmecker.)
- Die Atmung ist ruhig und regelmäßig. In Ruhe atmet das Pferd pro Minute ungefähr 15 Mal.
- Das Pferd äpfelt leicht und häufig. Je nach Art des Futters ist der Mist grün bis dunkelbraun gefärbt. Die „Äpfel" bleiben nach dem Fallen rund.
- Das Deckhaar liegt flach an und glänzt.
- Das Pferd bewegt sich gerne, läuft flüssig und gleichmäßig.

Folgende Symptome können darauf hinweisen, dass es sich um eine ernsthafte Krankheit handelt.

Ein gesundes Pferd hat ein glänzendes Fell

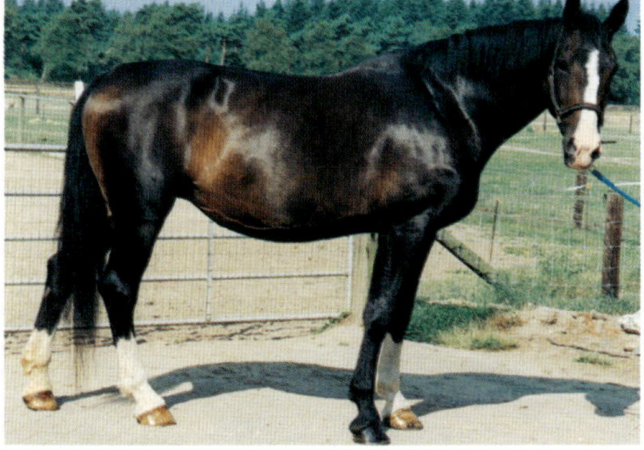

Links: Ein gesundes Pferd schaut aufmerksam

- Das Pferd nimmt eine mehr oder weniger schlaffe Haltung ein und steht lustlos bis apathisch in seiner Box. Es lässt seinen Kopf und Hals hängen, seine Ohren bewegen sich nur träge und es hat kein Interesse an seiner Umgebung.
- Die Körpertemperatur ist erhöht.
- Die Körperwärme ist ungleichmäßig verteilt. Die Ohren und die unteren Beinteile fühlen sich sehr kalt oder sehr heiß an.
- Die Farbe der Schleimhäute von Nase, Mund und Augen ist blass, dunkelrot oder gelb und die Schleimhäute sind trocken.
- Das Pferd frisst nicht.
- Die Augen sind trüb.
- Das Pferd atmet unregelmäßig, verbunden mit Geräuschen und mit sichtbarer Bewegung der Nüstern und Flanken.
- Beim Einatmen hört man einen pfeifenden oder flötenden Ton.
- Das Pferd hustet kurz und trocken.
- Die Äpfel sind klein, hart und dunkel oder der Mist ist breiartig bis wässrig dünn.
- Das Pferd legt sich hin, wälzt sich und steht wieder auf (Kolik).
- Die Deckhaare stehen ab und sind stumpf.
- Das Pferd will sich nicht bewegen, die Gänge sind unsicher, zögernd oder es geht lahm.

Die Ursachen für derartige Symptome können stark variieren. Dieses Kapitel beginnt mit einer Reihe von Punkten, worauf man achten muss, um zu beurteilen, ob es sich um eine ernsthafte Krankheit handelt oder nicht. Nachfolgend behandeln wir häufig auftretende Krankheiten.

Wir informieren auch über die Nachbehandlung eines genesenen Pferdes und über die Stallapotheke.

Worauf muss man achten?

KÖRPERTEMPERATUR

Die Körpertemperatur eines Pferdes, das ruhig im Stall steht oder auf der Weide läuft, schwankt zwischen 37 und 38 °C. (Die Körpertemperatur eines Fohlens liegt zwischen 37,5 und 39 °C). Wenn die Temperatur eines Pferdes höher ist als 38 °C, dann stimmt etwas nicht mit seiner Gesundheit.

Wenn die Temperatur über 40 °C angestiegen ist oder wenn sie besonders niedrig ist, beispielsweise 35 °C, sollte man sofort einen Tierarzt rufen.

Gesunde Pferde haben Interesse an ihrer Umgebung

Temperatur messen

TEMPERATUR MESSEN

Die Körpertemperatur des Pferdes wird mit einem normalen, auch für Menschen gebräuchlichen Fieberthermometer etwa drei Minuten lang im After gemessen. Es ist zweckmäßig, am oberen Ende des Thermometers einen Bindfaden anzuknüpfen, an dessen Ende eine Wäscheklammer befestigt ist. Das Thermometer wird etwa zu 3/4 in den After geschoben und die Klammer in den Schweifhaaren festgeklemmt, um ein Hineinrutschen zu verhindern.

HERZSCHLAG

Das Herz sorgt für die Durchblutung des Körpers. Es bildet seine Reize für seine Tätigkeit, unabhängig vom Zentralnervensystem, selbst. Pro Minute pumpt das Herz des Pferdes in Ruhe 30 Liter Blut durch den Körper, unter Belastung steigt das Minutenvolumen auf 500 Liter (!) an. Je nach geforderter Leistung steigt die Herzfrequenz von 27–44 Schlägen pro Minute in Ruhe auf 200 Schläge an.

ATMUNG

Ein erwachsenes Pferd macht pro Minute 10–16 Atemzüge. Die Atmung des Pferdes erfolgt durch Heben und Senken des Brustkorbes und mit Hilfe der Bauchmuskulatur. Die Atmung kann unregelmäßig sein, die Intensität kann

Messen des Pulsschlags

Kontrolle der Atmung

variieren. Umfang und Tiefe der Atmung beim ruhenden Pferd sind eher der oberflächlichen Atmung zuzuordnen und manchmal nur schlecht zu erkennen.

ANDERE MERKMALE

Andere Zeichen sind starkes Schwitzen, Schwellungen am Körper oder unnormale Bewegungen. Auch wenn das Pferd bei der Arbeit schneller schwitzt oder müde wird, kann dies auf eine Krankheit hinweisen. In Zweifelsfällen sollten Sie immer den Tierarzt rufen.

Hautkrankheiten

Hautkrankheiten sind lästig und die Genesung verlangt vom Pferdebesitzer oft viel Zeit und Geduld. Im Winter werden hauptsächlich Pferde, deren Winterfell nicht geschoren wurde und die viel im Stall stehen, von Parasiten befallen, wie Milben oder Läusen. Im Sommer können Ekzeme, Ausschläge oder Pilzerkrankungen auftreten. Nachfolgend stellen wir die häufigsten Hautkrankheiten vor.

RÄUDE

Unter Räude versteht man den Befall der Haut mit Milben. Beim Pferd kennt man drei verschiedene Milben. Die Chorioptesräude beschränkt sich auf die Hinterextremitäten. Auffällig ist der starke Juckreiz der Pferde. In chronischen Fällen kommt es zum Haarausfall und zu der typischen Faltenbildung der Haut.

Hautverletzung auf dem Rücken

Druckstelle

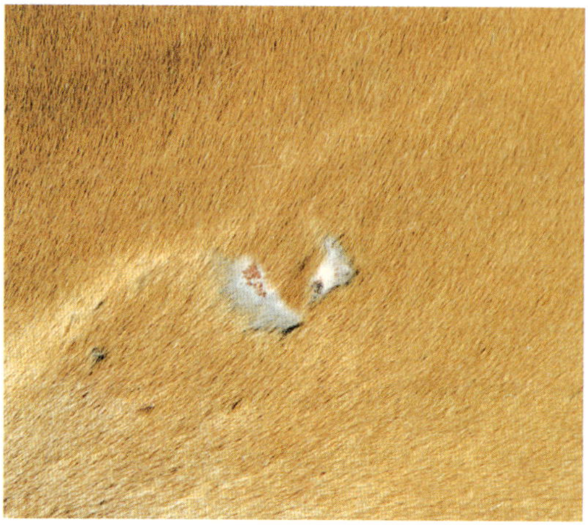

Die Räude ist eine ansteckende Krankheit und kann über das Putzzeug oder den Sattel, jedoch auch von Pferd zu Pferd übertragen werden. Befallene Stellen werden mit den entsprechenden Parasitenmitteln gewaschen.

DRUCKSTELLEN

Je nach Ursache des Hautschadens, ob durch Sattel, den Gurt oder durch Bandagen verursacht, hat das Leiden seinen Namen erhalten. Ein schlecht sitzender Sattel schädigt die Haut ebenso wie ein fehlerhaft angepasstes Geschirr oder eine zu fest angelegte Bandage. Beim Satteldruck sind gefährdete Stellen der Widerrist, die Auflage des Sattels parallel zu den Dornfortsätzen und die hintere Begrenzung der Sattellage. Alle Druckstellen äußern sich zunächst in einer schmerzhaften Schwellung, die nach einigen Tagen entweder wieder verschwindet oder nach außen aufbricht. Es entleert sich blutig-eitrige Flüssigkeit. Chronische Satteldrücke können auch zu einer starken Hautverdickung führen und großflächige, borkige Hautauflagerungen hervorrufen. Auch unter der Haut liegende Organe können mit erkranken. Die wichtigste Maßnahme ist das Abstellen der Ursache. Feuchtwarme Umschläge, leicht durchblutungsfördernde Salben, desinfizierende Bäder und antibiotische Salben können die Heilung beschleunigen.

SOMMEREKZEM

Während des Sommers tritt diese Erscheinung vor allem bei langhaarigen Robustpferden relativ häufig auf. Ursache und Behandlung des Juckreizes sind leider noch weitgehend ungeklärt. Sicherlich spielen Überfütterung, Klimafaktoren, Insekten und vor allem der Haarwechsel eine Rolle. Mineralllecksteine, tagsüber Aufstallen mit Heufütterung, Lebertran-Zinksalben und ähnliche Präparate können versucht werden.

LÄUSE

Die Laus als Hautparasit ist zwar eine seltene Erscheinung, durch ihre Größe (sie ist mit bloßem Auge besonders an der Schweifrübe und im Mähnenkamm zu erkennen) und wegen ihrer Wirkung auf die Pferde ist diese Krankheit aber leicht zu erkennen. Heftigster Juckreiz der Pferde veranlasst sie zu größter Unruhe. Der Tierarzt wird ein Parasitenmittel verschreiben, das der Infektion schnell ein Ende bereitet.

MAUKE

Die Mauke ist ein typisches Ekzem. Unter einem Ekzem versteht man eine Entzündung der oberen Schicht der Haut. Obwohl die Ursachen unterschiedlich sein können, ist doch immer die Haut in irgendeiner Weise vorgeschädigt oder sensibilisiert. Ständige Feuchtigkeit führt zu einer entzündlichen Reaktion der sehr empfindlichen Haut in der Fesselbeuge. Schlechte Einstreu, nasse Weiden, schlammige Paddocks, tägliches Abspritzen der Pferdebeine bei gleichzeitigem Scheren der schützenden

Mauke

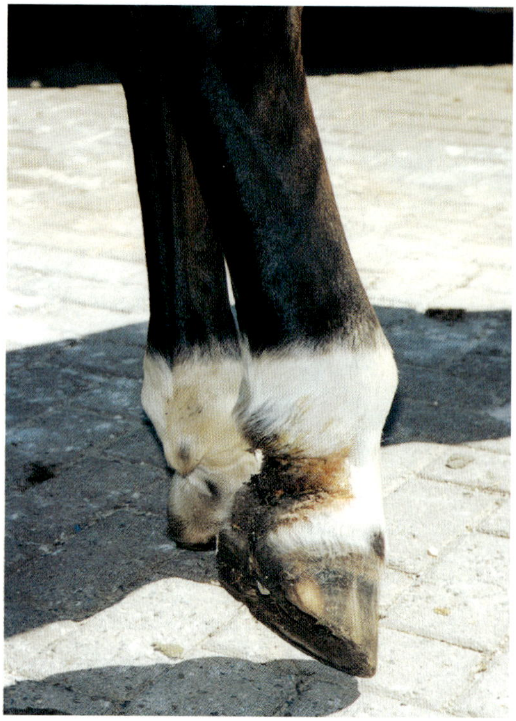

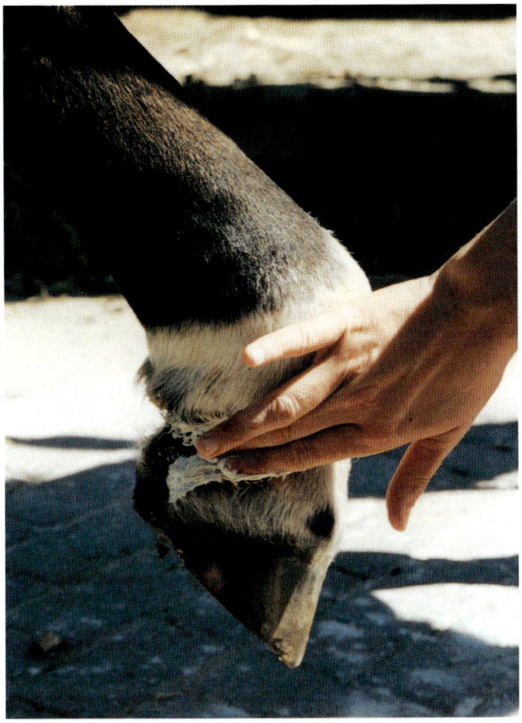
Behandlung der Mauke mit einem speziellen Präparat

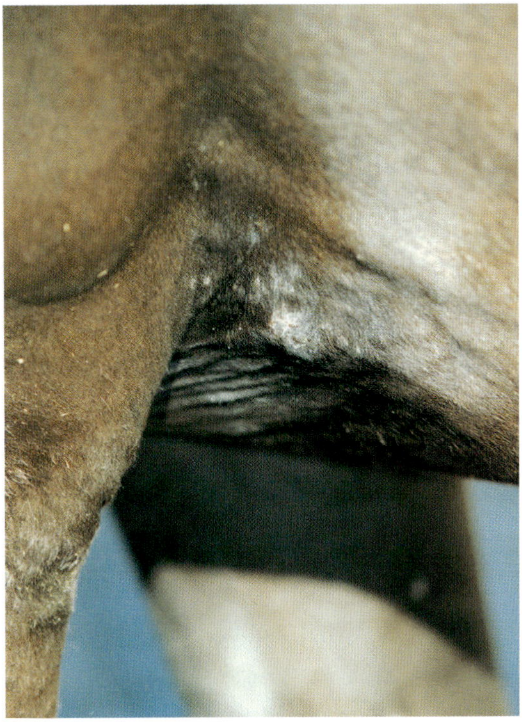
Schimmelpilzinfektion

Fesselhaare können die Ursache sein. Aber auch bakterielle Verunreinigungen oder Milben können die Haut schädigen. Die Haut betroffener Pferde ist in der Fesselbeuge teilweise eingerissen, geschwollen und deutlich schmerzhaft. Manchmal hat Mauke auch die Tendenz, auf die Hufkrone überzugreifen. Zunächst sollte man sich bei der Behandlung durch Scheren der Haare in der Fesselbeuge einen Überblick über die Ausdehnung des Ekzems verschaffen. In leichteren Fällen hilft eine mehrmalige Behandlung mit abdeckenden Salben. Je nach Art der Mauke wird der Tierarzt Lebertran- oder Zinksalben verschreiben, aber auch Antibiotikasalben. In besonders hartnäckigen Fällen haben sich Cortisonsalben gut bewährt.

HAUTPILZINFEKTIONEN

Beim Pferd können mehrere Sorten von Hautpilzen auftreten, die zum Teil auch auf andere Tiere und auch auf den Menschen übertragbar sind. In der Regel sind die Hautschäden sehr typisch. Es handelt sich um akut auftretende pfennig- oder markstückgroße Kahlstellen im Haarkleid, manchmal als Pusteln beginnend, später nässend und Borken bildend. Diese Defekte fließen allmählich zusammen, wobei an immer neuen Stellen frische Infektionen auftreten. Im fortgeschrittenen Stadium kann sich die Haut stark entzünden und so starke und schmerzhafte Schwellungen bilden, dass die Bewegung des Pferdes behindert wird. Der Pilz wird durch das Putzzeug oder Sattelzeug übertragen. Vorsicht, der Pilz ist auch auf den Menschen übertragbar. Bei derartigen Symptomen wäscht man das Tier mit Antimykotika am ganzen Körper und behandelt besonders stark infizierte Hautpartien mit Salben.

NESSELFIEBER

Verschiedene Stoffe können beim Pferd Allergien hervorrufen, meist sind es im Futter enthaltene Allergene, nicht selten reagieren Pferde aber auch auf injizierte Medikamente. Der auffällige Quaddelausschlag ist meist über die gesamte Körperoberfläche verteilt. Kurzfristig stellt sich zum Teil hohes Fieber ein. Neben Formen mit einer raschen Spontanheilung gibt es auch schwer beeinflussbare chronische Allergieformen. Die Behandlung ist antiallergisch.

SCHWEIFEKZEM

Das Schweifekzem tritt vor allem während des Sommers auf. Die Symptome sind unverkennbar. Das Pferd beginnt, seinen Schweifansatz gegen Gatter oder Zaunpfähle zu reiben, die

Schweifekzem

betroffenen Stellen werden kahl und wenn das Reiben nicht aufhört, kann die Haut roh und wund werden. Oft wird das Ekzem durch eine Räudemilbe verursacht, die nur bei warmem Wetter aktiv wird. Jedoch verursachen verschiedene Rundwürmerarten heftige Juckreize, wenn sie durch den After herauskriechen und auch sie bewirken identische Symptome. Der Tierarzt wird den Mist nach Rundwürmereiern untersuchen sowie die befallene Stelle nach Räudemilben untersuchen.
Wenn Milben das Übel verursachen, ist eine 10%-ige Lösung von Benzylbenzoat in Alkohol ein wirksames Mittel. Die Lösung wird mit einem getränkten Wattebausch einmal täglich aufgetragen. Arseninjektionen oder arsenhaltige Mittel helfen, den Zustand zu verbessern.

MAGENDASSELN

Manchmal sehen wir an den Pferdebeinen kleine gelbe Pünktchen. Dies können die Eier von Dasselfliegen sein. Das Insekt legt seine Eier in die Haare bestimmter Körperteile (Gliedmaßen, Brustwand, Hals, Mähne). Die aus den Eiern schlüpfenden Larven dringen durch die Körperhaut in den Körper ein. Sie wandern zu ihrem speziellen Sitz in der Magenschleimhaut und entwickeln sich weiter. Nach 8 bis 10 Monaten werden sie mit dem Kot ausgeschieden. Sie verpuppen sich im Kot oder im Erdboden für 3 bis 7 Wochen, dann schlüpft eine neue Dasselfliege aus. Die Behandlung erfolgt mit speziellen Präparaten in den Monaten November bis Januar, da dann mit der Anwesenheit aller Larven im Magen zu rechnen ist.

WARZEN

Warzen können bei Pferden lästig sein. Man kann heute mit ziemlicher Sicherheit sagen, dass Warzen durch ein Virus verursacht werden. Moderne Warzenbehandlungsmittel werden vom Tierarzt verschrieben und sind außerordentlich wirksam.

Wundenbehandlung

Wunden bei Pferden können durch mechanische (quetschen, schneiden, stechen, beißen), chemische (ätzen), thermische (verbrennen) und elektrische (Starkstrom, Blitzschlag) Einwirkung entstehen. Durch die Zerstörung der schützenden Haut besteht die Möglichkeit, dass Bakterien in die Wunde eindringen und zur Wundinfektion führen. Blutung, Schmerz und Funktionsstörungen richten sich nach dem Ausmaß und der Lokalisierung der Wunde, z. B. ist

Eine oberflächliche Schürfwunde

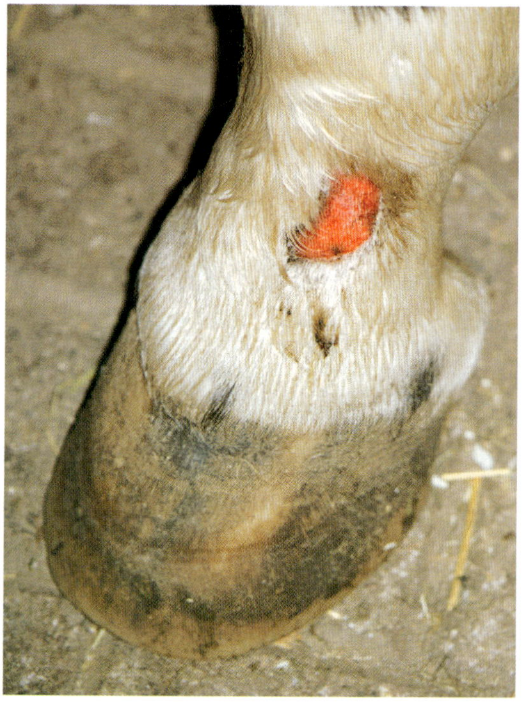

Eine tiefe Wunde mit wildem Fleisch

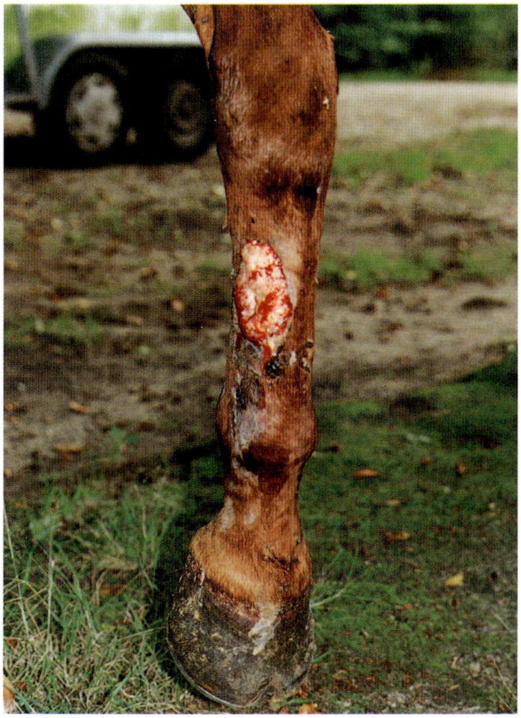

Tetanusinjektion

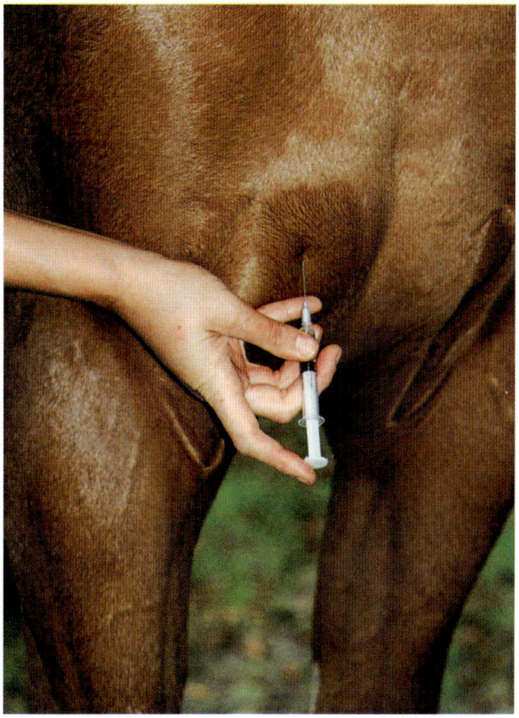

die Durchtrennung von Muskeln oder Sehnen und die Eröffnung von Gelenken und Sehnenscheiden besonders schwerwiegend.
Die Stärke der Blutung ist abhängig von der Art und dem Ausmaß des durchtrennten Gefäßes. Hellrotes Blut und ein schnelles, pulsierendes Fließen deuten auf eine Blutung aus einer Arterie, dunkelrotes Blut und träges Fließen deuten auf eine Blutung aus einer Vene hin. Bei starken Blutungen gehört die vorläufige Blutstillung bis zum Eintreffen des Tierarztes zur Ersten Hilfe. Die endgültige Wundversorgung, die Wundbehandlung und die Kontrolle der Heilung muss bei ernsthafteren Verletzungen durch einen Tierarzt erfolgen.

TETANUS

Die größte Gefahr bei einer Verletzung des Pferdes ist der Wundstarrkrampf oder Tetanus, weil diese Erreger fast stets in der Umgebung des Pferdes vorkommen. Eine tiefe Stichverletzung ist ein idealer Nährboden für diese Bakterien. Die Erreger gelangen in den Körper. Die giftigen Stoffwechselprodukte der Keime gehören mit zu einem der stärksten biologischen Gifte für Mensch und Pferd. Diese Toxine sind die eigentlichen Verursacher der Krankheit. Nach einer Inkubationszeit von einigen Tagen oder mehreren Wochen fällt am Pferd eine am Kopf beginnende Starre auf, die sich allmählich über den Rücken zum Schweif hin ausbreitet: Kauen und Schlucken fallen dem Pferd schwer. Das Pferd nimmt allmählich eine sägebockähnliche Stellung ein und kann sich nur noch mit steifem, gespreiztem Gang fortbewegen. Im fortgeschrittenen Stadium kann es zum Festliegen des Pferdes kommen. Während bei jungen Pferden die Sterblichkeit hoch ist, überstehen ältere Pferde diese Krankheit häufiger. Das Pferd sollte bei Verdacht auf Wundstarrkrampf sofort in eine Tierklinik gebracht werden. Ein Immunserum ist medikamentös die wichtigste Therapie, daneben werden ständig muskelentspannende Mittel verabreicht.
Eine Impfung der Pferde gegen Tetanus ist der beste Schutz gegen diese Krankheit. Zur Grundimmunisierung sind drei Impfungen notwendig, zwei im Abstand von 4 bis 6 Wochen, eine dritte nach einem Jahr.

Lahmheit

Unter Lahmheit versteht man eine Störung im Bewegungsablauf einer einzelnen Extremität, als Bewegungsstörung hingegen bezeichnet man die gleichmäßige Störung an einem Beinpaar. Wir unterscheiden Stützbeinlahmheit (verkürzte Stützphase), Hangbeinlahmheit (erschwertes Vorführen des Beines, der Fuß wird vorzeitig wieder auf den Boden aufgesetzt) und gemische Lahmheit (Stützphase ist verkürzt, Vorschwingen wird vorzeitig beendet).

Erkrankungen der Knochen und Gelenke

BRÜCHE UND RISSE DER KNOCHEN

Brüche und Risse der Knochen galten lange Zeit für das Pferd als Todesurteil. Neue, zum Teil aufwendige Behandlungsmethoden ermöglichen in bestimmten Fällen eine vollständige Heilung. Die Anzeichen für einen Bruch sind hochgradige Lahmheit, Schmerzen beim passiven Drehen des Gliedmaßenteiles und das dabei auftretende reibende Geräusch des Knochens, die abnorme Beweglichkeit und die Schwellung durch den Bluterguss. Ein Röntgenbild gibt Aufschluss über den Verlauf der Bruchlinie.

SCHIENBEINE

Die Schienbeinerkrankung tritt bei jungen, im ersten Training stehenden Vollblütern besonders häufig auf. Sie ist eine Knochenhautentzündung an der Vorderseite der Röhre. Neben einem klammen Gang beobachtet man eine Schwellung an der Röhrenvorderseite, die sich beim Betasten als schmerzhaft herausstellt. Die wichtigste Therapie ist die Reduzierung der täglichen Arbeit.

Spattest

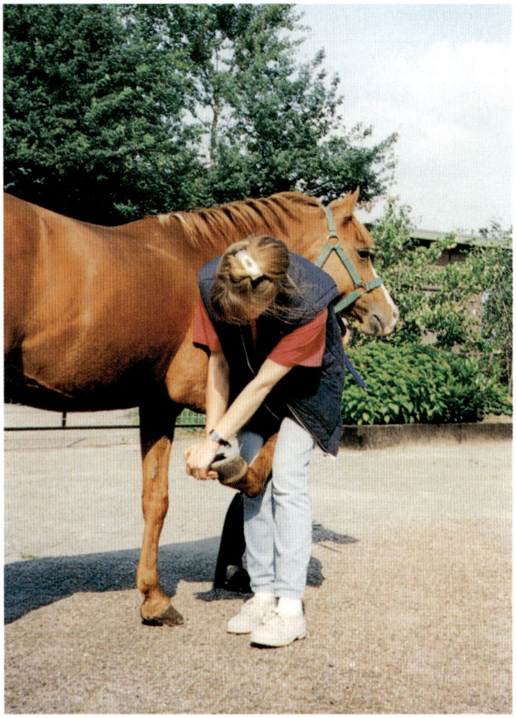

ÜBERBEIN

Das Überbein ist das Produkt einer verknöchernden Knochenhautentzündung, meist tritt es seitlich, vor allem innen am Röhrbein auf, oft auch an der Verbindungsstelle zwischen Griffelbein und Röhrbein. Ursache ist häufig eine Zerrung der Bänder des Griffelbeins und eine sich einstellende Knochenhautentzündung. Nicht immer muss sich mit der Entstehung des Überbeins auch eine Lahmheit einstellen. Äußerlich stellt sich das Überbein als kirsch- bis walnußgroße Schwellung innen an der Röhre dar. Die wichtigste Behandlung ist die Ruhigstellung des Pferdes. Nur wenn der Reiz, der zur Knochenhautentzündung geführt hat, abgestellt wird, kann diese abheilen.

RACHITIS

Rachitis ist eine stoffwechselbedingte Störung des Knochenwachstums, bei der die Mineralisation des Knochengewebes gestört ist. Die Erkrankung tritt hauptsächlich bei Fohlen und Jährlingen auf. Bei Rachitis fallen vor allem die verdickten Wachstumsfugen an den Extremitäten auf. Am stärksten sind die Wachstumsfugen des Unterarms und der Röhre betroffen. Hiervon gehen auch Stellungsfehler aus, die später nicht mehr zu korrigieren sind. Neben einer ausreichenden Versorgung mit Phosphor und Calcium ist für eine vernünftige Aufzucht der Fohlen zu sorgen.

SPAT

Unter Spat versteht man alle schmerzhaften Prozesse im Bereich der straffen Tarsalgelenke. In der Regel handelt es sich um eine chronische Entzündung dieser kleinen Gelenke, die entweder mit einer Knochenzubildung oder einem Knochenabbau verbunden ist. Die Spatlahmheit schwankt in ihrer Intensität je nach vorhergegangener Belastung von geringgradig undeutlich bis mittelgradig. Die große Anzahl von Behandlungsmöglichkeiten beweist die Problematik der Therapie.

Erkrankungen der Sehnen, Bänder, Sehnenscheiden und Schleimbeutel

GALLEN

Unter Gallen versteht man Vorwölbungen von

Galle

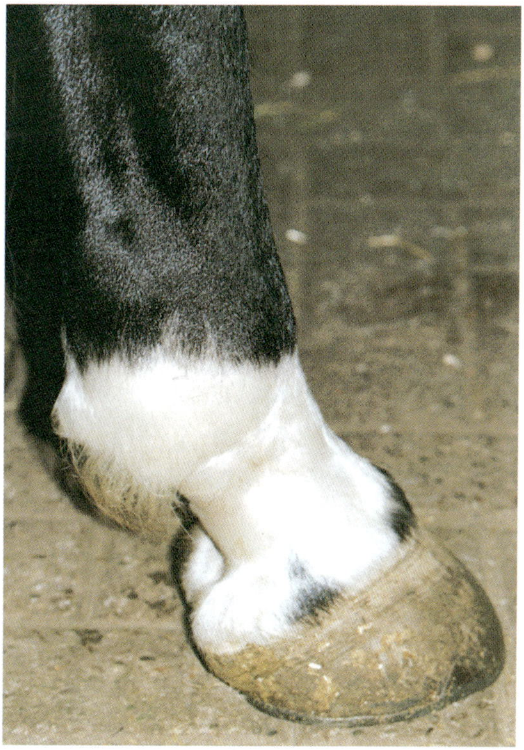

Piephacke

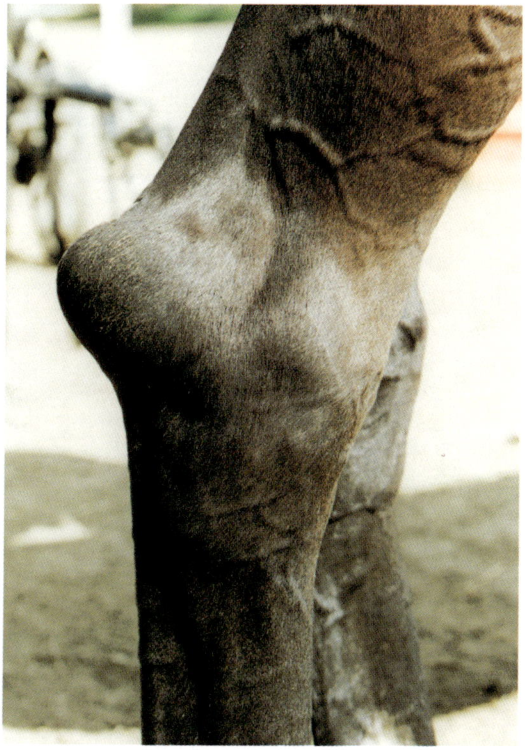

Gelenksäcken oder Sehnenscheiden. Diese enthalten vermehrt Gelenk- oder Sehnenscheidenflüssigkeit. Am häufigsten beobachtet man Gallen am Fesselgelenk oder an der Fesselbeugensehnenscheide. Sie erscheinen meist als weiche, rundliche Vorwölbungen. Beim Betasten zeigen die Pferde keine Schmerzen. Nur bei gleichzeitiger Schonung ist es sinnvoll, Gallen mit durchblutungsfördernden Salben zu behandeln.

SEHNENENTZÜNDUNG

Die Sehnenentzündung nimmt bei Lahmheitsursachen eine bedeutende Stellung ein. Sie führt mit am häufigsten zur Gebrauchsunfähigkeit des betroffenen Pferdes, da ihre Besitzer meist nicht genügend Geduld aufbringen und den Pferden keine ausreichend lange Erholungszeit ermöglichen. Die Behandlung ist von der Art der Entzündung abhängig.

PIEPHACKE

Piephacke wird eine Anschwellung am Fersenhöcker genannt. Es kann sich um eine reine Schleimbeutelentzündung handeln, es kann aber auch eine bindegewebige Bildung sein, die zu einer Verdickung der Fersenbeinkappe führt. Ursache für eine Piephacke ist Anschlagen gegen eine Wand in der Box oder beim Transportieren. Hier müssen zunächst die Ursachen abgestellt werden. Behandelt wird mit durchblutungsfördernden Salben. Piephacken von der Größe eines Tennisballs sind allerdings meist nur durch Punktion und Injektion zu beeinflussen.

REHBEIN

Das Rehbein ist das Gegenstück zum Spat. Man versteht darunter eine harte, im Allgemeinen schmerzlose Umfangsvermehrung an der Außenseite des Sprunggelenks. Ursachen können auch hier Knochenhautentzündungen oder Entzündungen der Gelenkskapsel sein. Ein Rehbein kann allerdings auch angeboren sein. Als Behandlung reibt man mit durchblutungsfördernden Salben ein.

STOLLBEULE

Jede Umfangsvermehrung im Bereich des Ellenbogenhöckers heißt Stollbeule. Die häufigste Ursache sind Quetschungen, die sich das Pferd beim Liegen zuzieht. Stellen Sie die Ursachen ab. Sorgen Sie für gut gepolsterte Liegeflächen und nehmen Sie dem Pferd die Stollen ab (sie können beim Liegen auf den Knochen des Ellenbogenhöckers drücken).

Erkrankungen des Hufes

Durch eine richtige Hufpflege kann manche Krankheit von vornherein vermieden werden. Voraussetzung für einen guten Huf ist eine trockene, saubere Einstreu im Stall. Tägliches Reinigen, Säubern und Einfetten der Hufe machen das Horn geschmeidig. Zum Einfetten werden ungesalzene Fette verwendet.

HARTES HORN

Das harte Horn wird von der empfindlichen Huflederhaut gebildet. Sein Wachstum erfolgt von oben nach unten. Im Durchschnitt wächst der Huf in einem Monat um etwa sechs bis acht Millimeter, wobei der durch ein Eisen geschützte Huf etwas langsamer wächst. Ein hartes Horn ist unempfindlicher gegenüber Erkrankungen.

WEICHES HORN

Nicht alle Pferde haben hartes Horn. Wenn das Horn bei Ihrem Pferd weich ist und leicht ausbricht, müssen Sie vermeiden, dass zu viel Feuchtigkeit in den Huf gelangen kann. Um dies zu verhindern kann man beispielsweise Huffett verwenden. Auch eine trockene Box kann dieses Problem verringern.

KRONEN- UND BALLENTRITT

Offene Verletzungen an Krone oder Ballen werden als Kronen- bzw. Ballentritt bezeichnet. Ballentritte entstehen an den Vorderhufen durch Greifen und an den Hinterhufen durch das Aufreiten anderer Pferde.
Kronentritte sind in der Regel Eigenverletzungen des Pferdes mit dem anderen Huf. Die Behandlung eines Kronentritts sollte immer durch einen Tierarzt erfolgen.

HUFROLLENENTZÜNDUNG

Die Hufrolle besteht aus dem Strahlbein, dem darüber gleitenden Teil der tiefen Beugesehne und einem zwischen Strahlbein und Beugesehne gelagerten Schleimbeutel. Bei der chronischen Hufrollenentzündung erkranken alle Teile der Hufrolle. Die Veränderungen am Strahlbein können mit Hilfe der Röntgenuntersuchung sichtbar gemacht werden.
Diese Krankheit tritt vorwiegend an den Vorderhufen auf. Eine zu spitze Hufform beim Nichtpassen zum Fesselstand wirkt begünstigend bei der Entstehung. Die Lahmheit ist auf weichem Boden kaum sichtbar. Auf hartem Boden zeigt das Pferd in der Regel einen kurzen, gebundenen Gang. Im fortgeschrittenen Stadium zeigt sich eine einseitige Lahmheit auf

Einfetten der Hufe

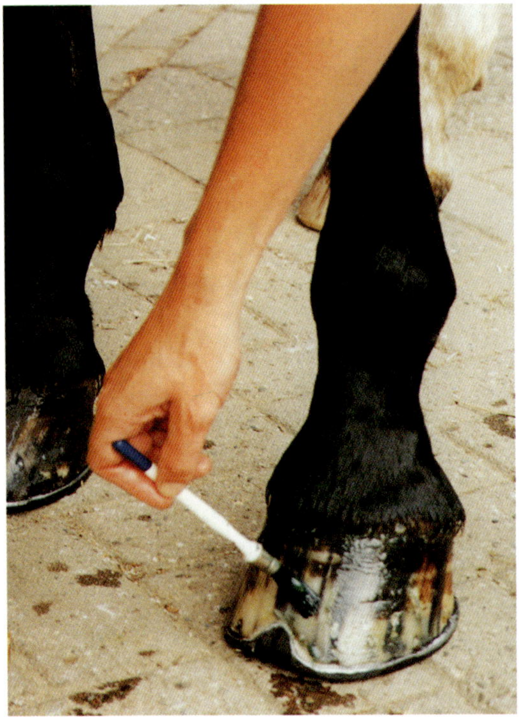

Eine gute Einstreu ist wichtig

Spezialbeschlag bei Hufrehe

dem schmerzhafteren Bein, das in der Ruhe vorgestellt wird. Bei gleichmäßigen Schmerzen erfolgt das Vorstellen der Gliedmaße im Stand wechselweise. In weniger schwerwiegenden Fällen, bei denen die Gleitfläche des Strahlbeins noch nicht zerstört ist, kann ein regelmäßig erfolgender Hufbeschlag mit starker Zehenrichtung und erhöhten Schenkelenden nach längerem Weidegang eine Besserung bringen. Bei einem operativen Eingriff kann in Form eines beidseitigen Nervenschnittes der Schmerz ausgeschaltet werden.

HUFREHE

Unter Hufrehe versteht man eine ausgedehnte, nicht infektiöse Erkrankung der Huflederhaut. Meist sind beide Vorderhufe, seltener alle vier Hufe betroffen. Ursache sind Durchblutungsstörungen der feinen Kapillargefäße der Huflederhaut, die zum Austritt von Blutwasser und zu einer Lockerung der Verbindung zwischen Huflederhautblättchen und Hornblättchen führen. Man unterscheidet Belastungsrehe, Futterrehe und Geburtsrehe. Obwohl die Symptome einer Rehe der Vorderbeine, eine Verlagerung des Körpergewichts auf die Hinterhand und ein tappender Gang, in der Regel sofort erkannt werden, muss möglichst rasch ein Tierarzt hinzugezogen werden.

NAGELTRITT

Als Nageltritt wird das Eindringen eines spitzen Körpers in die Sohle bezeichnet. Je nach Lokalisation und Eindringtiefe wird unter der Sohle die Huflederhaut, das Hufbein, das Strahlpolster, die tiefe Beugesehne, der Hufrollenschleimbeutel, das Strahlbein oder das Hufgelenk verletzt. In jedem Fall ist eine Behandlung durch den Tierarzt erforderlich.

STRAHLFÄULE

Auch der Strahl des Pferdes kann von Krankheiten befallen werden. Bei Pferden mit ungepflegten Hufen in feuchter Einstreu und ungenügender Bewegung auf weichem Boden findet man häufig Fäulnisvorgänge in der mittleren Strahlfurche.

Der in losen Fetzen und Taschen zerfallene Strahl ist mit einer übelriechenden Masse gefüllt. Der Fäulnisvorgang wird durch überall im Boden vorkommende Bakterien ausgelöst, die ohne Sauerstoff leben. Die Fäulnis kann auch auf die Ballen übergreifen und sie ablösen. An der Hufwand bilden sich sogenannte Strahlfäuleringe.

Durch richtige Hufpflege kann manches Unheil von vornherein vermieden werden. Als vorbeugende Maßnahme wird bei feuchten Bodenverhältnissen neben einer ständigen Kontrolle der Strahlbeschaffenheit und der täglichen Hufreinigung das Einstreichen der Sohle mit Teer empfohlen. Zur Behandlung nimmt man 4%igen Jodoformäther und pipettiert ihn nach Entfernung sämtlicher loser Hornfetzen in die mittlere Strahlfurche. Das häufig verwendete Kupfervitriol führt wegen seiner wasseranziehenden Wirkung zur Austrocknung des Horns, wobei die Elastizität verloren geht.

Gute Hufpflege ist notwendig

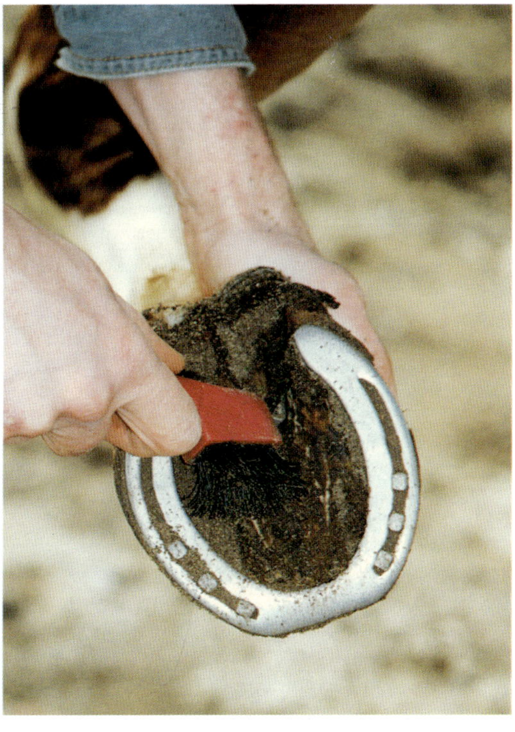

Magen- und Darmkrankheiten

DURCHFALL
Durchfall kann infolge einseitiger Ernährung oder wegen eines plötzlichen Futterwechsels, aber auch aus Nervosität auftreten (beispielsweise während eines Transports im Hänger). Leichter Durchfall geht meist wieder vorüber. Bei anhaltendem Durchfall muss der Tierarzt zu Rate gezogen werden. Bei neugeborenen Fohlen tritt nicht infektiös bedingter Durchfall auf, der durch die Milch einer rossigen Stute ausgelöst wird.

KOLIK
Unter dem Begriff Kolik werden alle schmerzhaften Erscheinungen zusammengefasst, die durch krankhafte Veränderungen im Magen und Darmkanal hervorgerufen werden. Die Ursachen hierfür können sehr unterschiedlich sein. Anzeichen für eine Kolik sind entweder Fressunlust, Teilnahmslosigkeit, häufiges Liegen und Gähnen, Umschauen nach dem Bauch, Wedeln mit dem Schweif, häufiges Harnen und Schlagen mit den Füßen unter den Leib oder aber starke Unruhe, Schwitzen, Kratzen und rücksichtsloses Wälzen. Bei jeder Art von Kolik muss sofort ein Tierarzt hinzugezogen werden. Eine Kolik kann verschiedene Ursachen haben.

- Kolik durch Magenüberladung: Bei schwer verdaulichem Futter, vergärendem Futter, Überfressen und Darmverschluss (durch Rückfluss des Darminhaltes in den Magen) kann es zu einer Magenüberladung kommen. Weil das Fassungsvermögen des Magens gering ist und die Pferde sich nicht Erbrechen können, besteht die Gefahr, dass der Magen zerreißt. Die Entleerung des Magens muss sofort durch den Tierarzt erfolgen.
- Kolik durch Verstopfung: In bestimmten Darmabschnitten kommt es zu einer übermäßigen Ansammlung von Futter. Ursache kann die Aufnahme von schwer verdaulichem Futter sein. Auch mangelnde Bewegung begünstigt die Entstehung einer durch Verstopfung verursachten Kolik. Die sofortige Behandlung durch den Tierarzt zielt darauf ab, den Darminhalt aufzuweichen, den Darmkrampf zu lösen und die Darmperistaltik anzuregen.

MAGEN- UND DARMPARASITEN
Die häufigsten Magen- und Darmparasiten sind Würmer. Wir unterscheiden Palisadenwürmer, Zwergfadenwürmer, Spulwürmer, Pfriemenschwänze, Pferdebandwurm und Lungenwurm. Ein träges und lustloses Pferd kann von Würmern befallen sein. Pferde nehmen auf der Weide häufig über den Kot infizierter Tiere die Larven der Würmer auf. Eine Vorsichtsmaßnahme besteht darin, die Kotballen auf der Weide täglich abzusammeln. Weiterhin muss Ihr Pferd minimal zweimal pro Jahr eine Wurmkur erhalten. Wenn Pferde über einen längeren Zeitraum auf der gleichen Weide stehen, wird ein Entwurmen im Abstand von sechs Wochen empfohlen.
Daneben können Pferde auch von Magendassellarven befallen werden. Fliegenweibchen fliegen die Pferde an und kleben die Eier vorwiegend an die Deckhaare der Extremitäten. Die ausgeschlüpften Larven wandern entweder sofort in die Haut oder werden abgeleckt und dringen so in die Mundschleimhaut ein. Das zweite Larvenstadium wandert in Magen oder Darm. Im dritten Larvenstadium wird der Parasit nach einem 8- bis 10-monatigem Aufenthalt im Magen-Darm-Trakt ausgeschieden, um sich im Erdboden erneut zu verpuppen.

Luftziehen kann eine Windkolik verursachen

Erkrankungen des Atmungssystems

KEHLKOPFLÄHMUNG
Kehlkopf und Stimmbänder bilden im Atem-

Die Misthaufen werden am besten von der Weide entfernt

weg einen Engpass. Bei einer Lähmung der Muskeln am Kehlkopf sinkt (meist) die linke Kehlkopfhälfte in das Kehlkopflumen. Das Stimmband wird dann nicht mehr gespannt und erscheint gelähmt. In schneller Gangart hört man bei der Einatmung ein pfeifendes Geräusch. Im Trab und Galopp treten bei stärkerer Belastung Atembeschwerden auf, die sich durch Blähen der Nüstern, starken Schweißausbruch, pumpende Atmung und Erstickungsanfälle bemerkbar machen. Das Wiehern ist heiser und tonlos. Die exakte Diagnose kann nur der Tierarzt stellen. In der Regel wird die Atemstörung durch eine operative Behandlung entfernt.

DÄMPFIGKEIT

Dämpfigkeit ist als eine Atembeschwerde definiert, die durch einen chronischen und unheilbaren Krankheitszustand der Lunge oder des Herzens bewirkt wird. Diese Krankheit ist eine derjenigen, die der Gesetzgeber zum Schutz des Käufers unter dem Begriff Hauptmängel zusammengefasst hat. Diese fünf Krankheiten und eine Untugend machen innerhalb einer be-

Husten auslösen

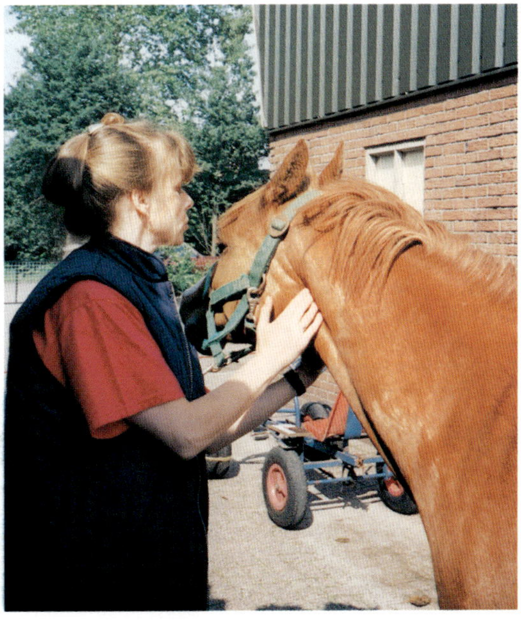

Untersuchung der Lymphknoten

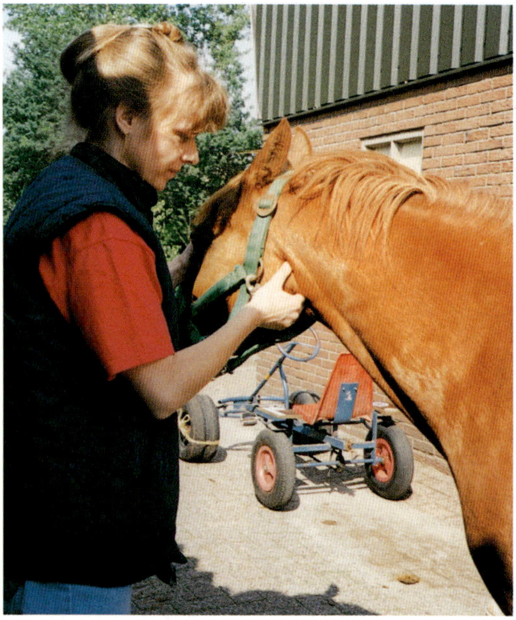

stimmten Frist, der Gewährsfrist, den Kauf ungültig, wenn die Fehler dem Verkäufer in dieser Zeit angezeigt werden.
Ein dämpfiges Pferd erhält bei normaler Einatmung nicht genügend Luft, um den Sauerstoffbedarf zu decken. Das Pferd muss rasch zweimal hintereinander einatmen und mit Muskelanstrengung ausatmen. Charakteristisch ist ein tiefer, dumpfer Husten, der auch in ruhendem Zustand vorkommt, sich jedoch beim Fressen und bei der Arbeit verstärkt.

DRUSE

Druse wird durch eiterbildende Bakterien verursacht. Sie ist eine infektiöse und hoch ansteckende Krankheit und kann sich in einem Stall oder auf der Weide wie ein Lauffeuer ausbreiten. Druse ist eine Infektion der oberen Halsgegend mit dem Bakterium *Streptokokkus equi*. Dieser hochgradig ansteckende Erreger kommt fast ausschließlich beim Pferd vor. Die Symptome sind ähnlich wie bei einer Erkältung, jedoch erscheint bei Druse rasch ein dickflüssiger, eitriger Nasenausfluss. Häufig sind auch die Lymphdrüsen in verschiedenen Körperteilen angesteckt. Beim größten Teil aller Drusefälle beschränken sich die vereiterten Lymphknoten auf den Kopf, sie können jedoch auch in anderen Drüsen im Inneren des Körpers oder an den Beinen auftreten.
Bei Druse muss das Pferd absolut isoliert werden. Rechtzeitige und ausreichende Injektionen mit Antibiotika oder Sulfonamiden sind notwendig. Es gibt Impfstoffe gegen Druse, deren Wirkung jedoch sehr wechselnd ist.

ERKÄLTUNGSKRANKHEITEN

Beim Pferd gleichen die Erkältungen sehr denjenigen beim Menschen. Sie entstehen durch ein Zusammenspiel von Infektion mit einem der zahlreichen, die Schleimhäute angreifenden Virusstämmen und verminderter Widerstandskraft.
Ist das Virus sehr bösartig, genügt die Infektion, um die Krankheit auszulösen. Normalerweise wird ihr Ausbruch jedoch durch Unterkühlung, Überanstrengung oder sonstige schädliche Einflüsse gefördert. Auch Krankheitserscheinungen und Verlauf sind sehr ähnlich wie beim Menschen. Es beginnt mit Fieber, Fressunlust, Schüttelfrost und erhöhtem Puls. Dann folgen schleimig-eitriger Nasenausfluss, Katarrh und Husten. Der Patient wird isoliert, der Tierarzt gibt Antibiotika, Hustenmittel und Schleimlöser. Sehr wichtig ist die Kontrolle der Temperatur. Der durchschnittliche Erkältungsfall wird etwa 10 Tage dauern, dies bedeutet, dass das Pferd mindestens 14 Tage lang gepflegt und in Ruhe gehalten werden muss.

Grippeimpfung

Verabreichen eines Antibiotikums

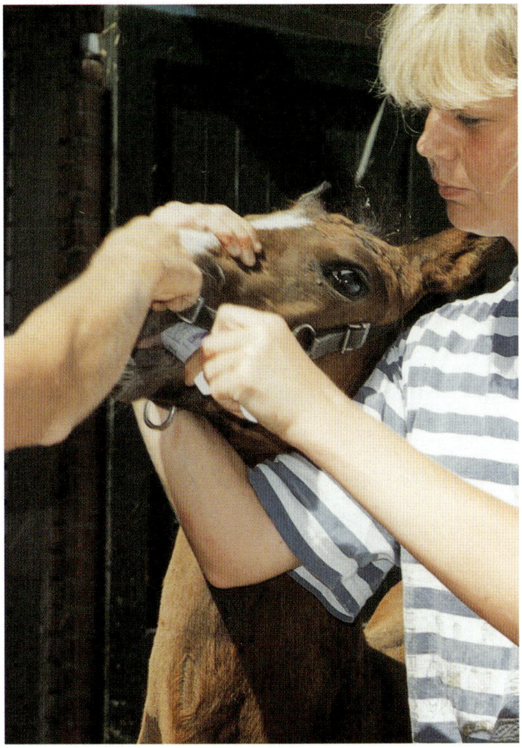

Eingeweichte Kleie

LUNGENENTZÜNDUNG

Beim Pferd wie bei allen anderen Tieren und beim Menschen wird dieses Leiden durch Entzündung der Lungen hervorgerufen. Diese kann durch eine Virus- oder Bakterieninfektion verursacht sein. Es gibt auch Lungenentzündungen durch Pilzinfektionen. Zunächst entsteht eine Schwellung der Schleimhaut in den Bronchien und deren feinsten Verästelungen. Dadurch wird der Austausch von Luft und lebensnotwendigem Sauerstoff behindert. Es folgt eine Absonderung von entzündlichem Sekret innerhalb der Lungenbläschen, die dadurch ihre Funktion nicht mehr erfüllen können. Ein typisches Symptom ist das schnelle und oberflächliche Atmen. Fressunlust und Apathie sind zusätzliche Anzeichen für die Krankheit. Der Tierarzt muss möglichst bald ein Breitband-Antibiotikum einspritzen.

SCHLUNDVERSTOPFUNG

Wenn bei einem Pferd der Schlund, die Verbindung zwischen Maul und Magen, nicht mehr durchgängig ist, entsteht eine Schlundverstopfung. Das Pferd hustet und aus dem Maul sowie den Nasenlöchern rinnt Schleim, den es nicht abschlucken kann. Der Tierarzt wird krampflösende Mittel spritzen, einen Schlundschnitt ausführen oder mit einer Schlundsonde die verursachenden Teile herausspülen.

CHRONISCHE BRONCHITIS

Eine chronische Bronchitis führt nach Verlust einer Schutzschicht in der Bronchialschleimhaut zu einem Verkleben dieser Schleimhaut und zu einer erheblichen Beeinträchtigung der luftzuführenden Atemwege.

Hierbei stellt sich eine hochgradige Atemnot ein. Ein trockener, quälender Husten ist ein sicheres Zeichen, die Hustenstöße sind kurz und quälend, meist besteht kein Nasenausfluss. Die langjährige Inhalation von Allergenen führt zu dieser chronischen Lungenerkrankung. Die beim Fressen gleichzeitig eingeatmeten Schimmelpilze aus Heu und Stroh tragen fast ausschließlich die Schuld an dieser Krankheit.

Die beste Therapie ist Weidegang für 6 bis 12 Monate. Der Stallaufenthalt ist während dieser Zeit ganz auszuschließen. Anschließend können nasses Heu, Sägemehleinstreu und Außenboxen einen Rückfall verhindern. Andere Therapien sind nur in den Fällen empfohlen, bei denen Weidegang nicht möglich ist.

Krankheiten, die durch Blutuntersuchung festgestellt werden

EINSCHUSS

Wie der Name sagt, tritt Einschuss schlagartig auf. Vor allem sind gut gefütterte und regelmäßig arbeitende Pferde davon betroffen, wenn sie plötzlich nicht bewegt werden. Der Eintrittsweg der Infektion ist meist eine unscheinbare Verletzung. Symptome sind hohes Fieber, Lahmheit und Schwellungen der Lymphgefäße und -drüsen. Wichtig ist die Allgemeinbehandlung mit Antibiotika durch den Tierarzt.

KREUZVERSCHLAG

Unter einem Kreuz- oder Nierenverschlag versteht man lähmungsartige Bewegungsstörungen, die ihren Ursprung in einer Stoffwechselentgleisung der Rücken- und Kruppenmuskulatur haben. Ursache ist eine zu kohlenhydratreiche Fütterung im Zusammenhang mit einem oder mehreren Ruhetagen. Manchmal genügen schon einige Tage mit unzureichender körperlicher Beanspruchung, um während eines anstrengenden Trainings einen Kreuzverschlag auszulösen. Durch Übersäuerung der Muskulatur zerfallen einzelne Muskelfasern und Myoglobin wird frei. Dieses wird mit dem Harn ausgeschieden und gibt ihm eine rotbraune Farbe.
Die Krankheit macht sich durch Schweißausbruch und zunehmend steifem Gang bemerkbar. Wird das Pferd trotzdem zwangsweise weiterbewegt, bricht es zusammen. Die Rücken- und Kruppenmuskulatur wird hart. Man sollte schnellstens einen Tierarzt holen. Falls der Verschlag im Gelände eintritt, wird das Pferd im Schritt heimgeführt. Das Tier wird mit einer warmen Decke abgedeckt. Wasser wird dem Pferd angeboten mit, falls vorhanden, Natriumbicarbonat (300 bis 400 g). Der Tierarzt wird neben schmerzstillenden Injektionen auch neutralisierende Infusionen und Muskelaufbaustoffe verabreichen.

Fohlenerkrankungen

HARNTRÖPFELN

Nicht selten beobachtet man beim Fohlen von Geburt an oder manchmal erst einige Tage später tropfenweise oder zweitweise im dünnen Strahl fließende Harnentleerung aus dem Nabelstumpf. Der Nabel ist angeschwollen, das Allgemeinbefinden ist gestört. Obwohl eine

Blutabnahme

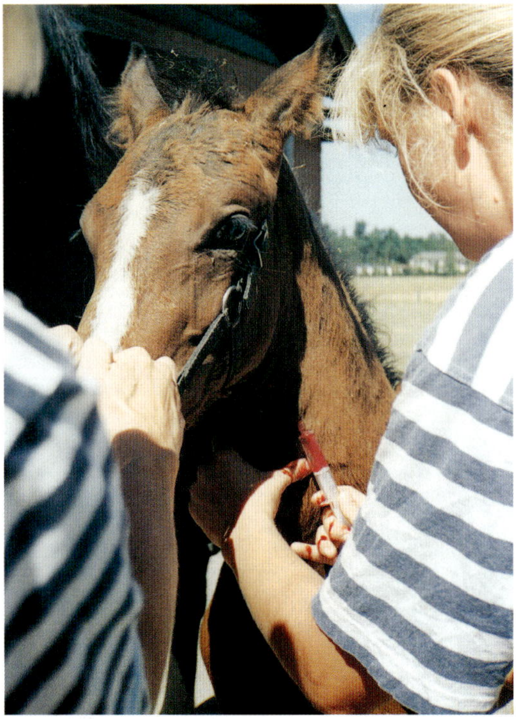

Der Tierarzt untersucht ein Fohlen

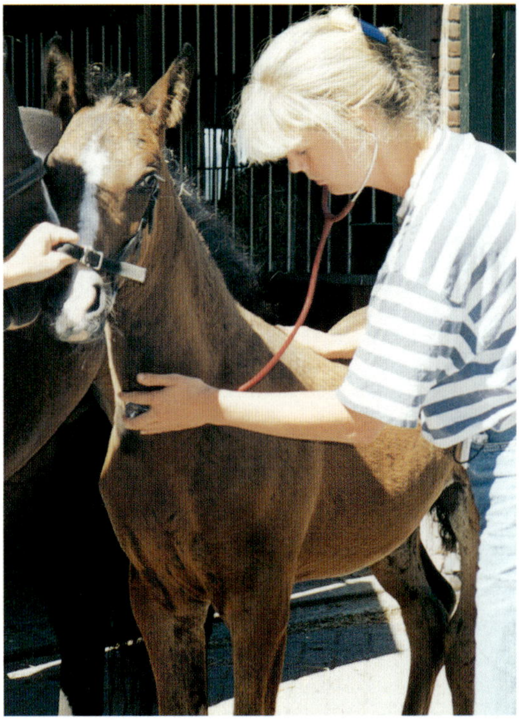

Der Tierarzt untersucht die Schleimhäute

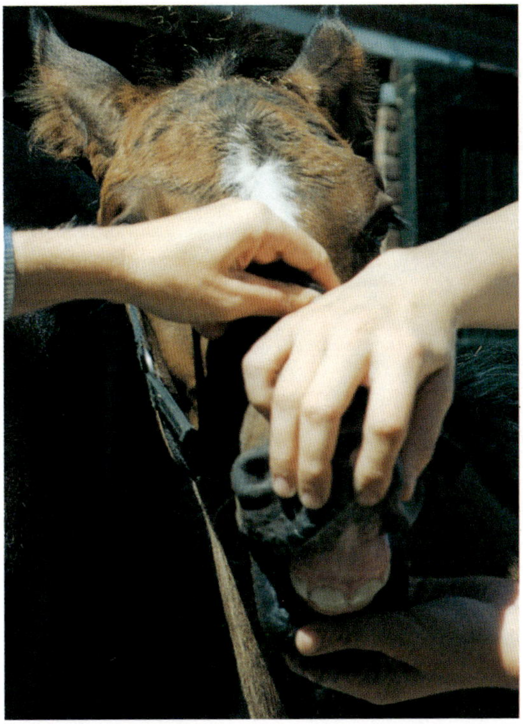

Selbstheilung möglich ist, sollte das Harntröpfeln behandelt werden, um die Ausbreitung zu einer Allgemeininfektion zu verhindern.

DURCHFALL
Die Milch einer rossigen Stute kann Durchfall erzeugen, der gewöhnlich aufhört, wenn die Stute nicht mehr rossig ist. Auch die Aufnahme von zuviel Muttermilch in den ersten Stunden kann einen Durchfall von gelber Farbe hervorrufen, der ohne üblen Geruch ist. Bei einem durch eine Darminfektion verursachten Durchfall wird der Kot grauweiß und übelriechend, meist treten auch Fieber und eine leichte Kolik als Ausdruck der Bauchschmerzen auf. Stets entstehen für den Körper große Wasser- und Salzverluste, weshalb die Erkrankung ernst genommen werden muss.

FOHLENLÄHME
Fohlenlähme ist ein Sammelbegriff für eine allgemeine, sich über den ganzen Körper verteilende Infektion in den ersten Lebenstagen und -wochen. Hierfür sind verschiedene Bakterien verantwortlich. Im Laufe der Ausbreitung der Infektion im Körper kommt es zu einer Entzündung in ein oder mehreren Gelenken. Durch diese Entzündung wird eine Lahmheit und Steifheit beim Fohlen hervorgerufen. Bei rechtzeitigem Erkennen kann eine intensive tierärztliche Behandlung eine Heilung herbeiführen.

RACHITIS
Rachitis, auch Englische Krankheit genannt, ist eine Stoffwechselstörung, die meist bei Fohlen auftritt. Sie ist die Folge einer gestörten Leberfunktion. Hierbei mangelt es an bestimmten Mineralstoffen und Vitaminen (Phosphor oder Calcium, beziehungsweise Vitamin D), wodurch krankhafte Knochenveränderungen auftreten. Die Störung betrifft überwiegend die Endabschnitte der Röhrenknochen, die krankhafte Verdickungen bilden. Dies kann, wenn die Krankheit nicht rechtzeitig behandelt wird, schließlich zu Gelenkentzündungen führen. Die Krankheit wird mit Vitamininjektionen und einer vom Tierarzt verordneten Mineralstoffmischung behandelt.

Unregelmäßige Beinstellung

Es ist logisch, dass die Stellung der Beine die Art und Weise, wie ein Pferd sich bewegt und damit auch die Reinheit der Gänge beeinflusst. Eine korrekte Beinstellung sorgt für ein gutes Durchhaltevermögen und macht das Pferd schnell. Natürlich kann der Charakter des Pferdes eine eventuelle Unregelmäßigkeit der Beinstellung kompensieren, aber es bleibt fraglich, ob das gleiche Pferd sich nicht besser präsentieren könnte, wenn seine Beine korrekt gestellt wären. Weiterhin kann eine abweichende Stellung den Nutzen des Pferdes drastisch verringern.
Um die Beinstellung eines Pferdes zu beurteilen, stellt man das Tier auf geradem Boden geschlossen auf.

Unregelmäßige Stellung der Vordergliedmaßen

BODENENG
Bei der bodenengen Stellung ist der Raum zwischen den Vorderhufen schmaler als die Breite eines Hufes. Hierdurch wird die Außenseite der Hufe stärker belastet als die Innenseite und Gelenke und Hufe verschleißen auf diese Weise ungleichmäßig. Das Pferd läuft wackelig und kann häufig stolpern.

BODENWEIT
Hier ist der Abstand zwischen den Vorderhufen zu groß. Hierdurch wird die Innenseite der

Bodenweite Stellung

Hufe stärker belastet als die Außenseite. Das Gleiche gilt für die Gelenke, wodurch eine unregelmäßige Abnutzung auftritt. Ein Pferd mit bodenweiter Stellung hat unsaubere Gänge. Dieses Übel kann auch bei Pferden mit schmaler Brust vorkommen.

Unregelmäßige Stellung der Vordergliedmaßen: normale Stellung, bodeneng, bodenweit, zeheneng, zehenweit

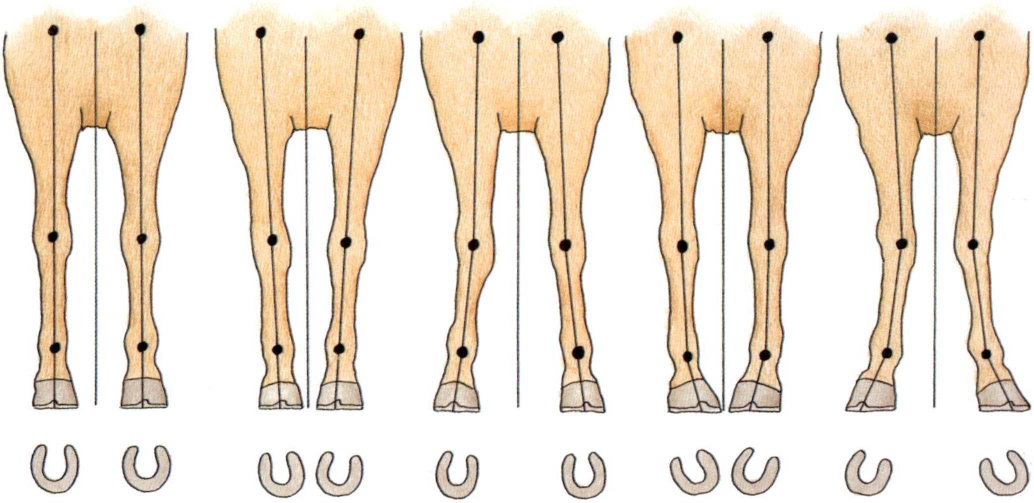

ZEHENENG
Von vorne betrachtet sollte bei einer korrekten Stellung des Pferdes eine gedachte senkrechte Linie vom Buggelenk ausgehend alle Gelenke halbieren. Ein Pferd steht unkorrekt, wenn die Vorderbeine zeheneng, d. h. regelmäßig diagonal nach innen gestellt sind.

ZEHENWEIT
Bei dieser Stellung weisen die Füße in einem unkorrekten Winkel nach außen. Hierdurch wird die innere Hufhälfte stärker belastet als die äußere. Das Pferd hat einen „schöpfenden" Gang: Nach dem Abfußen beschreibt das Bein einen Bogen nach innen, bevor der Fuß wieder aufgesetzt wird. Solche Pferde streifen meist die Beine aneinander. Häufig ist eine zehenweite Stellung mit X-Beinen gepaart.

Unregelmäßige Stellung der Hintergliedmaßen

BODENENG
Bei einer bodenengen Stellung der Hinterhand streifen die Pferde die Beine aneinander.

BODENWEIT
Bei einer bodenweiten Stellung ist der Abstand zwischen den Hufen zu groß. Hierdurch verschleißen Sprunggelenke und Fesselgelenke ungleichmäßig.
Unter jedem Stellungsfehler der Hinterbeine leidet der Raumgriff der Bewegungen oder die Korrektheit des Ganges.

Eine korrekte Beinstellung ist wichtig

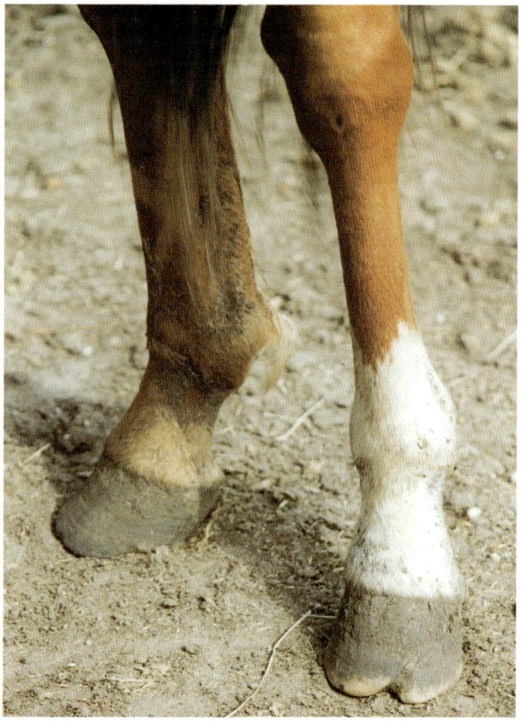

FASSBEINIG
Diese abweichende Stellung der Hinterhand kommt ebenso oft an den Vorderbeinen vor. Weiterhin gelten die gleichen Kennzeichen wie bei der zehenengen Stellung der Vorderhand.

Unregelmäßige Stellung der Hintergliedmaßen: normale Stellung, bodeneng, bodenweit, zeheneng, kuhhessig

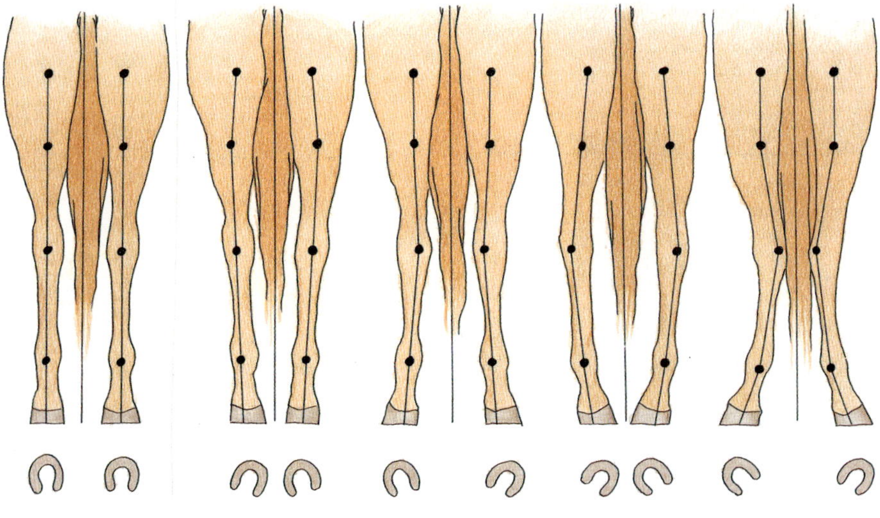

KUHHESSIG
Die Hinterhand eines Pferdes kann kuhhessig oder X-beinig gestellt sein.

Abnormitäten des Ganges

Pferde können verschiedene Abweichungen von den normalen Gängen aufweisen.
Einige Abweichungen werden durch Abnormitäten der Beinstellung verursacht.

DREHEN IN DEN FERSEN
Das Drehen in den Fersen sieht man vor allem bei Pferden mit einer bodenweiten Beinstellung. Sobald der Huf auf den Boden gestellt wurde, wird dieser nach außen gedreht. Die Ursache dieses abweichenden Ganges liegt in einer unkorrekten Anlage der Sprunggelenke.

TRIPPELN
Ein Pferd trippelt, wenn es kleine Trabschrittchen macht, wenn es eigentlich Schritt gehen sollte. Die Ursache für Trippeln ist meist eine schlechte Erziehung.

Regelmäßige Gänge sind wichtig

HAHNENTRITT
Der Hahnentritt äußert sich in einem ruckartigen und hohen Abheben eines der beiden Hinterbeine infolge gesteigerter Zusammenziehung der Hinterschenkelmuskulatur.

GREIFEN
Manchmal treten sich Pferde mit den Hinterbeinen in die Eisen oder in die Ballen der Vor-

Galopp ist die schnellste Gangart des Pferdes

Links ein Eisen mit zwei Aufzügen, rechts ein „normales" Hufeisen

derbeine. Wir nennen dieses Treten auch Greifen. Dabei können bei beschlagenen Pferden nicht unproblematische Verletzungen entstehen. Auch dieser fehlerhafte Einsatz der Gliedmaßen kann durch einen korrigierenden Spezialbeschlag gemildert werden. Der Hufschmied kann an den Hinterbeinen Eisen aufbringen, die statt mit einem mit zwei Aufzügen versehen sind. Solche Eisen vermeiden, dass sich das Pferd beim Treten mit den Hintereisen an den Vorderbeinen verletzt.

STREIFEN
Ein Pferd, das streift, führt mit den Beinen einen Bogen nach innen aus, bevor es das Bein wieder abstellt. Durch Gamaschen, Bandagen, Streichkappen oder einen speziellen Beschlag kann man die Folgen (Verletzungen) vermeiden oder verringern.

KREUZENDER GANG
Ein Pferd mit einem kreuzenden Gang stellt die Vorderbeine voreinander und kann deshalb leicht stürzen.

MÄHEN
Hierbei werden die Pferdebeine ähnlich wie beim Mähen des Rasens mit einer Sense nach außen aufgenommen und vollführen während der Bewegung einen Bogen nach innen. Dies geschieht meist infolge einer fassbeinigen Stellung der Hinterhand. Das Pferd kann sich hierdurch an den Beinen verletzen. Ein Spezialbeschlag kann diese negativen Folgen vermeiden.

SCHLEPPENDER GANG
Bei einem schleppenden Gang schlurft das Pferd die Vorderkanten der Hufe über den Boden. Der schleppende Gang kann vor allem bei älteren Pferden vorkommen.

Nachbehandlung eines genesenen Pferdes

Die Nachbehandlung eines genesenen Pferdes ist sicherlich nicht weniger wichtig als die fachkundige Behandlung von Krankheiten. Im Frühjahr und im Sommer ist ein Weideaufenthalt für das Pferd die beste Kurmaßnahme. Auch der Weidegang muss jedoch mit Verstand und Verantwortungsgefühl allmählich aufgebaut und gesteigert werden. Wenn Weidegang nicht möglich ist, muss das Stallpferd wieder langsam und vorsichtig trainiert werden. Während der Krankheit hat das Pferd nur wenig oder kein Kraftfutter erhalten. Während der ersten Woche der Genesung wird langsam mit kleinen Futterrationen begonnen, bis man allmählich wieder die gewohnte Menge füttern kann. Die Bewegung wird sich anfangs wohl auf das Longieren (Vorteil: kein Reitergewicht) beschränken. Anschließend kann man das Pferd wieder in ruhigem Tempo reiten. Am sinnvollsten ist regelmäßige Arbeit in stets längeren Intervallen in einem ruhigen Tempo.

Die Stallapotheke

Beim Einrichten einer Stallapotheke fragt man sich zunächst, was kann einem Pferd passieren und was kann man gegebenfalls in Eigenver-

Die Weide ist der beste Kurort

Stallbandage (Verbandwatte mit einer Bandage darüber)

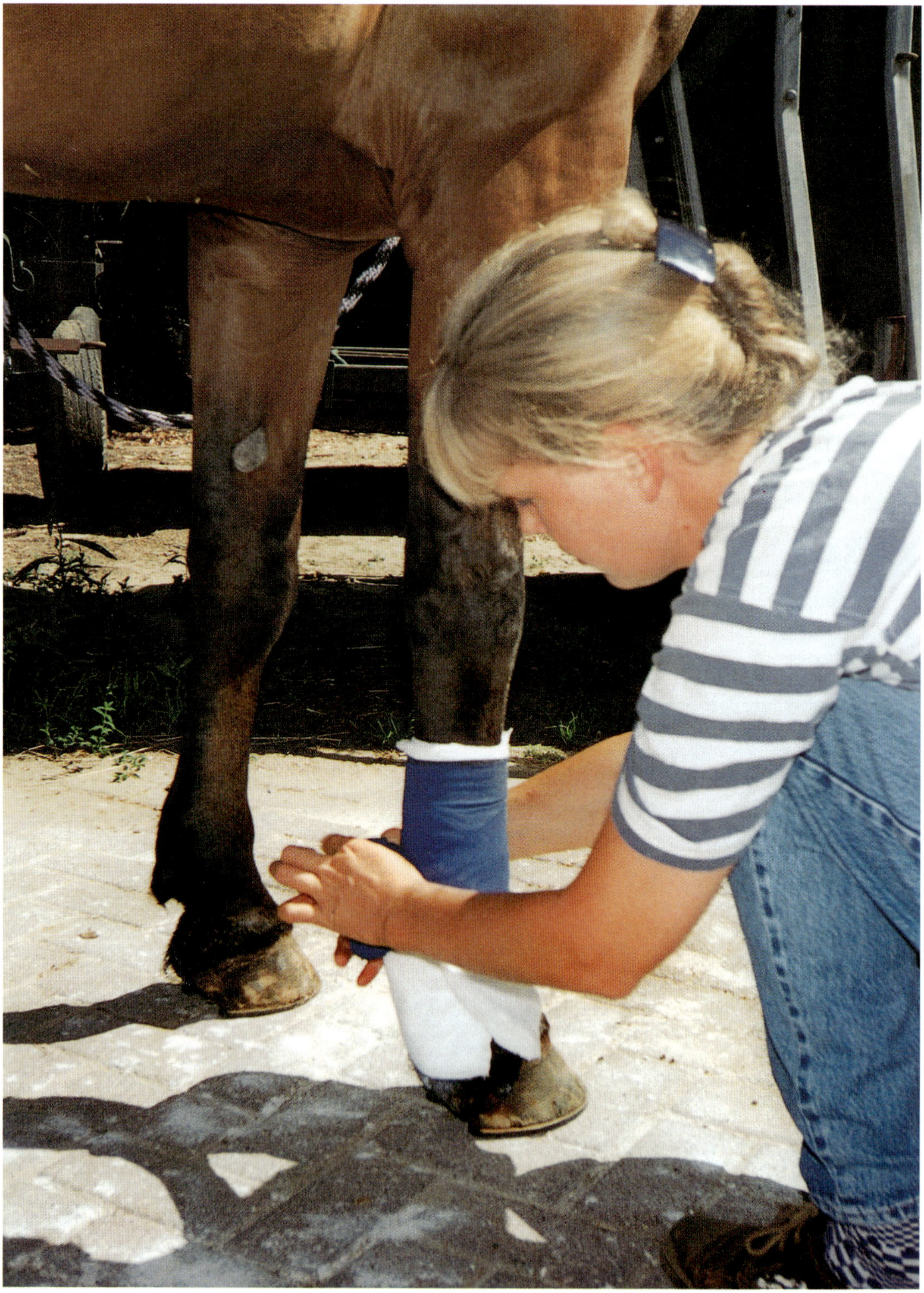

Wurmkur-Injektor

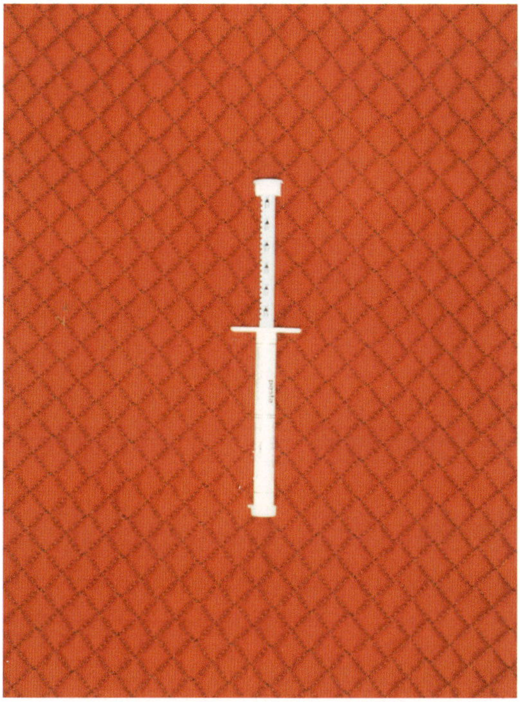

antwortung dagegen tun. Am wichtigsten sind eigentlich ein Paar gute Hände und aufmerksame Augen. Schauen und betasten Sie das Pferd beim täglichen Versorgen immer gründlich. Achten Sie auf Schwellungen, Verdickungen und warme Stellen. Ein Fieberthermometer und eine Verbandschere sind sinnvoll.

Am häufigsten werden kleinere Verletzungen und Verstauchungen auftreten, für die Sie folgendermaßen ausgerüstet sein sollten: Watte in breiten Lagen, breite Mullbinden, elastische Mehrzweckbinden in verschiedenen Breiten, breites Klebeband, Bindfaden und Sackleinen für Verbände vor allem an den Gliedmaßen; Desinfektionsmittel zum Reinigen von Wunden und Entzündungen wie Jodtinktur, Blauspray, Rivanoltabletten, Sulfonamidpuder, Antibiotikumspray etc.; Huffett, Lorbeeröl, Holzteer, Hufkitt für die Hufbehandlung; Entwurmungsmittel; Insektenabwehrmittel; Heilerde für Gliedmaßenverbände.

Arzneien und Hilfsmittel sollten immer in einem sauberen, deutlich gekennzeichneten Schränkchen oder Kasten aufbewahrt werden. Verderbliche Medikamente werden vor ihrem Verfall durch frische ersetzt. Natürlich darf Ihre Stallapotheke auf keinem Fall zu dilettantischem Herumdoktern verführen. In Zweifelsfällen wenden Sie sich immer zuerst an den Tierarzt.

Schreiben Sie die Telefonnummer Ihres Tierarztes an einer bestimmten Stelle im Stall auf.

Vermeiden Sie auch ein Sammelsurium aus allen möglichen Mittelchen und Tuben. Bevor Sie selbst behandeln, holen Sie lieber den Rat des Fachmannes ein.

10 Ein eigenes Pferd

In den vorherigen Kapiteln haben wir versucht, Pferdebesitzer oder Menschen, die mit dem Gedanken spielen, sich ein Pferd anzuschaffen, umfassend zu informieren. Die Erfahrung lehrt, dass man mit dem Besitz eines Pferdes viel Verantwortung auf sich nimmt. Selbst wenn man jahrelang in einem Reitverein geritten ist, steht man mit einem eigenen Pferd stets wieder vor neuen Problemen oder unerwarteten Situationen. Ein Pferd ist ein Individuum mit einem eigenen Charakter und Temperament. Darüber hinaus spielt sein Körperbau eine wichtige Rolle beim Vergnügen, mit dem es seine Arbeit tut. Es ist unmöglich, eine Liste aufzustellen mit den Eigenschaften, die man von einem Pferd erwarten sollte.

Kein Pferd ist perfekt und natürlich auch kein Pferdebesitzer. Es geht darum, eine gute Kombination zu finden, wobei beide Partner einander respektieren. Natürlich muss der Reiter sein Pferd unter Kontrolle haben. Andererseits muss das Pferd Vertrauen zu seinem Besitzer haben und auch bereit sein, sich für ihn einzusetzen.

Gerade mit einem eigenen Pferd hat man die Möglichkeit, eine Vertrauensgrundlage zwischen Tier und Mensch auszubilden. Dies gilt im Prinzip auch für ein Pflegepferd oder -pony, aber hierbei muss man natürlich auch die Vorstellungen des Besitzers berücksichtigen. In diesem Kapitel versuchen wir in logischer Reihenfolge all diejenigen Aspekte zu behandeln, die nach der Anschaffung eines Pferdes auftreten können, beim täglichen Kontakt mit dem Tier und wir teilen Ihnen allerlei praktische Erfahrungen mit.

Wir beschreiben auch Dinge, die interessant sind, wenn man kein eigenes Pferd hat. Am Schluss informieren wir über Berufe, bei denen man mit Pferden arbeitet.

REITSCHULE

Selbst wenn man der glückliche Besitzer eines Pferdes oder Ponys ist, empfiehlt es sich, sich einer Reitschule oder einem Verein anzuschließen. Selbst erfahrene Reiter brauchen ab und zu Anleitung. Weiterhin ist es interessant und nützlich, auch andere Pferde zu reiten, Pferde, die man nicht durch und durch kennt.

Wenn man sich eine Reitschule aussucht, sollte man folgende Punkte berücksichtigen:

- Sind die Stallungen in einem guten Zustand?

Links: Ein eigenes Pferd

Verleihpferd

- Ist das Personal freundlich und hilfsbereit?
- Sehen die Pferde und Ponys fit, gesund und zufrieden aus?
- Sind Sattelkammer und Ausrüstung ordentlich und gepflegt?
- Darf man probereiten, um zu sehen, ob man sich wohl fühlt?
- Wie sind die Bedingungen? Gibt es auch genügend Möglichkeiten, um außerhalb des Lehrbetriebs selbständig zu reiten?

PFLEGEPFERD ODER PFLEGEPONY

Eine gute Lösung ist ein Pflegepferd. Man darf es putzen und versorgen, kann es reiten und hat nicht die Kosten, die mit seinem Training, der Unterkunft, dem Schmied und dem Tierarzt verbunden sind. In der Praxis muss man jedoch gut aufpassen. Pferdebesitzer, die gerne putzen und auch gerne mit ihrem Pferd zusammen sind, werden in der Regel das Tier nicht als Pflegepferd anbieten. Nehmen Sie deshalb nicht das erste Pferd, das Ihnen angeboten wird. Besprechen Sie erst einmal, was von Ihnen erwartet wird, wie viel Zeit Sie einsetzen

müssen und um was für eine Art von Pferd es sich handelt. Natürlich müssen Sie auch über eine Versicherung sprechen. Manchmal empfiehlt es sich, einen Pflegevertrag abzuschließen.

VOR DEM KAUF

Wenn man trotz eines Pflegeponys oder Pflegepferdes und der regelmäßigen Teilnahme am Reitunterricht immer noch davon überzeugt ist, dass ein eigenes Pferd das „höchste Glück" wäre, wird man sich zum Kauf entschließen. Nachfolgend haben wir einige Richtlinien aufgeführt, die man dabei beachten muss. Diese Richtlinien haben wir bewusst für Amateure aufgestellt. Professionelle Reiter haben andere Ansprüche als Freizeitreiter.

An erster Stelle muss ein Pferd zum Reiter passen. Es darf nicht zu groß und nicht zu klein sein, aber neben seinem Charakter muss auch der Körperbau zu dem des Reiters passen. Eine kleine zarte Person wird sich auf einem schweren, kräftigen Pferd immer abmühen. Wichtig ist auch der Charakter des Tieres. Ein sehr ruhiges, eher faules Pferd eignet sich nicht für einen fanatischen Reiter, der möglichst viel galoppieren will. An einem sehr schnellen, gehfreudigen Pferd wird ein bedächtiger und eher ängstlicher Reiter nicht viel Freude haben. Deshalb muss man dem Charakter des Pferdes große Aufmerksamkeit schenken. Es dauert

Sachkundige Untersuchung

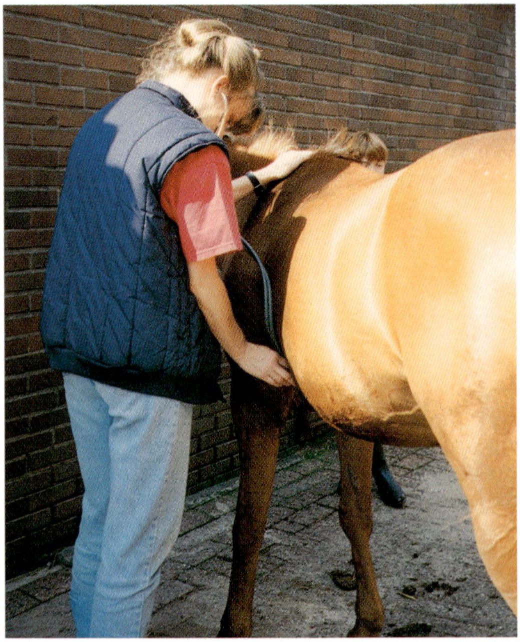

natürlich Monate oder noch länger, bis man ein Pferd richtig kennen gelernt hat. Man kann sich aber an einige Regeln halten:

- Versuchen Sie, sich das Pferd auch im Stall anzuschauen. Dort werden Sie eventuelle Stalluntugenden feststellen.
- Machen Sie einen Proberitt, um zu testen, wie das Pferd auf Hilfen reagiert und ob es fleißig vorwärts geht. Beobachten Sie dabei seinen Kopf, die Ohren und den Schweif.
- Lassen Sie einen anderen Reiter das Pferd reiten. So können Sie seine Gänge beobachten. Auch Longieren ist ratsam.
- Beobachten Sie, wie das Pferd reagiert, wenn man es vom Stall und seiner vertrauten Umgebung wegführt. Geht es gelassen mit?

Wenn Sie nach diesen Kontrollen immer noch davon überzeugt sind, dass das Pferd eine gute Wahl ist, verständigen Sie einen Tierarzt, der eine Ankaufsuntersuchung vornehmen wird. Sichtbare Krankheiten können Sie leicht selbst sehen, aber verborgene Schäden wird nur ein Fachmann feststellen.

KAUF UND VERKAUF EINES PFERDES

Ein Pferd ist in dem Moment verkauft, in dem Käufer und Verkäufer sich darüber einig sind, welches Pferd zu welchem Preis verkauft wird. In der Praxis werden die betreffenden Personen einen sachgerecht formulierten Vertrag über Vereinbarungen unterzeichnen.

- Der Kaufvertrag wird unter der Bedingung geschlossen, dass der Käufer sich von diesem entbinden kann, wenn der Tierarzt sichtbare oder unsichtbare Krankheiten feststellt.
- Das Pferd wird „auf Probe" gekauft. Wenn der Käufer das Pferd während der Probezeit zurückgibt, muss es der Verkäufer wieder nehmen.
- Das Pferd wird unter der Bedingung gekauft, dass es von der Versicherung genehmigt wird.

PFERDEMARKT

Auf einem Pferdemarkt werden Pferde versteigert. Oft gilt noch der Pferdekauf per Handschlag. Unerfahrene Käufer sollten ihr Pferd nicht unbedingt auf dem Pferdemarkt suchen, man muss sich dort schnell entscheiden und hat kaum Zeit zum gründlichen Ausprobieren.

UNKOSTEN

Ein eigenes Pferd kostet Geld, auch wenn es noch so klein ist. Die größten Summen sind die Anschaffung selbst und die monatliche Miete für die Box. Der Betrag, der hierfür anfällt,

Pferdemarkt

wird von der Rasse des Pferdes, seinem Alter und seinem Ausbildungsstand abhängen. Ein rohes Pferd wird preiswerter sein als ein Pferd, das bereits Dressurlektionen kann. Trotzdem sollte sich gerade ein Anfänger ein erfahrenes, gut ausgebildetes Pferd kaufen. Ein Tier, das bereits längere Zeit unter dem Sattel ausgebildet wurde, wird dem unerfahrenen Reiter Sicherheit vermitteln und ihm lehren, die Hilfen korrekt anzuwenden. Die Kombination eines unerfahrenen Reiters auf einem rohen Pferd fordert das Unglück heraus.
Auch die Aufstallung kostet Geld. Wenn Sie einen eigenen Stall haben oder ihn bauen lassen, sollten Sie die Ratschläge in Kapitel 3 berücksichtigen. Sie können Ihr Pferd auch in einem Reitverein unterstellen. Das kostet eine bestimmte Summe pro Monat, die von der Art der Versorgung und Fütterung abhängt. Dem gegenüber steht, dass Sie für regelmäßige Reitstunden oft weniger bezahlen, als für ein eigenes Pferd. Eine Weide für das Pferd braucht viel Pflege und eine gute Umzäunung. All das kostet Geld.
Mit der Anschaffung und der Aufstallung ist es noch nicht getan. Das Pferd braucht einen guten Sattel und ein gute Trense. Daneben benötigt man eine Putzausrüstung, Decken, Halfter, Führstrick, Gamaschen, Hilfszügel, Sporen, Peitsche, Longe, Longierpeitsche, Longiergurt usw. Wenigstens zweimal pro Jahr muss das Pferd entwurmt und gegen Grippe geimpft werden. Ungefähr alle acht Wochen braucht man den Hufschmied. Das Pferd kann natürlich auch krank werden und bei einer ernsthaften Krankheit, oder wenn es in eine Pferdeklinik gebracht werden muss, können enorme Summen auf Sie zukommen.
Natürlich brauchen auch Sie eine passende Reit-

Der Unterhalt eines Pferdes kostet Geld

Putzen fördert das Vertrauen

kleidung, Reithosen, Reitstiefel und eine Kappe. Wenn Sie besser reiten oder an Turnieren teilnehmen möchten, brauchen Sie spezielle Kleidung. Wenn Sie zu größeren Turnieren fahren möchten, brauchen Sie einen Pferdehänger und ein Zugfahrzeug. Kurzum, neben der Kaufsumme brauchen Sie ein gutes Geldpolster, um finanziell allen Eventualitäten gewachsen zu sein.

KENNENLERNEN

Die ersten gemeinsamen Tage werden sowohl für das Pferd als auch für den frisch gebackenen Pferdebesitzer spannend sein. Das Pferd wurde aus seiner vertrauten Umgebung herausgerissen, eventuell von anderen Pferden weggeholt und kommt in eine völlig neue Umgebung. Man sollte das Tier nicht sofort auf die Weide stellen, auch wenn man über eine solche verfügen kann. Durch allerlei Spannungen kann das Pferd dort unberechenbar reagieren und sich selbst verletzen. Es ist besser, das Tier einen Tag oder zwei im Stall zu lassen, sodass es sich an die neuen Gerüche, Dinge und Menschen in seiner Umgebung gewöhnen kann. Wenn man das Gefühl hat, dass es ruhig genug ist, um nach draußen gebracht zu werden, führt man es erst einmal vorsichtig umher. Inspizieren Sie gemeinsam die neue Umgebung.
Putzen ist eine gute Art, um mit dem Pferd vertraut zu werden. Die meisten Pferde genießen es, massiert zu werden und merken schnell, dass der neue Chef auch Vorteile hat. Man selbst lernt auf diese Weise den Körper des Tieres kennen. Lassen Sie sich nicht entmutigen, wenn das Tier anfangs keine Notiz von Ihnen nimmt. Mit Geduld und Zuwendung kann man bereits innerhalb einer Woche etwas erreichen.
Es kann vorkommen, dass das Pferd aus Nervosität Durchfall hat. Meist geht dies schnell vorüber. Versuchen Sie, das gleiche Futter zu geben wie im alten Stall.

Einige Pferde lassen sich schlecht einfangen

VERHALTEN AUF DER WEIDE

Ein Pferd ist ein Herdentier. In der Wildnis leben Pferde immer in großen Gruppen mit einer bestimmten Rangordnung beieinander. Wenn ein neues Pferd zu Artgenossen auf die Weide gestellt wird, dann müssen die Pferde erst untereinander die neue Randordnung „auskämpfen". Erschrecken Sie nicht, wenn Ihr Pferd droht oder schlägt oder selbst gebissen wird. Das ist die Sprache der Pferde. In kürzester Zeit wird die Ruhe in der Herde wieder hergestellt sein.

GESELLSCHAFT

Wie bereits erwähnt ist das Pferd ein typisches Herdentier. Deshalb finden es die meisten Pferde nicht angenehm, wenn sie alleine auf der Weide oder im Stall stehen. Natürlich kann man selbst den Tieren möglichst viel Zeit widmen. In der Praxis ist es aber unmöglich, 24 Stunden pro Tag mit dem Pferd zu verbringen. Deshalb muss man für andere Gesellschaft sorgen. Nicht jeder kann sich mehrere Pferde oder Ponys halten. Ein paar Schafe oder Ziegen sind eine gute Alternative. Darüber hinaus werden im Magen

Weidegesellschaft

von Schafen alle möglichen Parasiten getötet, die für das Pferd schädlich sein können. Wenn man einige Schafe auf der Pferdeweide mitlaufen lässt, muss man für eine geeignete Umgebung sorgen. Die Umzäunung muss so beschaffen sein, dass die Schafe nicht ausbrechen können. Schafe müssen einmal pro Jahr geschoren und ihre Hufe müssen versorgt werden. Wie das Pferd müssen sie regelmäßig entwurmt werden. Ansonsten sind sie friedliche Tiere, die das ganze Jahr über auf der Weide bleiben können, wenn man im Winter zufüttert.
Esel eignen sich weniger gut als Weidepartner. Sie haben zahlreiche Parasiten, mit denen sie selbst gut leben können, die aber für das Pferd unangenehm sein können.

EINFANGEN

Es kann zu einem Problem werden, ein Pferd oder Pony von der Weide zu holen. Sobald man sich der Weide mit einem Halfter und einem Führstrick nähert, läuft das Pferd zur anderen Seite der Weide. Wenn man nicht im Besitz eines braven Pferdes ist, das zum Tor läuft, sobald es den Besitzer sieht, wird man einige Aktionen durchführen müssen.

- Besuchen Sie Ihr Pferd öfter auf der Weide, nicht nur wenn Sie es zum Reiten holen oder wenn der Tierarzt kommt. Sie können es einfach nur kraulen. Belohnen Sie das Tier manchmal mit einem Leckerchen, aber machen Sie es nicht zur Gewohnheit, ihm immer etwas Gutes mitzubringen. Einige Pferde werden dadurch bissig.
- Laufen Sie nicht vom Pferd weg, wenn Sie es zum Reiten holen möchten. Versuchen Sie nicht, dem Pferd etwas vorzugaukeln, die meisten Pferde wissen genau, was man von ihnen will.
- Bleiben Sie immer ruhig, auch wenn sich das Pferd nicht sofort einfangen lässt. Spazieren Sie ruhig hinter ihm her, auf Dauer wird es selbst die Lust daran verlieren.
- Schwer einzufangende Pferde stellt man mit Halfter auf die Weide, so kann man sie leichter anfassen. Sorgen Sie immer für ein gut sitzendes Halfter.

Fohlen sind in der Regel schwieriger einzufangen als erwachsene Pferde. Manchmal hilft es, sich niederzukauern, man wirkt dann auf das kleine Tier weniger erschreckend und bedrohlich.

Ein temperamentvoller Hengst

FUSS GEBEN

Die meisten Pferde haben bereits von klein auf gelernt, den Fuß zu geben, wenn die Hufe ausgekratzt werden sollen. Aber auch hier sorgen einige Tiere für Probleme. Als Pfleger oder Eigentümer solcher Pferde muss man zunächst einmal viel Geduld haben. Es kann helfen, wenn man möglichst oft die Hufe nachschaut, ohne dass man dabei etwas tut. Das Pferd wird schnell erkennen, dass ihm dabei nichts passiert. Man kann auch versuchen, das Pferd mit dem eigenen Gewicht etwas aus seinem Gleichgewicht zu bringen, sodass man ein Bein hochhebt und „Fuß“ sagt. Eine letzte Aufforderung kann das Zudrücken von Daumen und Zeigefinger am empfindlichen Fesselkopf sein, der Huf zuckt, als Reflex auf den Druck, hoch.

Der normale Ablauf ist, dass man schräg von vorn auf das Pferd zutritt, ihm die Hand auf die Schulter legt, die Hand ruhig tiefer gleiten lässt, bis sie die Röhre umfasst. Drehen Sie die Hand dann nach innen und fordern Sie das Pferd mit leichtem Druck auf, den Huf herzugeben. Mit der anderen Hand können Sie jetzt den Huf reinigen.

WÄLZEN

Manchmal kann es schon frustrierend sein, gerade hat man sein Pferd nach der Arbeit sorgfältig geputzt und frisiert und bringt es zur Entspannung auf die Weide. Das liebe Tier geht zielsicher zur schlammigsten Stelle der Weide und beginnt, sich inniglich zu wälzen. Das Resultat ist ein mit Schlamm paniertes Pferd, das noch schmutziger ist als vorher und man kann mit dem Putzen von vorne beginnen.

Pferde haben aber einen guten Grund für das Wälzen. Im Herdenverband wälzen Sie sich gemeinsam, Mitglieder einer Familie stets am gleichen Platz, wodurch sie den gegenseitigen Geruch annehmen. Weiterhin dient es dazu, um das Fell zu pflegen, auch wenn das wunderlich klingen mag. Auf diese Weise werden auch Insekten von der Haut entfernt. Im Winter bildet Schlamm eine Extraschicht im Fell, wodurch das Tier seine Körperwärme besser halten kann. Und natürlich macht es einfach Spaß, sich zu wälzen. Das Pferd kann sich auf diese Weise an Stellen scheuern und reiben, wo es normalerweise selbst niemals hingelangen würde. Deshalb sollte man besonders Stallpferden die Gelegenheit geben, sich im Freien zu wälzen. In der Box kann es festliegen.

Ein Pferd darf sich aber niemals während der Arbeit wälzen!

TEMPERAMENT

Zwei Pferde sind niemals gleich. Eines ist faul, eines fleißig und das dritte platzt vor Temperament. Pferde mit viel Vollblut werden lebhafter sein als beispielsweise ein Fjordpferd oder ein Haflinger.

Ein ruhiges Pferd

STÜRMISCHE PFERDE

Abgesehen vom Vollblutanteil können auch andere Ursachen dafür sorgen, dass ein Pferd äußerst lebhaft ist. Ein solches Pferd kann beispielsweise mit ungeeignetem oder zu viel Futter gehalten werden. Kraftfutter mit einem hohen Hafergehalt kann vor allem Ponys zu Kopfe steigen. Eine andere Ursache kann sein, dass das Pferd zu lange und zu viel im Stall steht und zu wenig Bewegung erhält. Einige Pferde reagieren merkwürdig, wenn sie bei Wettbewerben in eine ungewohnte Umgebung kommen. Auch das Wetter spielt eine große Rolle. Die meisten Pferde haben bei frischem Wetter und klarer Luft unheimlich viel Energie.

TRÄGE PFERDE

Ähnlich wie bei Menschen kann Trägheit auch körperliche Ursachen haben. Vielleicht ist das Tier verwurmt oder es hat Viren aufgeschnappt. Auch Schmerzen in den Hufen können die Ursache dafür sein, dass ein Pferd nicht laufen möchte. Neben körperlichen Ursachen kann auch Einsamkeit eine Rolle spielen, wodurch das Pferd die Lebensfreude verliert. Eintönigkeit bei der Arbeit kann man begegnen, wenn man versucht, dem Pferd Abwechslung zu bieten und es beispielsweise einmal pro Woche frei springen lässt. Ein Pferd, das hart arbeiten muss, braucht auch Erholung. Ein Tag Erholung auf der Weide kann Wunder wirken.

ÄNGSTLICHE PFERDE

Ein scheues Pferd hat Angst. Irgendetwas in seinem Leben hat es ängstlich gemacht. Es ist dann wichtig, das Vertrauen des Tieres wiederzugewinnen. Der Reiter eines ängstlichen Pferdes muss Autorität ausstrahlen. Angst beim Menschen wird auch Angst beim Pferd verursachen. Die Ursache hierfür muss in vergangenen Zeiten gesucht werden, als die Pferde noch in der Wildnis lebten. Als Beutetier musste das Pferd jederzeit in der Lage sein, vor Räubern, wie z. B. einem Puma, zu fliehen. Ein Puma pumpt seinen Körper mit Adrenalin voll, bevor er auf die Jagd geht. Sobald ein Pferd Adrenalin riecht, reagiert es mit einer Fluchtreaktion. Auch ein ängstlicher Reiter hat Adrenalin im Blut, entsprechend wird das Pferd reagieren.

FUTTER

Die Futtermenge, die ein Pferd braucht, hängt ab von der Arbeit, die es verrichten muss. Meist sieht man es einem Pferd an, ob es die richtige Futtermenge erhält. Bei Pferden und vor allem bei Ponys, die ein dickes Winterfell entwickeln, muss man mit der Hand fühlen können, ob sie genug auf den Rippen haben.

Grasbauch

Eine Weide mit hohem Unkraut

Bei unterfütterten Tieren stehen Widerrist und Rückgrat heraus. Pferde und Ponys, die den ganzen Tag über auf der Weide grasen, haben oft einen dickeren Bauch als ihre Artgenossen, die nur im Stall stehen. Man muss jedoch aufpassen, dass die Tiere nicht zu fett werden, weil sie sich dann bei der Arbeit und beim Atmen schwer tun. Seien Sie bei solchen Tieren besonders mit Leckereien, wie Brot und Äpfeln, vorsichtig.

Es ist absolut nicht notwendig, zuzufüttern. Wenn sich ein Leckstein auf der Weide befindet, braucht man auch kein Mineral- oder Vitaminfutter zu geben. Wenn man aus irgendeinem Grund das Futter wechseln möchte, sollte man dies nicht von einem Tag auf den anderen tun, sondern das Futter allmählich umstellen.

MISTEN

Pferde haben auf der Weide meist feste Plätze zum Misten. Sie werden an diesen Stellen nicht mehr grasen, folglich werden diese stets größer. Sie sind Brutstellen für alle möglichen Parasiten. Auch das Unkraut wächst an Miststellen üppig. Deshalb ist es wichtig, den Mist regelmäßig zu entfernen und hohes Unkraut abzumähen. Nur so hält man eine Weide gepflegt. Aber passen Sie auf, es gibt Pferde, die gerne die Mistkarre umkippen. Verliert man sie beim Absammeln aus den Augen, kann sie schnell umgekippt sein.

Auf großen Weideflächen kann man den Mist auch verrotten lassen. Auf diese Weise wird die Weide gedüngt, das Gras wächst kräftiger.

Nicht nur den Mist von der Weide, sondern auch den aus dem Stall kann man dazu verwenden, um zu Hause die Blumen zu düngen. Aber nicht jedermann hat einen großen Garten. Deshalb wird der Mist in den meisten Fällen von Landwirten weggefahren, die ihn als Dünger verwenden können.

In einigen Ländern gelten Bestimmungen, welche Menge an Mist auf bestimmten Flächen ausgebracht werden darf.

BEWEGUNG

Bewegung ist für den gesamten Organismus des Pferdes von großer Bedeutung. Im Sommer ist das Problem, das Pferd in ausreichendem Maße zu bewegen, nicht so groß. Auch wenn es tagsüber heiß ist, kann man abends noch lange reiten. Außerdem können die Pferde im Sommer meist auf die Weide und sich auf diese Weise mehr Bewegung verschaffen, als wenn sie nur im Stall stehen würden. Aber wenn die Tage kürzer werden und die Temperaturen niedriger, dann treten erschwerte Bedingungen auf. Bei gefrorenem Boden oder bei Eisglätte ist es fast unmöglich zu reiten. Jetzt kommt die Zeit, in der man ohne eine überdachte Reithalle nicht viel anfangen kann. Vielleicht haben Sie wenigstens einen Longierzirkel mit einem geeigneten Untergrund zur Verfügung, sodass das Pferd bewegt werden kann.

Transport

TRANSPORTMITTEL

Heute leben Pferde fast so mobil wie ihre Besitzer. Sie werden zum Turnier, zur Schau, zur Prämierung oder zur Jagd gefahren.

Das am häufigsten benutzte Transportmittel für Pferde und Ponys ist der Pferdehänger. Es gibt Transporter für ein oder zwei Pferde, aber auch große Transporter für 4 bis 6 Pferde. Auch wenn man nur ein Pferd besitzt, sollte man sich einen Pferdehänger für zwei Pferde kaufen, da diese eine stabilere Straßenlage haben. Sorgen Sie dafür, dass Ihr Hänger mit Pferd das maximale Zuggewicht ihres Personenautos nicht überschreitet.

Es gibt auch Viehtransporter und große Transporter, in denen sowohl die Pferde als auch Reiter und Fahrer schlafen können.

Einige Durchschnittswerte der Gewichte von Pferden und Ponys sind:

– Reitpferd/Zugpferd (Stockmaß 1,62–1,65 Meter)	550–650 kg
– leichtes Warmblutpferd (Stockmaß 1,60 m)	450–550 kg
– Fjordpferd	400–450 kg
Reitpony (Welsh etc.)	300–400 kg
– Shetland-Pony	200–225 kg

VORBEREITUNG DES PFERDES FÜR DEN TRANSPORT

Ein Pferd, das transportiert werden soll, muss ein gut sitzendes Halfter tragen. An diesem Halfter muss sich ein Panikhaken befinden, den man im Notfall mit einer Bewegung öffnen kann. Die Beine werden durch Bandagen, Gamaschen oder spezielle Transportgamaschen geschützt. Der Huf, hier hauptsächlich der Kronrand, kann durch Sprungglocken geschützt werden. Der Schweif wird zum Schutz bandagiert. Wenn man das Pferd wegen Kälte oder weil es schwitzt eindeckt, muss die entsprechende Decke dem Pferd passen und gut befestigt werden. Ein Pferd, das gearbeitet hat, wird erst trockengeführt oder trockengerieben, bevor man es in den Transporter stellt. Vermeiden Sie durch entsprechende Decken, dass das Pferd im Hänger nachschwitzt.

Zweipferdehänger

Gamaschen

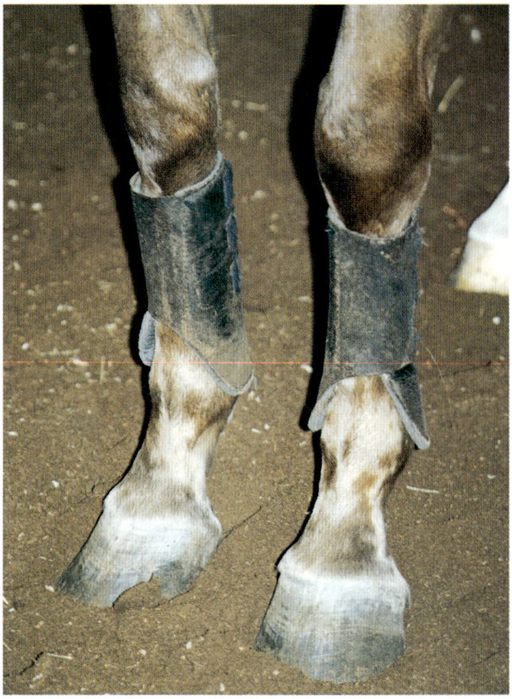

EINLADEN
Bei einem willigen Pferd läuft der Begleiter neben dem Pferd. Er führt das Pferd gerade vor die geöffnete Ladeklappe und läuft energisch mit dem Tier in den Hänger oder Transporter hinein. Während ein Helfer die rückwärtige Querstange befestigt, hängt der Begleiter das Pferd am Halfter fest. Problemfälle werden nur mit Geduld und Taktik gelöst. Es hilft nichts, am Führstrick zu ziehen, da das Pferd hier in jedem Fall der stärkere Partner ist. In einigen Fällen kann es helfen, mittels zweier Longen und zweier Helfer das Pferd in den Hänger zu bringen. Hilft alles nichts, kann man versuchen, dem Pferd die Augen zu verbinden. All diese Methoden kann man nur mit erfahrenen Pferdeleuten durchführen. In allen Fällen muss man vermeiden, dass das Pferd Angst bekommt. Allgemein gilt es, immer Ruhe und Geduld zu wahren.

AUSLADEN
Das Pferd wird langsam und vorsichtig ausgeladen. Wenn es den Transporter rückwärts auf der Ladeklappe verlassen muss, darf es nicht schief und vielleicht mit einem Bein neben der Ladeklappe laufen. Das Pferd wird rückwärts gerade von der Ladeklappe geführt. Zur Sicherheit können sich Helfer neben die Seiten der Ladeklappe stellen, um zu vermeiden, dass das Pferd neben die Ladeklappe tritt.
Achten Sie darauf, dass das Pferd beim Rückwärtsgehen seinen Kopf nicht an der Decke des Transporters anstößt. In großen Transportern stehen die Pferde oft gegen die Fahrtrichtung, so dass man sie vorwärts ausladen kann und sich derartige Probleme gar nicht ergeben.

UNTERWEGS
Ein Transporter muss gut gefedert sein. Für längere Fahrten bedeckt man seinen Boden mit einer Strohschicht, die den Urin aufsaugen kann. Um Langeweile zu vermeiden, hängt man ein gefülltes Heunetz über dem Pferd auf. Bedenken Sie allerdings immer, dass eine Fahrt im Hänger für das Pferd mehr oder weniger Stress bedeutet. Bei langen Fahrten legt man selbstverständlich alle paar Stunden eine Ruhepause ein. Dies kommt nicht nur dem Pferd, sondern auch dem Fahrer des Zugfahrzeugs zugute.
Wenn man sehr weit fahren möchte, sollte man Etappen einplanen. Sorgen Sie unterwegs für einen guten Stall und planen Sie die Unterbringung bereits vor der Fahrt, sodass keine unangenehmen Situationen entstehen können.

Einladen

uil
Vastgoed

VERSICHERUNG

Für die meisten Freizeitpferde und Ponys wird keine eigene Versicherung abgeschlossen. Berufsreiter und Berufsfahrer sind automatisch über die entsprechenden Verbände versichert. Pferde können üblicherweise in verschiedener Hinsicht versichert werden. Die Haftpflichtversicherung reguliert Schadensfälle, die ein Pferd daheim und an anderen Orten anrichten kann.

Obwohl die Versicherung in jedem Land und in jedem Verein unterschiedlich geregelt sein kann, sind normalerweise die Reiter über ihren Reitverein versichert. Für Schadensanzeigen gibt es, je nach Versicherungsart, bestimmte Regeln und Vorschriften. Einige Reitvereine schließen kollektive Versicherungen für ihre Reiter und Pferde ab, sodass die Mitglieder automatisch in den Versicherungsschutz mit eingeschlossen sind. Informieren Sie sich vor einem Schaden bei Ihrem Verein über die Bedingungen. Auch für Pflegepferde und -ponys muss man die Versicherung regeln.

Wertvolle Pferde können gegen Diebstahl, Unfälle und Krankheiten versichert werden. Die meisten Versicherungsgesellschaften bieten auch eine Lebensversicherung für Pferde an. Die Prämie hängt vom Wert des Tieres und von seinem Alter ab. Ein Gutachter vereinbart mit dem Besitzer den Wert des Pferdes bei Tod oder Untauglichkeit. Sehr wertvolle Sportpferde werden von einem Tierarzt untersucht, der manchmal sogar Röntgenaufnahmen machen muss.

FALLEN

Reiter, die noch nie von einem Pferd gefallen sind, findet man schwerer als die sprichwörtliche Nadel im Heuhaufen. Bei Reitanfängern ist das Risiko herunterzufallen, wesentlich höher, da ihr Gleichgewichtsgefühl auf dem Pferd noch nicht entwickelt ist. Wenn man länger reitet, sitzt man automatisch besser im Gleichgewicht und wird seltener fallen. Man kann sich dann auch besser in das Pferd einfühlen. Wenn man spürt, dass das Pferd bocken oder steigen möchte, treibt man es gut vorwärts und stellt es vermehrt an die Hilfen. Das Tier muss sich konzentrieren und vergisst vermutlich, sich seines Reiters zu entledigen.

Natürlich kann es immer passieren, dass ein Pferd erschrickt oder einen Bocksprung macht und man sich einfach nicht mehr auf dem Pferd halten kann. Bei Ausritten können immer unerwartete Dinge auftreten, vor denen das Pferd erschrecken kann.

Schauen Sie sich immer gut um und achten Sie auf merkwürdige Dinge und Geräusche. Wenn

Gehen Sie bevorzugt mit anderen Reitern ins Gelände

man fällt, gibt es einige Dinge zu beachten, wodurch man das Risiko einer Verletzung verringern kann:

- Seien Sie wachsam und halten Sie das Pferd immer an den Hilfen.
- Versuchen Sie möglichst entspannt zu fallen.
- Prellungen können vermieden werden, wenn man sich während des Fallens abrollt. Nehmen Sie Ihren Kopf an die Brust, legen Sie die Arme über den Kopf und ziehen Sie die Knie an. Versuchen Sie nicht, sich beim Fallen mit dem Arm am Boden abzustützen. Die Gefahr, sich einen Arm zu brechen, ist sonst groß.
- Bleiben Sie ruhig. Wenn man bewegungslos auf dem Boden liegt, wird das Pferd nicht so schnell weglaufen.
- Halten Sie die Zügel nur fest, wenn Sie sichergehen können, dass Sie auf den Beinen landen.

Weiterhin gibt es eine Reihe von Vorsichtsmaßnahmen. Kontrollieren Sie Sattel und Trense. Ein verschlissener Sattelgurt kann für ein Unglück sorgen. Natürlich müssen auch Sie gut geschützt sein. Auf Ausritten ist eine gut sitzende Reitkappe kein Luxus. Schuhe und Reitstiefel müssen einen Absatz haben, um Durchrutschen durch den Steigbügel zu vermeiden, und dürfen keine lockeren Riemen haben. Wenn Sie alleine ausreiten, sollten Sie immer jemandem mitteilen, wohin Sie ungefähr reiten und wie lange Sie wegbleiben wollen.

DAS ENDE EINES PFERDELEBENS

Dieses unerfreuliche Kapitel wird in den meisten Büchern nicht behandelt. Sie müssen sich aber stets bewusst sein, dass Sie von Ihrem Pferd zur gegebenen Zeit Abschied nehmen müssen. Bei Kinderponys passiert das meist, wenn das Pony für seinen Reiter zu klein geworden ist. Es kann dann verkauft werden, aber auch bei entsprechendem Alter bei seinem Besitzer das Gnadenbrot erhalten. Wenn ein Pferd alt und krank ist, sollte man sich mit dem Tierarzt beraten, welche Lösung für das Pferd am besten ist. Heute sterben nur wenige Pferde eines natürlichen Todes. Sie haben beim Kauf des Pferdes eine Verantwortung übernommen und diese bleibt eben bis zum Tod des Pferdes bestehen. Hüten Sie sich vor falscher Sentimentalität und haben Sie stets das Wohl des Pferdes vor Augen. Bei alten und kranken Pferden ist es oft besser, dem Pferd einen schnellen Tod zu ermöglichen, als es mit Schmerzen noch einige Zeit leben zu lassen oder in eine fremde Umgebung auf einen Gnadenhof abzuschieben.

Glücklicherweise gibt es immer wieder neues Leben

Berufe mit Pferden

Viele – hauptsächlich junge – Reiter träumen davon, später mit Pferden zu arbeiten. Doch ist es nicht jedem in die Wiege gelegt, diesen Traum zu realisieren. Wir stellen einige Berufe vor, bei denen man mit Pferden arbeitet.

TIERARZT

Um Tierarzt zu werden, muss man ein Studium an einer Universität absolvieren. Obwohl zahlreiche junge Leute wegen ihrer großen Liebe zu Pferden sich dieses Studium aussuchen, ist die Chance, dass sie später auch täglich mit Pferden arbeiten können, nicht sehr groß. Tierärzte arbeiten meist mit kleineren Haustieren. Als Folge des Rückgangs der Landwirtschaft gibt es heute immer weniger Großtiere. Allerdings nehmen wegen der steigenden Beliebtheit des Reitsports auch spezielle Pferdekliniken immer stärker zu. Ein Fachtierarzt für Pferde muss sich hauptsächlich mit Lahmheit und Problemen der Atemwege befassen.

PFERDEZAHNARZT

Wenn ein Pferd Probleme mit seinen Zähnen hat, wird man meist den Tierarzt rufen. Gebissprobleme nehmen nur einen kleinen Teil der Aufgaben ein, denen sich ein Tierarzt widmet, und werden sich meist auf das Abfeilen scharfer Haken und Ränder beschränken. Der Beruf des Pferdezahnarztes ist noch nicht sehr bekannt. Die meisten Menschen, die diesen

Tierarzt

Hufschmied

Beruf ausüben, sind Spezialisten auf diesem Gebiet. Die Arbeit ist nicht sehr schwer, aber sie erfolgt oft in mühsamer Haltung. Um in das Maul eines kleinen Shetland-Ponys zu schauen, muss man sich hinknien und ein großes Pferd kann Probleme bereiten, wenn es seinen Kopf hochnimmt. Der Pferdezahnarzt behandelt beispielsweise scharfe Ränder, die dadurch entstehen, dass sich das Gebiss ungleichmäßig abreibt. Er wird auch helfen, wenn Milchzähne sich nicht von selbst lösen, obwohl die neuen Zähne schon am Durchbrechen sind. Auch bei abweichender Stellung des Gebisses, wie beispielsweise bei Ober- oder Unterbeissern, kann man einen Pferdezahnarzt zu Rate ziehen.

HUFSCHMIED

Für den Beruf des Hufschmieds muss man bestimmte Voraussetzungen erfüllen. Es handelt sich um schwere Arbeit, bei der man stets mit anderen Pferden zu tun hat, die nicht immer gut mitarbeiten. Deshalb werden Hufschmiedgesellen nach strengen Kriterien ausgewählt. Während der Lehre lernt der Gehilfe alles über die Anatomie des Pferdes und erwirbt die notwendige Geschicklichkeit, die man für diesen Beruf braucht. Wer mit dem Hufmesser und der Raspel nicht gut umgehen

Pfleger

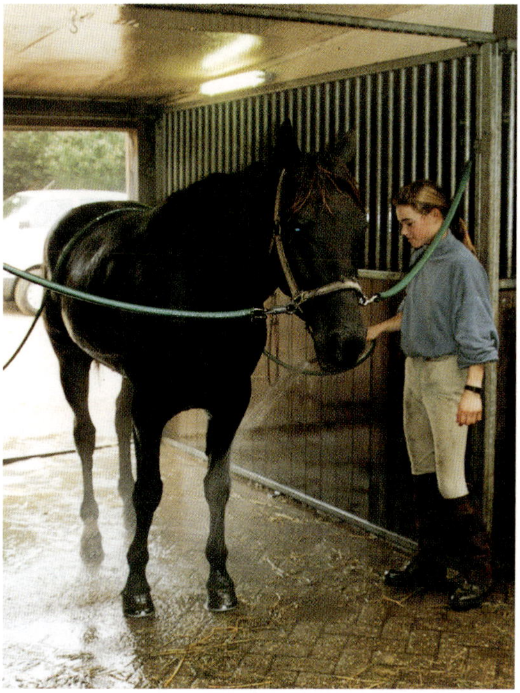

kann, wird niemals ein guter Hufschmied werden. Während der Lehrzeit arbeitet der Geselle immer mit einem erfahrenen Hufschmied zusammen und erhält auf diese Weise die notwendigen Kenntnisse.

PFLEGER ODER STALLKNECHT

In zahlreichen Anzeigen von Pferdezeitschriften werden Pferdepfleger gesucht. Es handelt sich hierbei um schwere Arbeit, die nicht immer in dem Maße anerkannt wird, in dem sie es verdienen würde. Man muss sehr früh aufstehen und arbeitet meist sechs Tage in der Woche. Zur Arbeit gehören Ausmisten, Pferde führen und versorgen und auch die Mithilfe bei Turnieren. Es gibt keine festgelegte Ausbildung für einen Pfleger, aber man kann selbständig an einem Kurs über Pferdeversorgung und -fütterung teilnehmen.

ARBEIT MIT ZUGPFERDEN IM WALDBAU

Bevor Traktoren in der Landwirtschaft eingesetzt wurden, lieferte das Pferd die notwendige Zugkraft. Bis in die fünfziger Jahre war das Pferd auch im Waldbau eine bekannte Erscheinung. Jeder Waldbesitzer hatte ein oder mehrere Pferde, mit deren Hilfe er große Baumstämme aus dem Wald holen konnte. Heute hat das Pferd im Waldbau, hier besonders bei naturnaher Waldbewirtschaftung, wieder an Bedeutung gewonnen, weil auf diese Weise Rückeschäden um ein Beträchtliches verringert werden können.

BERITTENE POLIZEI

Ein Traum von Jugendlichen ist oft eine Anstellung bei der berittenen Polizei. Leider erfolgt hier eine strenge Auslese nicht nur bei den Pferden, sondern auch bei den Reitern. Nicht jeder, der von der Polizeischule kommt und gerne reitet, wird auch aufgenommen. In größerem Maße, als vermutet wird, nimmt man für diesen Zweck besondere Pferde. Die Ausbildung zum Polizeipferd dauert ungefähr ein Jahr. Wenn das Pferd vier Jahre alt ist, wird mit dem allgemeinen Training begonnen. Das Pferd wird dressurmäßig geritten und muss sich dabei an alle möglichen Gegenstände und Hindernisse gewöhnen. Danach geht man mit dem Pferd auf die Straße. Anfangs in der Kolonne, dann zu zweien und schließlich alleine. Nach diesem Ersten Training folgen sechs bis acht Wochen Ruhe. Danach wird das Training wieder aufgenommen und man geht mit dem Pferd auf einen speziellen Übungsplatz, wo man es mit Feuer und anderen gefährlichen Dingen vertraut macht.

Polizeipferde müssen unter allen Umständen und in jeder Situation ruhig bleiben und Vertrauen zu ihrem Reiter haben.

PFERDE IM STADTVERKEHR

Pferde im Stadtverkehr müssen verkehrssicher sein und dürfen sich vor vorbeirasenden Autos und Bussen nicht erschrecken. Sie gehören zum langsamen Verkehr und müssen sich, wie andere Verkehrsteilnehmer, an die Verkehrsregeln halten.

Pferde im Stadtverkehr

Glossar

Absatzfohlen: Von der Stutenmilch entwöhnte Fohlen.
Abzeichen: Ererbte weiße Stellen am Kopf und an den Beinen.
Anlehnung: Gleichmäßige, flexible Verbindung zwischen Reiterhand und Pferdemaul.
Aktion: Bewegung des Skelettrahmens bei der Vorwärtsbewegung.

Behang: Mähne und Schweif des Pferdes, das sogenannte Langhaar.
Bockhuf: Ein stumpf gewinkelter Huf mit hohen Trachten.
Blüter: Ein Vollblutpferd.
Brandzeichen: Der Fohlenbrand gibt darüber Aufschluß, aus welchem Zuchtgebiet das Pferd stammt (bei Pferden aus der deutschen Landespferdezucht auf dem linken Hinterschenkel). Der Eintragungsbrand befindet sich an der linken Halsseite, sofern die Stuten und z. T. auch die Hengste in das Zuchtbuch des jeweiligen Verbandes eingetragen sind.
Bügeln: Aktion der Vorhand, wenn die Zehe in einer kreisenden Bewegung nach außen geworfen wird.

Exterieur: Gebäude eines Pferdes, fachmännische Bezeichnung seines Aussehens.

Fassbeinig: Nach außen gedrehte Sprunggelenke.
Fesselung: Winkel zwischen Fessellinie und Boden (von der Seite betrachtet).
Fohlen: Hengst, Wallach oder Stute bis zu einem Jahr alt.
Format: Verhältnis von Rumpflänge zu Widerristhöhe.

Ganasche: Bereich am hinteren oberen Unterkieferrand am Übergang vom Kopf zum Hals.
Gangpferde: Pferde, die neben den Grundgangarten noch andere Gangarten beherrschen.
Gebäude: Der Körperbau des Pferdes unter besonderer Berücksichtigung der Proportionen.
Geschirr: Sammelbegriff für die Ausrüstung des Fahrpferdes.
Gestüt: Zuchtstätte für Pferde.
Gewährsmängel: Hauptmängel (Dämpfigkeit, Koppen, Kehlkopfpfeifen, Dummkoller, Periodische Augenentzündung, Rotz), über die der Verkäufer den Käufer eines Pferdes unterrichten muss.
Gewichtsträger: Ein Pferd, das unter dem Sattel nahezu 100 kg tragen kann.
Greifen: Die Zehen des Hinterhufs treffen den Ballen des Vorderhufs.
Groom: Im Fahrsport Begleiter des Fahrers beim Marathon, der dem Gespann in den Wendungen mehr Stabilität gibt.
Gurtentiefe: Linie von Widerrist bis Ellenbogen.
Gurtenumfang: Umfang des Brustkorbs, gemessen hinter Widerrist und Ellenbogen.

Halbblüter: Kreuzung zwischen einem Vollblüter und einer anderen Rasse.
Hanken: Hüft- und Kniegelenke der Hinterbeine.
Hechtkopf: konkaves Kopfprofil (Beispiel: Araber).
Hengst: männliches, unkastriertes Pferd, das nach erfolgreicher Körung in der Zucht eingesetzt werden kann.
Hinterhand: Der Körper vom hinteren Ende der Flanken bis zum Schweif und hinunter bis zu den Unterschenkeln.
Hirschhals: Ausgeprägter Unterhals, dadurch entsteht eine konkave Wölbung der Oberlinie.
Kaliber: Knochenstärke und Bemuskelung eines Pferdes; auch Verhältnis von Gewicht zu Widerristhöhe.

Kardätsche: ovale Putzbürste für den Pferdekörper.
Karpfenrücken: Konvexe Wölbung der Wirbelsäule zwischen Widerrist und Lenden.
Kastanie: Horniger Vorsprung an der Innenseite der Pferdebeine (die rückentwickelte fünfte Zehe).
Keilkopf: Gerade Nasenlinie.
Kinngrube: Einbuchtung oberhalb der Unterlippe, in der die Kinnkette der Kandare liegt.
Kolik: Alle Krankheitszustände im Bereich des Magen-Darm-Traktes, die mit Bauchschmerzen verbunden sind.
Körung: Auswahl bzw. Leistungsprüfung von Hengsten, bevor sie als Beschäler zur Zucht zugelassen werden.
Kraftfutter: Hafer oder Fertigfuttermischungen, die den Energiebedarf des Pferdes decken.
Kreuzverschlag: Lähmungsartige Bewegungsstörungen, die ihren Ursprung in einer Stoffwechselentgleisung der Rücken- und Kruppenmuskulatur haben.
Kuhhessig: Nach innen gestellte Sprunggelenke.
Kunde: Einstülpung in die Dentinsubstanz des Pferdezahns.

Kreuzgalopp: Ein Pferd galoppiert vorn und hinten in unterschiedlichem Galopp.

Laden: Lücke im Unterkiefer zwischen den Molaren und den Schneidezähnen, auf der das Gebiss liegt.

Mash: Futtermischung, meist aus Weizenkleie, Hafer und Leinsamen, die mit kochendem Wasser übergossen und dann angerührt wird. Sie wird dem Pferd lauwarm vorgesetzt.
Mauke: Hautentzündung in der Fesselbeuge.
Maulesel: Kreuzungsprodukt aus Eselhengst und Pferdestute.
Maultier: Kreuzungsprodukt aus Pferdehengst und Eselstute.
Mineralfutter: Fertigfutter zur Vitamin- und Mineralstoffversorgung des Pferdes.

Nierenbereich: Der Bereich rechts und links der Wirbelsäule hinter dem Sattel.

Oberlinie: Rückenlinie vom Widerrist bis zum Ende der Kruppe.

Pedigree: Details zur Abstammung eines Pferdes; seine Ahnentafel mit Eltern, Großeltern und Urgroßeltern.
Piephacke: Vergrößerung der an der Spitze der Sprunggelenks befindlichen Bursa, die sich mit Flüssigkeit anfüllt.

Ramskopf: konvexes Kopfprofil.
Raufutter: Heu und Stroh.
Röhrbeinumfang: Das Maß rund ums Bein unterhalb des Vorderfußwurzelgelenks.

Säbelbeinig: Übermäßig gewinkeltes Hinterbein.
Saftfutter: Gras, Möhren und anderes Frischfutter.
Sommerrappe: Ein Rappe, bei dem das Fell im Winter bräunlich wird.
Stichelhaarig: Pferde mit einzeln stehenden weißen Haaren im Fell, besonders an Kopf, Schweifwurzel und an den Beinen.
Stockmaß: Höhe eines Pferdes in Zentimetern, gemessen am stehenden Pferd vom Boden bis zum höchsten Punkt des Widerrists.
Streichen: Die innere Seite eines Pferdehufs streicht gegen die andere.
Stute: weibliches Pferd ab dem Alter von 4 Jahren.

Überbaut: Man spricht von überbaut, wenn die Hinterhand höher und wesentlich stärker entwickelt ist.

Vernagelung: Schädigungen der Huflederhaut oder des Hufbeins, die beim Beschlag durch Hufnägel verursacht werden.
Vorhand: Kopf, Hals, Schultern, Widerrist und Vorderbeine.

Wallach: kastrierter Hengst, dem man die Hoden entfernt hat.
Widerrist: Wölbung am Übergang zwischen Hals und Rücken des Pferdes.

Zwanghuf: Erkrankung des Hufs, Einengung der Hornkapsel in bestimmten Abschnitten.

Danksagung

Mein Dank gilt folgenden Betrieben, Reitställen und Personen für Informationen, Ratschläge und die Möglichkeit, Fotos aufzunehmen:

Burgmeyer Quarterhorses, Vorstenbosch
Arthur's Western Store, Vorstenbosch
Rennbahn Duindigt
Federatiecentrum, Ermelo
Reitstall de Galgenbergh, Garderen
Mister Ed, Western-Riding Reitstall de Galgenbergh, Garderen
Ländliche Reitvereinigung der Garderruiter und Ponyclub der Garderreentjes
Holländischer Distanzreitclub
Gestüt Haras Le Pin, Cluny (Frankreich)
Heja, Reitsportartikel und Pferdehänger, Garderen
Sattlerei Gebrüder van der Wiel N.V.
Appaloosa-Gestüt de Woldhoeve, Peize
Mini-Appaloosa-Gestüt De Brummerhoeve, 's-Hertogenbosch
Holland T.T.S. BV
Rieky Burgmeijer
Geesje van Nunen
Henk van Nunen
Reitlehrerin Yvonne Schutte, Gardere
Femke Dijkstra, Reitverein de Nieuwe Heuvel, Lunteren
Hufschmied Jan de Zwaan, Hierden
Tierarzt John Pijnappel, Nijmegen
Tierärztin Ellen Kral, Pferdeklinik Veluwe, Vierhouten
Tierärztin Martine Carrière, Ermelo
Restaurant Poppe, Apeldoorn
Bert Wiekema
Jan und Ankie van den Brink
Bert van Veen, Henk Heetebrij, Reint Knoppert
Dirk de Ruiter, Elspeet
Ria Lubbers
Ginny Rozema
Nelleke Dijkhuizen
Claudia Boon
Christel Jongboer
Anouschka van Hierden
Leen und Mies Kouwenhoven, Pijnacker
Tobias Wegener
Harry Kock, Peter Kruyssen, Henk Hermsen, Fred Schutte
Zuzanne Miezgiel
Henk Vink, Barneveld

und vielen anderen

Register